本书得到国家社会科学基金项目"数字人文视域下译者数字素养研究"（项目编号：22BYY043）的支持。

TRANSLATION TECHNOLOGY FOR EVERYONE

人人都用得上的翻译技术

王华树　李莹　主编　　程黛圆　陈雨　黄丹彤　副主编

丁丽　顾问

知识产权出版社

全国百佳图书出版单位

——北京——

图书在版编目（CIP）数据

人人都用得上的翻译技术 / 王华树，李莹主编；程黛圆，陈雨，黄丹彤副主编 . —北京：知识产权出版社，2024.9（2025.4 重印）

ISBN 978-7-5130-8652-3

Ⅰ.①人… Ⅱ.①王… ②李… ③程… ④陈… ⑤黄… Ⅲ.①翻译—研究 Ⅳ.① H059

中国国家版本馆 CIP 数据核字（2023）第 001251 号

内容提要

本书遵循"以人为本，知行合一"的理念，立足于语言服务行业的最新需求，聚焦翻译实践中的技术问题，以翻译技术为基本知识框架，强调技术"工具性"与"人文性"的融合，系统阐述各类翻译技术和工具如何应用，旨在为翻译技术爱好者、翻译专业学生及相关专业人士提供实用的实践指南。

责任编辑：田 姝　　　　　　责任印制：刘译文

人人都用得上的翻译技术

RENREN DOU YONGDESHANG DE FANYI JISHU

王华树　李　莹　主编

程黛圆　陈　雨　黄丹彤　副主编

出版发行：知识产权出版社 有限责任公司		网　　址：http://www.ipph.cn	
电　　话：010-82004826		http://www.laichushu.com	
社　　址：北京市海淀区气象路50号院		邮　　编：100081	
责编电话：010-82000860转8598		责编邮箱：laichushu@cnipr.com	
发行电话：010-82000860转8101		发行传真：010-82000893	
印　　刷：北京中献拓方科技发展有限公司		经　　销：新华书店、各大网上书店及相关专业书店	
开　　本：720mm×1000mm　1/16		印　　张：18.75	
版　　次：2024年9月第1版		印　　次：2025年4月第2次印刷	
字　　数：370千字		定　　价：98.00元	

ISBN 978-7-5130-8652-3

出版权专有　侵权必究
如有印装质量问题，本社负责调换。

前 言

在科技迅猛发展的时代，人工智能技术，尤其是以 ChatGPT、百度文心一言为代表的大语言模型，正深刻改变着翻译行业。技术的突破不仅为翻译技术的进步按下加速键，而且为传统翻译实践与服务模式赋予了新的内涵。"机器翻译＋译后编辑"已成为语言服务实践的新模式，掌握先进的翻译技术已成为提升翻译工作者职业竞争力的关键。

在此背景下，我们组织来自学界及业界的翻译研究者与实践者们协力编撰了此书，旨在为翻译技术爱好者、翻译专业学生及相关专业人士提供实用的实践指南。全书遵循"以人为本，知行合一"的理念，立足于语言服务行业的最新需求，聚焦翻译实践中的技术问题，以翻译技术为基本知识框架，强调技术"工具性"与"人文性"的融合，系统阐述各类翻译技术和工具如何应用。

本书内容涵盖桌面与网络搜索、智能采集、文档处理、语料处理、文本快翻、网页翻译、语音输入、机器翻译译后编辑、机器口译、视频翻译、智能写作与批改等多个领域，同时融入了 ChatGPT 等生成式人工智能工具。各章编排严谨，知识模块丰富，工具种类齐全，突出单一技术的内在逻辑与可拓展性的同时，构建不同工具间的数据迁移知识，满足读者多层次、多维度、多场景的需求。

在撰写过程中，我们力求语言简练、思路清晰，并提供详实的操作指导。通过直观的图示和丰富的案例，帮助读者迅速掌握翻译技术的核心要领，提升综合能力，解决实践中遇到的技术问题。同时，本书有助于培养读者的自主探究能力，帮助读者以创新精神和批判思维应对不断变化的翻译需求和技术挑战。

翻译技术能力的培养离不开有效的教学。本书支持翻转课堂、小组展示、案例驱动等多种教学方法，利用大语言模型创设情境，设计人机协同的创新教学活动，激发学习者的高阶思维，深入理解并迁移应用所学，以适应数智化的生存方式。

然而，技术发展日新月异，编者水平有限，虽几经修改，书中仍难免有疏漏之处。恳请广大读者批评指正，以便我们不断改进和完善。衷心希望本书能成为您在翻译技术领域的得力助手。让我们携手前行，探索翻译技术的无限可能，为翻译事业的繁荣与进步贡献绵薄之力。

王华树

北京外国语大学

目　　录

| 第一章 | 桌面搜索　/1 |

　　一、基础知识　/1

　　二、主流工具　/1

　　三、案例实操　/2

　　（一）案例一：如何利用 Everything 快速搜索本机翻译专题文件　/2

　　（二）案例二：如何利用 FileLocator Pro 深度搜索本机翻译文档　/7

　　四、技术拓展　/10

　　（一）Alfred　/10

　　（二）Finder　/10

　　（三）Wox　/11

　　（四）Search and Replace　/12

　　（五）ChatPDF　/12

　　五、参考资料　/13

| 第二章 | 网络搜索　/14 |

　　一、基础知识　/14

　　二、主流工具　/15

　　三、案例实操　/15

　　（一）案例一：如何用搜索引擎查找翻译知识　/15

　　（二）案例二：如何用学术数据库查找翻译研究资料　/28

　　四、技术拓展　/39

　　（一）智能搭配查询　/39

　　（二）专业数据库　/40

　　（三）语料库　/42

　　（四）术语库　/43

五、参考资料　/44

第三章　智能采集　/46

一、基础知识　/46

二、主流工具　/46

三、案例实操　/47

（一）案例一：如何用数据采集工具采集双语材料　/47

（二）案例二：如何用趋势采集工具查看领域趋势　/72

四、技术拓展　/85

（一）数据采集工具　/86

（二）趋势采集工具　/87

五、参考资料　/90

第四章　文档处理　/91

一、基础知识　/91

二、主流工具　/91

（一）文档文字识别　/92

（二）文档编辑处理　/92

（三）文档格式转化　/92

（四）文档拆分合并　/92

（五）文档比较分析　/92

三、案例实操　/92

（一）案例一：如何快速拆分大型 PDF 文档　/92

（二）案例二：如何快速将不可编辑的文档转换为可编辑的 Word　/98

（三）案例三：如何对比翻译项目中两个文档异同　/102

四、技术拓展　/107

（一）扫描全能王　/107

（二）腾讯文档　/108

（三）金山文档　/109

（四）福昕 PDF 编辑器　/110

（五）Convertio　/110

（六）WinMerge　/111

五、参考资料 /111

第五章 语料处理 /112

一、基础知识 /112

二、主流工具 /113

（一）语料清洗 /113

（二）语料标注 /115

（三）语料对齐 /115

（四）语料检索 /116

三、案例实操 /116

（一）案例一：如何快速清洗语料 /116

（二）案例二：如何进行语料标注 /125

（三）案例三：如何快速对齐中英双语语料 /127

（四）案例四：如何快速检索语料 /134

四、技术拓展 /141

（一）库酷 /142

（二）BFSU PowerConc /143

（三）WordSmith Tools /143

（四）SDL Trados Studio 的对齐文档 /144

（五）云译语料管理的对齐工具 /146

五、参考资料 /147

第六章 文本快翻 /148

一、基础知识 /148

二、主流工具 /148

三、案例实操 /149

（一）案例一：如何快速翻译 Word 文档 /149

（二）案例二：如何快速翻译 PDF 文档 /153

四、技术拓展 /158

（一）DeepL 翻译器 /158

（二）福昕翻译 /158

（三）译境翻译 /159

五、参考资料　/ 160

第七章　网页翻译　/ 161

一、基础知识　/ 161

二、主流工具　/ 161

三、案例实操　/ 162

（一）案例一：如何快速翻译静态网页　/ 162

（二）案例二：如何翻译动态网页　/ 172

四、技术拓展　/ 184

（一）彩云小译　/ 184

（二）GTranslate　/ 185

（三）Weglot Translate　/ 185

（四）云译网页翻译插件　/ 186

五、参考资料　/ 187

第八章　语音输入　/ 188

一、基础知识　/ 188

二、主流工具　/ 188

三、案例实操　/ 189

（一）案例一：如何通过语音输入实现快速输入　/ 189

（二）案例二：如何完成批量录音文件转写与校对　/ 193

四、技术拓展　/ 197

（一）搜狗输入法　/ 197

（二）讯飞语记　/ 199

（三）Cymo Note　/ 199

五、参考资料　/ 202

第九章　机器翻译译后编辑　/ 203

一、基础知识　/ 203

二、主流工具　/ 204

三、案例实操　/ 204

（一）案例一：如何在桌面 CAT 工具中调用 API 实现 MTPE　/ 205

（二）案例二：如何在网页 CAT 工具中实现 MTPE　　/216

四、技术拓展　　/220

（一）Mate CAT　　/221

（二）译马网　　/222

（三）Bing AI　　/224

五、参考资料　　/225

第十章　机器口译　　/227

一、基础知识　　/227

二、主流工具　　/227

三、案例实操　　/228

（一）案例一：在日常聊天中，如何利用手机 App 做机器口译　　/228

（二）案例二：在会议演讲中，如何利用电脑软件做机器口译　　/231

四、技术拓展　　/235

（一）微软翻译 App　　/235

（二）彩云小译同传　　/237

（三）云译坤伸同传　　/238

（四）Call Annie　　/240

（五）Felo Translator　　/242

五、参考资料　　/244

第十一章　视频翻译　　/245

一、基础知识　　/245

二、主流工具　　/246

三、案例实操　　/246

（一）案例一：如何快速制作视频时间轴并翻译视频　　/246

（二）案例二：如何快速剪辑视频并自动添加双语字幕　　/252

四、技术拓展　　/256

（一）TransWAI　　/257

（二）网易见外　　/260

（三）BibiGPT　　/261

（四）Video Insights　　/263

五、参考资料　/ 266

第十二章　智能写作与批改　/ 268

一、基础知识　/ 268
二、主流工具　/ 269
三、案例实操　/ 269
（一）案例一：如何快速校对英文文章　/ 270
（二）案例二：如何快速校对中文文章　/ 274
四、技术拓展　/ 277
（一）微软爱写作　/ 277
（二）Quillbot　/ 278
（三）PoeChatGPT　/ 282
五、参考资料　/ 283

附　录　/ 284

附录 1　常用的搜索工具　/ 284
附录 2　常用的语料库　/ 284
附录 3　常用的机器翻译　/ 285
附录 4　常用的写作工具　/ 286
附录 5　常用的大语言模型　/ 287

第一章 桌面搜索

一、基础知识

桌面搜索,是对存储于本地计算机硬盘中的资料文件执行搜索的活动。与网络搜索不同,桌面搜索的对象一般不是互联网内容,不利用互联网搜索引擎完成线上搜索,而是利用桌面搜索工具,基于本地文件进行线下搜索。

桌面搜索主要依靠桌面搜索工具实现。如果在电脑硬盘上直接搜索文件,时间长、速度慢、搜索方式单一,且无法精准定位文件。桌面搜索工具则耗时短、搜索方式多样,包括按单一/组合关键词搜索、按文件格式搜索、按特定目录搜索、文本内搜索,有的还支持更进一步的搜索语法和正则表达式语法,帮助精确查找文件。此外,一些桌面搜索工具还有搜索替换文本内字词、批量修改文件名的特色功能。

自桌面搜索出现以来,许多大型互联网公司都推出了自己的桌面搜索产品,如Windows 桌面搜索、百度硬盘搜索、谷歌桌面搜索等。此外,许多独立软件公司和软件程序员也加入开发行列,推出了 Everything、FileLocator Pro、Search and Replace、Listary 等优秀产品。未来,随着大数据技术的发展,数据体量将更加巨大,数据类型将更加繁多,无论是个人学习,还是团队协作、企业管理,各类型用户对数据检索需求会相应增长,桌面搜索工具将适应用户需求,不断更新,得到进一步广泛应用。

二、主流工具

自出现以来,桌面搜索工具不断推陈出新,满足人们因数据存储量增加而不断增长的搜索需求,弥补电脑自带文件搜索功能的不足,相关软件依据其安装环境、开源情况、是否付费、主要功能的特点,可以分类如下:

(1)按安装环境:电脑端适用 Windows 系统的有 Everything、Listary、FileLocator Pro、AnyTXT Searcher 等,适用 macOS 系统的有 Spotlight、Finder、Alfred 等,同时支持两种系统的有 DocFetcher、TextSeek、Recoll 等;手机端的文件搜索 App 有 ES 文件浏览器、文件

全能王等。

（2）按开源情况：开源工具有 DocFetcher、Recoll 等。

（3）按是否付费：免费工具有 Everything、DocFetcher 等；付费工具有 TextSeek、Search and Replace 等；Listary、FileLocator 的基础版免费，专业版收费。

（4）按主要功能：有基于文件名搜索的 Everything、Listary、Alfred 等；有基于文件内容搜索的 FileLocator Pro、AnyTXT Searcher、DocFetcher 等；有文件内容搜索替换的 Search and Replace、grepWin 等。

三、案例实操

（一）案例一：如何利用 Everything 快速搜索本机翻译专题文件

Everything 是 voidtools 开发的适用 Windows 系统的免费搜索引擎，能够基于文件名快速定位文件和文件夹位置。它占用极少的系统资源，界面干净整洁，快速建立索引，快速搜索，实时跟踪文件变化，内置了 HTTP、ETP/FTP 服务器便于网络分享。需要注意的是，Everything 1.4 开始支持使用 content: 函数进行文件内容搜索，但搜索速度较慢。

1. 单一关键词搜索

如果想在电脑中搜索翻译相关文件，可以直接在 Everything 搜索框中输入"翻译"，点击回车，即可得到文件名含"翻译"的全部结果。选中所需文件并双击，可直接打开文件，如图 1-1 所示。

图 1-1　Everything——单一关键词搜索

如果想即时预览文件，单击"视图"，勾选弹出列表中的"预览"，即可调出预览框。

选中某一文件，预览框中会自动显示文件内容，帮助用户找到正确文件，如图1-2所示。

图1-2　Everything——预览文件内容

如果想更改文件排序方式来查找文件，在搜索栏下方任意空白处单击右键，鼠标移至弹出列表中的"排序"，即可将文件排序方式更改为按名称、路径、大小等，如图1-3所示。

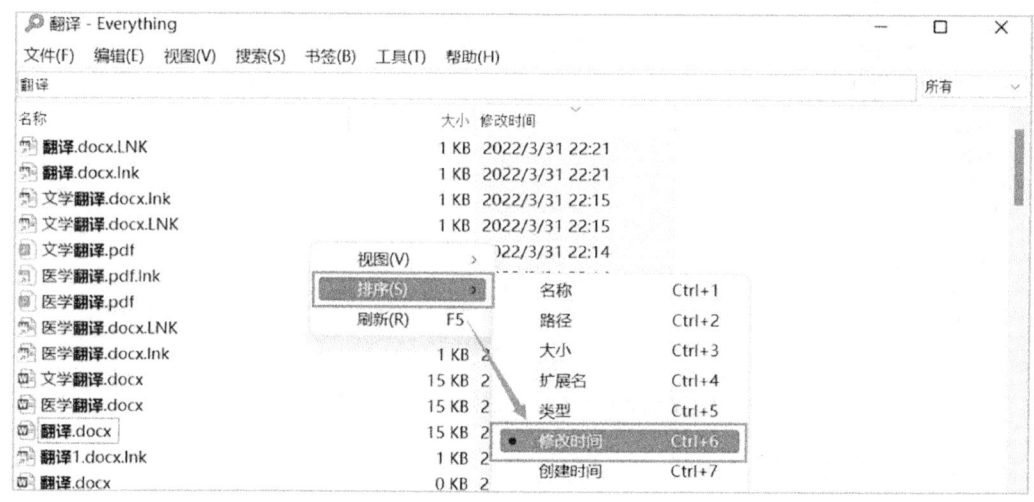

图1-3　Everything——更改文件排序

2. 关键词组合搜索

如果想查找文件名同时包含多个关键词的文件，可在各关键词之间用空格隔开，形成关键词之间的"与"关系。例如，想要查找文件名中同时含有"翻译""建筑""语料库"的文件，可在搜索栏输入"翻译 建筑 语料库"，即可找到相应文件，如图1-4所示。

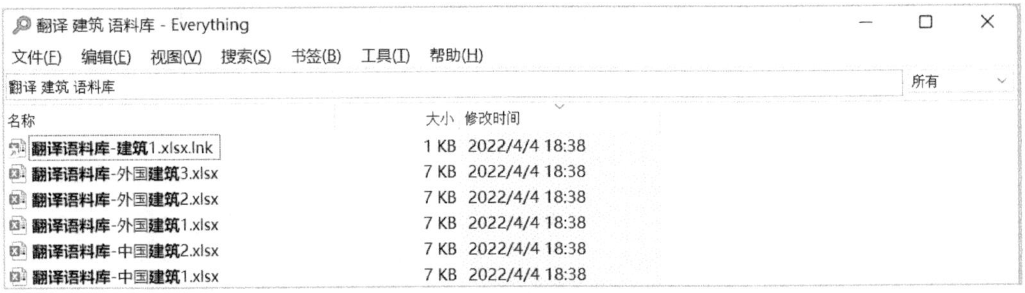

图 1-4　Everything——关键词组合"与"搜索

如果想查找文件名含某一关键词或另一关键词的文件，可在各关键词之间用"|"隔开，形成关键词之间的"或"关系。例如，查找文件名中含有"翻译"且含有"医学"或"建筑"的文件，可在搜索栏输入"翻译 医学|建筑"，即可找到相应文件，如图 1-5 所示。

图 1-5　Everything——关键词组合"或"搜索

3. 指定文件格式搜索

如果只想查找某种类型的文件，有两种方法。第一，在搜索栏右侧更改搜索的文件类型，如音频、压缩文件、文档等，如图 1-6 所示，但这样能限定的文件类型有限；第二，在关键词后加上空格和文件格式后缀。例如，查找文件名含"翻译"的 doc 或 pdf 文件，可在搜索栏输入"翻译 doc|pdf"，即可得到只含 docx 和 dpf 文件的全部结果，如图 1-7 所示。

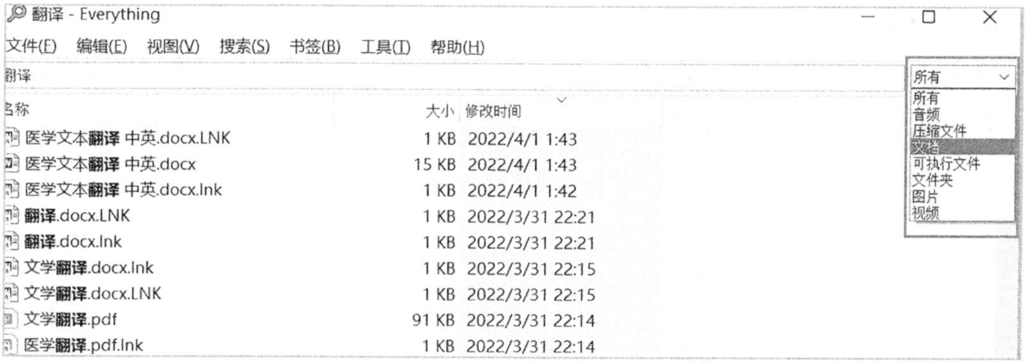

图 1-6　Everything——指定文件格式搜索之方法一

图 1-7　Everything——指定文件格式搜索之方法二

4. 指定目录搜索

如果只想搜索某一特定路径下的文件，可以在关键词前加上该路径进行搜索。例如，如果想在 E 盘的"翻译专题资料"文件夹中搜索文件名含"商务翻译"的文件，可在搜索栏输入"E:\ 翻译专题资料 商务翻译"，即可快速在相应位置找到该文件，如图 1-8 所示。

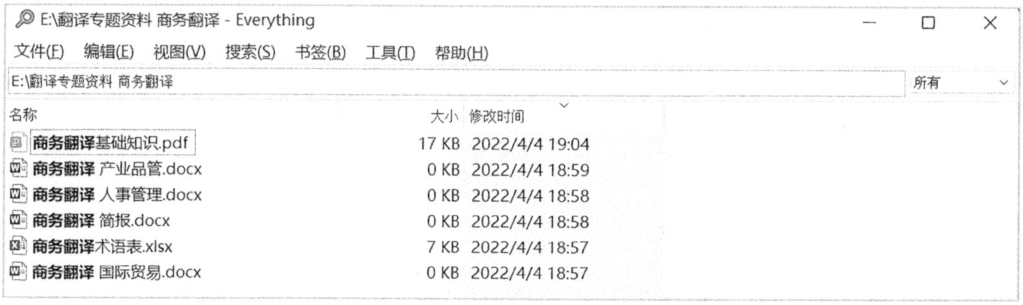

图 1-8　Everything——指定目录搜索

5. 更多搜索技巧

Everything 的文件搜索方法远不止于此，它还有自己的搜索语法，并支持正则表达式语法。如果想进一步学习，可在搜索栏上方的“帮助”中找到“搜索语法”和“正则表达式语法”的使用说明，了解更多搜索技巧，如图 1–9、图 1–10 所示。

搜索语法 - Everything

<table>
<tr><td colspan="2">操作符:</td></tr>
<tr><td>space</td><td>与 (AND)</td></tr>
<tr><td>|</td><td>或 (OR)</td></tr>
<tr><td>!</td><td>非 (NOT)</td></tr>
<tr><td>< ></td><td>分组</td></tr>
<tr><td>" "</td><td>搜索引号内的词组.</td></tr>
<tr><td colspan="2">通配符:</td></tr>
<tr><td>*</td><td>匹配 0 个或多个字符.</td></tr>
<tr><td>?</td><td>匹配 1 个字符.</td></tr>
<tr><td colspan="2">宏:</td></tr>
<tr><td>quot:</td><td>双引号 (")</td></tr>
<tr><td>apos:</td><td>单引号 (')</td></tr>
<tr><td>amp:</td><td>与号 (&)</td></tr>
<tr><td>lt:</td><td>小于 (<)</td></tr>
<tr><td>gt:</td><td>大于 (>)</td></tr>
<tr><td>#<n>:</td><td>十进制 Unicode 字符 <n>.</td></tr>
<tr><td>#x<n>:</td><td>十六进制 Unicode 字符 <n>.</td></tr>
<tr><td>audio:</td><td>搜索音频文件.</td></tr>
<tr><td>zip:</td><td>搜索压缩文件.</td></tr>
<tr><td>doc:</td><td>搜索文档文件.</td></tr>
<tr><td>exe:</td><td>搜索可执行文件.</td></tr>
<tr><td>pic:</td><td>搜索图片文件.</td></tr>
<tr><td>video:</td><td>搜索视频文件.</td></tr>
<tr><td colspan="2">修饰符:</td></tr>
<tr><td>ascii:</td><td>启用快速 ASCII 大小写对比.</td></tr>
<tr><td>case:</td><td>区分大小写.</td></tr>
<tr><td>diacritics:</td><td>匹配变音标记.</td></tr>
<tr><td>file:</td><td>仅匹配文件.</td></tr>
<tr><td>folder:</td><td>仅匹配文件夹.</td></tr>
<tr><td>noascii:</td><td>禁用快速 ASCII 大小写对比.</td></tr>
<tr><td>nocase:</td><td>不区分大小写.</td></tr>
<tr><td>nodiacritics:</td><td>不匹配变音标记.</td></tr>
</table>

图 1–9　Everything——搜索语法

正则表达式语法:

<table>
<tr><td>a|b</td><td>匹配 a 或 b</td></tr>
<tr><td>gr(a|e)y</td><td>匹配 gray 或 grey</td></tr>
<tr><td>.</td><td>匹配任一字符</td></tr>
<tr><td>[abc]</td><td>匹配任一字符: a 或 b 或 c</td></tr>
<tr><td>[^abc]</td><td>匹配任一字符, 但不包括 a, b, c</td></tr>
<tr><td>[a-z]</td><td>匹配从 a 到 z 之间的任一字符</td></tr>
<tr><td>[a-zA-Z]</td><td>匹配从 a 到 z, 及从 A 到 Z 之间的任一字符</td></tr>
<tr><td>^</td><td>匹配文件名的头部</td></tr>
<tr><td>$</td><td>匹配文件名的尾部</td></tr>
<tr><td>( )</td><td>匹配标记的子表达式</td></tr>
<tr><td>\n</td><td>匹配第 nth 个标记的子表达式, nth 代表 1 到 9</td></tr>
<tr><td>\b</td><td>匹配字词边界</td></tr>
<tr><td>*</td><td>匹配前一项内容 0 或多次</td></tr>
<tr><td>?</td><td>匹配前一项内容 0 或 1 次</td></tr>
<tr><td>+</td><td>匹配前一项内容 1 或多次</td></tr>
<tr><td>*?</td><td>匹配前一项内容 0 或多次 (懒人模式)</td></tr>
<tr><td>+?</td><td>匹配前一项内容 1 或多次 (懒人模式)</td></tr>
<tr><td>{x}</td><td>匹配前一项内容 x 次</td></tr>
<tr><td>{x,}</td><td>匹配前一项内容 x 或多次</td></tr>
<tr><td>{x,y}</td><td>匹配前一项内容次数介于 x 和 y 之间</td></tr>
<tr><td>\</td><td>特殊转义字符</td></tr>
</table>

图 1–10　Everything——正则表达式语法

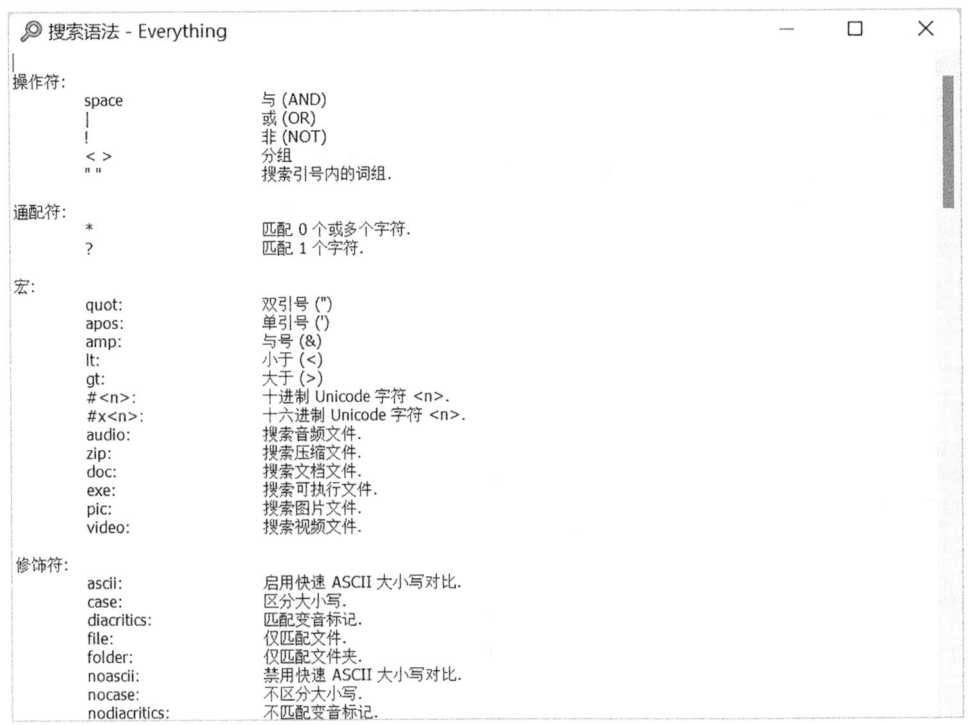

（二）案例二：如何利用 FileLocator Pro 深度搜索本机翻译文档

在搜索文件名方面，Everything 和 Listary 能满足用户需求。然而，有时仅通过文件名并不足以快速找到所需文件和内容，人们还需要支持全文搜索的软件。FileLocator Pro 就是这样一款能搜索文件内容的软件，它由 Mythicsoft 公司开发，支持 Windows 系统，拥有即时显示和文档浏览等功能，除文件名搜索外，还能对包括 ZIP 压缩包文件在内的数百种文件格式进行内容搜索。软件界面分为三个视图：条件视图用以输入搜索条件，文件列表视图显示搜索到的文件，内容视图显示关于搜索的各项信息，如图 1-11 所示。

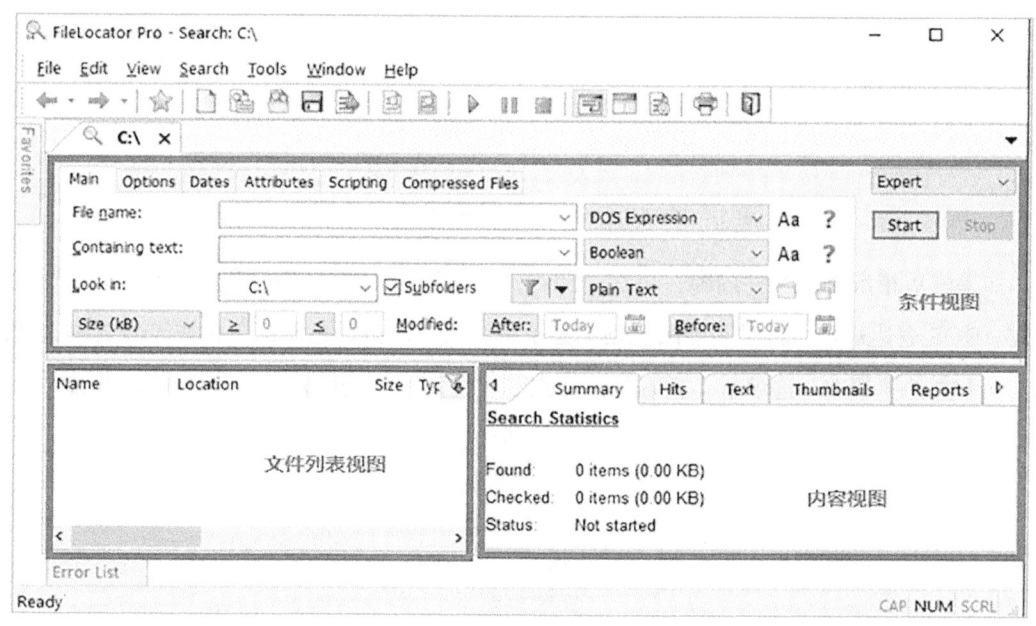

图 1-11　FileLocator Pro——软件界面

1. 文件内容搜索

如果忘记所需查找文件的文件名，只记得文件相关内容，可以在 FileLocator Pro 搜索栏的"包含文本"行输入文件内容关键词，然后进行搜索。如果记得文件所在位置，可以在"查找位置"行选择相应搜索目录，目录越详细则搜索速度越快；如果忘记文件所在位置，可以选择在全部本地磁盘进行搜索，但这样需花费更长搜索时间。例如，如果想在 E 盘"医学翻译"文件夹中找到"中风"相关的翻译文件，可以先在"包含文本"行输入"中风"，再将光标移至"查找位置"行右侧，点击出现的省略号键，选择所需查找的 E 盘"医学翻译"目录，最后点击搜索栏右侧的"开始"，如图 1-12 所示。如此操作，即可找到相应文件，还能在右下方预览包含关键字的文件内容。

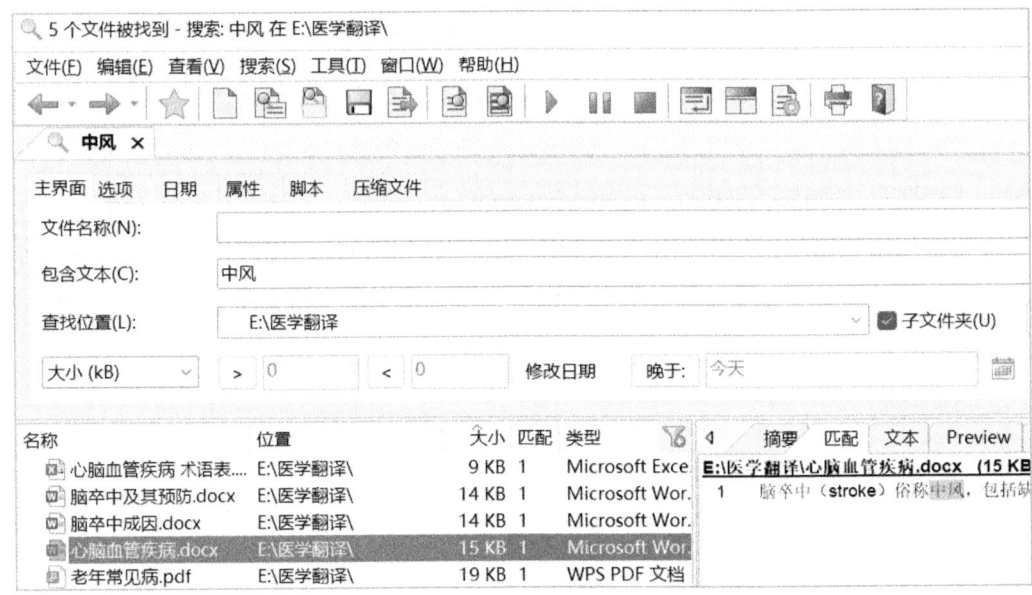

图 1-12　FileLocator Pro——文件内容搜索

如果想更精准查找文件内容,可在"包含文本"行旁边选择不同的搜索语法,如布尔表达式、DOS 表达式等。若对其语法规则不甚了解,可以点击旁边的问号标志查看解释,或点击页面上方的"帮助"选项卡,查看关于搜索和软件使用的全面知识,如图 1-13 所示。

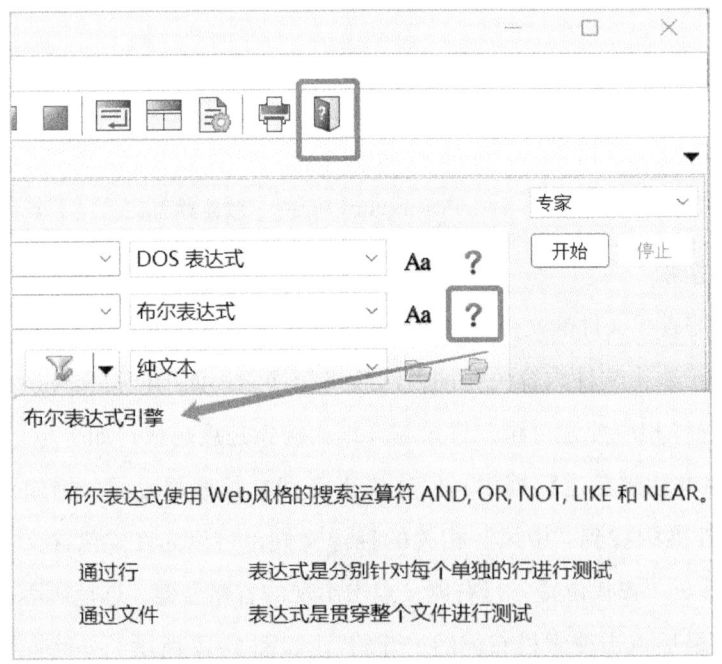

图 1-13　FileLocator Pro——搜索语法

FileLocator Pro 还有一个实用功能,那就是可以查找压缩包中的文件内容。如果想查找压缩包中的内容,需要点击搜索栏上方的"压缩文件",勾选所需查找的压缩包文件格式或点击"所有"全选格式,再回到主界面进行搜索,所得搜索结果会包含压缩包中的文件,如图1-14所示。

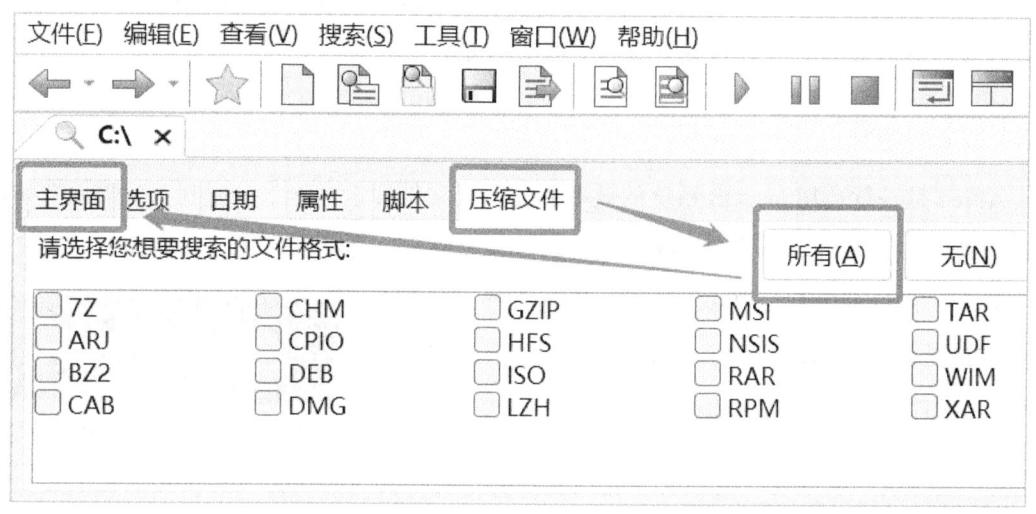

图1-14　FileLocator Pro——压缩包内容搜索

2. 搜索结果筛选

搜索文件内容往往会得到众多搜索结果,FileLocator Pro支持对搜索结果的二次筛选,帮助用户迅速找到文件。单击搜索结果上方的"名称""位置""大小""类型"等,可以将文件按一定顺序排序;单击最右侧的"过滤器",下方会出现过滤器栏,用户可以自行输入条件,筛选搜索结果。例如,如果想筛选出搜索结果中的Word文件,需要在"类型"过滤器输入"word",即可得到只有word文件的结果,如图1-15所示。

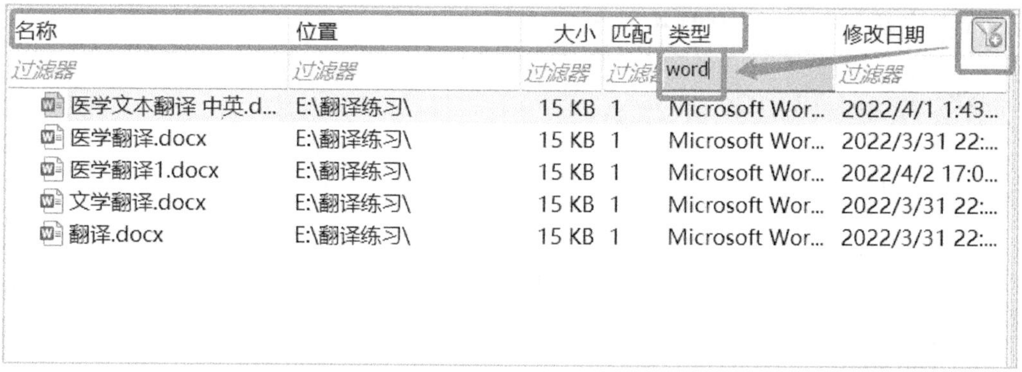

图1-15　FileLocator Pro——搜索结果筛选

四、技术拓展

下面将介绍未在案例中演示的其他工具,其功能各有侧重,包括文件名搜索、文件内容搜索、文件内容搜索和替换,部分软件还有网页搜索、应用启动等特色功能,涵盖 Windows 端和 Mac 端,为读者的工具选择提供参考。

(一)Alfred

Alfred 是一款适用 macOS 系统的效率神器,其文件搜索功能十分便利,只需设置快捷键调出搜索栏,即可输入关键词搜索文件。找到文件后,还能对其进行实时预览、在文件夹中查看、拷贝、压缩、删除等操作。除此之外,它还有许多其他功能,如启动应用、自定义网络搜索、计算器、字典等,而这些都只需在搜索栏输入简单搜索指令即可完成,无需分别打开应用再在应用内操作。如图 1-16、图 1-17 所示。

图 1-16 Alfred——软件标志

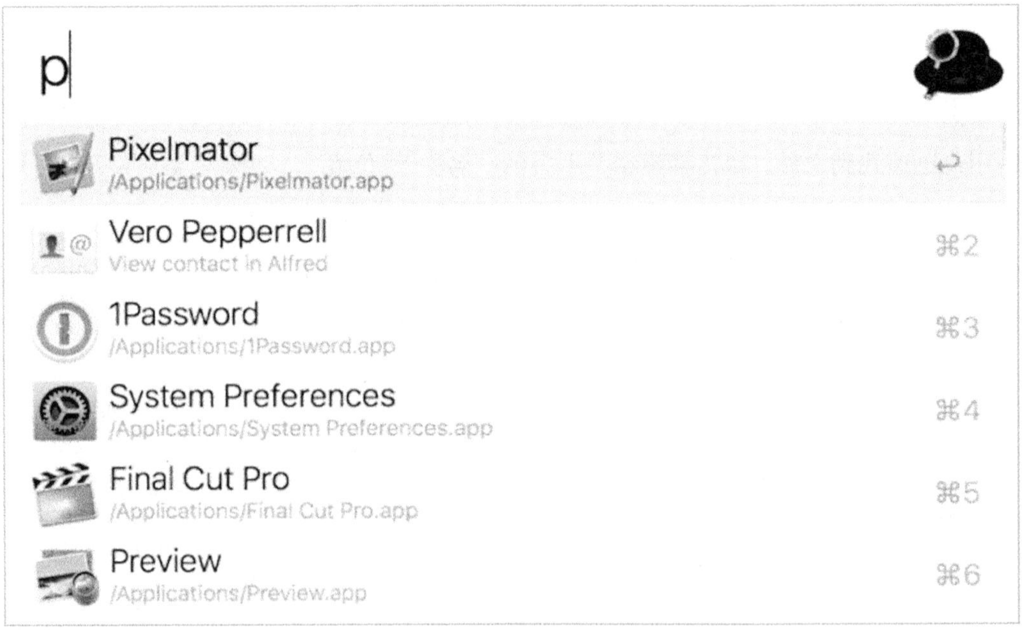

图 1-17 Alfred——软件界面

(二)Finder

Finder 是 Mac 系统自带的文件管理器,能帮助用户管理和查找文件。用户可以自由定制页面布局,在侧边栏设置自己的常用文件夹,在工具栏设置常用工具;可以给文件添加标签,方便分类管理;还可以给文件进行批量重命名。此外,它还有多桌面运行、分屏、文件自动收集等特色功能。如图1-18、图1-19所示。

图1-18　Finder——软件标志

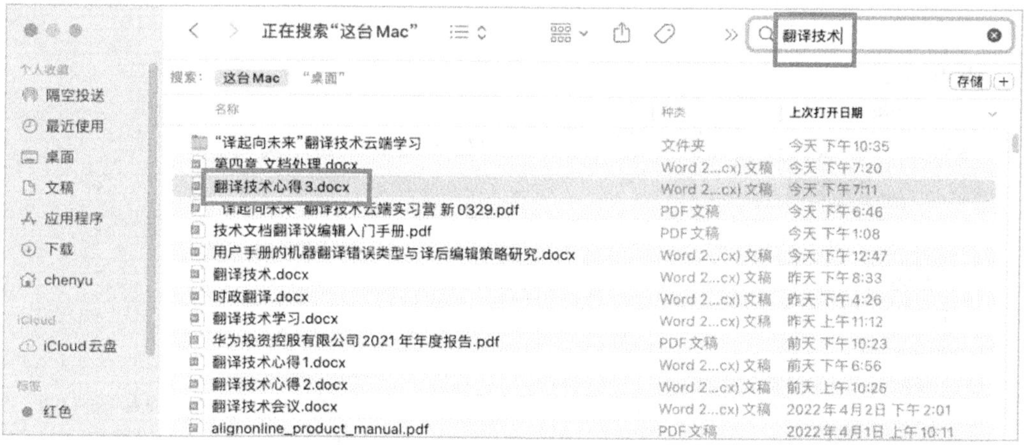

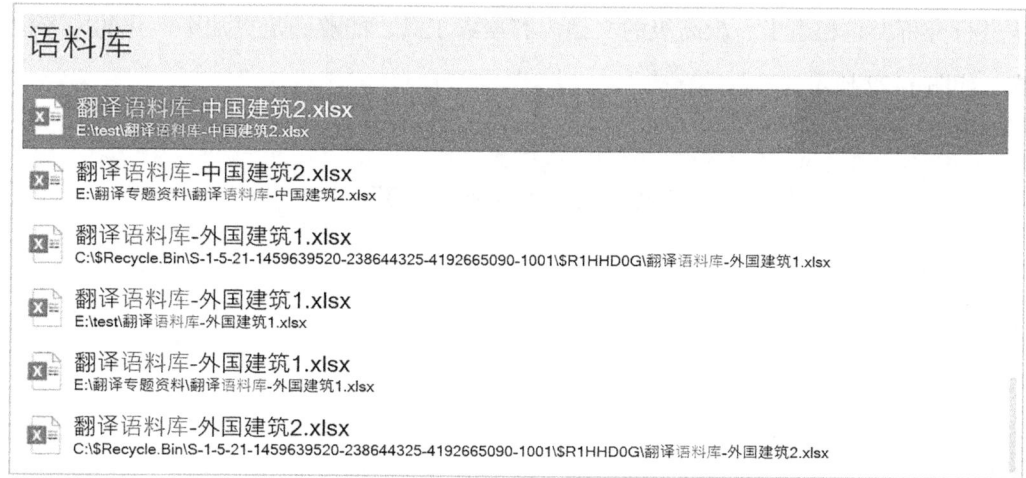

图1-19　Finder——软件界面

(三)Wox

Wox是一款免费开源的快速启动工具,适用Windows系统,被称为Windows端的Alfred。其工作模式与Alfred大致相同,设置快捷键后调出搜索栏,即可输入相应关键词,进行启动应用、文件搜索(需配合Everything)、网页搜索、计算器等一系列操作,还能通过官网提供的插件使用天气查询、翻译等功能。如图1-20所示。

图1-20　Wox——软件界面

（四）Search and Replace

Search and Replace 是一款实用的搜索和替换工具，适用 Windows 系统。支持搜索子目录和 ZIP 文件，并进行区分大小写或全字匹配的搜索，支持正则表达式，能设定搜索范围和搜索文件类型，最重要的是能对查找到的文件内容进行单个或批量替换。使用简单，搜索速度快。如图 1-21 所示。

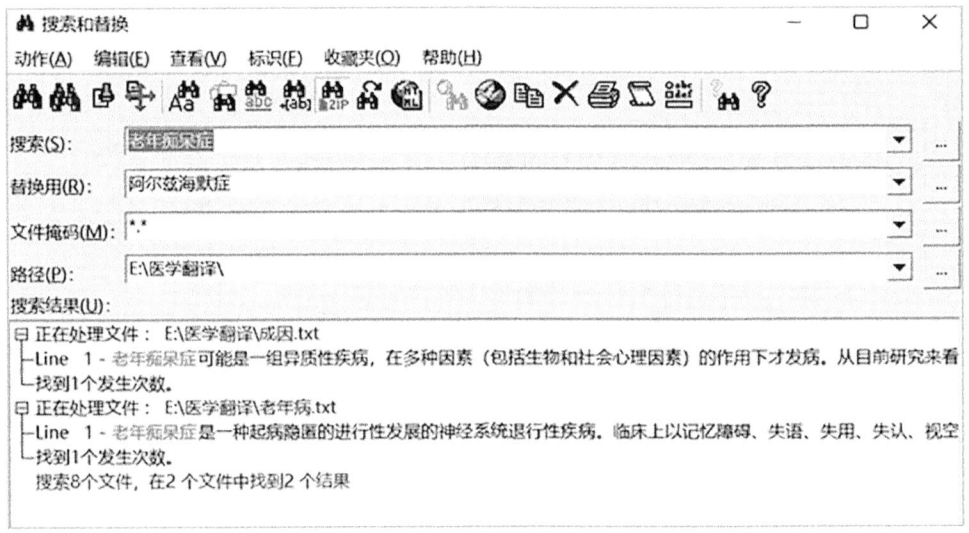

图 1-21　Search and Replace——软件界面

（五）ChatPDF

ChatPDF 是一个能与 PDF 对话的智能工具网页。用户只需上传 PDF，就可以在聊天窗口中与 PDF 进行对话，从 PDF 中快速搜索、提取出所需要的信息，并可对 PDF 的内容和结构进行分析。它相当于一款高级的文档内容搜索工具，能够满足更加个性化的内容搜索需求。如图 1-22 所示。

图 1-22　ChatPDF——网页界面

五、参考资料

1. Alfred 官网：https://www.alfredApp.com/
2. AnyTXTSearcher 官网：https://anytxt.net/
3. ChatPDF 官网：https://www.chatpdf.com/
4. DocFetcher 官网：http://docfetcher.sourceforge.net/zh/index.html
5. Everything 官网：https://www.voidtools.com/zh-cn/
6. FileLocatorPro 官网：https://www.filelocator.cn/
7. Finder 官方介绍：https://support.Apple.com/zh-cn/HT201732
8. grepWin 官网：https://tools.stefankueng.com/grepWin.html
9. Listary 官网：https://www.listary.com/
10. Recoll 官网：https://www.lesbonscomptes.com/recoll/
11. SearchandReplace 官网：http://www.funduc.com/search_replace.htm
12. TextSeek 官网：https://www.textseek.net/cn/
13. Wox 官网：http://www.wox.one/

第二章 网络搜索

一、基础知识

网络搜索,是指利用计算机在互联网上检索各服务器站点上的内容,获取自己所需信息的活动。随着网络和计算机技术的快速发展和应用,日益发达的网络搜索打破了信息检索的区域性和局限性,其检索速度快、检索途径多、检索范围广、检索用词灵活、信息更新及时,为人们在浩如烟海的互联网中获取自己想要的信息提供了诸多便利。

网络搜索主要依靠搜索引擎来实现,常用的搜索引擎有谷歌、百度等,其工作原理分为采集网页信息、建立索引库、在索引库中搜索排序三步。首先,在网络上采集网页信息建立数据库,然后,提取网页信息建立索引库,最后,根据用户输入的关键词在索引库找到相关网页,将其排序并向用户返回结果。

网络搜索中,关键词检索的方法最为常见,检索中还能运用多种检索技巧,如布尔逻辑检索(以布尔运算符如 AND、OR、NOT 连接各个检索词)、位置运算符检索(限定检索词间的位置临近关系)、词组检索(把词组放在双引号内)、截词检索(在检索词的适当位置截断,用截词符代替可变化的部分)、字段检索(查找在指定字段上满足检索条件的记录)等。掌握这些检索技巧,就能更加精准高效地找到目标信息。

自 ChatGPT 诞生以来,搜索引擎就被拿来与之作比较,甚至产生了传统搜索引擎能否被 ChatGPT 取代的疑问。两者的区别在于:(1)搜索引擎是基于关键词的搜索,无法进行实时对话;而 ChatGPT 是一个对话式系统,可以与用户实时对话和交互。(2)搜索引擎只是根据用户输入的关键词来搜索相关信息,缺乏对对话中上下文的理解能力;而 ChatGPT 能够理解对话中的上下文信息,包括对话历史,从而生成更加连贯和一致的回应。(3)搜索引擎只提供与关键词相关的搜索结果,对于多轮对话的处理能力较为有限;而 ChatGPT 可以处理多轮对话,能够跟踪对话历史并生成合适的回复。(4)搜索引擎主要提供搜索结果列表,用户需要从中筛选信息;而 ChatGPT 的设计旨在提供更加人性化和自然的对话体验,可以与用户进行情感交互、提供实时反馈等。综上所述,ChatGPT 和搜索引擎各有优劣，可以互相补充。

二、主流工具

在翻译实践或翻译研究中，译者会接触到许多专业领域的知识，需要查找背景知识、查证专业术语、寻找恰当表达等，仅靠纸质资料查证耗时长、查找范围有限、资料时效性不佳。此时，译者便可参考各种各样的网络搜索资源，如搜索引擎、在线词典、学术及专业数据库、语料库、术语库等，从中快速获取所需信息：

（1）搜索引擎：百度、搜狗、必应、谷歌等。

（2）在线词典：有道词典、金山词霸、海词词典、欧路词典、人人词典、牛津词典、剑桥词典、柯林斯词典、朗文词典、韦氏词典等。

（3）学术数据库：中国知网、万方数据、维普数据、John Benjamins、ProQuest、ResearchGate、Springer、Web of Science 等。

（4）专业数据库：中国专利信息网、北大法宝法律数据库、国研网世界经济数据库、Patentscope 专利数据库、PubMed 生物医学数据库等。

（5）单语或双语语料库：BNC 语料库、COCA 语料库、BYU 语料库、北外语料库、绍兴文理学院汉英平行语料库等。

（6）在线术语库：术语在线、中国特色话语对外翻译标准化术语库、中国思想文化术语库、中国关键词、TERMIUM、TermWiki、UNTERM 等。

（7）大语言模型：ChatGPT、New Bing、Claude2、文心一言、WebPilot 等。

三、案例实操

（一）案例一：如何用搜索引擎查找翻译知识

一般而言，搜索引擎是我们在众多互联网内容中获取翻译相关知识的首要工具，常用的搜索方法是直接输入一个或多个关键词进行搜索。然而，这样搜索有时也不能帮助我们精准定位所需信息，还需要进一步的条件限定，此时，搜索语法便派上了用场。以百度、谷歌为代表的多数搜索引擎都支持使用搜索语法，进行精确搜索、排除搜索、指定网址、文件格式、标题关键词搜索等。下面将以谷歌为例，介绍常用语法及其在查找翻译知识中的综合运用。

1. 常用搜索语法

（1）精确搜索：英文引号（" "）。

搜索引擎通常会将关键词拆分，以扩大搜索范围、获得更多结果，但可能会使搜索结果过度发散。如果想让搜索结果完全匹配关键词，可以将关键词放入英文引号（" "），即可得到关键词不拆分的相关内容。例如，如果想查找完全匹配"太阳能电池"一词的内容，可以在搜索栏输入"太阳能电池"，可得到完全包含"太阳能电池"一词的内容，如图 2-1 所示。

图 2-1 搜索语法——精确搜索

（2）排除搜索：英文减号（-）。

如果想排除含有某些关键词的结果，可以在需要排除的关键词前加上空格和英文减号（-），即可过滤该关键词的相关信息。例如，如果想查找"太阳能电池"相关的非百科类网页，可以在搜索栏输入"太阳能电池 - 百科"，可得到不含百科网页的结果，如图 2-2、图 2-3 所示。

图 2-2 搜索语法——排除搜索前

图 2-3 搜索语法——排除搜索后

（3）指定网址或域名搜索：site:。

如果想在某个特定网址或某类域名中查找相关内容，在输入关键词以外，还可加上 site:，后跟特定网址或域名，即可找到该类网站中的相关内容。例如，如果想查找"太阳能电池"在知乎中的内容，可以在搜索栏输入"太阳能电池 site:zhihu.com"；如果想查找"太阳能电池"在教育机构类网站中的内容，可以在搜索栏输入"太阳能电池 site:edu.cn"，如

图 2-4、图 2-5 所示。

图 2-4 搜索语法——指定网址搜索

图 2-5 搜索语法——指定域名搜索

（4）指定文件格式搜索：filetype:。

如果想查找某一文件格式的内容，在输入关键词以外，还可加上 filetype:，后跟特定文件格式，即可找到该文件格式的相关内容。例如，如果想查找"太阳能电池"相关的 PDF 文件，可以在搜索栏输入"太阳能电池 filetype:pdf"，如图 2-6 所示。

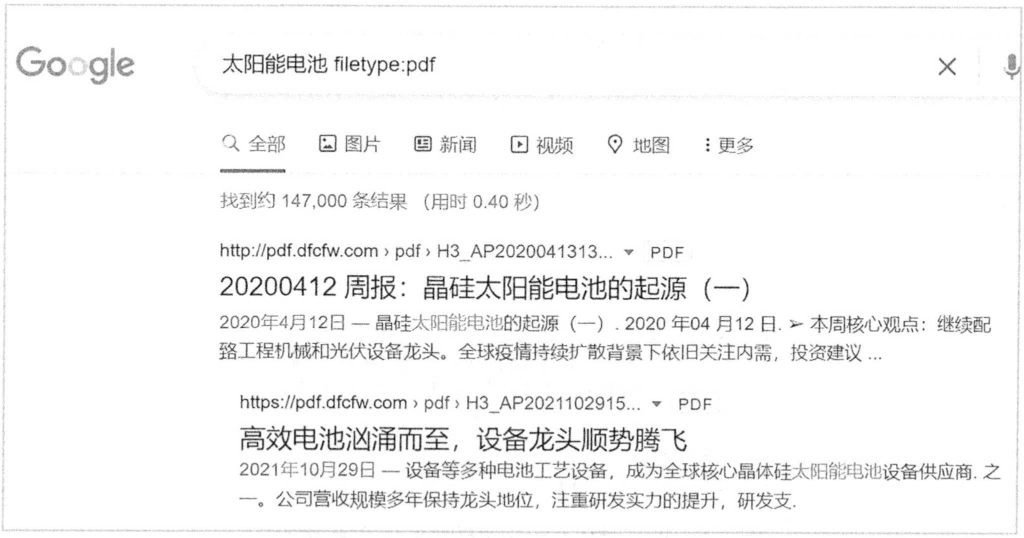

图 2-6　搜索语法——指定文件格式搜索

（5）指定标题关键词搜索：intitle:/allintitle:。

如果想限定关键词在网页标题中出现，可以在 intitle: 后加入单个关键词，或在 allintitle: 后加入多个关键词。例如，如果想查找标题中含"太阳能电池"的网页，可以在搜索栏输入"intitle: 太阳能电池"；如果想查找标题中同时含"太阳能电池"和"原理"的网页，可以在搜索栏输入"allintitle: 太阳能电池 原理"，如图 2-7、图 2-8 所示。

图 2-7　搜索语法——指定标题单个关键词搜索

图 2-8　搜索语法——指定标题多个关键词搜索

（6）相关网站搜索：related:。

如果想查找与某网站相似或关联的网站资源，可以在 related: 后加上空格和该网站域名。例如，如果想查找与杨百翰大学的 BYU 语料库类似的语料库网站，可以在搜索栏输入"related: corpus.byu.edu"，如图 2-9 所示。

图 2-9　搜索语法——相关网站搜索

除上述介绍，搜索语法还包括 inurl、allinurl、intext、allintext 等，以及通配符和逻辑检索符，其用法有待读者一一探索。

2. 利用搜索语法查找查证译文

学习了多种搜索语法后，可以对它们进行综合运用，查找不确定表达的译文，并查证其在英文语境中的通用性。下面，将通过具体案例，从分析源语、查找目标语译文、查证目标语译文三个步骤，来演示搜索语法的综合运用。

案例描述：新冠疫情期间，出于防控需要，"闭环管理"成为一种常见的管理模式，随着各类新闻报道走入公众语域，在国内外媒体报道中有着较高使用频率。那么，疫情的"闭环管理"在英文中该如何表达呢？

（1）源语分析。

"闭环管理"一词中，"闭环"一词的译法不确定性较大，而"管理"除特殊情况外常译作"management"。因此如何确定"闭环"的译法较为关键，可利用管理对应的"management"与"闭环管理"整体联系，查找出有该词出现的中英对应文件，以确定整个词语的译法。

（2）查找译文。

首先，为找到"闭环管理"在官方文件中的译法，可考虑在政府类网站中查找该词。运用精确搜索和指定域名搜索的语法，在谷歌搜索栏输入："闭环管理"management site: gov，得到前五条结果如图 2-10 所示。

图 2-10　查找译文——结果展示

除第四条与案例无关外，其余四条均含“闭环管理”的英文表述：第一条来自成都市卫健委主办的《健康成都》读本，其表述为“close-loop management”，如图 2-11 所示；第二、第三、第五条分别来自湖州市政府网站、佛山市政府网站及中国驻新加坡大使馆网站，如图 2-12 ~ 图 2-14 所示，其表述为“closed-loop management”。由此可知，“closed-loop management”是官方文件中对“闭环管理”的常见表达。

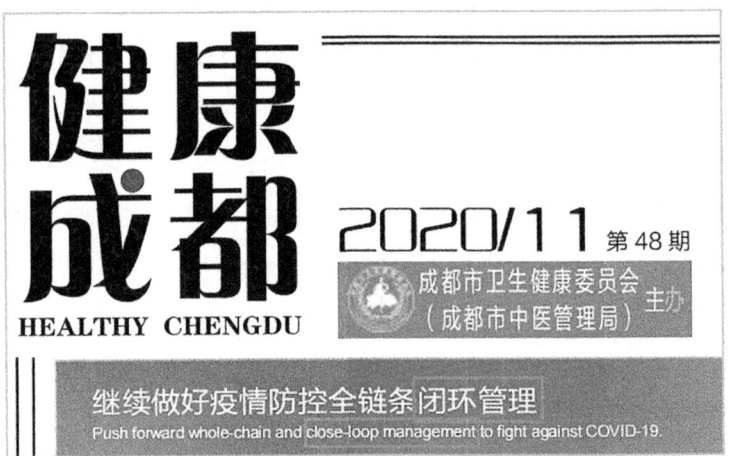

图 2-11　查找译文——《健康成都》译文

二、积极配合入境闭环管理。凡来湖返湖的入境人员实施“14+7+7”的健康管理措施，
医学观察；“7+7”即对符合解除隔离条件来湖返湖的，要提前向所在村（社区）报备，继
测。对在省内解除隔离并来湖返湖的，严格落实隔离点至入境人员家中的闭环转送；对在省
交通站点至入境人员家中的闭环转送。

2. Actively cooperate in the closed-loop management for inbound passenger
from abroad should undertake the “14+7+7” health management measures and r
14 days of medical isolation at the ports, 7 days of health observation at h
after health check. People who have finished the 14-day quarantine in Zhejia
should have a closed-loop transfer between the quarantine site and home. Tho
quarantine outside Zhejiang Province should have a closed-loop transfer betw

图 2-12　查找译文——湖州市政府网站译文

三、闭环管理区域

根据疫情防控需要进行严格管控的区域。所有人员非必要不外出，不参加聚集性活动，执行严格的健康管理，实行住家、单位“两点一线”闭环管理（详见附件3）。

3. Closed-loop management areas

Strict health management and closed-loop management between home and office will take effect according to prevention and control requirement. People shall not go out unless necessary and gatherings are not advised (see attachment 3 for detailed measures).

图 2-13　查找译文——佛山市政府网站译文

图 2-14　查找译文——中国驻新加坡大使馆网站译文

（3）查证译文。

查找到"closed-loop management"这一表达后，还需验证其是否被运用于国外英文报道，是否为英语母语者所理解。同样运用精确搜索和指定域名搜索的语法，在谷歌搜索栏分别输入 "closed-loop management" site: reuters 及 " closed-loop management" site: cnn，以查证该词在 Reuters 和 CNN 两家主流英美媒体中的使用情况，结果如图 2-15、图 2-16 所示。由结果可知，该译法能在英文的对应语境下被外媒理解和使用，虽然出现时间不长，已有一定的使用频率。

图 2-15　查证译文——Reuters 报道

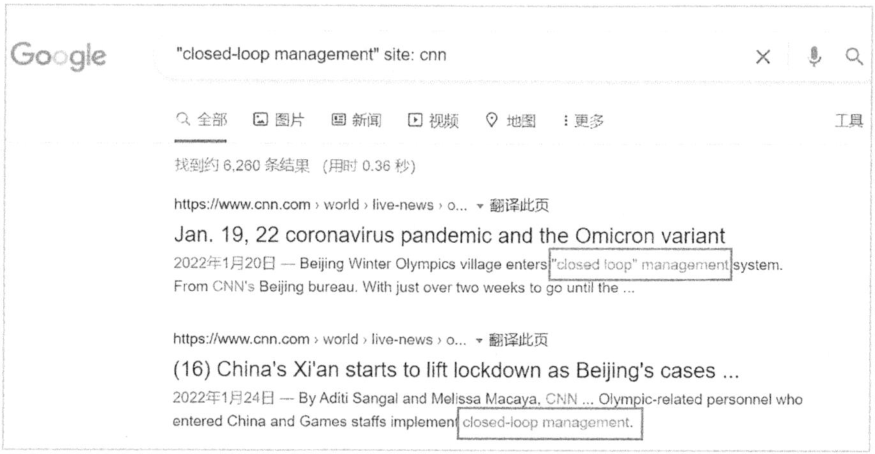

图 2-16　查证译文——CNN 报道

由此，可确定"closed-loop management"是"闭环管理"的可接受译法，其在官方文件中较为常见，也被使用于外媒报道中。

3. 利用 New Bing 查找查证译文

New Bing 是微软基于 OpenAI ChatGPT 技术开发的新一代问答 AI 搜索引擎，其底层模型为 GPT-4。与 ChatGPT 类似，人们能以聊天的形式向 New Bing 提问以获取自己想要的答案，并通过连贯的对话不断修正获取的结果。不同的是，ChatGPT 无法联网，它的回答是基于 2021 年以前的数据生成的，其时效性和准确性可能难以保证，但 New Bing 可以根据用户的提问联网进行网页搜索，给出更有时效性的答案。因此，根据 New Bing 可联网的特点，我们可以利用它进行网络搜索，更快更精准地获取信息。

需要注意的是，ChatGPT 和 New Bing 本质上是一种语言模型，主要任务是根据用户提问生成回答，它们只负责生成与问题对应的答案，但不能保证答案的准确性，甚至有时会"糊弄"提问者。因此，搜索之后的查证也是十分重要的。在译文查找查证方面，我们可以先要求 New Bing 提供译文，再查看该译文在谷歌搜索中的结果数和语境，以查证译文的准确性和适用性。

案例描述：近年来，影视剧出海的势头正盛，越来越多影视剧走出国门，在海外取得不俗反响，助力中国文化传播。其中，一些影视剧题材具有浓厚的中国特色，如仙侠剧、宫廷剧等，这些题材名称能给海外观众带来对该类影视剧的第一印象，因此它们的翻译值得斟酌。下面以"仙侠剧"一词为例，展示如何利用 New Bing 查找及查证译文。

（1）查找译文。

首先，打开 Microsoft Edge 浏览器，从 Bing 的搜索栏切换到聊天栏，在下方问题框中输入问题，如图 2-17 所示。

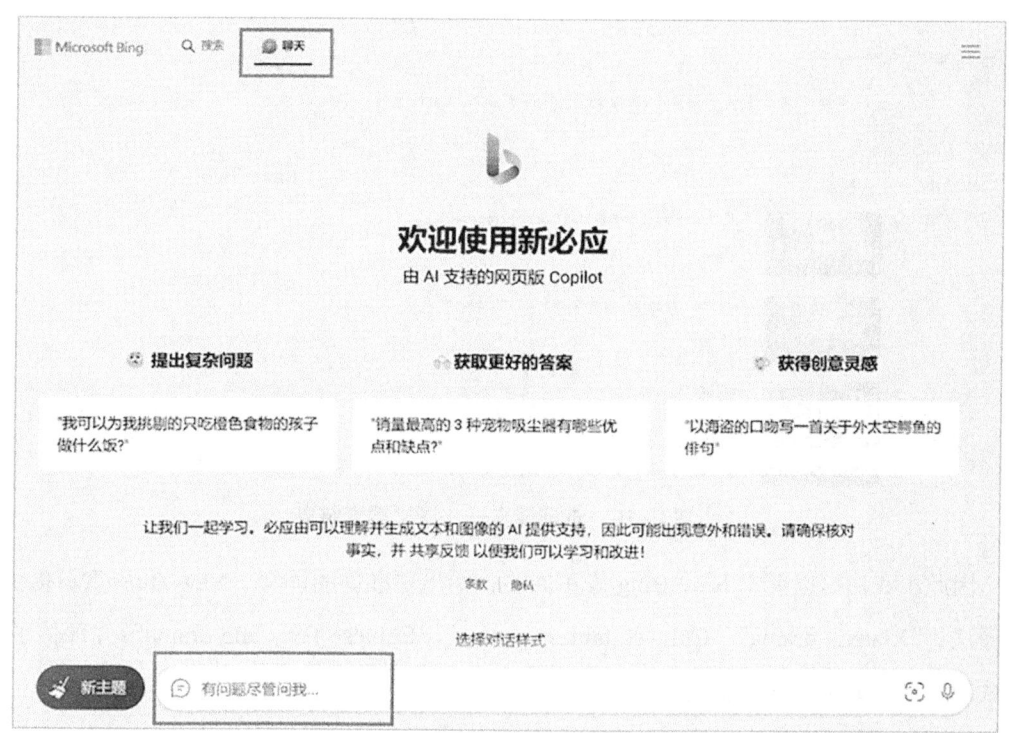

图 2-17　查找译文——进入 New Bing 聊天

向 New Bing 的提问可包含背景、要求及问题，以便 New Bing 能够更好地理解需求并给出较为准确的答案。我们可以向 New Bing 提出想要达到的翻译效果，要求它给出"仙侠剧"相应的译文。New Bing 提供的"仙侠剧"一词对应译文为"fairy tale drama"。但由于该回答的准确性无法保证，我们可以利用谷歌搜索查证该译文的适用性，如图 2-18 所示。

图 2-18　查找译文——提问 New Bing

（2）查证译文。

通过谷歌搜索可查证译文的实际应用场景。查看"fairy tale drama"的谷歌搜索结果，可知该词更多指向其他国家的同名剧集，与中国的"仙侠剧"一词关联性不高，无法用作"仙侠剧"的对应翻译，如图 2-19 所示。

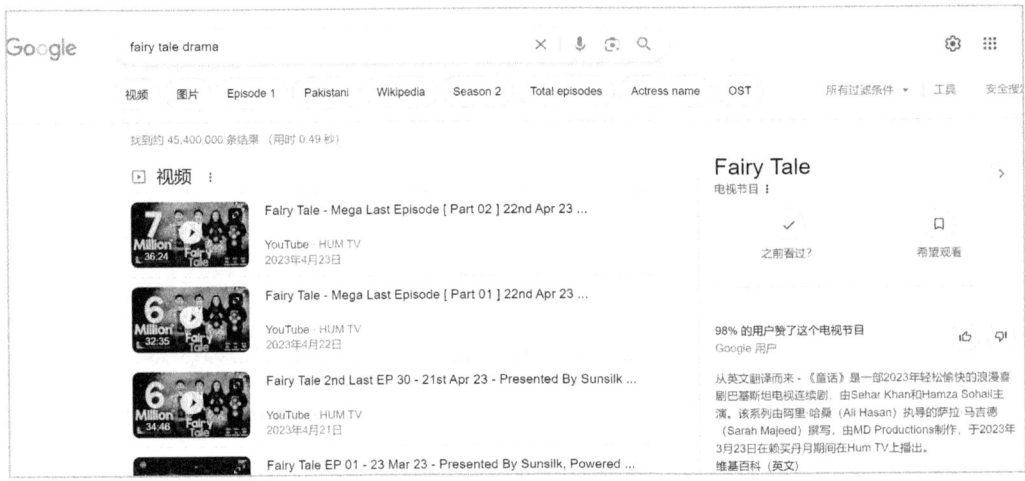

图 2-19 查证译文——译文搜索结果

因此，我们可以要求 New Bing 修正回答，给出更准确的译文。New Bing 重新提供了 3 种译法："Xianxia drama""Chinese fantasy drama""Chinese fairy tale drama"并评估了每种译法的特点，如图 2-20 所示。

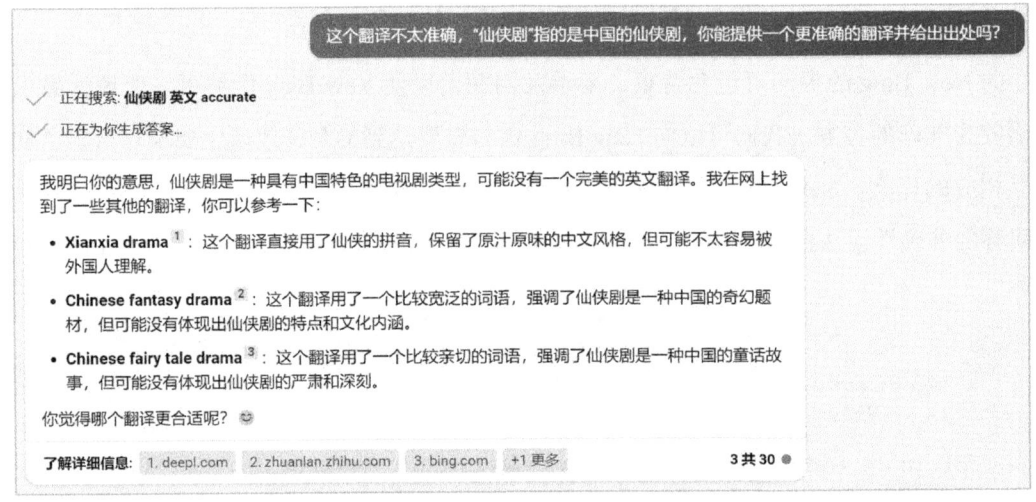

图 2-20 查证译文——获取修正译文

再次通过谷歌搜索验证译文的应用场景。由结果可知，第 1 种和第 2 种译法均可搜索出中国仙侠剧相关的内容，说明其意义与"仙侠剧"一词有较好的对应。两者之中，第 2 种译法"Chinese fantasy drama"的搜索结果数更多，说明它应用更为广泛。第 3 种译法所得结果与仙侠剧相关性不强，可排除，如图 2-21 所示。

图 2-21　查证译文——修正译文搜索结果

通过向 New Bing 提问查找译文，并通过谷歌搜索查证译文，可知"Chinese fantasy drama"可以作为"仙侠剧"一词的备选翻译，后续需进一步查证。这一方法免去了源语分析的步骤，直接从 New Bing 获取可能的译文并予以查证，提高了疑难术语或表达的译文搜索效率。

（二）案例二：如何用学术数据库查找翻译研究资料

翻译实践及研究中，我们经常需要查找前人研究成果，以获取指导实践的理论知识，或了解研究动态、调研选题、引用已有研究佐证观点等。研究资料要求一定的专业性和权威性，如果仅靠搜索引擎查找，其结果五花八门，来源和权威性还需自行查证。此时，可以通过学术数据库这一学术数据的专门收录平台来查找资料，其资料需经审核、来源明确，还进行了分门别类，支持多种搜索筛选方式。下面将以中国知网和 Web of Science（WOS）两大中外学术数据库为例，展示在其中进行资料检索的方法。

1. 在中国知网查找翻译研究资料

中国知网，即中国知识基础设施工程（China National Knowledge Infrastructure，CNKI），由清华大学、清华同方发起，是世界上最大的连续动态更新的中国学术文献数据库，收录了学术期刊、博硕士学位论文、会议论文、报纸、年鉴、专利、国内外标准、科技成果、经济统计数据、工具书、图片等中文资源以及 Springer 等外文资源，且资源每日更新。其文献检索方式多样，检索结果可筛选并进行可视化分析，支持文献的在线阅读及 CAJ、PDF 格式下载。下面将以知网的高级检索为例，展示如何在知网中通过设置条件、筛选并分析结果找到所需翻译研究资料。

（1）条件设置。

在知网首页的一框式检索中，可以在左侧选择关键词所属字段，并在下方勾选文献来源进行检索。但如果想设置更多搜索条件、精准查找资料，需要借助搜索框右侧的高级检索，如图 2-22 所示。

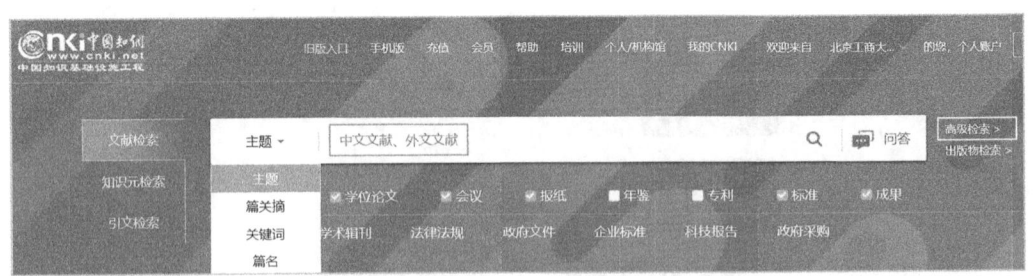

图 2-22　知网搜索——框式检索和高级检索

点击进入高级检索页面后，可以看到页面中有多个关键词输入框，用以支持关键词组合搜索。最下方可选择要搜索的库，如学术期刊库、学位论文库等，也可选择搜索总库。

点击不同的库，搜索条件设置将相应进行个性化调整，如学术期刊库的关键词字段包含期刊名称，能勾选文献来源的期刊类别，如图 2-23 所示；而学位论文库的关键词字段则包含题名，可选择优秀论文级别，如图 2-24 所示。

图 2-23　知网搜索——学术期刊库

图 2-24　知网搜索——学位论文库

以学术期刊库为例，关键词输入框左侧可设置各关键词的所属字段，如主题、作者、期刊名称等，字段旁可设置各关键词的 AND（与）、OR（或）、NOT（非）关系，最左边的"文献分类"可勾选目标文献的学科分类；输入框右侧能选择关键词的精确或模糊检索，旁边的"+""-"号能增加或减少关键词栏；输入框下方能设置文献发表时间范围和来源期刊等条件。最右文字介绍了检索运算符，给出了同一关键词字段内多个关键词的组合运算范例。

（2）结果筛选及分析。

检索结果页面如图 2-25 所示。在结果顶部，用户能对结果进行相关度、发表时间、被引量、下载量等排序，调整结果显示方式，还能对结果进行批量下载和可视化分析；结果左侧是结果的主题、学科、发表年度等分类，勾选相应条目能筛选出对应结果，在各分类左上角还有可视化按钮，点击后能即时看到可视化分析柱状图。

图 2-25　知网搜索——结果筛选及分析

（3）案例演示。

下面，将通过具体案例，展示如何利用高级搜索了解翻译研究相关领域的信息，获取目标文献。例如，想了解"生态翻译"相关的研究动态、经典论文和影响力作者等，应该如何查找呢？

首先，在高级检索的"学术期刊"库中，输入"主题"字段为"生态翻译"的关键词，再在下方"来源类别"中选中所有核心期刊，如图 2-26 所示。

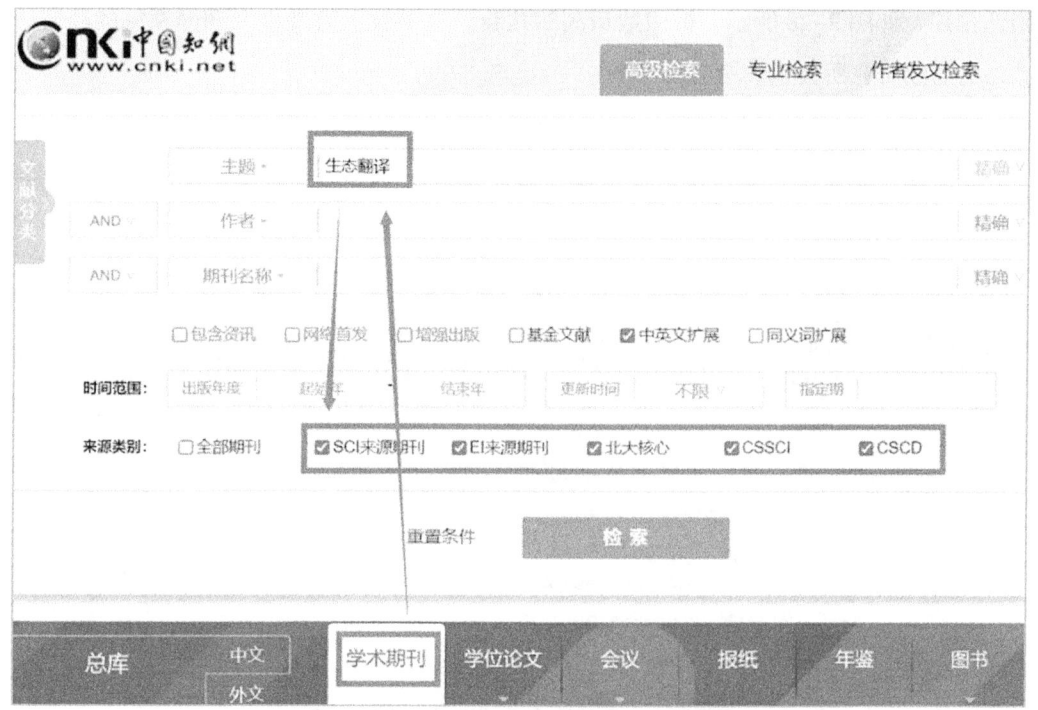

图 2-26 知网搜索——条件设置演示

点击检索得到结果后,如果想了解最新研究动态,可以点击"排序"后的"发表时间",此时结果已按发表时间由近到远排序,如图 2-27 所示。此时可浏览排序结果,得知新近研究主题。

图 2-27 知网搜索——时间排序结果

如果想了解该领域经典论文,可以点击"排序"后的"被引",此时结果已按被引数从高到低排序，如图 2-28 所示。被引数最高的几篇论文可被认为是生态翻译领域的经典研究作品，为后续研究所大量参考。

图 2-28　知网搜索——被引量排序结果

如果想了解该领域影响力作者，可以在结果左侧的"作者"分类查看所有作者及其文章数，如图 2-29；还可点击左上角的"可视化"图标形成柱状图，更直观地查看作者文章数排名，如图 2-30 所示。

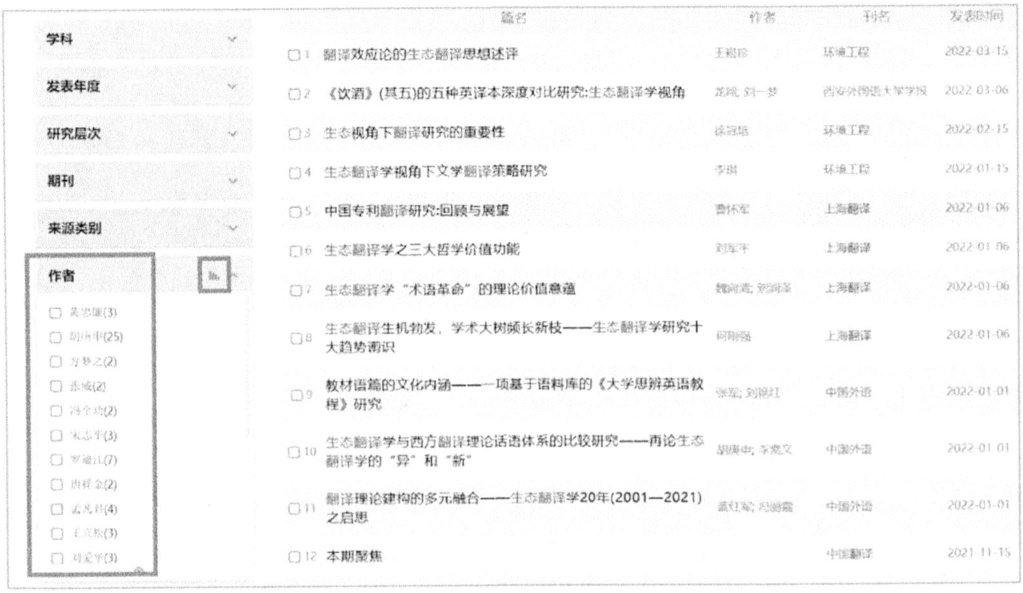

图 2-29　知网搜索——影响力作者结果

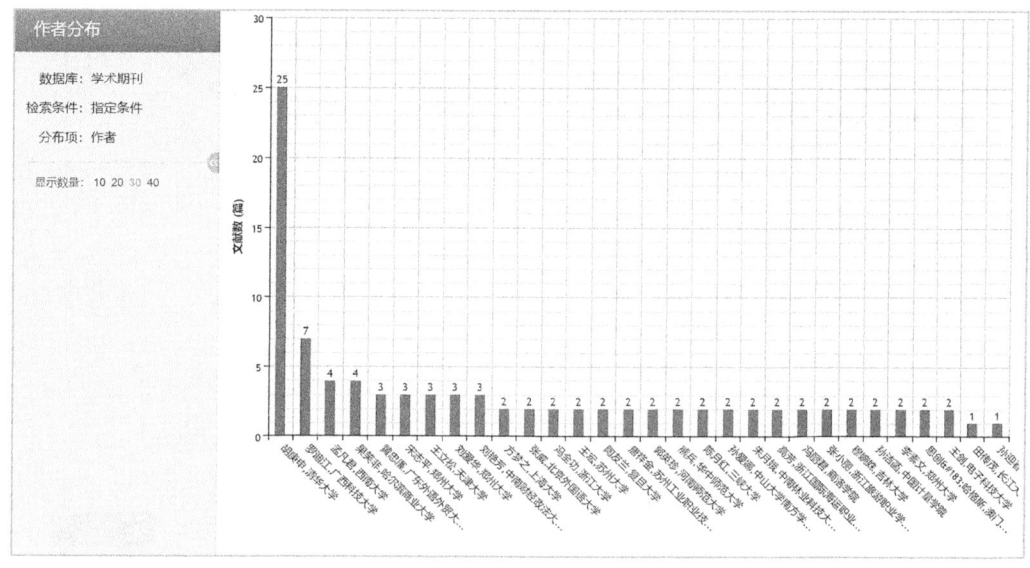

图 2-30 知网搜索——影响力作者柱状图

除了高级检索外，知网还有许多其他搜索功能，如知识元搜索（查找某一概念的含义及在文献中的运用）、出版物搜索（查找某一出版物各期全部文章）等，具体留待读者一一探索。

2. 在 WOS 查找翻译研究资料

Web of Science（WOS）是由科睿唯安公司（Clarivate PLC）支持的大型综合性、多学科、核心期刊引文索引数据库，包括三大引文数据库：科学引文索引（Science citation Index，SCI）、社会科学引文索引（Social sciences citation Index，SSC）和艺术与人文科学引文索引（Arts & Humanities Citation Index，简称 A&HCI），作为全球权威的引文数据库，广泛收录了世界一流的学术研究成果。其支持多种方式的论文检索及结果的筛选分析，以帮助研究人员锁定优质论文、发现研究方向、追踪研究动态。下面将通过 WOS 的文献检索功能，展示如何在 WOS 中通过设置条件、筛选并分析结果找到所需翻译研究资料。

（1）条件设置。

WOS 的文献搜索界面十分简洁，但功能全面，如图 2-31 所示。在搜索栏上方"选择数据库"处能选择所有、一个或多个数据库；在搜索栏左侧能选择关键词字段，如主题、标题、作者等，每个字段都有检索说明；在搜索栏下方点击"添加行"可增加关键词栏，新栏的左侧还可选择关键词间的 AND（与）、OR（或）、NOT（非）关系；点击"添加日期范围"则可限定所查找文献的出版日期。

在输入关键词方面，WOS 支持 *（任意字符或空字符）、?（任意 1 个字符）、$（0 个或 1 个字符）这三个通配符，还支持使用英文引号 "" 进行精准搜索。

图 2-31 WOS 搜索——条件设置

（2）结果筛选及分析。

检索结果页如图 2-32 所示。在结果左侧，用户能通过搜索关键词或勾选出版年、文献类型、所在数据库、作者、所在出版物等来筛选精练检索结果；结果上方能选择结果的排序方式，如相关性、日期、被引频次等；点击搜索栏左侧的"分析检索结果"能看到通过结果分析所得的可视化数据，在可视化数据中也能单选或多选某一分类精练搜索结果。

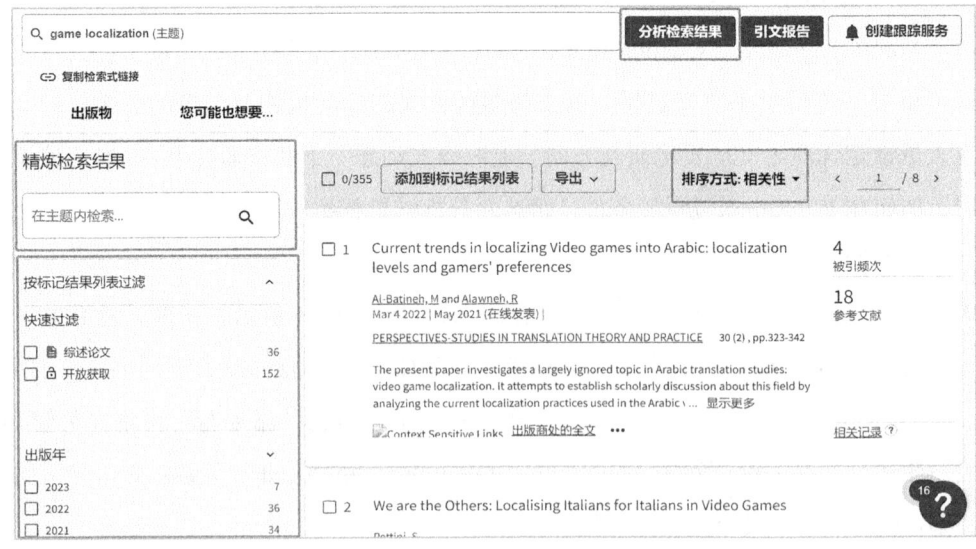

图 2-32 WOS 搜索——结果筛选及分析

（3）案例演示。

下面，将通过具体案例，展示如何利用 WOS 的文件搜索了解翻译研究相关领域的信息，获取目标文献。例如，如果想了解"游戏本地化"相关的论文和发文数多的作者等，应该如何查找呢？

首先，在文献检索中，输入"主题"字段为"game localization"的关键词，再点击"检索"，如图 2-33 所示。如果关键词有多种形态，如游戏本地化的关键词设置可以是 game localization、game localisation、"game localization"等，可以多做尝试，选择能得到最多结果的关键词。

图 2-33　WOS 搜索——条件设置演示

检索结果如图 2-34 所示。点击检索得到结果后，发现结果中含有许多其他学科论文，此时需要先对结果进行筛选。经过观察结果，发现相关性排序的前两页（每页显示结果数 50）与游戏本地化的相关结果数较多，筛选初步完成。

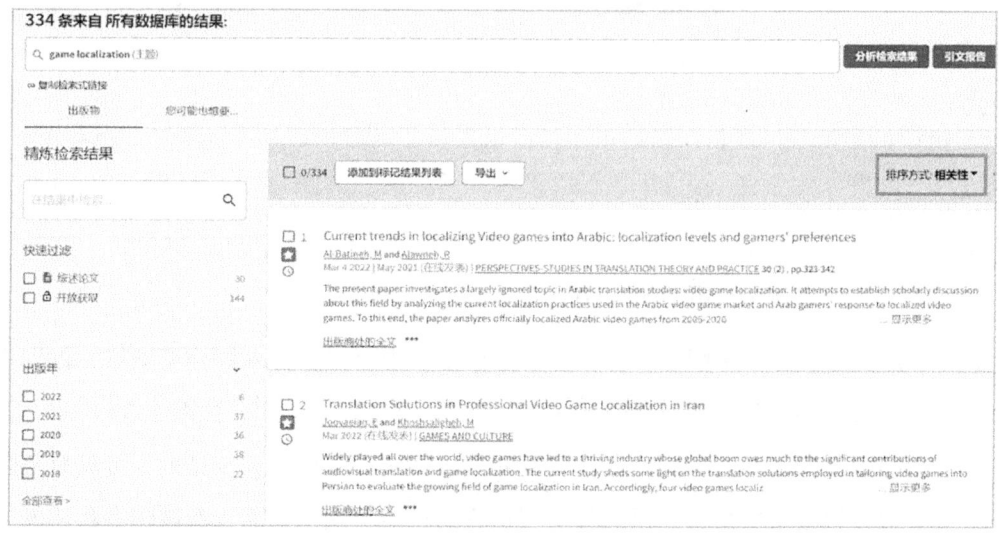

图 2-34　WOS 搜索——相关性排序结果

如果对结果进行进一步分析，可以先后全选前两页结果，再点击"添加到标记结果列表"，之后在页面左上方点击进入"标记结果列表"，如图 2-35 所示。在标记结果列表中全选所有结果，再点击右上方的"分析检索结果"，如图 2-36 所示。

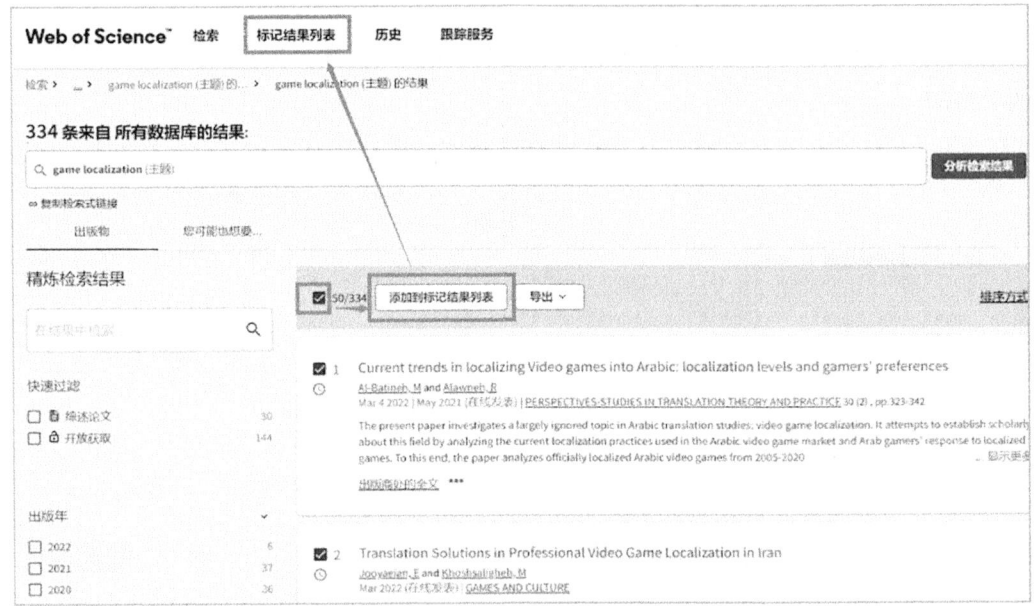

图 2-35　WOS 搜索——添加到标记结果列表

图 2-36　WOS 搜索——分析检索结果

此时可得到可视化分析图表，在左上角下拉菜单中可以选择不同分析条目，得到不同条目的分析结果。如果想查看不同作者的发文数，可选择"作者"，如图 2-37 所示。在得到的分析图表中，可以看到不同作者及其发文数已被统计并由多到少排列，可见有几名作者在游戏本地化领域多次发文，鼠标移动到作者的相应色块上，能查看该作者具体发文记录，如图 2-38 所示。

图 2-37　WOS 搜索——作者分析

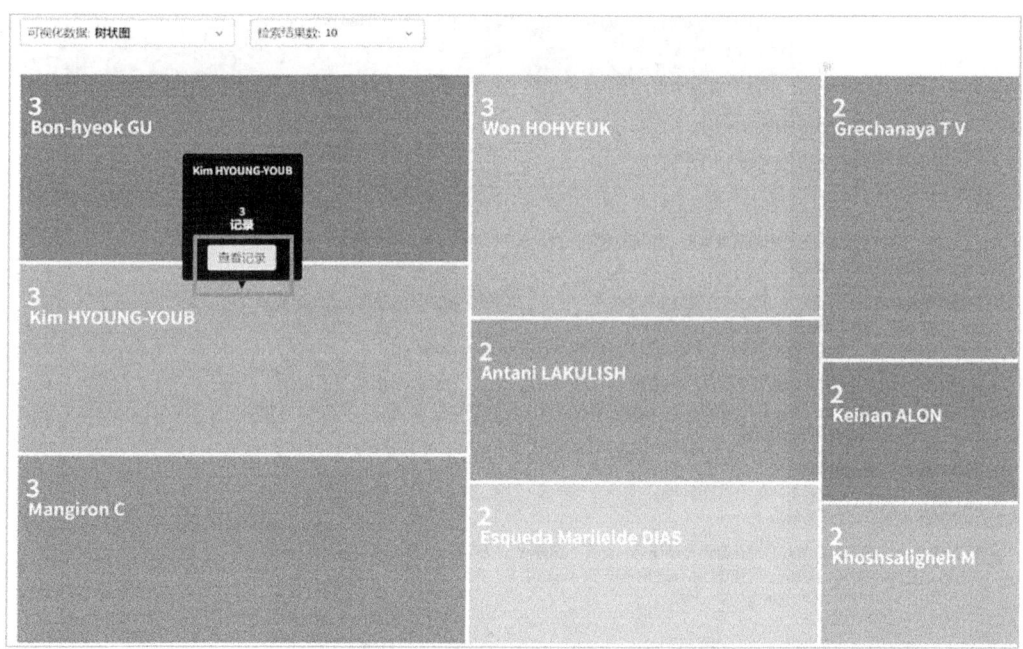

图 2-38　WOS 搜索——查看作者发文记录

除此之外，WOS 还能按出版年、出版刊物、研究方向等筛选或分析文献，查看文献引文以获取更多资料等，读者可按需设置自己的检索条件。

3. 用 New Bing 查找翻译研究资料

同样地，我们可以请 New Bing 帮助我们查找翻译研究资料，如查找某领域的代表性著作或代表性学者。得到结果后，仍然要注意自行查证结果的准确性，因为 New Bing 有时会给出形式上合乎逻辑但内容上完全虚构的回答。可以自行利用普通搜索引擎查证，也可以进一步要求 New Bing 提供出处的链接进行查证。需要注意的是，由于 New Bing 输出结果存在不确定性，它不能代替专业的文献数据库工具。时间允许情况下，应优先使用文献数据库进行文献检索。

以下是一个使用 New Bing 查找游戏本地化领域经典论文的案例。由于提问的搜索范围（谷歌学术）和搜索领域（游戏本地化）以英文资料为主，使用中文向 New Bing 提问时，它在一定几率上会给出虚构的答案（图 2-39）。得到存疑的答案时，需要先在搜索引擎或专业文献网站中验证，确认文献是否真实存在。如果中文提问效果不佳，可以转而使用英文提问。如果不知道英文提问如何措辞，同样可以向 New Bing 提问，然后用获得的回答反问 New Bing（图 2-40）。

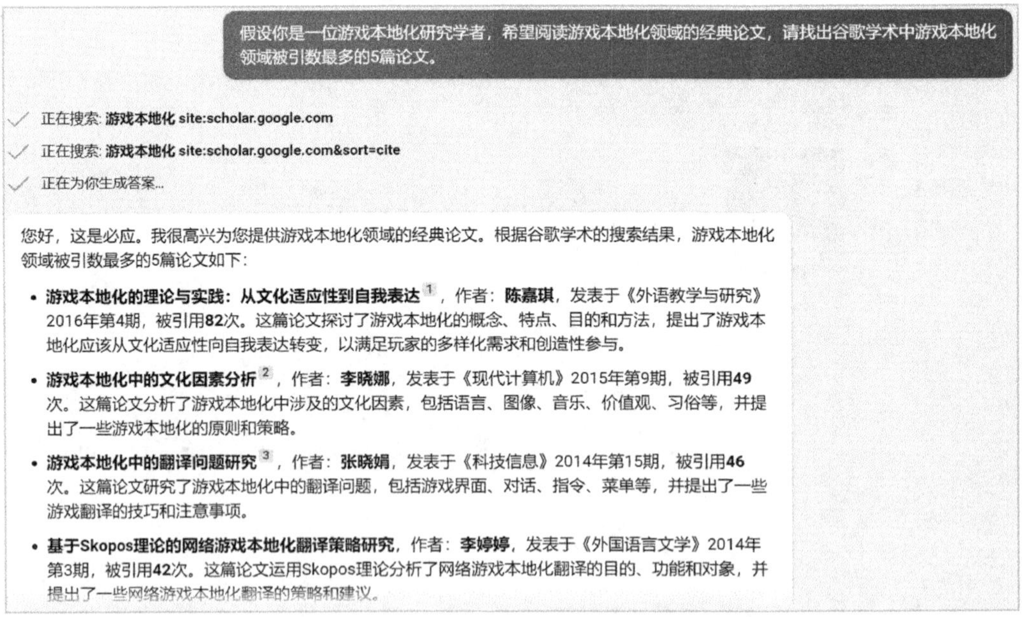

图 2-39　New Bing 搜索——中文问答

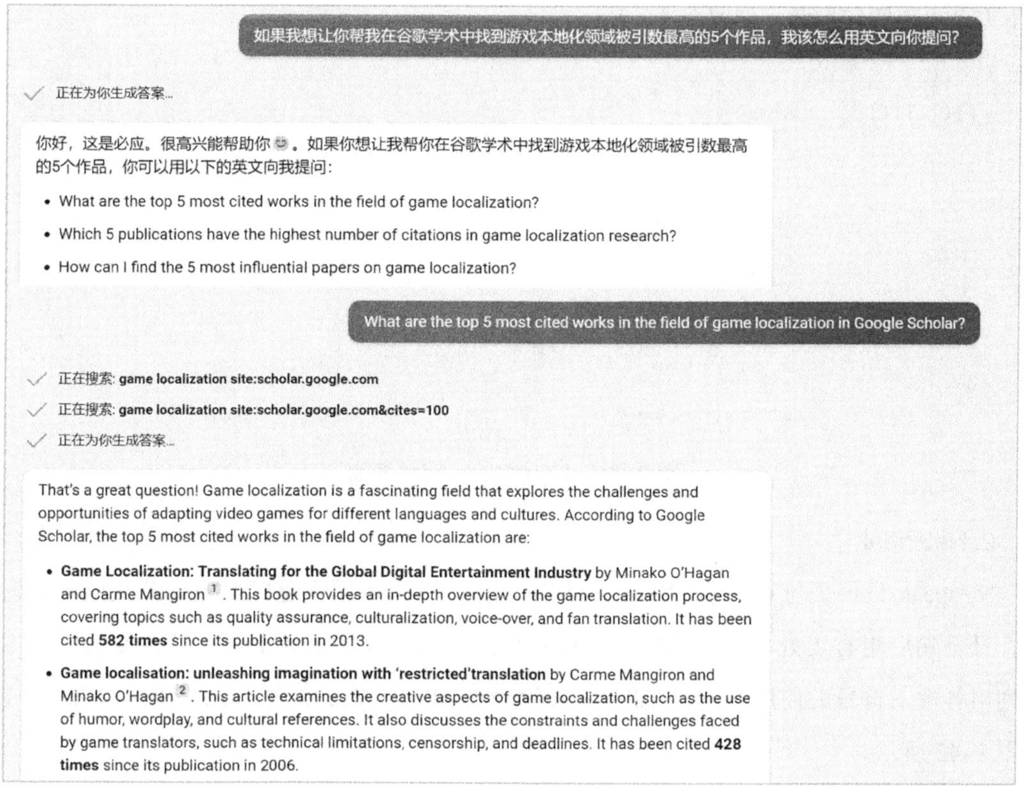

图 2-40　New Bing 搜索——英文问答

四、技术拓展

下面将介绍未在案例中演示的其他工具，包括协助翻译写作的智能搭配查询网站、查询专业知识的专业数据库、用于语言研究和翻译参考的语料库，以及查询各学科专业术语的在线术语库。翻译研究及实践中可查找的网络资源不止于此，更多工具等待读者一一探索。

（一）智能搭配查询

1. Linggle

Linggle 是由台湾"清华大学"开发的一款强大的语言搜索引擎，可以帮助学习者快速准确地检索英文惯用语和搭配词。它支持符号查询和词性查询，所有搜索语法可以点击搜索栏旁的"？"查看。如输入"receive/accept education"能查询 receive 与 accept 各自和 education 的搭配频率，以确定哪个是常用搭配；输入"as soon as adj."能查询 as soon as 后面常搭配的形容词。结果页面以条形图列出了各表达的使用百分比和频率，点击某一表达，其下方会出现例句参考，如图 2-41 所示。

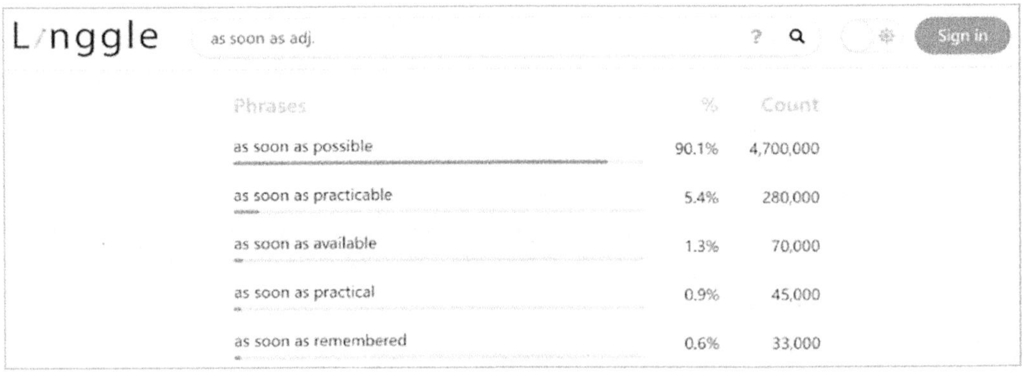

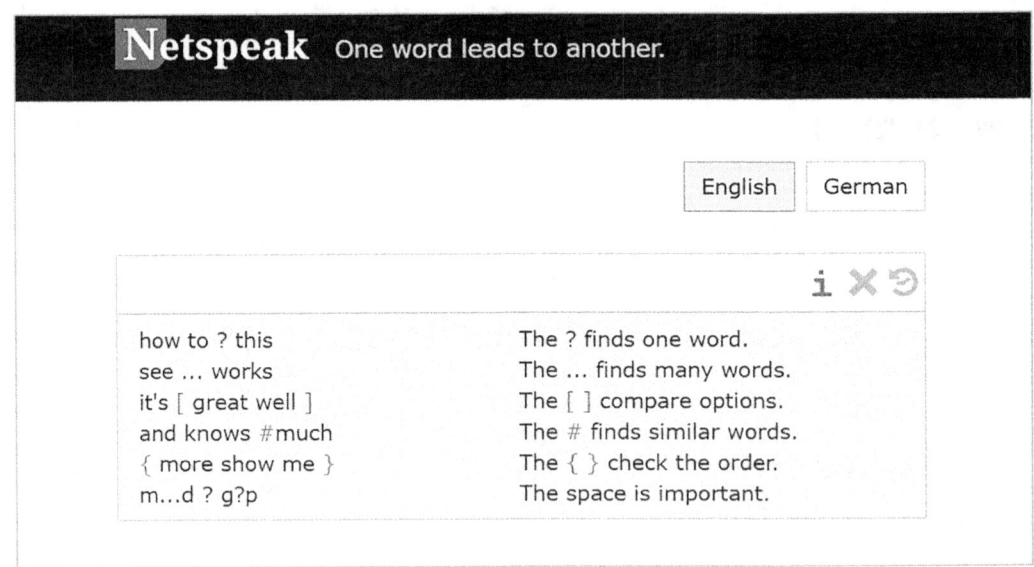

图 2-41　Linggle——网站界面

2. Netspeak

Netspeak 是一个与 Linggle 类似的搭配查询网站，其不同点是既可查询英文也可查询德文，且例句后附有出处，点击出处可直接跳转到原文。它的页面十分简洁，搜索栏下方直接列出各搜索符号的使用方法，支持类似词查询、比较查询、词序查询、拼写查询等功能，如图 2-42 所示。

图 2-42　Netspeak——网站界面

（二）专业数据库

1. PubMed

PubMed 全称 Public Medicine，主要用于检索 MEDLINE 数据库中生命科学和生物医学引用文献及索引的免费搜索引擎，由美国国立卫生研究院（NIH）下属的国家医学图书馆开发维护。支持基础检索、高级检索和 MeSH 主题词检索等，还能订阅最新文献。需要注意的是，PubMed 只提供文献的引用和摘要，文献全文可从出版商或 PubMed Central (PMC) 免费文献库中获取，如图 2-43 所示。

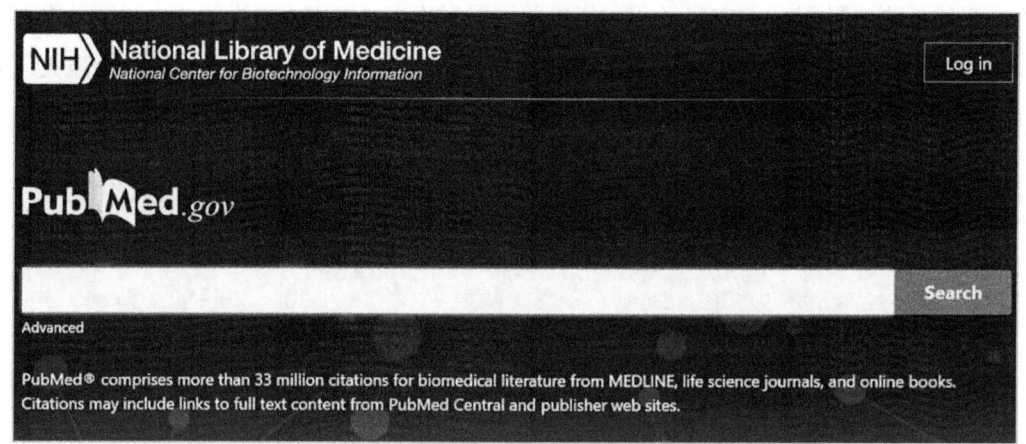

图 2-43　PubMed——网站界面

2. PATENTSCOPE 专利数据库

PATENTSCOPE 检索系统是世界知识产权组织（WIPO）免费提供的专利检索系统，涵盖《专利合作条约》(PCT) 国际专利申请的全文文本，以及 PCT 参与国家、地区或组织的专利文献。其支持多种界面语言，支持简单检索、高级检索、字段组合等多种检索方式，还自带免费机器翻译 WIPO translate，可以在不同的语言之间翻译任何专利文件，如图 2-44 所示。

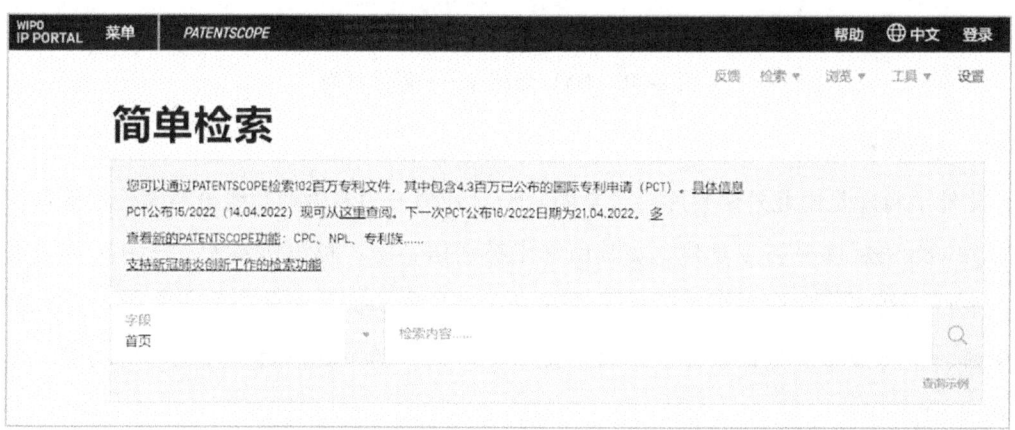

图 2-44　PATENTSCOPE 网站界面

（三）语料库

1. BYU 语料库

BYU Corpus 英语语料库由 Brigham Young University（杨百翰大学）语言学教授 Mark Davies 创立，是世界上最大的英语语言语料库之一，其包含了多个语料库，例如 COCA（美国当代英语语料库）、COHA（美国历史英语语料库）、NOW（网络新闻语料库）等。其语料数量庞大、横跨时间长，部分语料库还进行实时更新。语料检索功能也较为强大，能进行搭配查询、同义词比较等一系列操作。如图 2-45 所示。

图 2-45　BYU 语料库——网站界面

2. 北外语料库

北外语料库是由北外语料库语言学团队汇总并维护的多语种在线语料库检索平台，基于 CQPweb 语料库分析工具建立。其由学术英语语料库、英语语料库、学习者英语语料库、平行语料库、翻译英语语料库、欧洲语言语料库等大类组成，各大类中包含许多某一学科、主题或来源的语料库，语料资源十分丰富，还兼具语料查找和分析功能。如图 2-46 所示。

第二章 网络搜索

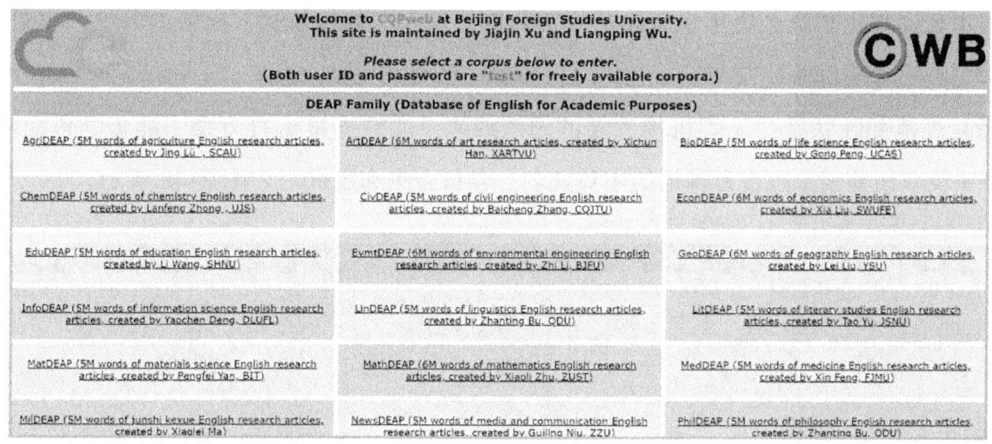

图 2-46 北外语料库——网站界面

（四）术语库

1. UNTERM

UNTERM 全称为 The United Nations Terminology Database，即联合国术语库，该术语库是多语种的全球在线术语库，向全球用户开放。它主要收集与各类全球议题相关的术语，以内容独一性和权威性为亮点，提供联合国 6 种工作语言（英、法、俄、汉、阿、西）的术语对应查询服务，每条术语都附有详细解释说明。如图 2-47 所示。

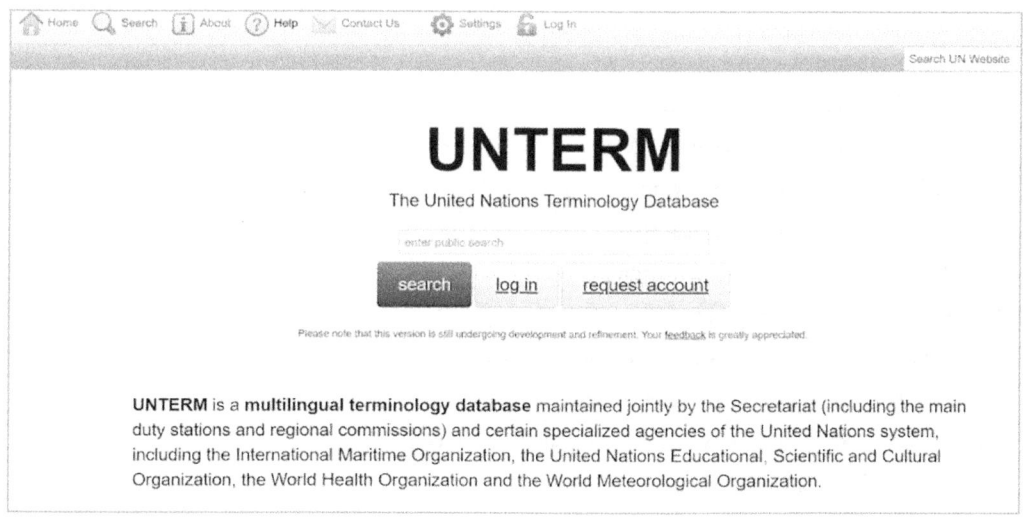

图 2-47 UNTERM 网站界面

2. 术语在线

术语在线是全国科学技术名词审定委员会打造的术语知识公共服务平台，涵盖了全国科学技术名词审定委员会历年来公布的规范名词、发布的科技新词、出版的海峡两岸对照名词和工具书等全部审定成果，又融入了中央编译局、中国外文局、国务院新闻办、外语中文译写规范部际联席会议等机构发布的规范成果。总数据量近百万条，涵盖学科面广。它支持中英双语检索，可查看术语的中英文名、学科分类和定义。如图 2-48 所示。

图 2-48　术语在线——网站界面

五、参考资料

1. 百度官网：https://www.baidu.com
2. 搜狗官网：https://www.sogou.com
3. 必应官网：https://www.bing.com
4. 谷歌官网：https://www.google.com
5. 有道词典官网：https://m.youdao.com
6. 金山词霸官网：https://www.iciba.com
7. 海词词典官网：https://dict.cn
8. 欧路词典官网：https://www.eudic.net/v4/en/App/eudic
9. 人人词典官网：https://www.91dict.com/rrdict.html
10. 牛津词典官网：https://www.oxfordlearnersdictionaries.com
11. 剑桥词典官网：https://dictionary.cambridge.org
12. 柯林斯词典官网：www.collinsdictionary.com/zh
13. 朗文词典官网：www.ldoceonline.com
14. 韦氏词典官网：https://www.merriam-webster.com
15. 中国知网官网：https://www.cnki.net
16. 万方数据官网：https://www.wanfangdata.com.cn

17. 维普数据官网：http://www.cqvip.com
18. John Benjamins 期刊数据库官网：https://www.jbe-platform.com
19. ProQuest 数据库官网：https://www.proquest.com
20. ResearchGate 数据库官网：https://researchgate.net
21. Springer 数据库官网：https://link.springer.com
22. Web of Science 数据库官网：https://www.webofscience.com
23. 中国专利信息网官网：http://cpquery.cnipa.gov.cn
24. 北大法宝法律数据库官网：http://www.pkulaw.net/bdfb/index.html
25. 国研网世界经济数据库官网：http://worldeconomy.drcnet.com.cn/www/worldeconomy
26. Patentscope 专利数据库官网：https://patentscope2.wipo.int/search/zh/search.jsf
27. PubMed 生物医学数据库官网：https://pubmed.ncbi.nlm.nih.gov
28. 北外语料库官网：http://corpus.bfsu.edu.cn/info/1070/1335.htm
29. 绍兴文理学院汉英平行语料库官网：http://corpus.usx.edu.cn/hongloumeng
30. BNC 语料库官网：http://www.natcorp.ox.ac.uk
31. BYU 语料库官网：https://www.english-corpora.org
32. 术语在线官网：https://www.termonline.cn/index
33. 中国特色话语对外翻译标准化术语库官网：http://210.72.20.108/index/index.jsp
34. 中国思想文化术语库官网：https://shuyuku.chinesethought.cn
35. 中国关键词官网：http://keywords.china.org.cn
36. TERMIUM 官网：https://www.btb.termiumplus.gc.ca
37. TermWiki 官网：https://vi.termwiki.com
38. UNTERM 官网：https://unterm.un.org/unterm/portal/welcome

第三章　智能采集

一、基础知识

智能采集是一种线上的数据采集行为，是指利用特定工具在互联网中采集文本、图像、语音、视频等原始数据的过程。数据采集完成后，可以对所得数据进一步整理分析，将分析结果运用于研究实践中。随着网络和计算机技术发展，各种数据采集工具不断涌现，突破了以往人工搜集数据的局限，降低了获取信息的成本，提高了数据采集的自动化、规范化及效率。

智能采集的数据来源包括开放数据、第三方平台数据、App 数据等，采集工具包括爬虫技术、API 接口技术、数据埋点技术等，其中较为常见的是开放数据的采集。开放数据指互联网中面向所有人公开的数据，如政府公开数据、行业公开数据、网页中的内容数据，可以使用爬虫技术进行自动化、系统化的收集。此外，一些第三方数据平台不仅可查询数据，还提供数据的可视化分析功能，便于分析其变化趋势等各类特征。

在翻译实践和研究中，智能采集可以有两类用途：一类是数据采集，即利用网络爬虫工具，采集网页中的公开语料等建立语料库，以便在翻译实践过程中参考或用于翻译研究；另一类是趋势采集，即利用各个大数据平台搜索相关数据，通过可视化分析研究数据的各类特征，得知网络和行业的热点趋势，以此为参考更新自身知识体系或以数据佐证研究论点。

二、主流工具

数据采集方面，可以使用专门的爬虫工具从网页中采集内容数据，形成语料库，免去编写代码的步骤。此类爬虫工具根据其安装方式可分为软件类和插件类，软件类需要下载安装至电脑，插件类则直接作为浏览器插件使用：

（1）软件类：国内软件有八爪鱼采集器、火车采集器等，国外软件有 Parse Hub 等。

（2）插件类：国内插件有迷你派采集器等，国外插件有 Web Scraper、Instant Data

Scraper 等。

（3）AI 类：ChatGPT 编程搭配 Python 爬虫。

趋势采集方面，可以通过政府、机构、公司建立的各类大数据平台，对某一主题的数据进行搜索、分析，从而研究该主题的趋势变化。此类大数据平台根据其用途可分为网络趋势类和行业趋势类，网络趋势类可以帮助我们追踪搜索引擎、社媒中的网络热点，行业趋势类可以帮助我们了解某一行业的动态：

（1）网络趋势类：国内大数据平台有百度指数、艾瑞指数、微指数、微信指数等，国外大数据平台有 Google Trends、BuzzSumo 等。

（2）行业趋势类：国内大数据平台有国家数据、艾瑞网、艾媒网等，国外大数据平台有 Census Bureau、Statista、SimilarWeb 等。

（3）AI 类：网页智能分析工具如 WebPilot 等。

三、案例实操

（一）案例一：如何用数据采集工具采集双语材料

翻译研究或实践中，语料的角色颇为重要。它既是语言和翻译研究中的分析材料，供我们研究文本中遣词造句的特点，又是翻译实践中的参考材料，帮助我们找到目标语中的地道表达。专门的语料库中，其文本经过清洗和整理，排版工整且查找便利，但数量毕竟有限。除此之外，互联网中的网页内容也可以是语料的一大来源，其数量庞大，时效性强，主题多样，如果能采集并加以利用，也能形成丰富、个性化的语料库。那么，如何收集网页中的语料？人工的复制粘贴十分耗时耗力，此时可以使用爬虫工具，根据网页中的内容分布规律，进行自动化、规范化的采集。下面以软件类工具八爪鱼采集器和插件类工具 Web Scraper 为例，展示如何在中国日报英语点津网站中采集双语新闻标题；以 ChatGPT 和 Python 的组合使用为例，展示如何采集豆瓣电影 Top250 榜单的电影中英文名称。

1. 网页选择

爬虫工具采集网页内容时，基本流程是先识别网页内容，再对格式相近的内容进行批量采集。如果页面内容格式多样，爬虫工具会产生混淆，无法对相似内容进行批量采集，或多种内容杂糅采集，造成结果的混乱。爬虫代码编写时，同样需要依据网页代码中的结构规律，批量提取出相似的内容。因此，选择内容符合需求、格式相对规律的网页，是采集语料的第一步。

下面将分析中国日报双语新闻页和豆瓣电影 Top250 榜单网页的内容排布规律，说明其适用于语料采集的原因。

进入中国日报英语点津网站首页（https://language.chinadaily.com.cn），观察网页构成，可知其内容、格式较为多样，不适合作为采集网页，如图 3-1 所示。

图 3-1　网页选择——中国日报英语点津首页

由于目标是采集双语新闻的中英文标题，可点击主页上方导航栏的"双语"栏目，进入双语新闻页面。可见该页面内容均为双语新闻，内容格式统一，点击某一标题即可进入完整新闻页面，得到其中英文标题。因此，以该双语新闻页面作为采集网页，利于爬虫工具方便地采集双语新闻标题，如图3-2、图3-3所示。

图3-2　网页选择——中国日报英语点津双语新闻页

图 3-3　网页选择——中国日报英语点津双语新闻全文页

　　进入豆瓣电影 Top 250 榜单网页（https://movie.douban.com/top250），查看其内容排布，可知其内容格式同样较为统一，方便爬虫识别格式相近的内容并采集信息。

　　在电影标题处单击右键选择"检查"，即可查看标题的网页代码。可以看到每个电影的中英文标题都位于名为"title"的 class 名称下，存在相同规律。爬虫代码可以根据此规律采集中英文标题，如图 3-4 所示。

2. 使用八爪鱼采集器采集双语数据

　　八爪鱼是一款全网通用的互联网数据采集软件，支持 Windows 端和 Mac 端。它能模拟人浏览网页的行为，通过简单的页面点选，生成自动化的采集流程，从而将繁杂的网页数据转化为结构化数据，存储为 excel 或数据库等多种形式。它支持模板采集和自定义采集，还能进行定时采集、网页多层级采集、网站登录后采集等。下面将从导入网页、设置采集步骤、导出采集结果三步，来展示如何采集中国日报英语点津的双语新闻标题。

　　（1）导入网页。

　　首先，下载、注册并登录八爪鱼，在网址栏输入中国日报英语点津双语新闻页网址，点击"开始采集"，如图 3-5、图 3-6 所示。

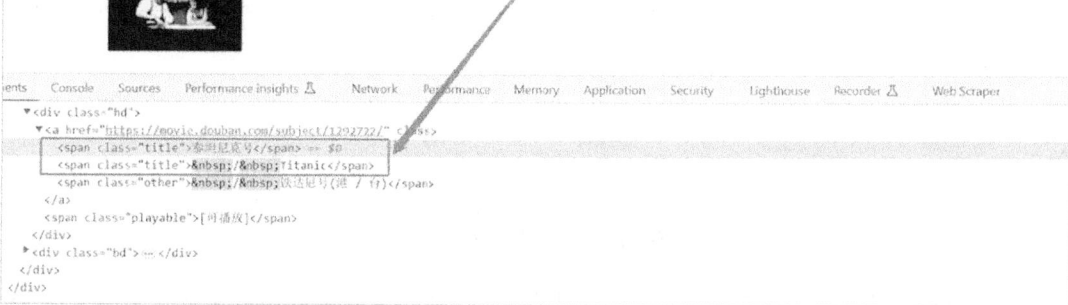

图 3-4　网页选择——电影标题代码

图 3-5　八爪鱼采集——复制网址

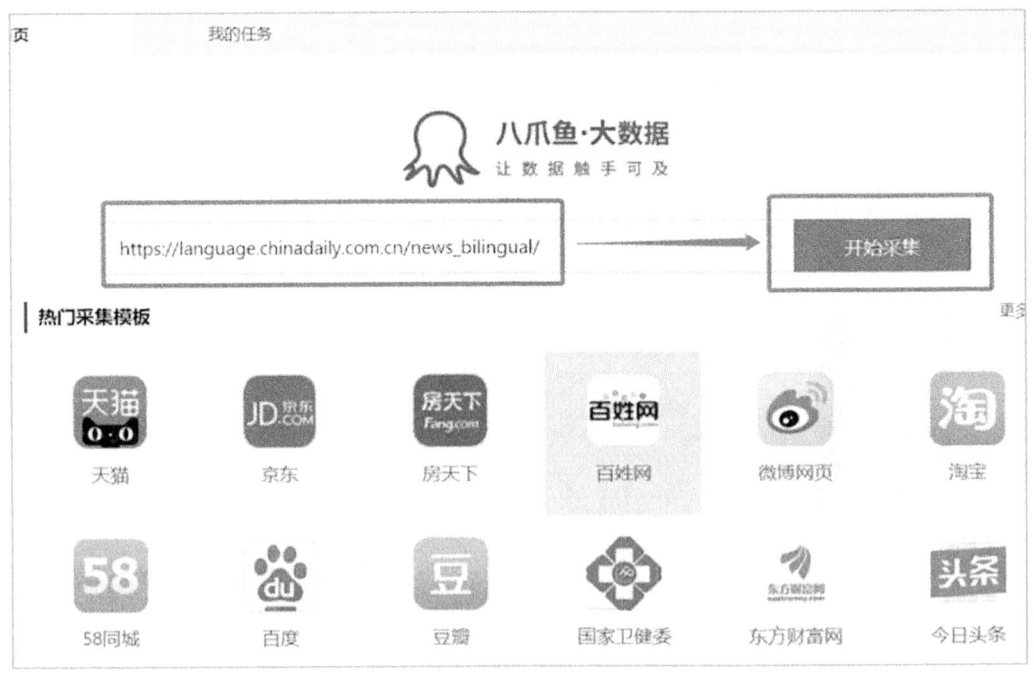

图 3-6　八爪鱼采集——输入网址

待网页识别完成后,由于当前自动识别的内容并非我们想要采集的内容,需要点击操作提示框中的"取消",开始自定义采集流程,如图 3-7 所示。

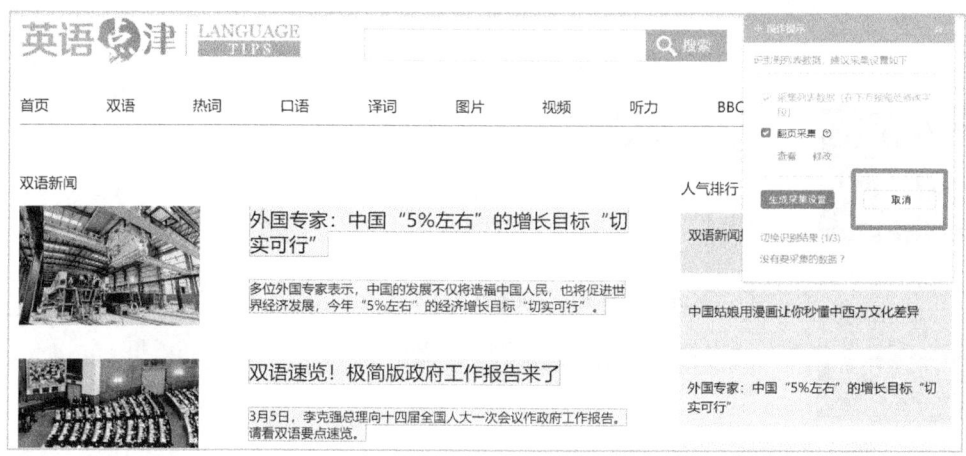

图 3-7　八爪鱼采集——加载页面

(2)设置采集步骤。

首先,需要设置页面滚动和翻页,便于采集整页内容,并跳转下一页采集其他页内容。

在界面右下方"高级设置"中选择"页面滚动",设置滚动间隔为 0.5 秒和滚动次数为 6 次,避免滚动用时过长,再点击"应用",如图 3-8 所示。

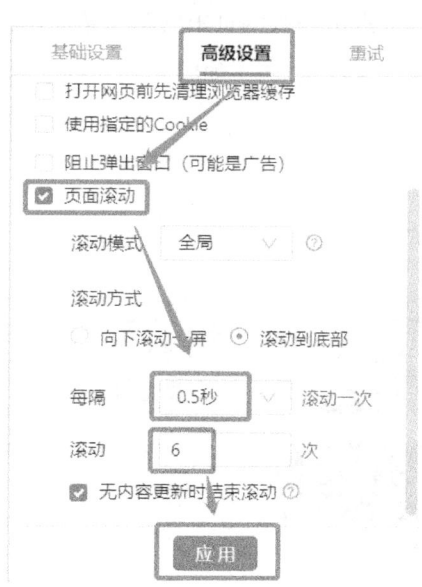

图 3-8　八爪鱼采集——设置滚动

下滑页面,点击下一页"Next"按钮,在操作提示框中选择"循环点击下一页",如图 3-9 所示。之后同样在"点击翻页"的"高级设置"中选择"页面滚动",设置滚动间隔为0.5秒和滚动次数为6次,再点击"应用",如图3-10所示。至此,页面滚动和翻页设置完成。

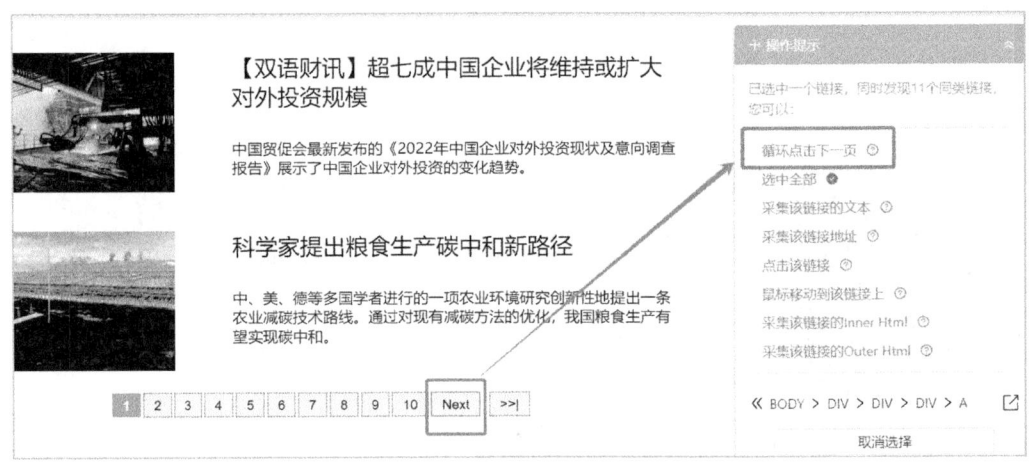

图3-9 八爪鱼采集——设置翻页

然后,需要设置在一级网页中跳转。由于当前的双语新闻一级网页中只有中文标题,没有英文标题,因此需要点击新闻标题,进入二级网页即新闻全文页,才能采集中英标题。

点击一级网页中的第一条新闻标题,然后在操作提示框中点击"选中全部",如图3-11所示。

图3-10 八爪鱼采集——设置翻页后滚动

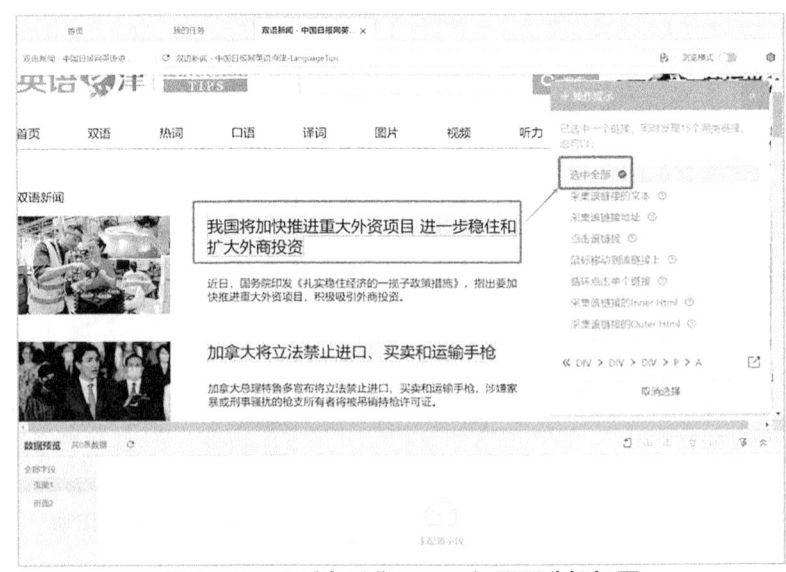

图3-11 八爪鱼采集——一级网页选择标题

此时可见所有同类新闻标题已全被选择。然后在操作提示框中点击"循环点击每个连接",如图3-12所示。至此,一级网页跳转设置完成。

图3-12　八爪鱼采集——一级网页点击标题

最后,需要在二级网页中采集中英文标题。同样需要先取消自动采集,然后点击页面中的中文标题,在操作提示框中选择"采集该元素的文本"。再点击页面中的英文标题,在操作提示框中选择"采集该元素的文本",如图3-13所示。

图 3-13　八爪鱼采集——二级网页采集中文标题

在界面下方可见中英文标题已被采集，还可修改其字段名，如图 3-14 所示。至此，采集步骤已设置完成。

图 3-14　八爪鱼采集——二级网页标题采集完成

（3）导出采集结果。

点击界面右上方的"采集"，再选择"本地采集"的"普通模式"，即可开始采集进程，如图 3-15 所示。

图 3-15　八爪鱼采集——开始采集

采集进程中，如果认为采集结果已达到目标数量，可点击"停止"，导出数据并选择文件格式，如图 3-16、图 3-17 所示。

图 3-16　八爪鱼采集——采集中

图 3-17　八爪鱼采集——采集完成

导出的 Excel 文件内容如图 3-18 所示，可见中英文标题已一一对应排列，可将语料整理、清洗，用于中文标题的英译特点研究，或翻译实践中的小型语料库查询参考。

图 3-18　八爪鱼采集——结果展示

设置完成的采集步骤会保存为"任务"，如图 3-19 所示，便于复用，下次有相同任务时可直接启动，无需重复设置步骤。

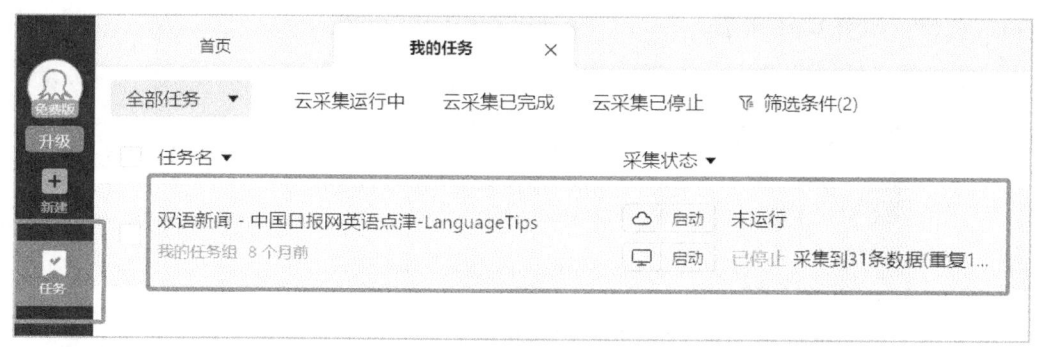

图 3-19 八爪鱼采集——任务保存

3. 使用 Web Scraper 采集器采集双语数据

Web Scraper 是一款轻量的数据爬虫工具，作为 Chrome 浏览器插件使用。它同样能通过页面点选生成采集流程，实现数据采集，免去编写代码的麻烦。它支持绝大多数网页的爬取，支持网站的多层级爬取，可以导出 CSV、XLSX 和 JSON 格式的数据，采集速度取决于网速和浏览器加载速度。下面将从导入网页、设置采集步骤、导出采集结果三步，来展示如何采集中国日报英语点津的双语新闻标题。

（1）导入网页。

首先，在 Google Chrome 网上应用商店下载安装并启用 Web Scraper 插件。完成后，进入中国日报双语新闻网页，在空白处单击右键选择"检查"，调出代码窗口，进入右侧的"Web Scraper"栏。如果代码窗口不是如图 3-20 在页面底部显示，则需要点击右侧三个点，将窗口设置为底部显示，方便后续操作。

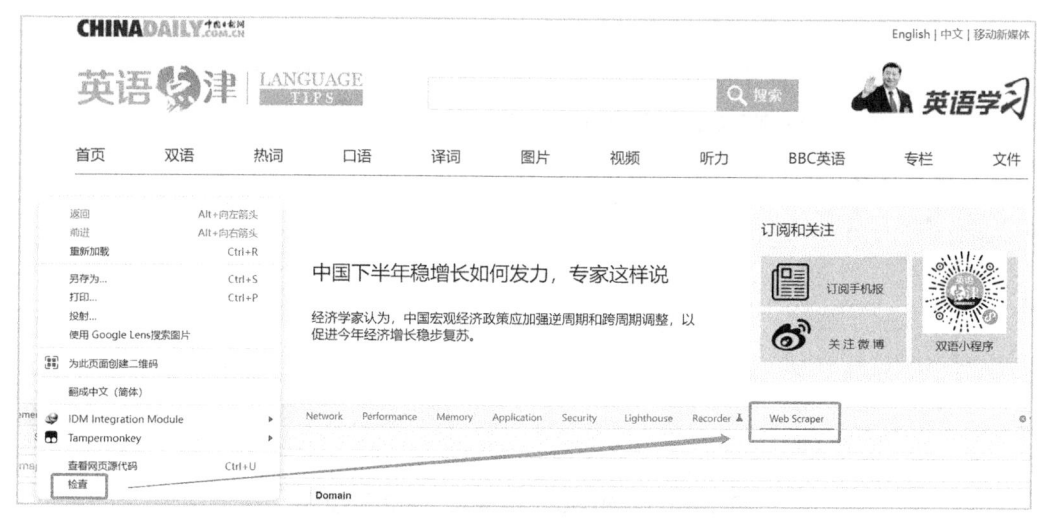

图 3-20 Web Scraper 采集——调出窗口

然后，点击"Create new sitemap"，设置 Sitemap 名称并输入双语新闻网页网址，完成

Sitemap 创建，如图 3-21 所示。

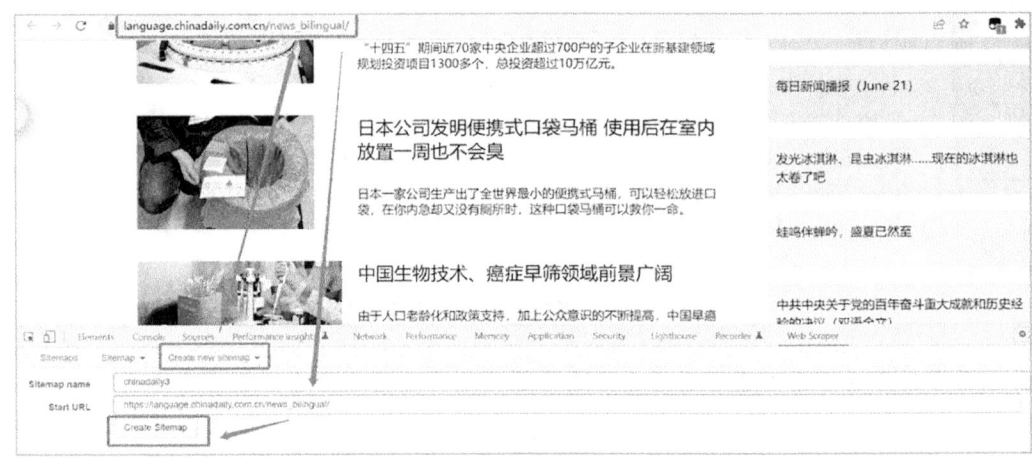

图 3-21　Web Scraper 采集——导入网页

（2）设置采集步骤。

首先，需要设置翻页，以便跳转下一页采集其他页内容。

观察双语新闻各页的网址可以发现，其网址与页码相关，如第 3 页的网址为 https://language.chinadaily.com.cn/news_bilingual/page_3.html，因此可以根据该规律设置 Web Scraper 的采集页数。

创建 Sitemap 完成后，点击"Edit metadata"可以重新设置其名称和网址，此时可修改网址中的页数以规定采集范围。如需采集前 3 页内容，可将网址修改为 https://language.chinadaily.com.cn/news_bilingual/page_[1-3].html，如图 3-22 所示。

图 3-22　Web Scraper 采集——设置翻页

随后可设置页面滚动加载，便于采集整页内容。进入上一步创建的 Sitemap，点击"Add

new selector",设置滚动步骤。将步骤命名为 scroll,Selector 类型设置为"Element scroll down",并点击"Select",选择网页中所有新闻区块,再点击"Done selecting"完成选择。最后点击"Save selector"保存该步骤,如图 3-23 所示。至此,滚动和翻页设置完成。

图 3-23　Web Scraper 采集——设置滚动

然后,需要设置在一级网页中跳转。点击进入上一步设置的 scroll 步骤,再点击"Add new selector",在里面设置一级网页跳转步骤。将步骤命名为 click title,Selector 类型设置为"Link",并点击"Select",选择网页中的新闻标题,再点击"Done selecting"完成选择。最后点击"Save selector"保存该步骤。这样,Web Scraper 就会依次点击该页新闻标题,进入二级网页。至此,一级网页跳转设置完成,如图 3-24 所示。

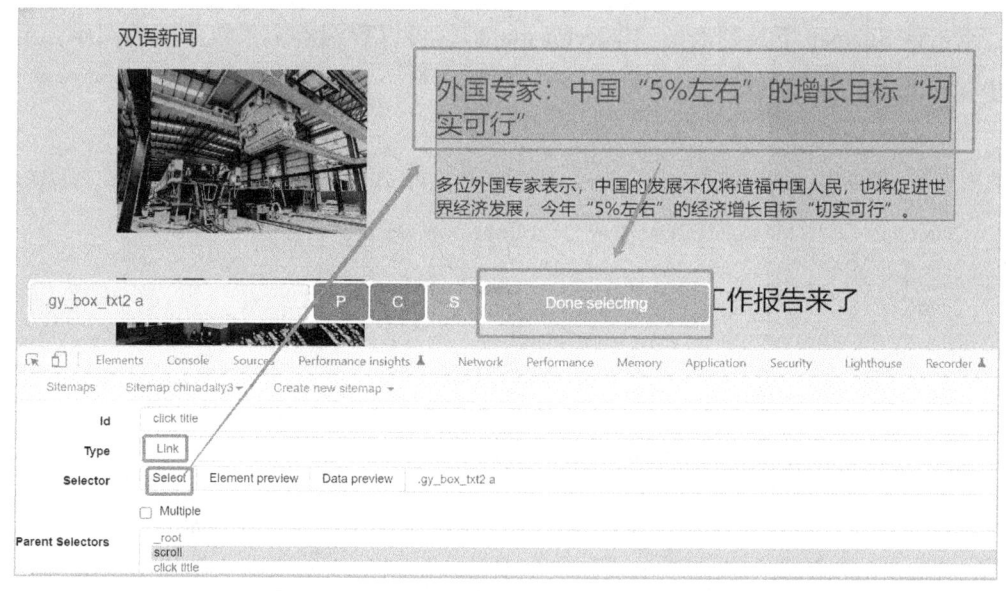

图 3-24　Web Scraper 采集——设置一级网页跳转

最后，需要在二级网页中采集中英文标题。在原网页中点击任一新闻标题，进入二级网页，再在空白处右键单击"检查"，打开 Web Scraper。进入之前所创建的 Sitemap 的 click title 步骤，点击"Add new selector"，在里面设置二级网页采集步骤。

先设置中文标题采集。将步骤命名为 ch title，Selector 类型设置为"Text"，并点击"Select"，选择中文新闻标题，再点击"Done selecting"完成选择，最后点击"Save selector"保存该步骤。再点击"Add new selector"，以同样的方法设置英文标题采集步骤，将步骤命名 en title。这样，Web Scraper 就在二级网页中分别采集中英文标题。至此，二级网页采集设置完成，如图 3-25 所示。

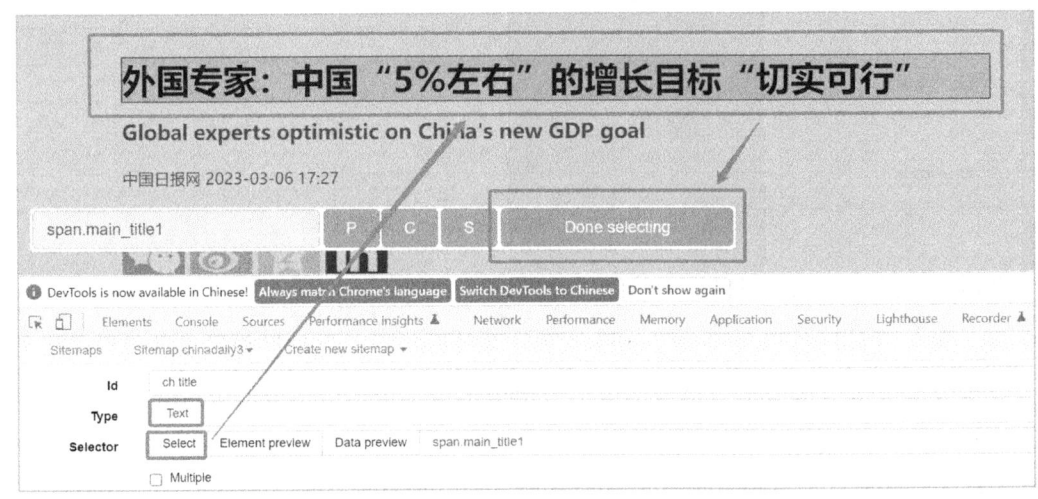

图 3-25 Web Scraper 采集——设置二级网页采集

点击该 Sitemap 下拉列表的"Selector graph"，可以看到整个采集步骤的图示。至此采集步骤已设置完成，如图 3-26 所示。

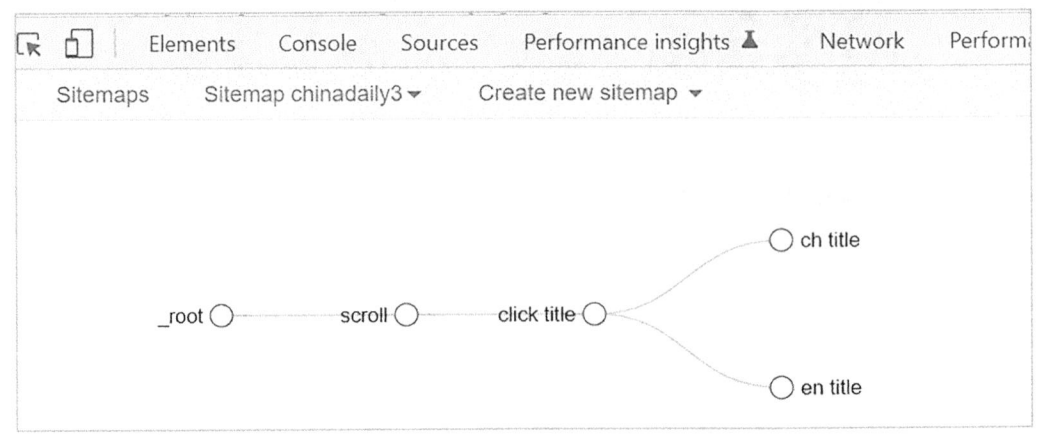

图 3-26 Web Scraper 采集——采集步骤图示

（3）导出采集结果。

点击该 Sitemap 下拉列表的"Scrape"，即可开始采集进程，如图 3-27 所示。

图 3-27　Web Scraper 采集——开始采集

采集完成后，点击该 Sitemap 下拉列表的"Export data"，开始导出，如图 3-28 所示。

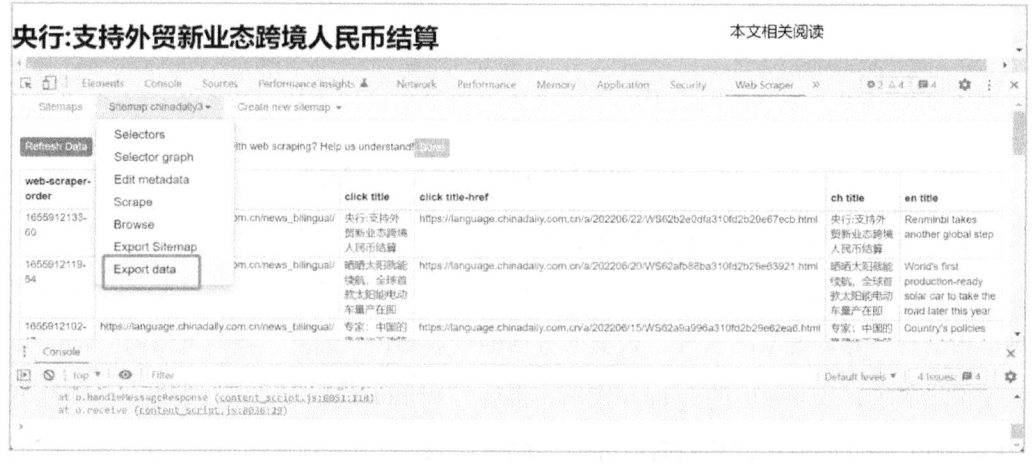

图 3-28　Web Scraper 采集——采集完成

导出的 Excel 文件内容如图 3-29 所示，可见中英标题已一一对应排列，同样可将语料整理、清洗，用于翻译研究和实践。

设置完成的 Sitemap 采集步骤会保存在 Web Scraper 中，便于复用。还可进行导出、导入，便于代码的交换，如图 3-30 所示。

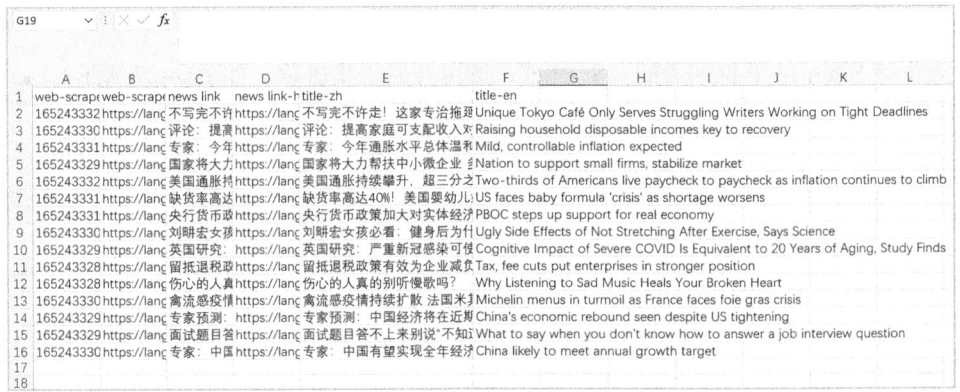

图 3-29　Web Scraper 采集——结果展示

图 3-30　Web Scraper 采集——步骤导出

4. 使用 ChatGPT 和 Python 采集双语数据

ChatGPT 虽然无法联网采集数据，但它的编程能力十分强大，熟悉包含 Python 在内的多种编程语言，并具备 Web 开发、数据库方面的专业知识。因此，我们可以向 ChatGPT 提出数据采集需求，获取相应的 Python 代码，再运行 Python 代码爬取网页数据。需要注意的是，ChatGPT 一开始给出的代码有时并不能爬取出数据，或在运行时会报错，需要我们根据网站的特点和报错信息向 ChatGPT 提出修正要求，一步步进行代码迭代，最终取得准确的代码，采集到我们需要的信息。

下面将以豆瓣电影 Top250 榜单网页为例，从获取代码、运行代码和修正代码三个步骤，展示如何利用 ChatGPT 和 Python 采集榜单中所有电影的中英文译名，并输出中英对照的表格。

（1）获取代码。

首先，我们向 ChatGPT 提问获取代码，然后将代码复制到文本编辑器软件（如 Visual Studio Code、Notepad++ 等）中，保存为后缀为 .py 的文件，为后续运行代码做准备，如图 3-31 所示。

第三章 智能采集

图 3-31 ChatGPT 采集——初始代码

（2）运行代码。

要运行代码，首先要到 Python 官网下载页（https://www.python.org/downloads/）下载适合电脑系统的 Python 安装程序并安装 Python。要测试 Python 是否安装成功，可以按下键盘

Win+R 键，在出现的对话框中输入 cmd 进入命令提示符窗口，在窗口中输入 python，点击回车。如果下方可显示 Python 的版本号等信息，说明 Python 已安装成功，如图 3-32 所示。

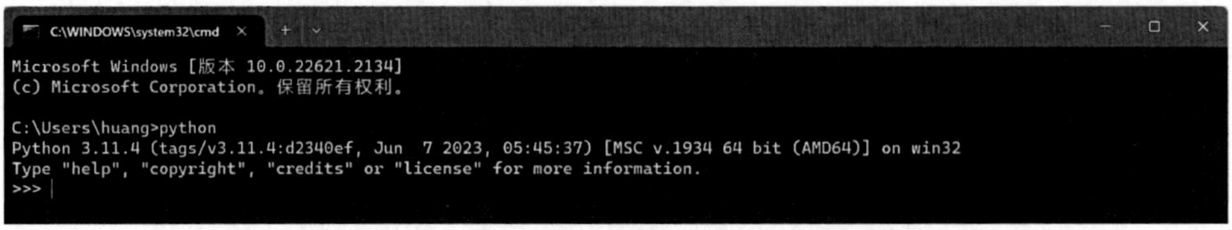

图 3-32　ChatGPT 采集——Python 安装

此外，正如 ChatGPT 在回答中所提示的，要运行代码还需安装相应的库。在命令提示符窗口中输入 ChatGPT 提供的命令：pip install requests beautifulsoup4，点击回车，即可自动安装。后续其他 Python 库的安装同理，如图 3-33 所示。

图 3-33　ChatGPT 采集——Python 库安装

下面，可以在命令提示符窗口运行先前保存的 .py 代码文件，使用的命令是：python 文件名 .py。需要注意的是，如果 .py 文件没有保存在命令提示符窗口当前显示的路径下，代码将无法运行。此时需要用命令：cd 文件路径，来重新指定路径，然后在新路径下输入：python 文件名 .py 并回车。下方可见代码运行结果，如图 3-34 所示。

图 3-34　ChatGPT 采集——初始运行结果

我们发现，该代码可以采集电影中文名，但不能正确采集电影英文名。在某些情况下，

ChatGPT 提供的代码甚至不能采集数据，只能输出空白结果。这是因为 ChatGPT 不能联网，无法根据目标采集网站的代码架构编写针对性的代码，只能依据自身的代码知识输出一个可能可用的代码模板，需要根据实际情况进行修正。接下来，我们需要根据网站代码、报错情况和实际需要向 ChatGPT 提供反馈，让它一步步修正代码。

（3）修正代码。

① 根据网站代码修正代码。

由输出情况可知，代码可以采集标题，但对英文标题的采集不准确。如果要精准采集信息，需要向 ChatGPT 提供网站代码架构的细节。打开豆瓣电影 Top250 榜单网页（https://movie.douban.com/top250），在任意电影标题处单击右键选择"检查"，查看标题的代码（如图3-35 所示），然后与 ChatGPT 提供的代码相对比。可以发现网站代码中，英文标题的 class 名称与中文标题一样是"title"；而 ChatGPT 的代码中，是以"other"为英文标题的 class 名称，查找并采集英文标题。因为代码使用了错误的 class 名称，所以采集到了错误的内容。

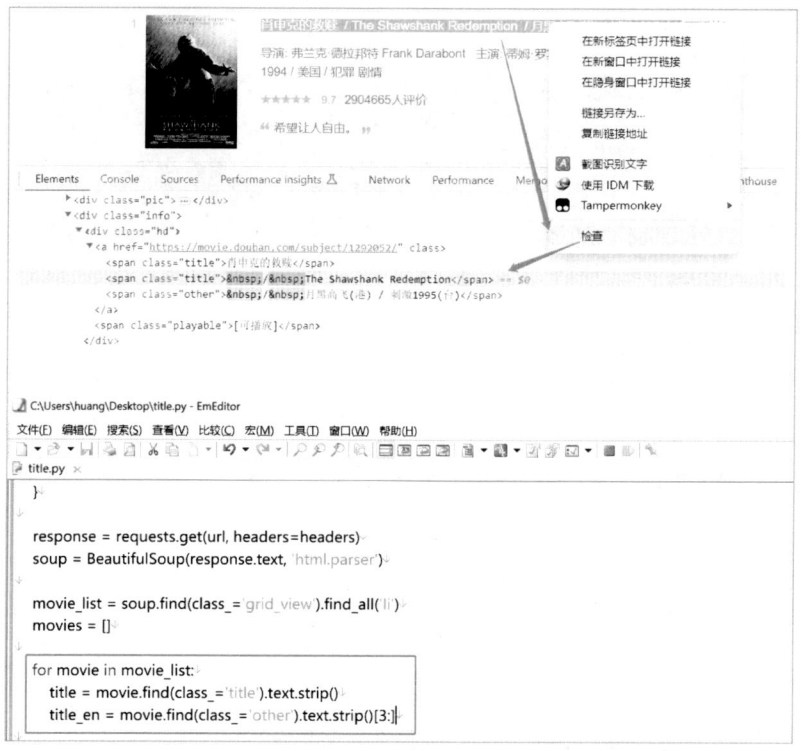

图 3-35　ChatGPT 采集——查看网站代码

因此，我们要将英文标题的正确 class 属性名称告知 ChatGPT，请它修正代码，并将新代码替换到 .py 文件中，再次在命令提示符窗口运行代码（如图 3-36 所示）。

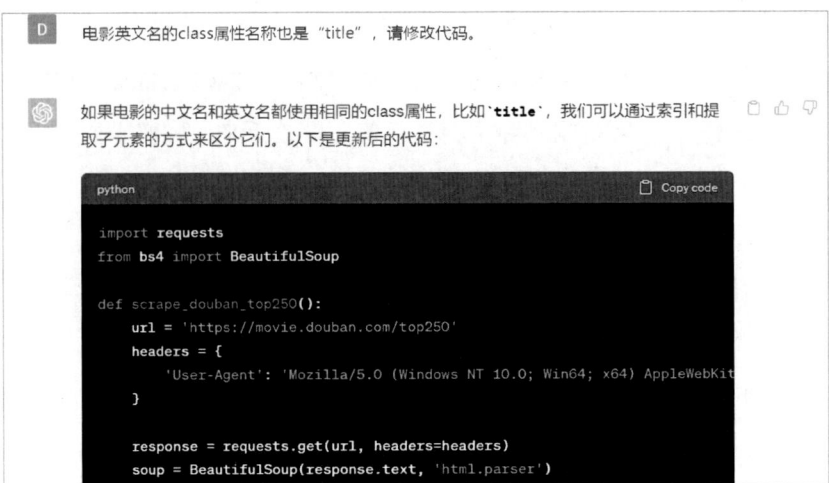

图 3-36 ChatGPT 采集——根据网站代码修正代码

②根据报错情况修正代码。

运行 ChatGPT 提供的新代码后,出现了报错信息,我们可以直接复制报错信息到 ChatGPT 的对话框,请它修正代码(如图 3-37 所示)。

图 3-37 ChatGPT 采集——根据报错情况修正代码

③根据实际需要修正代码。

再次把根据报错信息修正后的代码替换到 .py 文件中，保存并运行，从输出结果可以看到电影的中英文名能够被准确采集（如图 3-38 所示）。

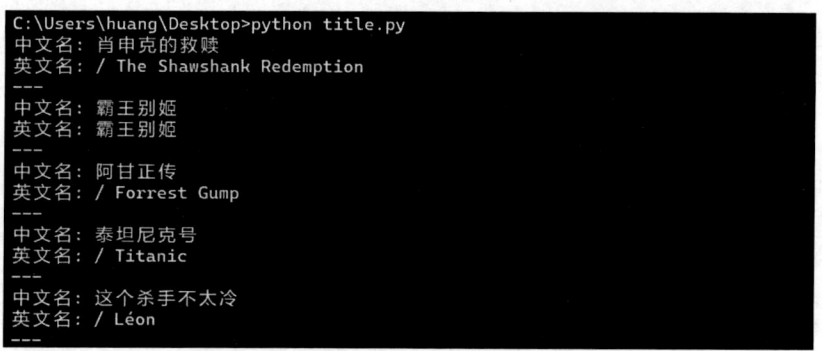

图 3-38　ChatGPT 采集——初步准确采集

但是，输出结果只有 25 个，即 Python 只采集了网页第 1 页的电影名。并且，我们希望输出结果能以中英文左右对照的表格形式呈现，最好能直接输出 Excel 文件。可以根据实际需要，向 ChatGPT 提出完善代码的要求（如图 3-39 所示）。

图 3-39　ChatGPT 采集——根据实际需要修正代码

最终得到的代码如图 3-40 所示：

```python
import requests
from bs4 import BeautifulSoup
import pandas as pd

def scrape_douban_top250():
    base_url = 'https://movie.douban.com/top250'
    headers = {
        'User-Agent': 'Mozilla/5.0 (Windows NT 10.0; Win64; x64) AppleWebKit
    }

    movies = []

    for page in range(0, 250, 25):
        url = f'{base_url}?start={page}'
        response = requests.get(url, headers=headers)
        soup = BeautifulSoup(response.text, 'html.parser')

        movie_list = soup.find(class_='grid_view').find_all('li')

        for movie in movie_list:
            title_elements = movie.find_all(class_='title')
            title = title_elements[0].text.strip()

            if len(title_elements) > 1:
                title_en = title_elements[1].text.strip()
            else:
                title_en = title

            movies.append({
                '中文名': title,
                '英文名': title_en
            })

    return movies

# 调用爬虫函数并将结果保存到Excel文件
top250_movies = scrape_douban_top250()
df = pd.DataFrame(top250_movies)
df.to_excel('douban_top250_movies.xlsx', index=False)
```

图 3-40　ChatGPT 采集——最终代码

再次替换并运行代码，可以看到命令提示符窗口没有显示任何结果，也没有报错，这是因为结果已经输出为文件保存在电脑中了。通过询问 ChatGPT，我们可以清楚了解到 Python 保存输出文件的路径（如图 3-41 所示）。本例中，由于代码文件保存在桌面，因此结果输出文件也保存在桌面。

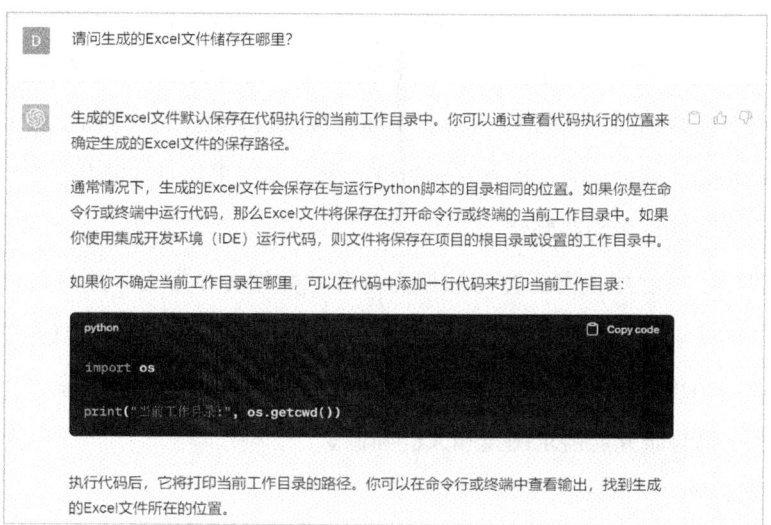

图 3-41　ChatGPT 采集——输出文件保存路径

查看输出文件，可以看到采集结果为左右对照的表格（如图 3-42 所示），符合要求，后续只需进行适当的语料整理即可。

	A	B
1	中文名	英文名
2	肖申克的救赎	The Shawshank Redemption
3	霸王别姬	霸王别姬
4	阿甘正传	Forrest Gump
5	泰坦尼克号	Titanic
6	这个杀手不太冷	Léon
7	千与千寻	千と千尋の神隠し
8	美丽人生	La vita è bella
9	辛德勒的名单	Schindler's List
10	星际穿越	Interstellar
11	盗梦空间	Inception
12	楚门的世界	The Truman Show
13	忠犬八公的故事	Hachi: A Dog's Tale
14	海上钢琴师	La leggenda del pianista sull'oceano
15	三傻大闹宝莱坞	3 Idiots
16	放牛班的春天	Les choristes
17	机器人总动员	WALL·E
18	无间道	無間道
19	疯狂动物城	Zootopia
20	控方证人	Witness for the Prosecution
21	大话西游之大圣娶亲	西遊記大結局之仙履奇緣
22	熔炉	도가니
23	教父	The Godfather
24	触不可及	Intouchables
25	当幸福来敲门	The Pursuit of Happyness
26	龙猫	となりのトトロ
27	怦然心动	Flipped
28	末代皇帝	The Last Emperor
29	寻梦环游记	Coco

图 3-42　ChatGPT 采集——采集结果

（二）案例二：如何用趋势采集工具查看领域趋势

翻译是一门需要百科知识的学科，译者常常需要了解领域趋势，保持自身知识更新，以便更好地进行翻译活动。不只翻译，在日常学习工作中，对各领域趋势的把握有助于我们做出更好的决策，从宏观角度把握社会的发展。一般情况下，我们可以从报纸、杂志、电视等分散信息源中了解趋势。此外，政府、媒体或互联网所提供的大数据平台能整合各渠道信息，形成信息源集合，为用户提供更为全面、宏观的信息。一些平台还自带分析工具，方便用户对所得信息进行比较分析。下面将以 GoogleTrends 为例，展示如何采集网络趋势；以国家数据、New Bing、WebPilot 为例，展示如何采集行业趋势。

1. 使用百度指数采集网络趋势

百度指数是以百度海量网民行为数据为基础的数据分享平台。用户可以通过输入关键词，研究关键词搜索趋势、洞察网民需求变化、监测媒体舆情趋势、定位数字消费者特征；还可以从行业的角度分析市场特点。下面将介绍百度指数的关键词搜索方法及其搜索结果的三大模块——趋势研究、需求图谱和人群画像。

（1）搜索方法。

百度指数的使用十分简单，只要在搜索栏输入需要查询的关键词即可。除单个关键词搜索外，百度指数还支持关键词比较检索、关键词数据累加检索和组合搜索（比较检索和累加检索组合使用）。

关键词比较检索：在多个关键词当中，用逗号将不同的关键词隔开，可以实现关键词数据的比较查询，并且，曲线图上会用不同颜色的曲线加以区分。最多支持 5 个关键词的比较检索。

关键词数据累加检索：在多个关键词当中，利用加号将不同的关键词相连接，可以实现不同关键词数据相加。相加后的汇总数据作为一个组合关键词展现出来。最多支持 3 个关键词的累加检索。

例如，如果想比较"百度翻译"和"谷歌翻译"这两个词的搜索趋势，可以在搜索栏输入这两个词，并以英文逗号隔开，再点击搜索，如图 3-43 所示。

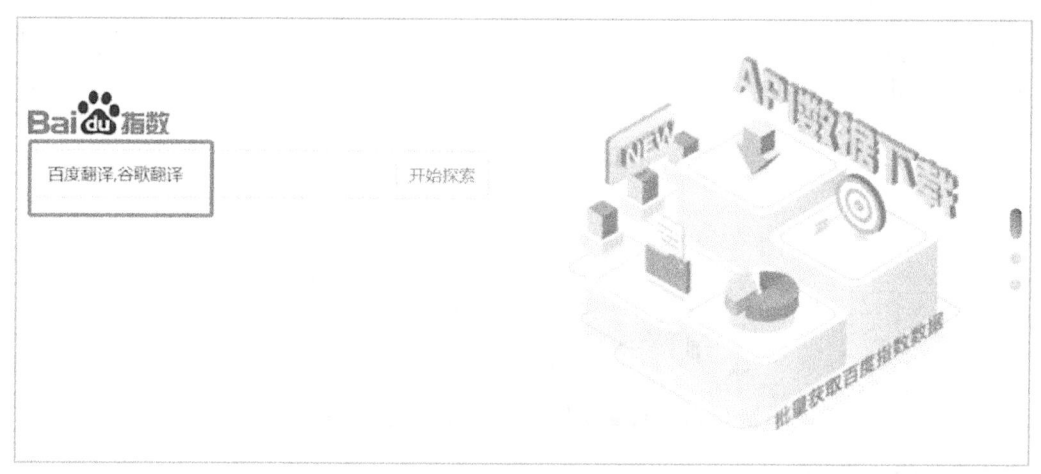

图 3-43　百度指数——关键词比较检索

（2）趋势研究。

趋势研究是搜索结果的第一个模块，主要包括搜索指数和资讯指数两部分。

搜索指数显示的是互联网用户对关键词搜索关注程度及持续变化情况，是以网民在百度的搜索量为数据基础，以关键词为统计对象，科学分析并计算出各个关键词在百度网页搜索中搜索频次的加权和。还可以根据时间段、搜索来源（PC 端和移动端）、地域对结果进行限定。图 3-44 为"百度翻译""谷歌翻译"近七天在 PC 端和移动端的全国搜索指数对比。

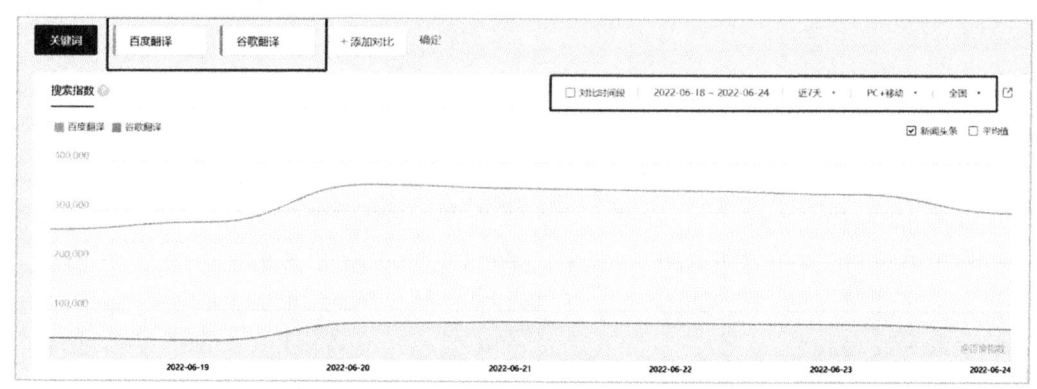

图 3-44　百度指数——趋势研究之搜索指数

资讯指数显示的是新闻资讯在互联网上对特定关键词的关注及报道程度和持续变化，是以百度智能分发和推荐内容数据为基础，将网民的阅读、评论、转发、点赞、不喜欢等行为的数量加权求和得出的。同样可以根据时间段、地域对结果进行限定。图 3-45 为"百度翻译""谷歌翻译"近 30 天的全国资讯指数对比。

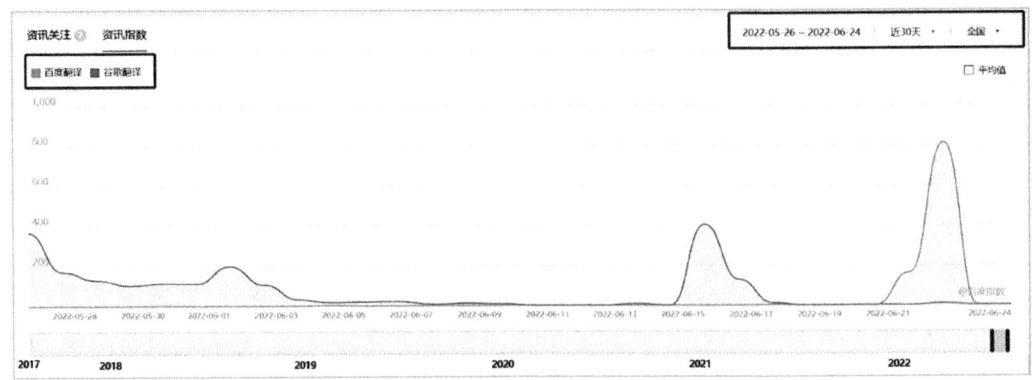

图 3-45　百度指数——趋势研究之资讯指数

（3）需求图谱。

需求图谱是搜索结果的第二个模块，提供关键词的相关词分布信息，显示的是用户在搜索该词的前后的搜索行为变化中表现出来的相关检索词需求。

它由综合计算关键词与相关词的相关程度，以及相关词自身的搜索需求大小得出。相关词距圆心的距离表示相关词与中心检索词的相关性强度；相关词自身大小表示相关词自身搜索指数大小，红色代表搜索指数上升，绿色代表搜索指数下降。下图为"百度翻译"在一周内的搜索相关词分布，可见"谷歌翻译""有道翻译"等词相关性强，表明网民在搜索该词时还会关注其同类产品，如图 3-46 所示。

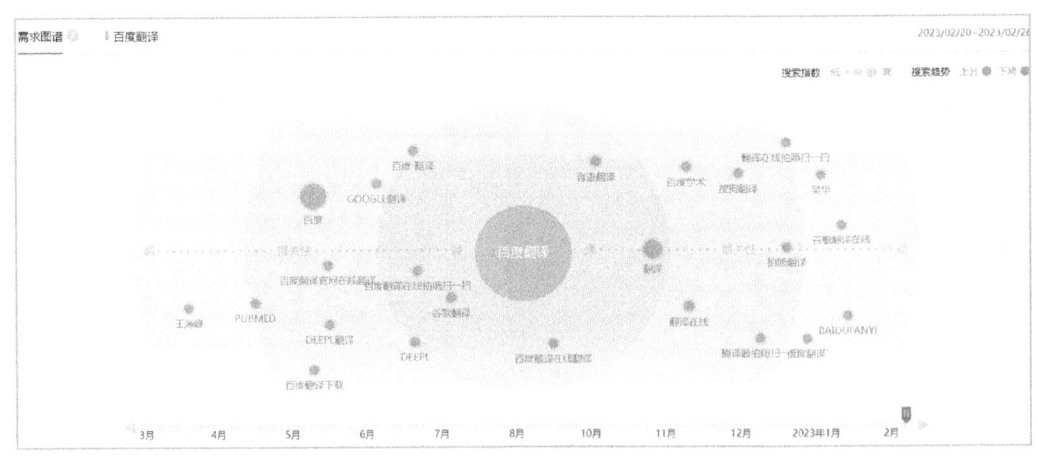

图 3-46　百度指数——需求图谱之相关词分布

除相关词分布外，相关词热度排名也在模块下方列出，包括相关词搜索热度排名和搜索变化率排名。图 3-47 为"百度翻译"的相关词热度排名。

图 3-47 百度指数——需求图谱之相关词热度排名

（4）人群画像。

趋势研究是搜索结果的第一个模块，主要包括地域分布、人群属性和兴趣分布三部分。

地域分布显示的是关注该关键词的用户来自哪些地域，可以限定时间范围、按省份、区域和城市改变结果呈现方式。

人群属性显示的是关注该关键词的用户的性别、年龄分布。图 3-48 为"百度翻译"和"谷歌翻译"的关注人群属性分布，可以看到 20～29 年龄段"谷歌翻译"搜索占比大于"百度翻译"，其他年龄段则是"百度翻译"搜索大于"谷歌翻译"搜索；男性搜索"谷歌翻译"的占比高，女性搜索"百度翻译"的占比高。

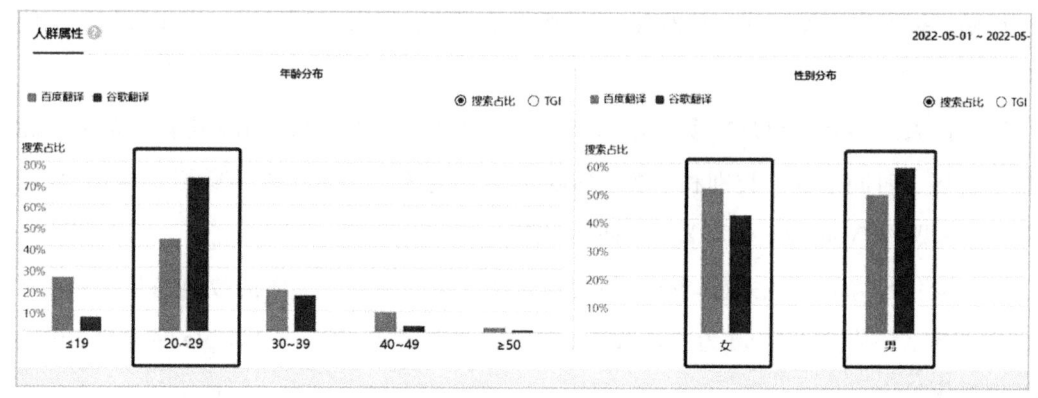

图 3-48 百度指数——人群画像之人群属性

兴趣分布显示的是关注该关键词的用户的兴趣分布。图3-49为"百度翻译"和"谷歌翻译"的关注人群属性分布，可见教育培训类人群占比较高。

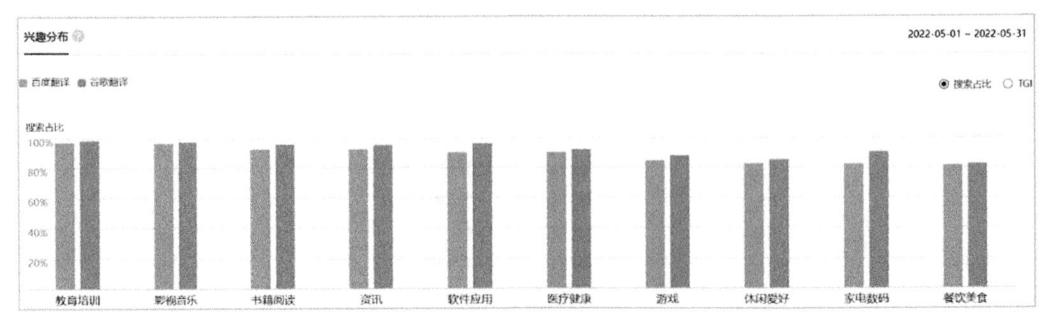

图3-49　百度指数——人群画像之兴趣分布

2. 使用Google Trends采集网络趋势

Google Trends是Google旗下基于搜索数据推出的分析工具。它通过分析Google搜索引擎每天海量的搜索数据，告诉用户某一关键词或者话题在某个时间段的搜索热度及其变化趋势，还能按区域显示搜索热度，列举相关主题、相关查询。此外，它还能展示某一地区的近期热搜词和年度热搜榜。下面将介绍Google Trends的三大模块——字词搜索、近期热搜、年度热搜。

（1）字词搜索。

与百度趋势类似，Google Trends也支持单个关键词搜索、关键词比较搜索和关键词累加搜索。关键词比较搜索使用英文逗号连接关键词，关键词累加搜索使用"+"号连接关键词。需要注意的是，搜索非拉丁字母的字词，只能得到来自该字词使用地区的搜索结果。例如，搜索中文关键词"机器翻译"，所得结果来自中文使用地区，很少包括英文使用地区。

字词搜索的结果页包括热度变化趋势、区域热度、相关主题和相关查询四部分，能根据国家地区、时间范围、类别和来源（Google网页搜索/Google图片搜索/Google新闻搜索/Google购物/YouTube搜索）限定搜索范围。

热度变化趋势表示该关键词搜索热度随时间变化的趋势。图中的数值并非实际搜索频率，而是热度评分。图3-50为"game localization"在过去12个月Google网页搜索中的全球热度变化趋势。

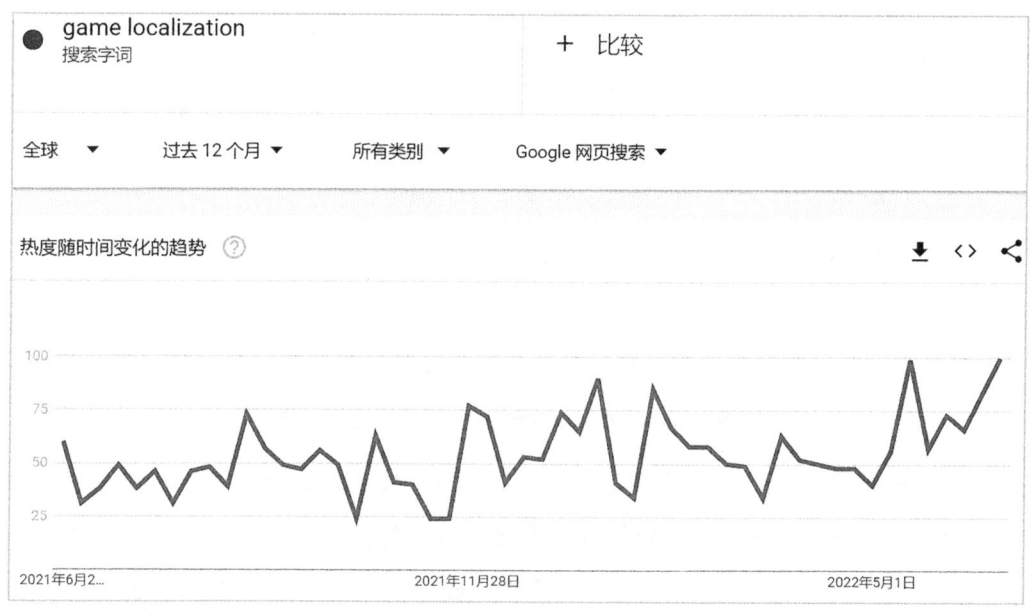

图 3-50　Google Trends——字词搜索之热度变化

区域热度表示该关键词在不同区域的搜索热度情况，可选择按国家地区或按城市显示、按地图或按列表显示。图 3-51 为"game localization"在不同国家地区的搜索热度排名。

图 3-51　Google Trends——字词搜索之区域热度

相关主题表示搜索该关键词的用户还搜索了哪些主题，可以按热门指标（最热门的主题）和搜索量上升指标（自上一时间段以来，搜索频率增幅最大的相关主题）查看。图 3-52 为"game localization"的相关热门主题和相关搜索量上升主题，前者是与关键词历来密切相关的主题，后者是与关键词相关的新趋势、新动态。

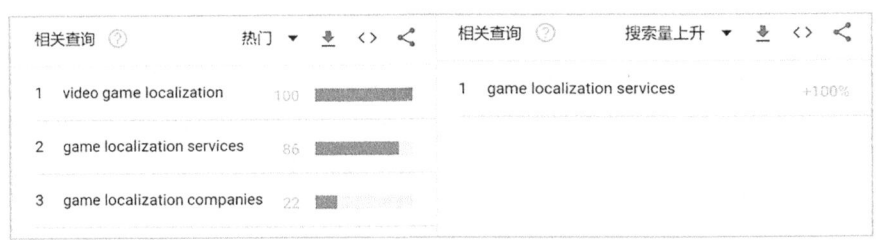

图 3-52　Google Trends——字词搜索之相关主题

相关查询表示与该关键词类似的查询词，同样可以按热门指标和搜索量上升指标查看。图 3-53 为"game localization"的相关热门查询和相关搜索量上升查询，可见"video game localization"是其同义词，用户还会进一步搜索"game localization"的服务、公司。

图 3-53　Google Trends——字词搜索之相关查询

（2）近期热搜。

近期热搜显示的是某一国家地区的每日搜索趋势和实时搜索趋势，可以切换不同国家地区来查看，帮助我们把握该地的热点。图 3-54 为近期热搜中每日搜索趋势的页面呈现。

图 3-54　Google Trends——近期热搜

(3)年度热搜。

年度热搜显示的是某一国家地区某一年的搜索趋势,可以切换不同国家地区、不同年份来查看,除总的热搜榜单外,还有按领域细分的热搜榜单。图3-55为年度热搜的页面呈现。

图 3-55　Google Trends——年度热搜

3. 使用国家数据采集行业趋势

国家数据是由国家统计局开发的数据查询平台,可以查询国家、社会、行业、居民生活各方面翔实的月度、季度、年度数据以及普查、地区、部门、国际数据。在数据查看和输出方面,平台提供多种文件输出、制表、绘图、指标解释、表格转置、可视化图表、数据地理信息系统等多种功能。网站还设有英文版。下面介绍国家数据的数据查询方式和栏目内容。

(1)数据查询方式。

国家数据网站内的查询方式包括简单查询、高级查询、数据地图和经济图表。

简单查询通过点击左侧指标栏的指标,即可在右侧结果栏查看指标对应数据,还可设置数据呈现方式(报表/柱形图/条形图/饼图)以及时间跨度,如图3-56所示。

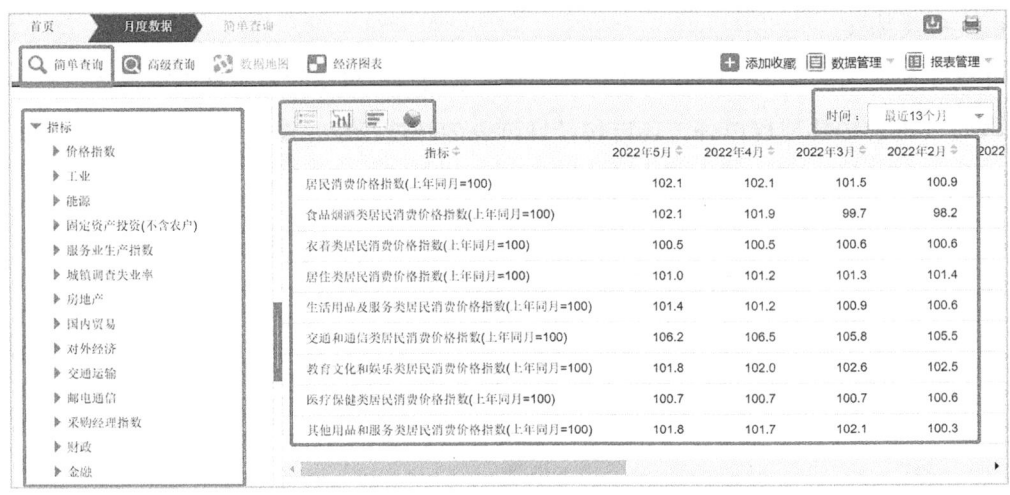

图 3-56 国家数据——简单查询

高级查询可以通过多选指标查看多个指标的对应数据，与简单查询只能查询单个指标数据相比，更方便比较、查看数据间的联系，如图 3-57 所示。

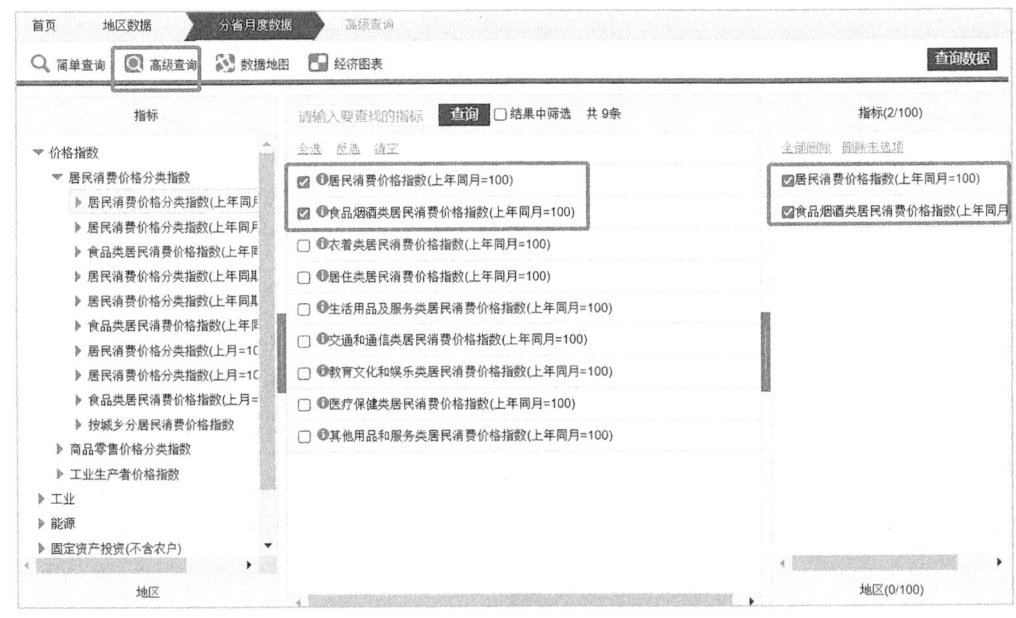

图 3-57 国家数据——高级查询

数据地图以地图方式呈现各地区的数据。通过左侧指标树选择指标，指标数据会分为 6 个色阶在左下角地图中显示出来。当鼠标滑过地图上的地区时，会根据鼠标所指的地区，显示对应的数据信息框。如需查看其他时间的数据，可调整时间轴指针。

经济图表以折线图形式表现数据随时间的变化趋势。通过左侧指标树选择想要了解的指标，对应的图表和数据表显示在右侧：上方为图表，下方为数据表，如图 3-58 所示。

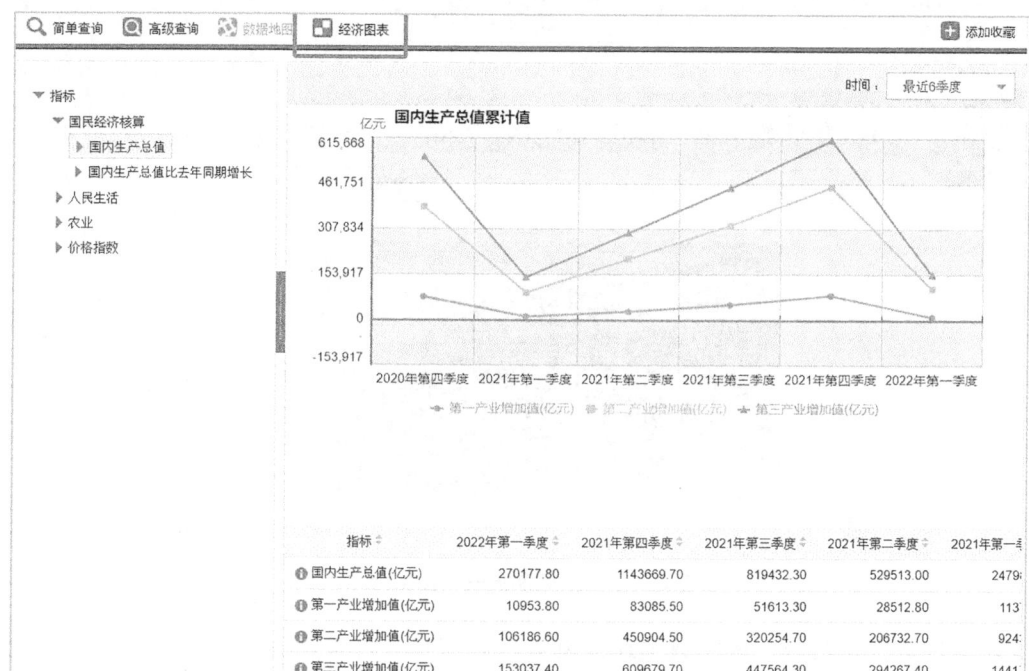

图 3-58　国家数据——经济图表

（2）栏目内容。

国家数据的栏目分布有月度数据、季度数据、年度数据、普查数据、地区数据、部门数据、国际数据、可视化产品、出版物，如图 3-59 所示。

月度数据、季度数据、年度数据提供国家、各行业和居民生活各方面按月度、季度、年度统计的数据。

普查数据提供人口普查、经济普查、农业普查、工业普查等全国大规模普查数据。

地区数据提供不同省份月、季、年度数据、主要城市月、年数据以及港澳台月、年度数据。

部门数据提供国家不同部门发布的统计数据。

国际数据提供主要国家（地区）的月、年度数据、三大经济体、国际市场的月度数据，并汇总了国际组织网站和各国统计网站的入口。

出版物提供中国统计年鉴、统计公报等统计刊物的在线阅读。

图 3-59 国家数据——栏目分布

除多种数据栏目外，国际数据还设有英文版网页，可查看各种统计指标的英文表达方式。

4. 使用 New Bing 采集行业趋势

基于 New Bing 可联网的特点，我们可以向它提问来搜集总结行业趋势。一般的网页搜索只是单纯罗列结果，不会对结果进行筛选、总结，我们需要点进每个网页，阅读，找到目标信息，并总结加工。然而，New Bing 能够从浩如烟海的网络信息中找到与行业趋势相关的内容，然后输出整合总结版的文字。同样，我们需要点进资料来源链接，检查 New Bing 的回答是否有可靠的出处。

本例中，New Bing 根据提问给出了详细的回答。得到回答后，首先要点进原文链接，查看回答的来源是否权威，回答提取的信息是否准确。然后将回答与提问印证，看回答内容是否与提问的要求相符。本例中，New Bing 采集的信息虽然在内容上符合要求，但是在时间上是 2021 年和 2022 年的信息，而非 2023 年。后续如需进一步获取所需信息，可以继续向 New Bing 提问，或者直接在来源处查看是否有 2023 年的最新信息（如图 3-60 所示）。

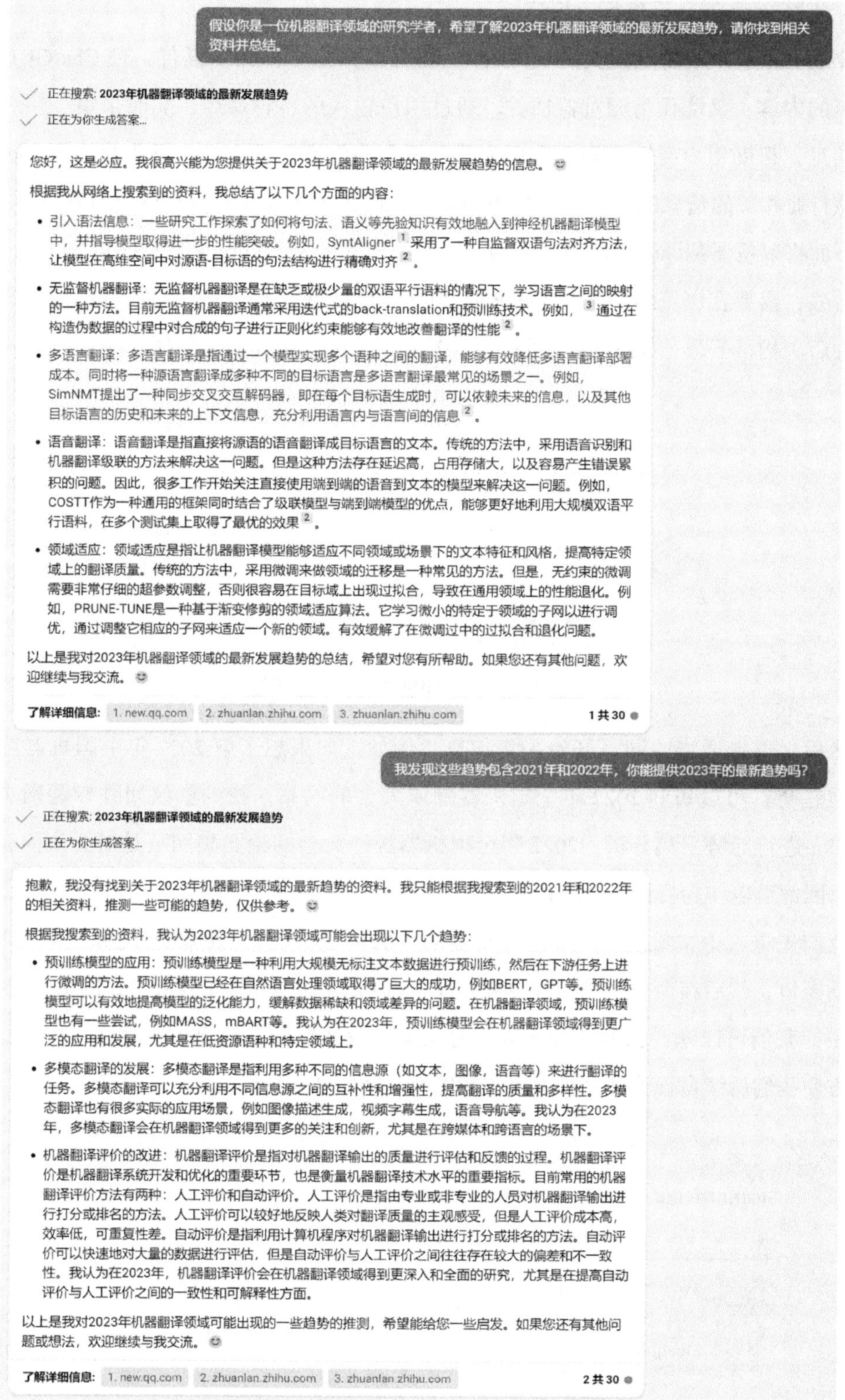

> 假设你是一位机器翻译领域的研究学者，希望了解2023年机器翻译领域的最新发展趋势，请你找到相关资料并总结。

✓ 正在搜索：**2023年机器翻译领域的最新发展趋势**
✓ 正在为你生成答案……

您好，这是必应。我很高兴能为您提供关于2023年机器翻译领域的最新发展趋势的信息。😊

根据我从网络上搜索到的资料，我总结了以下几个方面的内容：

- **引入语法信息**：一些研究工作探索了如何将句法、语义等先验知识有效地融入到神经机器翻译模型中，并指导模型取得进一步的性能突破。例如，SyntAligner[1]采用了一种自监督双语句法对齐方法，让模型在高维空间中对源语-目标语的句法结构进行精确对齐[2]。
- **无监督机器翻译**：无监督机器翻译是在缺乏或极少量的双语平行语料的情况下，学习语言之间的映射的一种方法。目前无监督机器翻译通常采用迭代式的back-translation和预训练技术。例如，[3]通过在构造伪数据的过程中对合成的句子进行正则化约束能够有效地改善翻译的性能[2]。
- **多语言翻译**：多语言翻译是指通过一个模型实现多个语种之间的翻译，能够有效降低多语言翻译部署成本。同时将一种源语言翻译成多种不同的目标语言是多语言翻译最常见的场景之一。例如，SimNMT提出了一种同步交叉交互解码器，即在每个目标生成时，可以依赖未来的信息，以及其他目标语言的历史和未来的上下文信息，充分利用语言内与语言间的信息[2]。
- **语音翻译**：语音翻译是指直接将源语的语音翻译成目标语言的文本。传统的方法中，采用语音识别和机器翻译级联的方法来解决这一问题。但是这种方法存在延迟高，占用存储大，以及容易产生错误累积的问题。因此，很多工作开始关注直接使用端到端的语音到文本的模型来解决这一问题。例如，COSTT作为一种通用的框架同时结合了级联模型与端到端模型的优点，能够更好地利用大规模双语平行语料，在多个测试集上取得了最优的效果[2]。
- **领域适应**：领域适应是指让机器翻译模型能够适应不同领域或场景下的文本特征和风格，提高特定领域上的翻译质量。传统的方法中，采用微调来做领域的迁移是一种常见的方法。但是，无约束的微调需要非常仔细的超参数调整，否则很容易在目标域上出现过拟合，导致在通用领域上的性能退化。例如，PRUNE-TUNE是一种基于渐变修剪的领域适应算法。它学习微小的特定于领域的子网以进行调优，通过调整它相应的子网来适应一个新的领域。有效缓解了在微调过程中的过拟合和退化问题。

以上是我对2023年机器翻译领域的最新发展趋势的总结，希望对您有所帮助。如果您还有其他问题，欢迎继续与我交流。😊

了解详细信息： 1. new.qq.com 2. zhuanlan.zhihu.com 3. zhuanlan.zhihu.com   1 共 30

> 我发现这些趋势包含2021年和2022年，你能提供2023年的最新趋势吗？

✓ 正在搜索：**2023年机器翻译领域的最新发展趋势**
✓ 正在为你生成答案……

抱歉，我没有找到关于2023年机器翻译领域的最新趋势的资料。我只能根据我搜索到的2021年和2022年的相关资料，推测一些可能的趋势，仅供参考。😊

根据我搜索到的资料，我认为2023年机器翻译领域可能会出现以下几个趋势：

- **预训练模型的应用**：预训练模型是一种利用大规模无标注文本数据进行预训练，然后在下游任务上进行微调的方法。预训练模型已经在自然语言处理领域取得了巨大的成功，例如BERT、GPT等。预训练模型可以有效地提高模型的泛化能力，缓解数据稀缺和领域差异的问题。在机器翻译领域，预训练模型也有一些尝试，例如MASS、mBART等。我认为在2023年，预训练模型会在机器翻译领域得到更广泛的应用和发展，尤其是在低资源语种和特定领域上。
- **多模态翻译的发展**：多模态翻译是指利用多种不同的信息源（如文本，图像，语音等）来进行翻译的任务。多模态翻译可以充分利用不同信息源之间的互补性和增强性，提高翻译的质量和多样性。多模态翻译也有很多实际的应用场景，例如图像描述生成，视频字幕生成，语音导航等。我认为在2023年，多模态翻译会在机器翻译领域得到更多的关注和创新，尤其是在跨媒体和跨语言的场景下。
- **机器翻译评价的改进**：机器翻译评价是指对机器翻译输出的质量进行评估和反馈的过程。机器翻译评价是机器翻译系统开发和优化的重要环节，也是衡量机器翻译技术水平的重要指标。目前常用的机器翻译评价方法有两种：人工评价和自动评价。人工评价是指由专业或非专业的人员对机器翻译输出进行打分或排名的方法。人工评价可以较好地反映人类对翻译质量的主观感受，但是人工评价成本高，效率低，可重复性差。自动评价是指利用计算机程序对机器翻译输出进行打分或排名的方法。自动评价可以快速地对大量的数据进行评估，但是自动评价与人工评价之间往往存在较大的偏差和不一致性。我认为在2023年，机器翻译评价会在机器翻译领域得到更深入和全面的研究，尤其是在提高自动评价与人工评价之间的一致性和可解释性方面。

以上是我对2023年机器翻译领域可能出现的一些趋势的推测，希望能给您一些启发。如果您还有其他问题或想法，欢迎继续与我交流。😊

了解详细信息： 1. new.qq.com 2. zhuanlan.zhihu.com 3. zhuanlan.zhihu.com   2 共 30

图 3-60　New Bing——趋势采集

5. 使用 WebPilot 采集行业趋势

WebPilot 是一款功能强大的 AI 插件，既可以作为 ChatGPT 插件，使 ChatGPT 访问特定网页的内容，又能作为浏览器插件，通过用户输入的各种命令，实时采集、整理、分析网页信息，帮助用户在短时间内采集到关键信息。如果想采集某一行业的趋势，我们可以进入该行业相关的信息网页，利用 WebPilot 从该网页中提取并分析与行业趋势相关的信息。

下面将以机器翻译的发展趋势为例，展示如何利用 WebPilot 采集相关信息。

首先，需要在浏览器中安装 WebPilot 插件。该插件在 Chrome 浏览器或 Edge 浏览器的应用商店中均可下载（如图 3-61 所示）。

图 3-61　WebPilot——插件下载

然后，选择适当的网页开始采集信息。例如，如果想了解 2022 年中国机器翻译领域的发展趋势，可以访问 2022 年全国机器翻译大会的网站，找到会议回顾专题网页，调用 WebPilot 进行趋势采集分析。2022 年全国机器翻译大会的论文集网页是对会议内容的较好概括，因此可以作为目标网页进行分析。

我们先进入论文集网页，再在浏览器的扩展程序栏点击 WebPilot 图标，调出 WebPilot 的浮动窗口，然后在命令栏输入指令并回车，即可等待 WebPilot 分析当前网页、输出内容。本例中，我们可以先要求 WebPilot 采集论文集的论文标题并给出中文翻译，再进行总结分析，方便我们后续自行验证分析内容的准确性（如图 3-62 所示）。

图 3-62　WebPilot - 命令输入

复制 WebPilot 的输出内容如图 3-63 所示。通过与原网页内容的比对，可知 WebPilot 正确提取了论文标题，并基于每篇文章的内容进行了分类总结，帮助我们采集到了机器翻译领域的最新发展趋势。

```
以下是《机器翻译：2022 年中国会议 CCMT 论文集》中 16 篇论文的标题及中文翻译：

1. PEACook: Post-editing Advancement Cookbook - PEACook: 后编辑进展手册
2. Hot-Start Transfer Learning Combined with Approximate Distillation for Mongolian-Chinese Neural Machine Translation - 热启动转移学习与近似蒸馏相结合的蒙古语 - 汉语神经机器翻译
3. Review-Based Curriculum Learning for Neural Machine Translation - 基于评论的课程学习用于神经机器翻译
4. Multi-strategy Enhanced Neural Machine Translation for Chinese Minority Languages - 面向中国少数民族语言的多策略增强神经机器翻译
5. Target-Side Language Model for Reference-Free Machine Translation Evaluation - 无参考机器翻译评估的目标语言模型
6. Life Is Short, Train It Less: Neural Machine Tibetan-Chinese Translation Based on mRASP and Dataset Enhancement - 生命苦短，少训练：基于 mRASP 和数据增强的神经机器藏汉翻译
7. Improving the Robustness of Low-Resource Neural Machine Translation with Adversarial Examples - 利用对抗样本提高低资源神经机器翻译的鲁棒性
8. Dynamic Mask Curriculum Learning for Non-Autoregressive Neural Machine Translation - 用于非自回归神经机器翻译的动态掩码课程学习
9. Dynamic Fusion Nearest Neighbor Machine Translation via Dempster-Shafer Theory - 基于 Dempster-Shafer 理论的动态融合最近邻机器翻译
10. A Multi-tasking and Multi-stage Chinese Minority Pre-trained Language Model - 多任务和多阶段的中国少数民族预训练语言模型
11. An Improved Multi-task Approach to Pre-trained Model Based MT Quality Estimation - 基于预训练模型的机器翻译质量评估的改进多任务方法
12. Optimizing Deep Transformers for Chinese-Thai Low-Resource Translation - 优化深度 Transformer 用于中泰低资源翻译
13. CCMT 2022 Translation Quality Estimation Task - CCMT 2022 机器翻译质量评估任务
14. Effective Data Augmentation Methods for CCMT 2022 - CCMT 2022 的有效数据增强方法
15. NJUNLP's Submission for CCMT 2022 Quality Estimation Task - NJUNLP 参加 CCMT 2022 质量评估任务
16. ISTIC's Thai-to-Chinese Neural Machine Translation System for CCMT' 2022 - ISTIC 参加 CCMT'2022 的泰语 - 汉语神经机器翻译系统

这些论文可以按照主题进行分类和总结：
- 后编辑进展手册（PEACook）和目标语言模型的文章关注于后编辑和评估机器翻译质量的方法。
- 蒙古语 - 汉语神经机器翻译、神经机器翻译的鲁棒性改进以及低资源神经机器翻译的文章关注于提高特定语言对的翻译性能。
- 课程学习、多任务学习以及基于预训练模型的研究方法在多篇论文中被讨论，旨在提高神经机器翻译的性能。
- 动态融合最近邻机器翻译和动态掩码课程学习的文章提供了改进神经机器翻译模型的新方法。
- 数据增强方法的研究着眼于利用增加数据样本的方式提高机器翻译的性能。
- 泰语 - 汉语神经机器翻译系统的文章关注于特定语言对的翻译性能改进。

综上所述，这些论文集的主题主要包括后编辑和评估方法、特定语言对的翻译性能改进、神经机器翻译模型的改进方法以及数据增强方法的研究。
```

图 3-63　WebPilot——结果输出

四、技术拓展

下面将介绍未在案例中演示的其他智能采集工具，包括数据采集的其他软件类和插件类工具，以及趋势采集的其他网络趋势和行业趋势工具。列举工具并非全部，更多智能采集的工具、平台有待读者一一探索。

（一）数据采集工具

1. 火车采集器

火车采集器是一款软件类网页数据采集、处理、分析、挖掘工具，支持 Windows 端，可以通过配置采集网页上散乱分布的文本、图片等文件，并通过数据清洗、过滤、去噪等预处理后进行整合聚集存储，再进行数据的分析挖掘，最终将可用数据呈现出来。如图 3-64 所示。

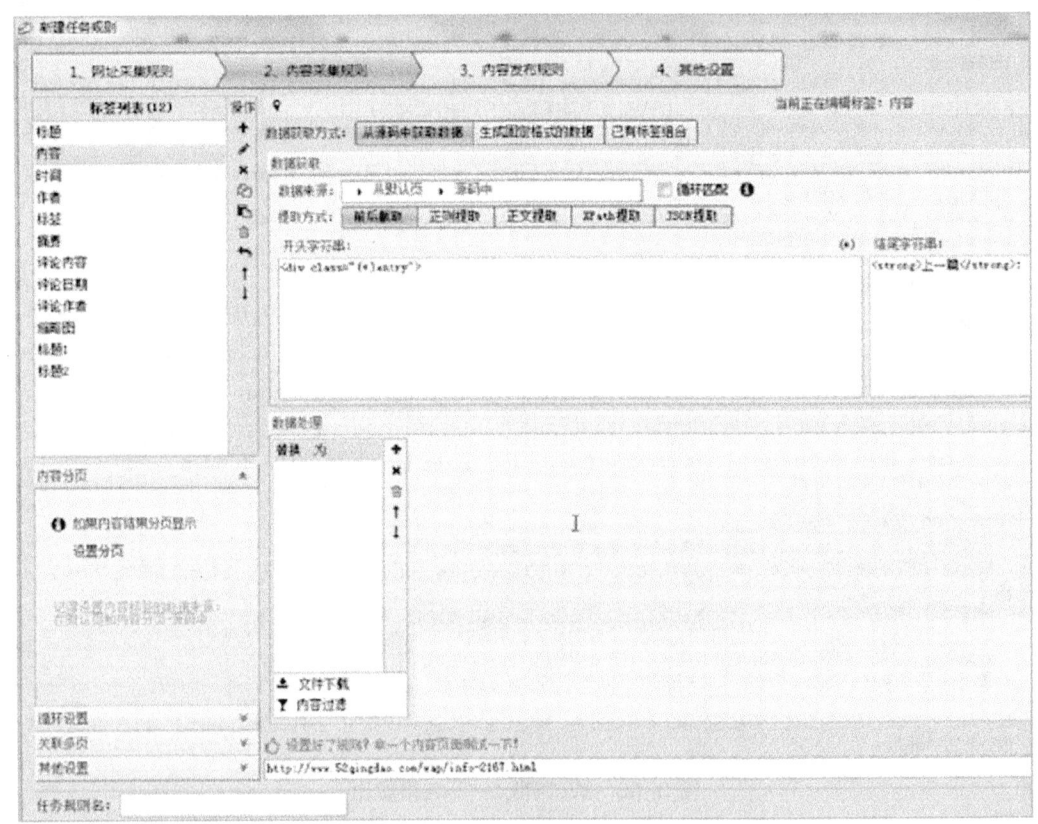

图 3-64　火车采集器——软件界面

2. Parsehub

Parsehub 是一款软件类的网页采集工具，支持 Windows 端、Mac 端和 Linux 端。它可以通过网页点选设置采集步骤以获取数据，支持一些高级功能，如分页，无限滚动页面，弹出窗口和导航。如图 3-65 所示。

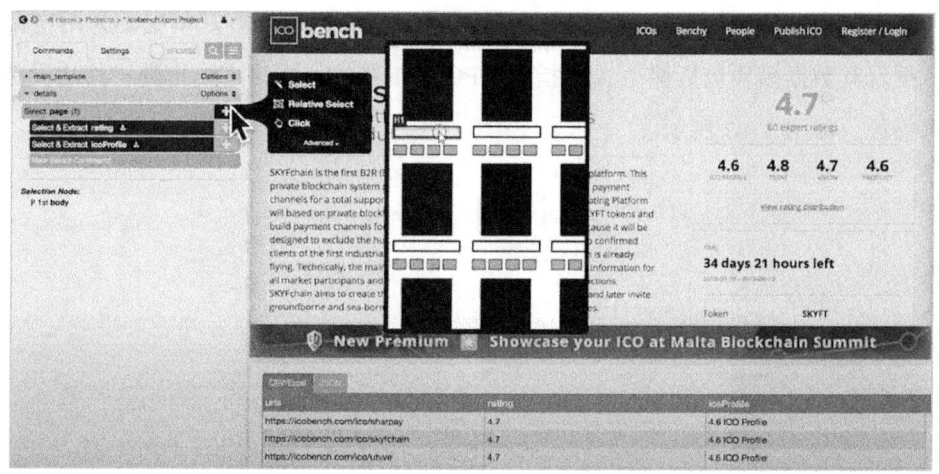

图 3-65　Parsehub——软件界面

3. Instant Data Scraper

Instant Data Scraper 是一款插件类网页采集工具，基于 Chrome 浏览器使用。它适用于大多数网站，使用 HTML 结构的 AI 分析来检测数据以进行提取。如果自动检测结果不令人满意，还允许用户自定义选择内容以获得更高的准确性。它支持动态数据提取、分页提取、数据预览等功能。如图 3-66 所示。

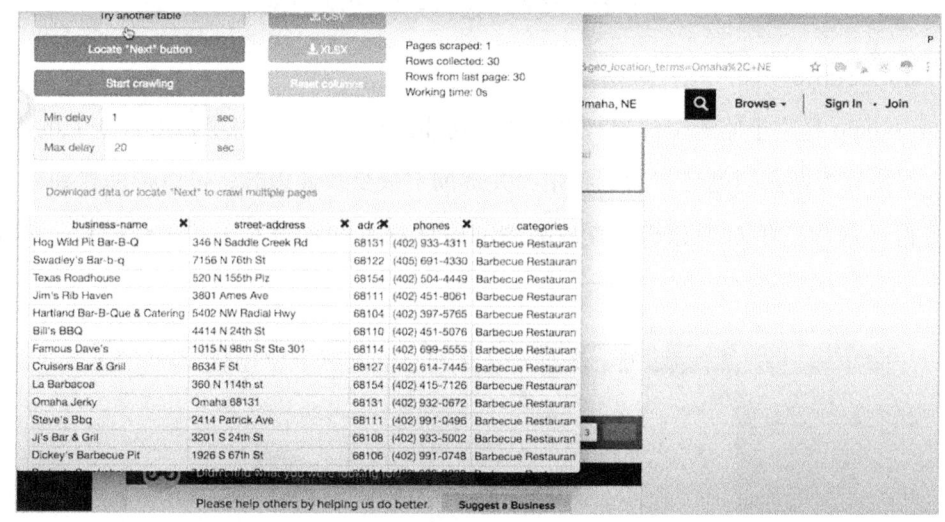

图 3-66　Instant Data Scraper——插件工作界面

（二）趋势采集工具

1. 艾瑞指数

艾瑞指数是一个互联网大数据平台，可用于追踪网络趋势。它通过分析海量数据，建立多个用户行为指标，反映中国互联网整体和移动互联网市场客观情况，为用户提供市场决策依据。其数据模块包括移动 App 指数、PC Web 指数、网络广告指数、移动设备指数和独角兽指数。如图 3-67 所示。

图 3-67　艾瑞指数——网站数据界面

2. BuzzSumo

BuzzSumo 是一个监测全球流行趋势的多功能网页。它将全球数以万计来源的内容编入索引，查找到近期热门趋势与话题和相关关键词下最受欢迎内容；可以帮助找到领域红人；可以进行品牌和竞争对手分析，查看品牌的最佳内容和竞争对手的最佳内容。如图 3-68 所示。

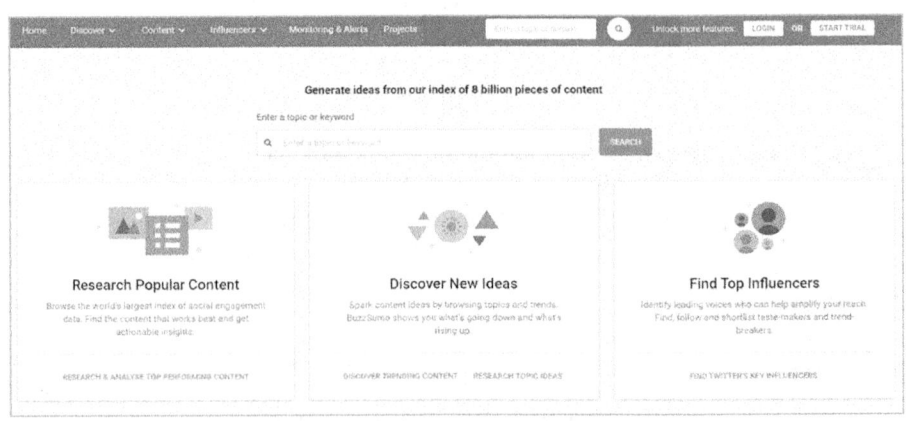

图 3-68　BuzzSumo——网站界面

3. 艾瑞网

艾瑞网是一个融合互联网行业资源的行业动态网站，提供电子商务、移动互联网、网络游戏、网络广告、网络营销等行业内容，为用户提供丰富的产业数据、报告、专家观点、行业数据。如图 3-69 所示。

图 3-69　艾瑞网——网站界面

4. Statista

Statista 是一个在线的统计数据门户。它主要包含来自主要市场、国家和民意调查的数据，其数据主要来自商业组织和政府机构。它能提供不同行业的数据，如广告传媒、互联网、零售等，以及不同主题的调查报告，如行业和市场报告、公司和产品报告、消费者和品牌报告等。如图 3-70 所示。

图 3-70　Statista——网站界面

五、参考资料

1. 八爪鱼采集器官网：https://www.bazhuayu.com
2. 火车采集器官网：http://www.locoy.com
3. Parsehub 官网：https://www.parsehub.com
4. 迷你派采集器官网：https://www.minirpa.net
5. Web Scraper 官网：https://webscraper.io
6. Instant Data Scraper 官网：https://webrobots.io
7. 百度指数官网：https://index.baidu.com
8. 艾瑞指数官网：https://index.iresearch.com.cn
9. 微指数官网：https://data.weibo.com
10. Google Trends 官网：https://trends.google.com/trends
11. BuzzSumo 官网：https://buzzsumo.com
12. 国家数据官网：https://data.stats.gov.cn
13. 艾瑞网官网：https://www.iresearch.cn
14. 艾媒网官网：https://www.iimedia.cn
15. Census Bureau 官网：https://www.census.gov
16. Statista 官网：https://www.statista.com
17. SimilarWeb 官网：https://www.similarweb.com/zh

第四章 文档处理

一、基础知识

文档是一种计算机用语，也是文件的另一种称呼。一般来说，我们将 MS Word、MS Excel 等编辑软件产生的文件称为文档。其实，在日常学习和办公中，我们经常会接触到各种的文档，以 Word、PDF、Excel、PPT 等类型的文档最为常见。同时，还会接触到各种文档的处理。那么，什么是文档处理？文档处理涉及多方面内容，常见的文档处理包括：

（1）编辑处理：对文档进行编辑，包括修改、标注、插入、引用、审阅等。

（2）拆分合并：将一个文档拆分成两个或多个文档，合并是将两个或多个文档合并成一个文档。

（3）格式转换：将一个文档的格式转换为另一种格式，如将 PDF 格式文档转换为 Word 格式文档。

（4）文字识别：将文档中的内容提取出来，形成可以编辑的新文档，如将 PDF 文档中文字提取出来。

（5）比较分析：将一个文档内容与另一个文档内容比较并标注结果。

掌握文档处理技巧能够极大提高我们的学习和工作效率，本章将具体列出主流的文档处理工具，并结合具体案例分析如何使用文档处理工具。

二、主流工具

在文档处理方面，有许多实用的工具，可以概括为两大类：一类是桌面或手机端软件；另一类是在线工具。随着科学技术的进步，在线的文档处理工具正在改善学习和办公形式，我们无需下载软件，无需使用内存，就可以进行文档处理。值得注意的是，在线版的文档处理工具还提供在线协作等功能，减少了传统的文档传输的时间，提高了办公效率。不仅如此，在线版的文档处理工具将许多桌面版软件的功能整合，使我们处理文档更加方便快捷。无论是桌面版软件还是在线版工具，一款软件或工具能够集合好几款软件的功能，所以一款文档处理工具可能会出现在不同类别下。下面列出一些常见的文档处理工具。

（一）文档文字识别

1. 软件：ABBYY FineReader、天若 OCR 文字识别、Readiris Pro、扫描全能王、PandaOCR。

2. 在线工具：白描、OCR.space、GK 扫描仪、Online OCR。

（二）文档编辑处理

1. 软件：MS Word、MS PowerPoint、MS Excel、WPS Office、福昕 PDF 编辑器。

2. 在线工具：腾讯文档、金山文档、有道云笔记、石墨文档、飞书、语雀。

（三）文档格式转化

1. 软件：MS Word、WPS Office、福昕阅读器、扫描全能王。

2. 在线工具：iLovePDF、Smallpdf、Convertio、PDF24 Tools。

（四）文档拆分合并

1. 软件：MS Word、MS Excel、WPS Office、Adobe Acrobat Pro DC。

2. 在线工具：iLovePDF、Smallpdf、HiPDF、PDF24 Tools。

（五）文档比较分析

1. 软件：MS Word、Beyond Compare、WinMerge、Compare It!、Adobe Acrobat Pro DC。

2. 在线工具：PDF24 Tools、jQuery 插件库、MaTools。

三、案例实操

下面将结合具体案例，简单介绍与各种文档处理相关的工具，并演示如何通过不同工具实现文档拆分、文字识别和文档比较，下面是三个具体案例。

（一）案例一：如何快速拆分大型 PDF 文档

假设你是公司的项目经理，客户发来一份大型 PDF 文档，需要将文档从简体中文翻译为美国英语。作为项目经理，你需要先将该 PDF 拆分，该如何处理呢？

1. 利用 Adobe Acrobat Pro DC 拆分 PDF 文档

Adobe Acrobat Pro DC 是一款专业的 PDF 文档处理软件，支持编辑 PDF、创建并合并 PDF、将 PDF 转换为 Word、Excel 或 HTML 等格式、在 PDF 中特定位置以所需方式进行签名等。下面介绍如何使用 Adobe Acrobat Pro DC 拆分 PDF 文档。

（1）首先，打开软件后，点击"工具"，如图 4-1 所示。

图 4-1　Adobe Acrobat Pro DC——打开工具栏

（2）点击"组织页面"，进入拆分界面，如图 4-2 所示。

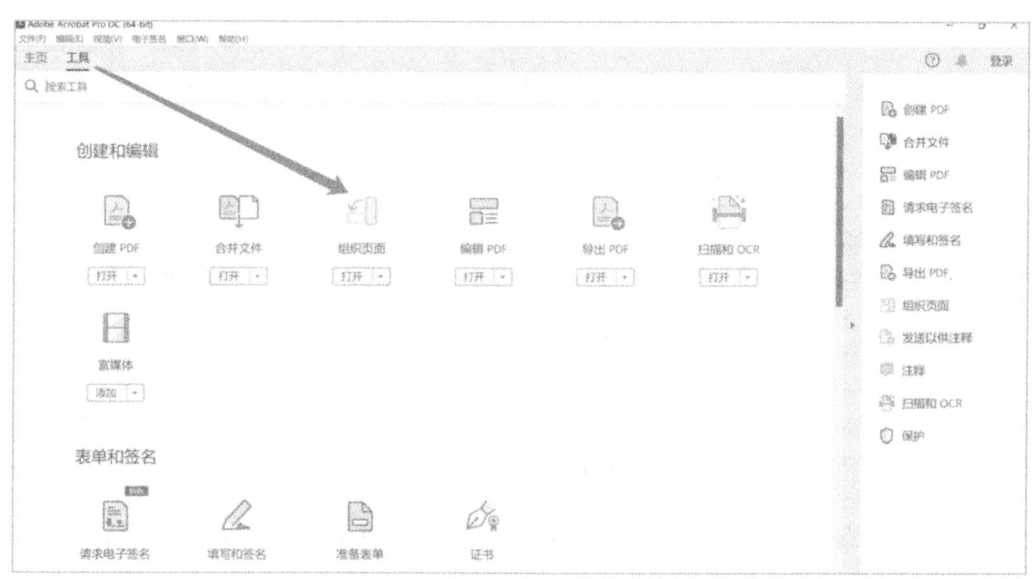

图 4-2　Adobe Acrobat Pro DC——选择拆分工具

（3）选择待拆分的 PDF 文档，然后点击"拆分"，并选择"拆分选项"，如图 4-3、图 4-4 所示。

图 4–3　Adobe Acrobat Pro DC——选择拆分文档

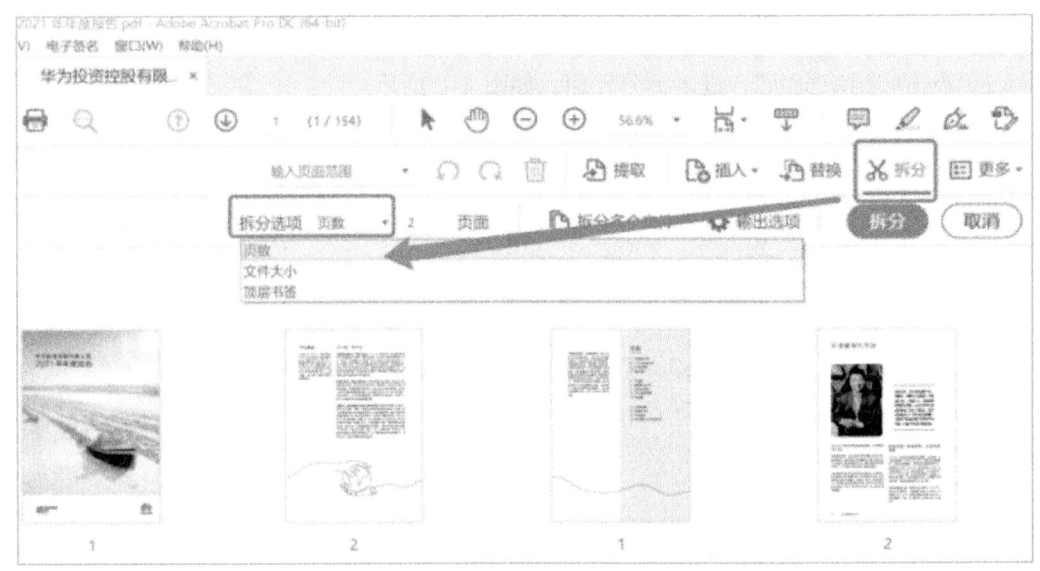

图 4–4　Adobe Acrobat Pro DC——选择拆分选项

（4）也可以点击"拆分多个文件"，添加多个 PDF 文件，进行批量拆分，如图 4–5 所示。

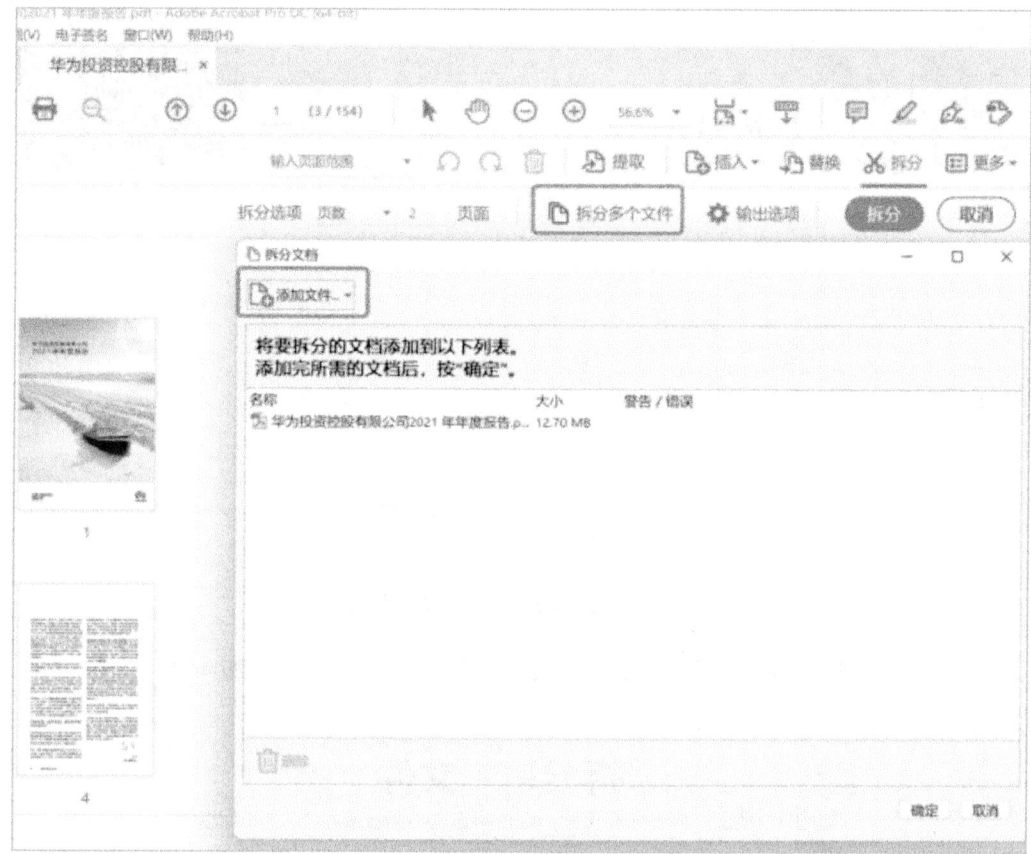

图 4-5　Adobe Acrobat Pro DC——批量拆分多个文档

2. 利用在线工具 iLovePDF 拆分 PDF 文档

在线工具 iLovePDF 是一款免费、易于使用的 PDF 处理工具，功能丰富，包括 PDF 文件的合并、拆分、压缩、转换、旋转，在 PDF 文档添加页码、水印等。官网提供在线版、移动版以及桌面版的 PDF 处理工具，可以根据文件处理需求选择。在线版 iLovePDF 无需下载，操作简单，功能强大，是用户处理 PDF 文档不错的选择。下面介绍如何利用在线工具 iLovePDF 拆分 PDF 文档。

（1）首先，打开 iLovePDF 的官网，在界面最上方一栏，点击"拆分 PDF"，或在中间栏点击"拆分 PDF"，均可打开拆分 PDF 界面，如图 4-6 所示。

图 4-6　iLovePDF——官网界面

（2）点击"选择 PDF 文件"，或者将 PDF 文件拖到指定位置，如图 4-7 所示。

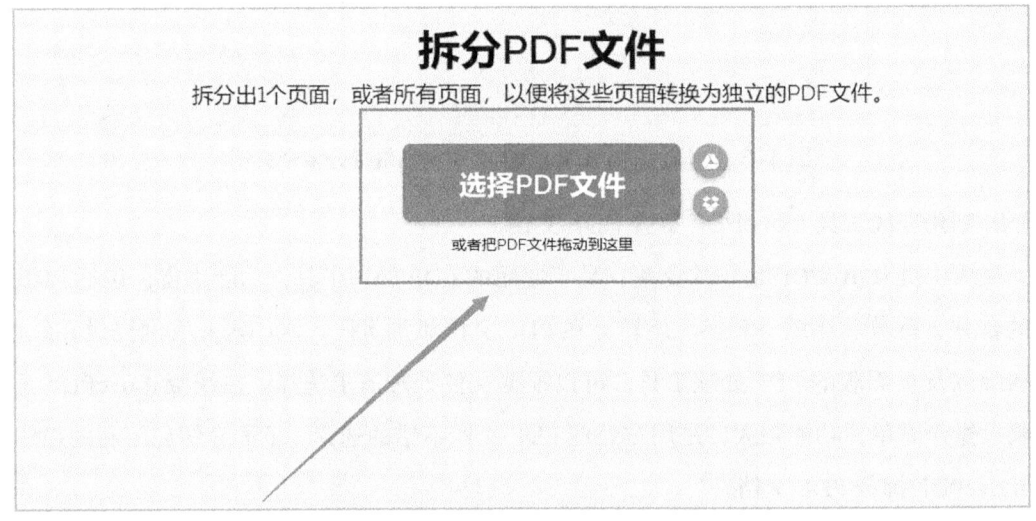

图 4-7　iLovePDF——选择 PDF 文件

（3）进行拆分设置，选择范围模式，可以是自定义范围，也可以是固定的范围。选择自定义范围时，根据文件拆分需求，可以添加多个范围；选择固定范围时，只需设定一个范围值，就会根据这个值进行拆分，如图 4-8、图 4-9 所示。

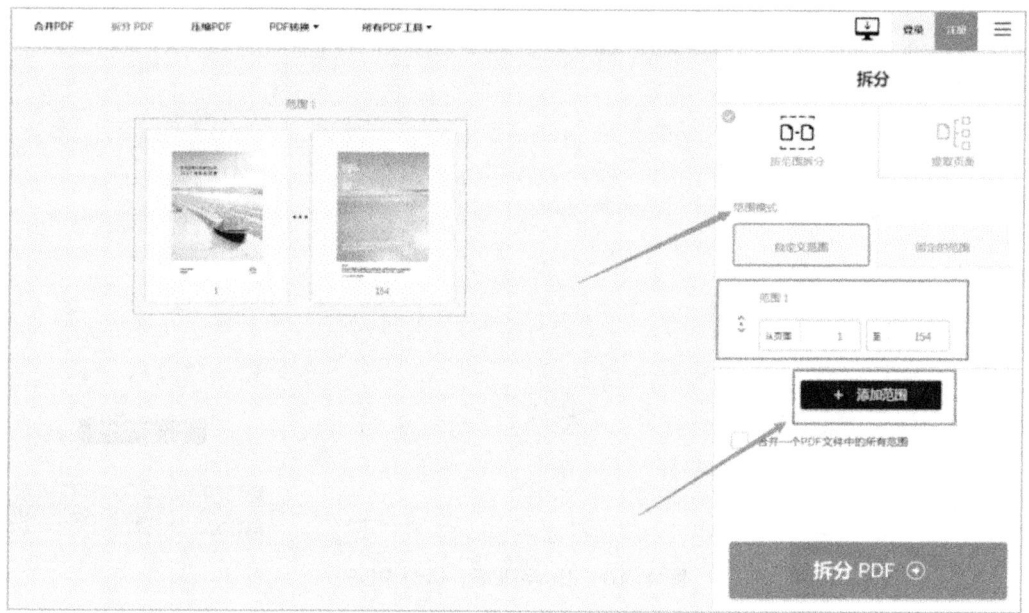

图 4-8　iLovePDF——拆分设置

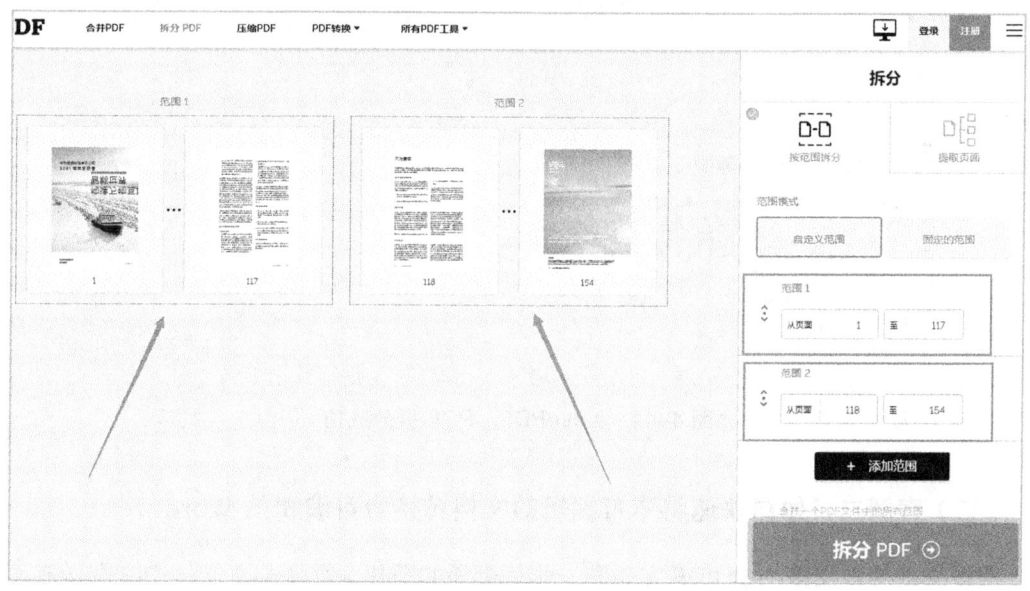

图 4-9　iLovePDF——添加拆分范围

（4）点击"拆分 PDF"，下载已拆分的 PDF，也可以将已拆分的 PDF 文件分享给他人、保存至 Google Drive 和 dropbox，也可删除已拆分的 PDF，如图 4-10、图 4-11 所示。

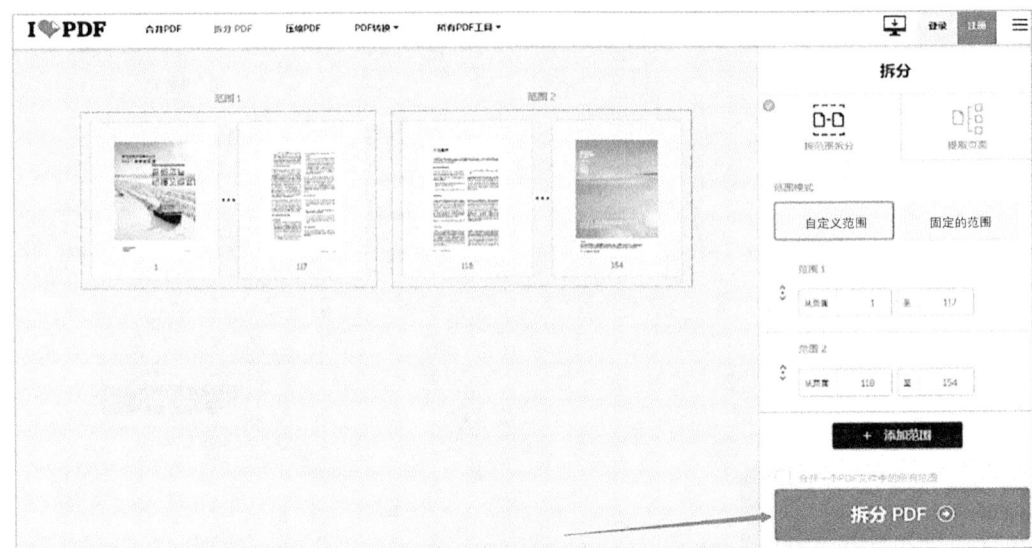

图 4-10　iLovePDF　拆分 PDF

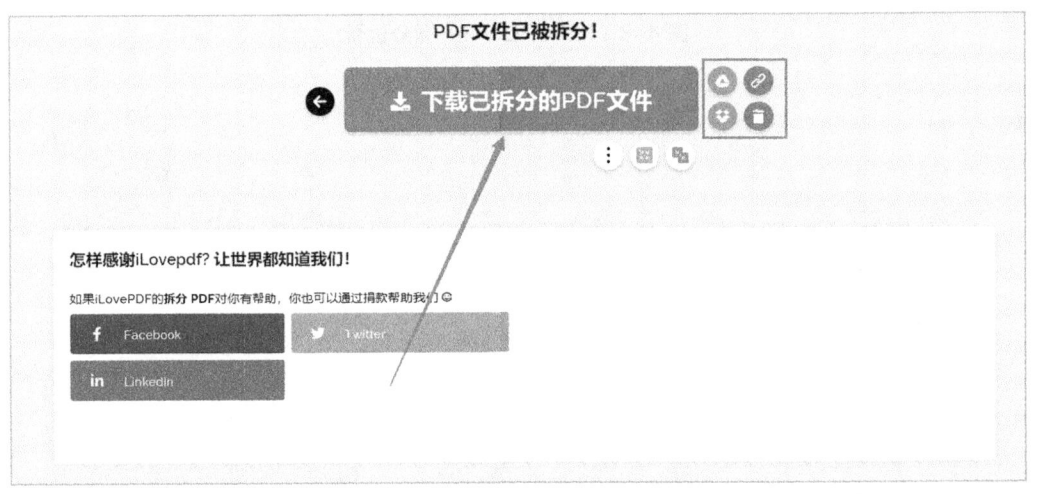

图 4-11　iLovePDF　PDF 拆分成功

（二）案例二：如何快速将不可编辑的文档转换为可编辑的 Word

假设你的客户发来一份 PDF 文档和一张待翻译的图片，需要你将简体中文翻译成美国英语。你需要将 PDF 和图片转换为可编辑的 Word 文档，该如何处理呢？

1. 利用 ABBYY FineReader 12 Professional 将 PDF 转换为 Word

ABBYY FineReader 是一款专业 OCR 软件，不仅支持多国语言文字，还支持彩色文件识别、原稿图片和排版格式自动保留及后台批处理识别功能。ABBYY FineReader 提供有效的文字识别系统，识别完成后，用户可以在识别后的文本位置进行编辑、替换或删除文本内容。下面介绍如何利用 ABBYY FineReader 12 Professional 将 PDF 转换为 Word。

（1）首先，打开软件后，选择"扫描到 Microsoft Word"，如图 4-12 所示。

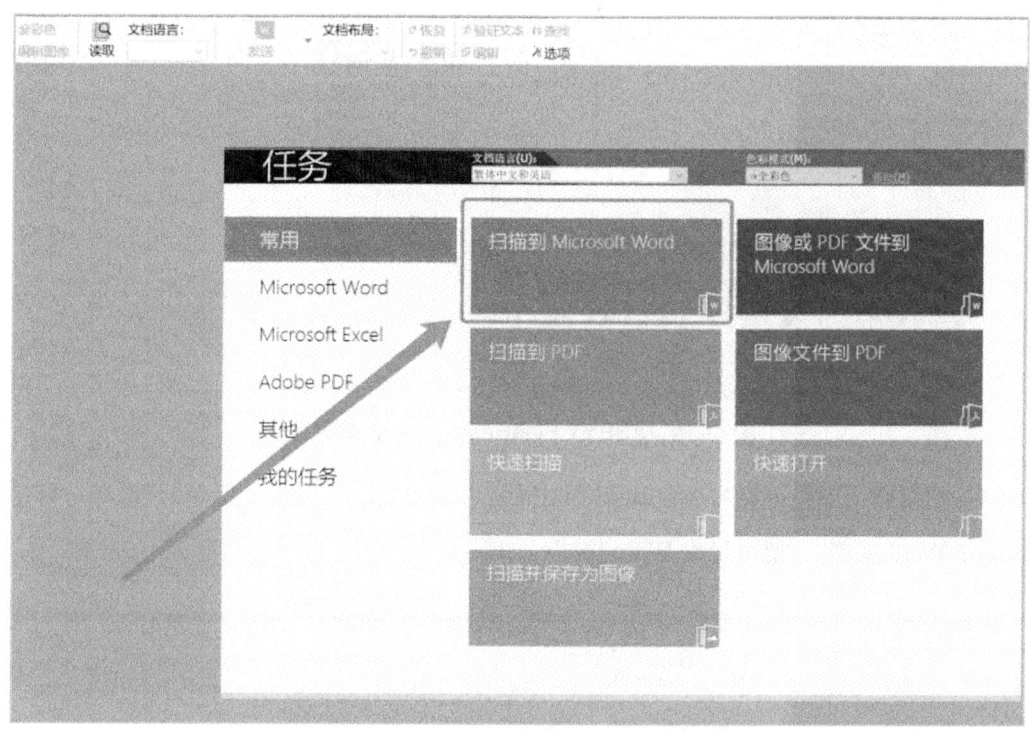

图 4-12　ABBYY FineReader——选择功能

（2）点击"打开"，找到需要处理的文档，如图 4-13 所示。

图 4-13　ABBYY FineReader——文档选择

（3）打开文件后，软件扫描后会出现三个查看区块，左侧区块是原文件，右侧是扫描完成的文件，最下方区块是放大的原文件，便于用户查看，如图 4-14 所示。

图 4-14　ABBYY FineReader——扫描界面

（4）扫描后，用户可在右侧区块调整扫描结果。调整后，点击"发送"，选择"另存为 Microsoft Word 文档"，便可导出 Word 格式，如图 4-15 所示。

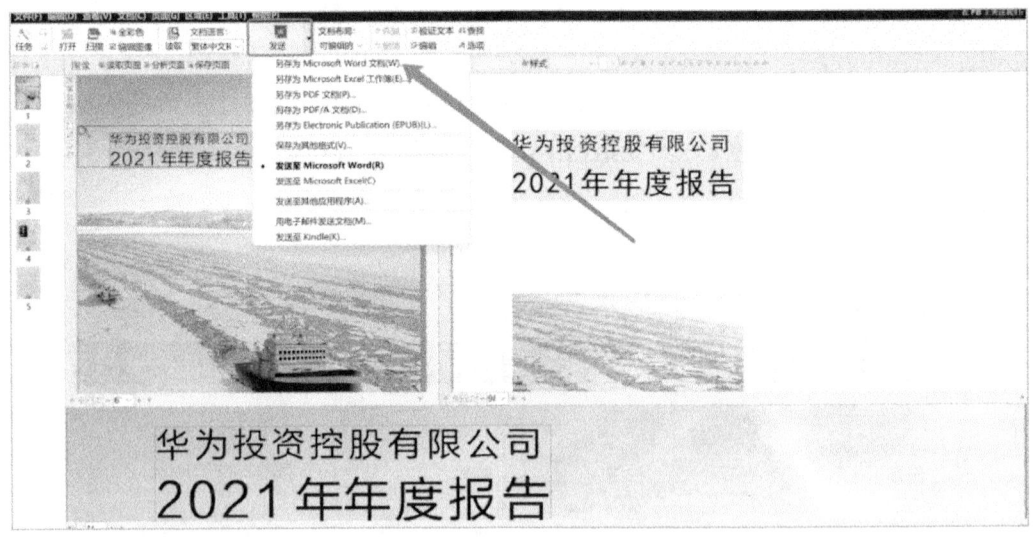

图 4-15　ABBYY FineReader——扫描结果导出

2. 利用天若 OCR 文字识别将待翻译的图片转换为 Word

天若 OCR 是一款功能强大的 OCR 软件，能够支持截图识别和批量识别，支持识别 JPG、PNG 等格式图片，识别扫描普通 PDF 文件、PDF 扫描件及加密的 PDF 文件，也支持识别竖排文本、公式、表格等，同时还支持图片识别后文本的自动翻译。识别完成后，软件还支持搜索提取出的文本，支持直接使用网络调用搜索引擎来搜索，包括百度、搜狗、腾讯、有道等搜索接口。天若 OCR 的截图功能也很完善，截图类别包括全屏截取，当前活动窗口截取，截取选定区域，多边形截取和截取滚动页面等，在截图完成后还可以添加文本、箭头、涂鸦、取色、马赛克等。下面介绍如何利用天若 OCR 文字识别来识别待翻译的图片，将其转为 Word 格式。

（1）首先，输入网址进入软件官网，点击"下载软件"。安装后，注册账号即可使用，如图 4-16、图 4-17 所示。

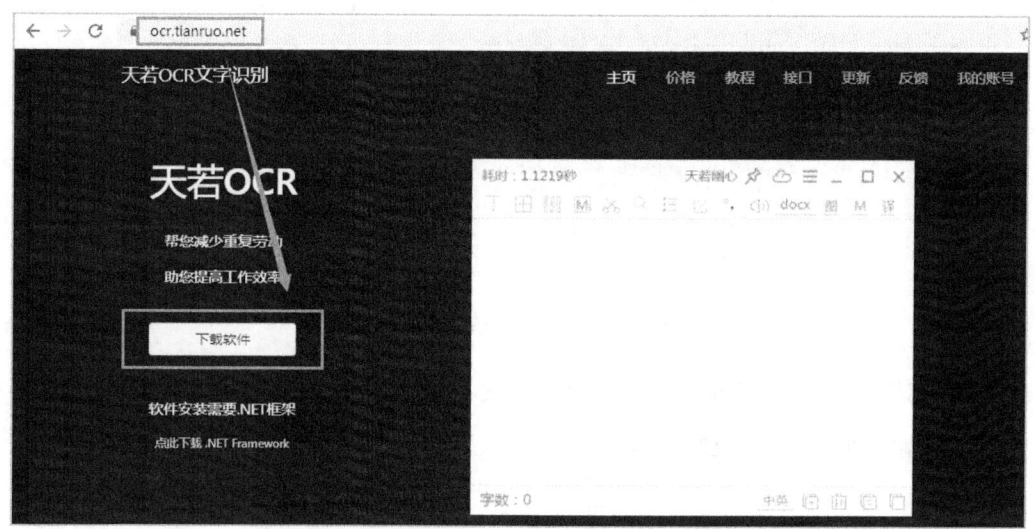

图 4-16　天若 OCR 文字识别——官网界面

图 4-17　天若 OCR 文字识别——软件界面

（2）打开待扫描的图片，点击主界面或者工具栏中"T"字形图标，框选文本范围，即可识别出图片内容，如图4-18所示。

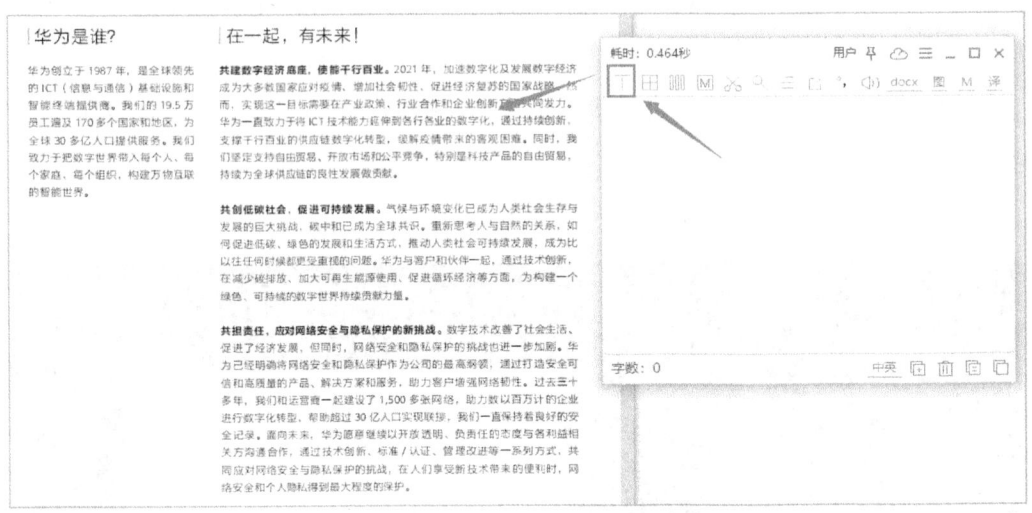

图4-18　天若OCR文字识别——图片识别

（3）识别结束后，即可在主界面获得相应文本，可以修改文本，确定文本后，点击右下角的"复制"功能，即可复制文本，如图4-19所示。

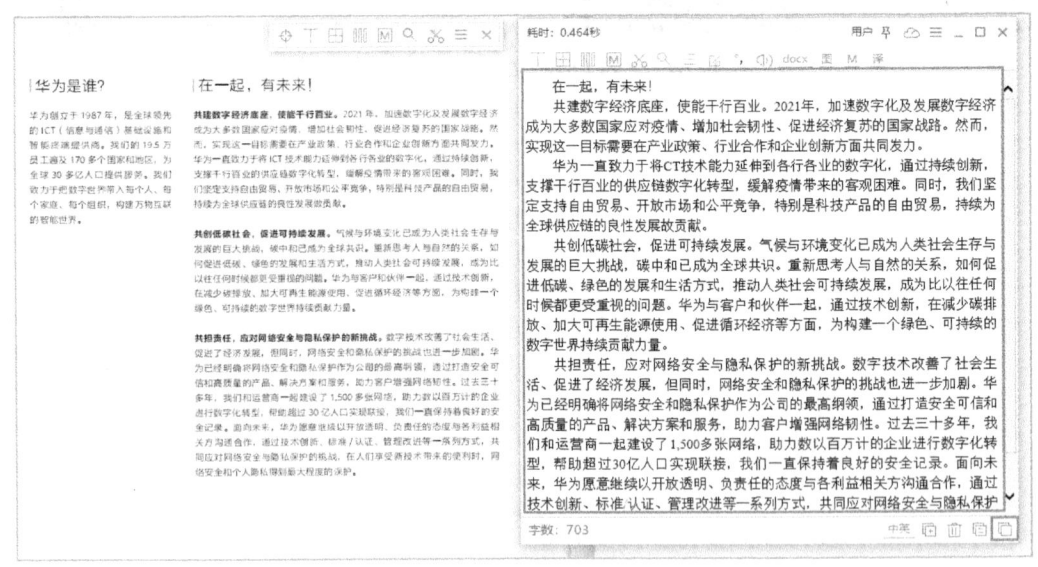

图4-19　天若OCR文字识别——识别结果

（三）案例三：如何对比翻译项目中两个文档异同

翻译人员在接到翻译项目时，经常需要对比两个待翻译文档的差别。有时，客户发来译文修改反馈后，还需要对比译文修改前后两个文档的差别，那么该如何快速比较两个文档的异同呢？

1. 利用 Compare It! 实现比较两个待翻译 PDF 文档的重复率

Compare It! 是一款功能完备的文件比较与合并工具，允许对同一文本文件的不同版本进行比较和操作。用户可以直观地对文件进行比较和修改，可快速比较出两个文件的差异与相同之处。它还支持在同一窗口内开左右两个窗格，用户可使用鼠标和键盘进行对照、编辑、合并、删除和左右移动等操作。比较后，用不同颜色标记差异部分，方便用户直观地看出两个文件之间的差异来。同时，用户可以创建 HTML 报告显示比较结果。下面以 Compare It! 为例，介绍如何比较两个待翻译的 PDF 文档。

（1）首先，在 Compare It! 官网点击"Download"，下载并安装，如图 4-20 所示。

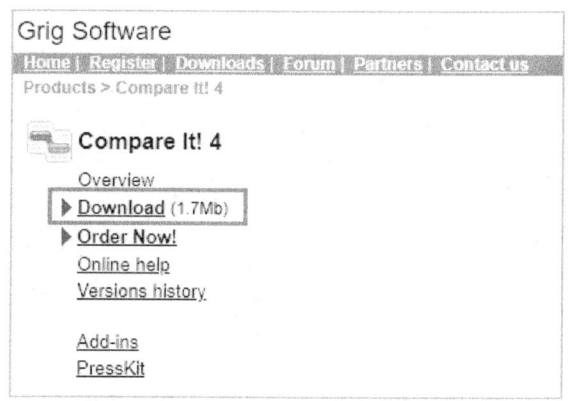

图 4-20　Compare It! ——软件下载

（2）打开软件，选择所需对比的文档 1 与文档 2。这里需要注意的是，选择文档 1 后，页面不会跳转，继续选择文档 2 即可，两个文档选择完毕后，页面会跳转到对比页面，如图 4-21、图 4-22 所示。

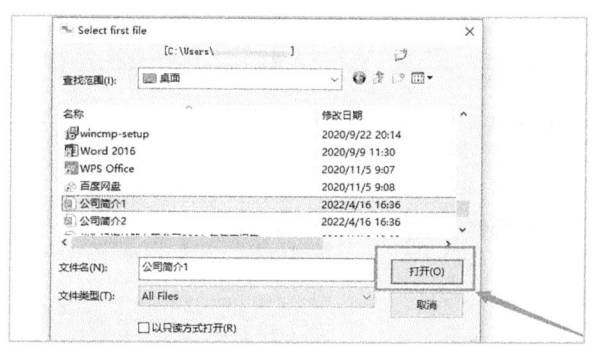

图 4-21　Compare It! ——文档选择

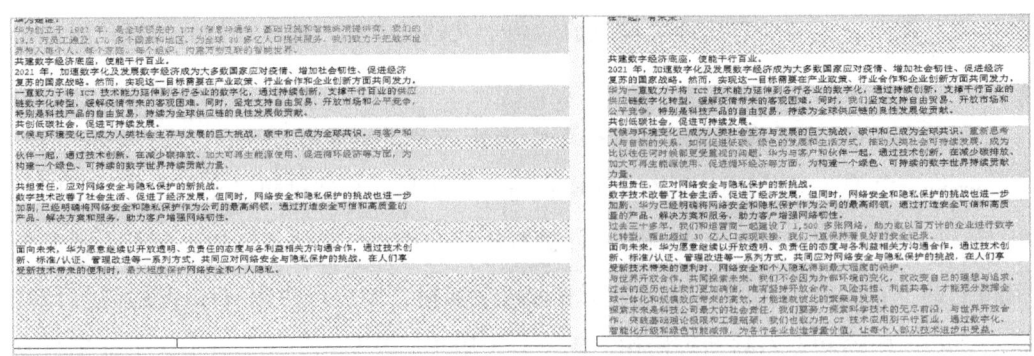

图 4-22 Compare It!——对比结果

（3）在选择工具栏中选择"File → Report"，选择存储路径及格式后，再根据需求选择报告格式，最后点击"Generate!"即可获得分析报告，如图 4-23、图 4-24 所示。

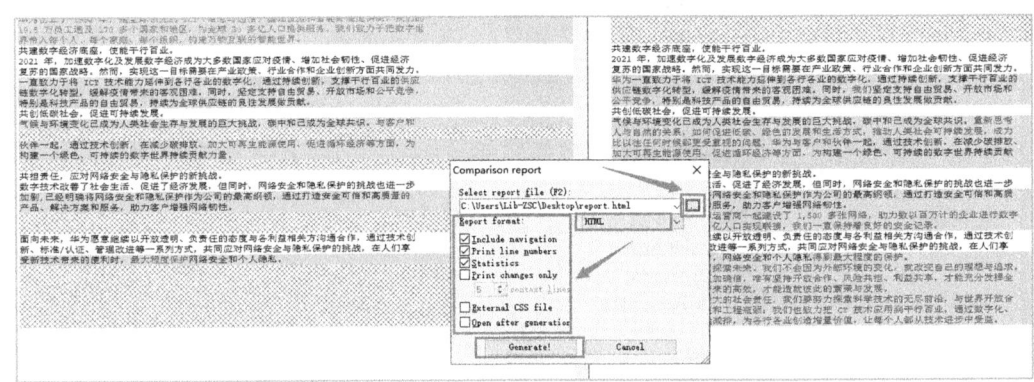

图 4-23 Compare It!——报告导出

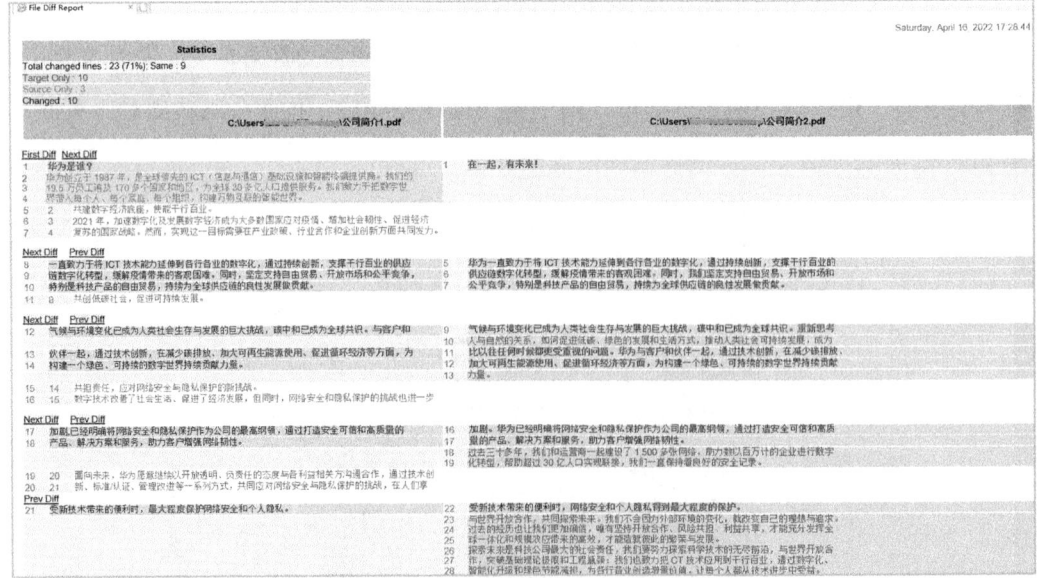

图 4-24 Compare It!——报告内容

2. 利用 Beyond Compare 比较两个翻译后 Word 文档的异同

Beyond Compare 具有强大的文件和文件夹对比性能，支持多文本格式、文件夹合并、图片对比、注册表对比、音乐文件比较、Excel 表格文件对比等。在对比文件或文件夹后，会将相差的每个字节用颜色加以标识，方便用户查看对比后的差异。支持多平台，Windows、macOS、Linux 系统均可使用。界面语言丰富，支持简体中文、英语、德语、法语、日语等。用户可免费下载，该软件支持 30 天标准或专业版功能试用。可以说，Beyond Compare 是一款实用且强大的文件对比工具。下面以 Beyond Compare 为例，介绍如何实现译文修改前后两个 Word 文档的异同。

（1）首先，在 Beyond Compare 中文官方网站，可以根据用户设备选择 Windows、macOS、Linux 版的软件，有中文版和英文版可供下载，如果想要获得其他语言版本，可点击图 4-25 中箭头指向的位置。

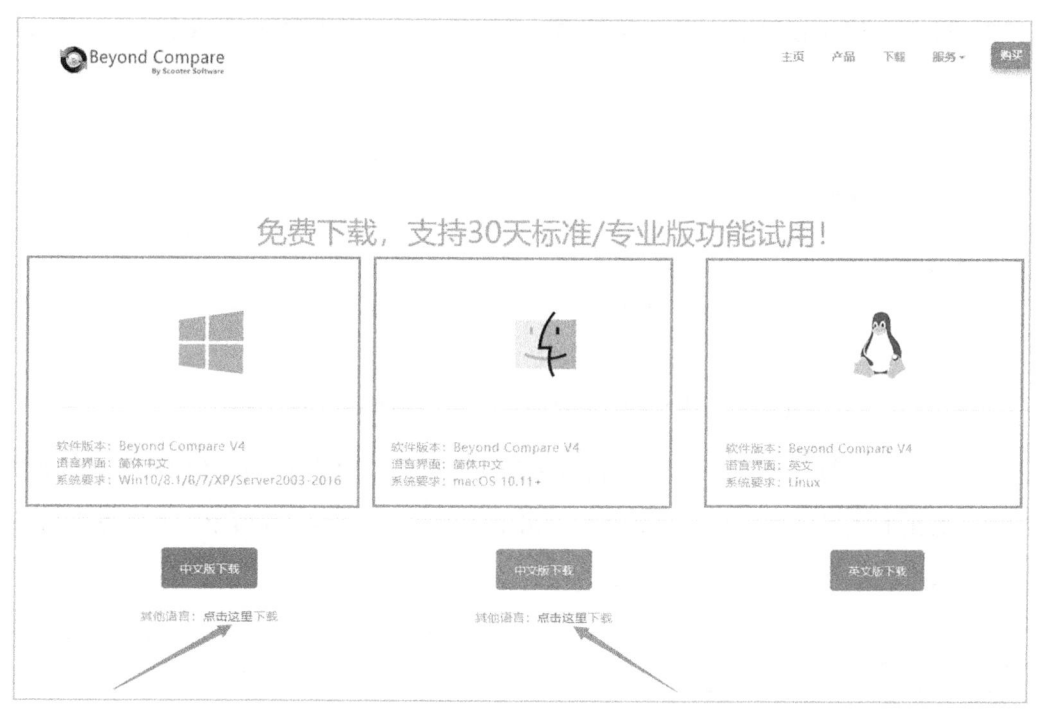

图 4-25　Beyond Compare——下载

（2）安装并打开 Beyond Compare 软件，选择"文件比较"，如图 4-26 所示。

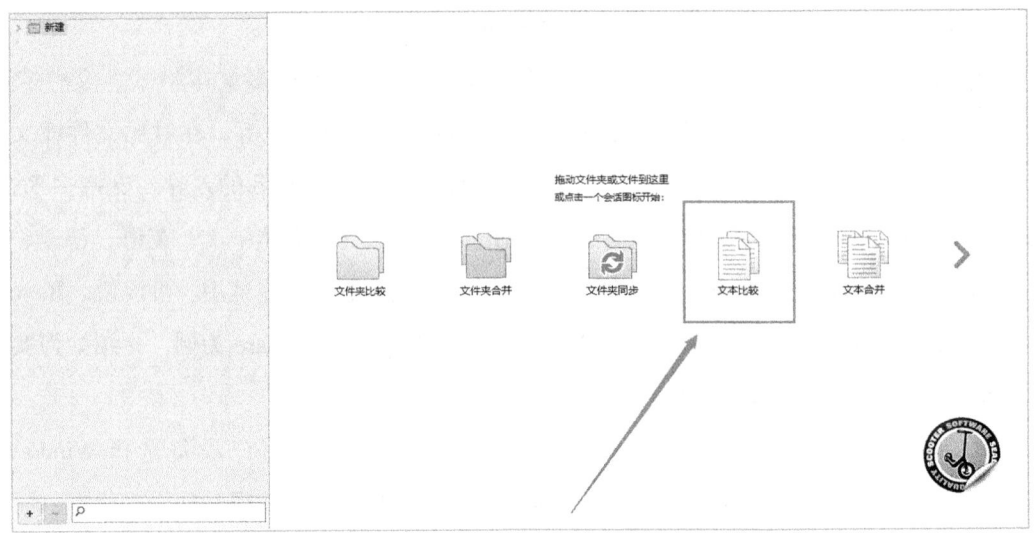

图 4-26　Beyond Compare——文本比较功能

（3）进入文档比较界面，选择所需要对比的 Word 文档 1 和 Word 文档 2，如图 4-27 所示。

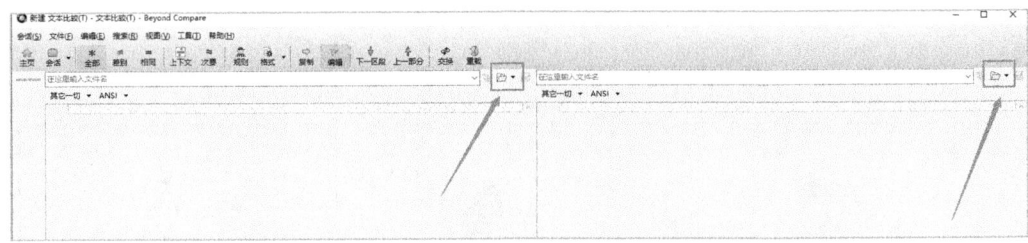

图 4-27　Beyond Compare——选择所要对比的文件

（4）两个文件打开后，Beyond Compare 会自动显示对比结果，标注出有差异的地方。差异行以突出的底色标注，差异的文字以突出字体标注，如图 4-28 所示。可以点击功能栏"差别"，只会显示差异部分，如图 4-29 所示。

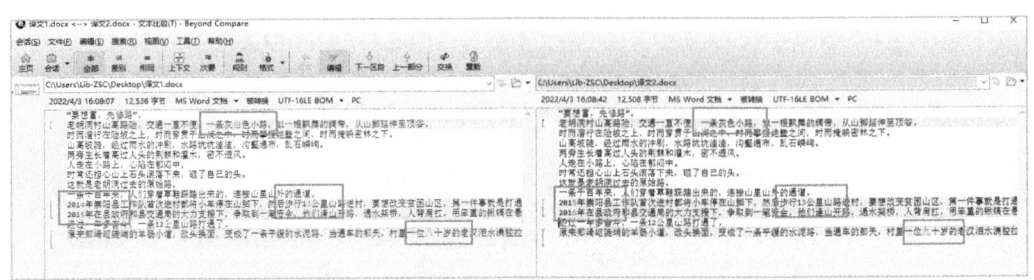

图 4-28　Beyond Compare——文档对比结果

第四章　文档处理

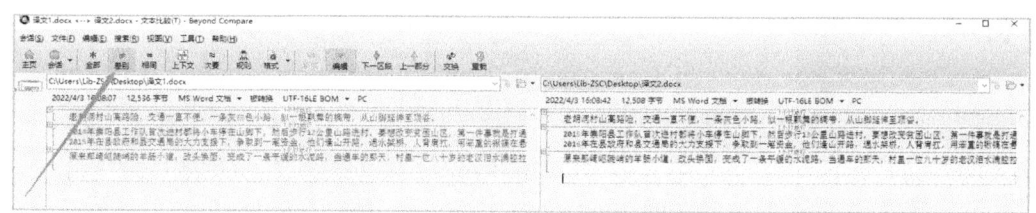

图 4-29　Beyond Compare——差异部分结果

四、技术拓展

文档处理工具种类众多，下面继续拓展介绍与文档处理相关的工具，所列举的软件工具仅作学习参考，并未涉及所有相关软件。

（一）扫描全能王

扫描全能王是一款便携随身扫描软件，支持选取区域进行扫描，自动切除文档背景，图像美化，自由转换格式，生成高清 PDF、JPEG 等格式，快速添加水印，支持多种格式转换，包括 PDF、Word、Excel、PPT、JPEG 等，可以快速提取文字。支持多个平台，有多种客户端，包括移动版（Android & iOS）、Mac 版、Windows 版和试用网页版，如图 4-30 所示。在工具箱选项中，可查看格式转换、文档编辑两大功能选项。如图 4-31 所示。

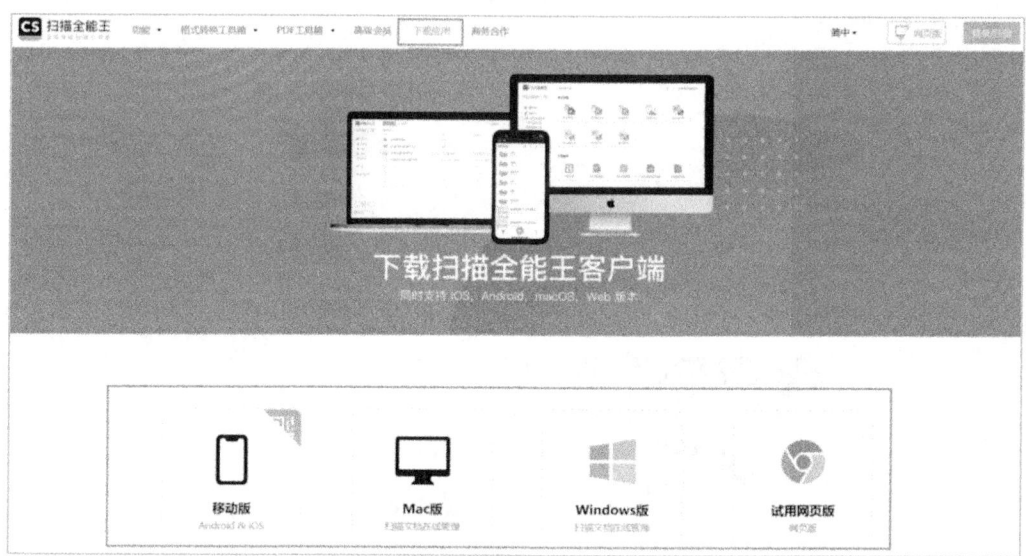

图 4-30　扫描全能王——软件下载

107

图 4-31　天若 OCR——软件功能

（二）腾讯文档

腾讯文档是由腾讯公司开发的在线文档编辑工具，用户无需注册，可通过 QQ、微信一键登录，可跨平台使用。支持多人同时编辑在线文档，设置文字样式和段落格式，添加图片、链接和表格等，可快速导入导出本地 Word、PPT 等，云端存储，多设备同步，分享链接即可邀请好友在线远程演示，手机端、电脑端均可查看。可提供基础图、树状图、组织结构图等多种图形结构，可插入图片、链接、备注、图标等丰富内容。支持在线绘制各种专业流程图，多平台同步和查看，支持导入 Visio 文档，导出为 PNG、PDF、POS 等多种格式。如图 4-32 所示。

图 4-32　腾讯文档——软件功能

（三）金山文档

金山文档是一款可多人实时协作编辑的文档创作工具，支持多种文档格式，包括文档、表格、演示、思维导图、流程图、海报等，编辑修改后自动保存，有网页版、微信小程序、QQ 小程序、Windows 版、Mac 版、Android 版、iOS 版等，支持多人在线编辑、设置不同成员查看或编辑权限、文件实时同步保存、云端安全存储和团队共享资料等。如图 4-33、图 4-34 所示。

图 4-33　金山文档——软件官网

图 4-34　金山文档——软件功能

（四）福昕 PDF 编辑器

福昕 PDF 编辑器是一款功能强大的文档编辑器，支持文件编辑、文档转换、拆分合并 PDF 文件、文档注释、电子签章、OCR 图文转换、文档加密、文档对比、PDF 页面替换、添加删除水印等。针对不同的终端设备及系统，提供各种版本，包括 Windows 版、Mac 版、Android 版及 iOS 版。如图 4-35 所示。

图 4-35　福昕 PDF 编辑器——编辑界面

（五）Convertio

Convertio 是一款功能强大的格式转换工具，支持在线进行格式转换，支持超过 300 种不同的文件格式间、超过 25600 种不同的转换方式，包括归档转换器、音频转换器、文档转换器、电子书转换器、图片转换器、演示文稿转换器、视频转换器。Convertio 基于浏览器并支持所有平台，无需下载与安装任何软件，如图 4-36 所示。

图 4-36　Convertio——工具功能

（六）WinMerge

WinMerge 是一款 Windows 系统下的免费开源的文件比较和合并工具，支持比较文件夹和文件及文本可视化编辑，以可视文本格式呈现差异，可以根据需求选择不同的视图，具有灵活的编辑器，支持语法高亮、显示行号、自动换行和差异窗口显示。基于正则表达式的文件过滤器，允许排除特定的内容，支持比较文件夹内所有子文件夹，以树状形式显示文件夹比较结果。如图 4-37 所示。

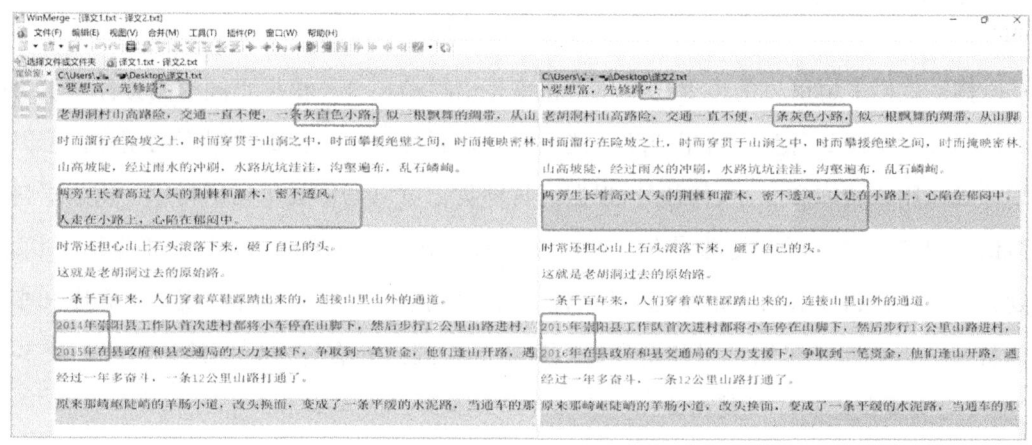

图 4-37　WinMerge——软件界面

五、参考资料

1. 扫描全能王官网：https://www.camscanner.com
2. Beyond Compare 官网：https://www.beyondcomparepro.com
3. iLovePDF 官网：https://www.ilovepdf.com
4. 腾讯文档官网：https://docs.qq.com
5. 金山文档官网：https://www.kdocs.cn/welcome?source=wpscard&channel=1005
6. ABBYY 中文官网：https://www.abbyychina.com
7. 天若 OCR 文字识别官网：https://ocr.tianruo.net/
8. Adobe Acrobat DC 中文官网：https://www.adobe.com/cn/acrobat.html
9. Convertio 官网：https://convertio.co/zh
10. 福昕 PDF 编辑器下载官网：https://www.foxitsoftware.cn
11. WinMerge 官网：https://winmerge.org
12. Compare It! 下载网址：https://www.grigsoft.com/index.htm

第五章 语料处理

一、基础知识

语料是我们了解语言的重要途径。语料库是语料的集合,根据不同的划分标准,语料库可以划分成不同的种类,这里介绍一些主要的语料库分类。根据语料库的用途,可以将其划分成通用语料库和专业语料库;根据语言种类,可以划分成单语语料库、双语语料库和多语语料库;根据语言传播媒介,可划分成书面语料库和口语语料库;根据语料状态,可划分为共时语料库和历时语料库;根据模态,可划分成文本语料库、视频语料库和多模态语料库。语料库是我们学习和研究的宝贵资源,国内外有许多好用的语料库,表5-1、5-2是一些常见的语料库及其网址:

表 5-1 国外主要的语料库

语料库	网址
BNC 英国国家语料库	https://www.english-corpora.org/bnc
BOE 柯林斯英语语料库	http://www.collinslanguage.com/wordbanks
ANC 美国国家语料库	http://www.anc.org
COCA 美国当代英语语料库	https://www.english-corpora.org/coca
COHA 美国历史英语语料库	https://www.english-corpora.org/coha
利兹大学汉语语料库	http://corpus.leeds.ac.uk/internet.html

表 5-2 国内主要的语料库

语料库	网址
BCC 语料库	http://bcc.blcu.edu.cn
语料库在线	http://corpus.zhonghuayuwen.org
CCL 语料库	http://ccl.pku.edu.cn:8080/ccl_corpus
北外语料库语言学	http://corpus.bfsu.edu.cn
语料库语言学在线	https://www.corpus4u.org
中国汉英平行语料大世界	http://corpus.usx.edu.cn
中国传媒大学文本语料库检索系统	http://ling.cuc.edu.cn/RawPub

二、主流工具

（一）语料清洗

语料清洗过程涉及去除语料中的噪音，包括不符合规范的格式、符号、内容等。在语料清洗的过程中，我们一般会借助通配符或正则表达式等快速批量去除一些噪音。常见的语料清洗工具包括 MS Word、EmEditor、Notepad++、ChatGPT 文本整理器、库酷、Kutools for Word 等。下面介绍语料清洗中常用的通配符和正则表达式。

1. 通配符

通配符可以帮助我们模糊检索信息，例如："*"表示任意字符串，输入"ship*"就可以检索出诸如"ship""ships""shipper""shipowner"等词。表 5-3 是一些常用的通配符。

表 5-3 常用通配符

序号	检索内容	勾选通配符复选框查找栏输入特殊字符
1	任意单个字符	?（不勾选为 ^?）
2	任意数字（单个）	[0-9]（不勾选为 ^#）
3	任意英文字母	[a-zA-Z]（不勾选为 ^$）
4	段落标记	^13（不勾选为 ^p）
5	手动换行符	^l or ^11（不勾选为 ^l）
6	单词开头	<
7	单词结尾	>
8	任意字符串	*
9	指定范围外任意单个字符	[!x-z]
10	指定范围内任意单个字符	[-]
11	1 个以上前一字符或表达式	@
12	n 个前一字符或表达式	{n}
13	n 个以上前一字符或表达式	{n,}
14	n 到 m 个前一字符或表达式	{n,m}
15	所有小写英文字母	[a-z]
16	所有大写英文字母	[A-Z]
17	所有西文字符	[^1-^127]

续表

序号	检索内容	勾选通配符复选框查找栏输入特殊字符
18	所有中文汉字和中文标点	[!^1-^127]
19	所有中文汉字（CJK 统一字符）	[一 - 顤] or [一 - 隝]
20	所有中文标点	[! 一 - 顤 ^1-^127]
21	所有非数字字符	[!0-9]

2. 正则表达式

正则表达式（Regular Expression），也叫规则表达式，在代码中常简写为 regex、regexp（或 RE），是计算机科学的一个概念，包括普通字符和特殊字符。正则表达式通常被用来检索、替换那些符合某个规则的字符，使用它可以极大提高处理文本的效率。表 5-4 是一些常见正则表达式。

表 5-4　常见正则表达式

字符	含义	描述
\	将下一个字符标记为一个特殊字符、或一个原义字符、或一个向后引用、或一个八进制转义符	'n' 匹配字符 "n"，'\n' 匹配一个换行符。序列 '\\' 匹配 "\" 而 "\(" 则匹配 "("
^	匹配输入字符串的开始位置	如果设置了 regexp 对象的 Multiline 属性，^ 也匹配 '\n' 或 '\r' 之后的位置
$	匹配输入字符串的结束位置	如果设置了 regexp 对象的 Multiline 属性，$ 也匹配 '\n' 或 '\r' 之前的位置
*	匹配前面的子表达式零次或多次	zo* 能匹配 "z" 以及 "zoo"，* 等价于 {0,}
+	匹配前面的子表达式一次或多次	'zo+' 能匹配 "zo" 以及 "zoo"，但不能匹配 "z"。+ 等价于 {1,}
?	匹配前面的子表达式零次或一次	"do(es)?" 可以匹配 "do" 或 "does"。? 等价于 {0,1}
{n}	n 是一个非负整数。匹配确定的 n 次	'o{2}' 不能匹配 "Bob" 中的 'o'，但是能匹配 "food" 中的两个 o
{n,}	n 是一个非负整数，至少匹配 n 次	'o{2,}' 不能匹配 "Bob" 中的 'o'，但能匹配 "fooooood" 中的所有 o。'o{1,}' 等价于 'o+'，'o{0,}' 则等价于 'o*'。
{n,m}	m 和 n 均为非负整数，其中 n≤m。最少匹配 n 次且最多匹配 m 次	"o{1,3}" 将匹配 "fooooood" 中的前三个 o。'o{0,1}' 等价于 'o?'

续表

字符	含义	描述
.	匹配除换行符 (\n、\r) 之外的任何单个字符	要匹配包括 '\n' 在内的任何字符，请使用像"(.|\n)"的模式
x|y	匹配 x 或 y	'z|food' 能匹配 "z" 或 "food"。'(z|f)ood' 则匹配 "zood" 或 "food"
[xyz]	字符集合。匹配所包含的任意一个字符	例如，'[abc]' 可以匹配 "plain" 中的 'a'
[^xyz]	负值字符集合。匹配未包含的任意字符	'[^abc]' 可以匹配 "plain" 中的 'p'、'l'、'i'、'n'
[a–z]	字符范围。匹配指定范围内的任意字符	'[a-z]' 可以匹配 'a' 到 'z' 范围内的任意小写字母字符
[^a–z]	负值字符范围。匹配任何不在指定范围内的任意字符	'[^a-z]' 可以匹配任何不在 'a' 到 'z' 范围内的任意字符
\d	匹配一个数字字符	等价于 [0-9]
\D	匹配一个非数字字符	等价于 [^0-9]
\n	匹配一个换行符	等价于 \x0a 和 \cJ
\r	匹配一个回车符	等价于 \x0d 和 \cM

注：此表节选自菜鸟教程

（二）语料标注

语料标注是指在原始语料文本进行分词后，对分词结果中的每个词标注词性，标注词性有名词、动词、形容词等，便于后期对语料进行分析和统计，应用于文本分析、语义分析、机器翻译等方面。常用的语料标注软件有 Jieba（结巴分词）、THULAC（清华中文分词）、NLPIR–ICTCLAS 汉语分词系统、LTP（语言技术平台）、云译语料管理平台等。除了使用这些专门的语料标注软件外，还可以利用 ChatGPT，向其输入相应的规则与命令，完成语料标注。

（三）语料对齐

语料对齐一般指的是双语或多语文本的平行对齐，一般以"一对一"对齐为主，也存在"一对二"或"一对多"平行文本的对齐，句级语料对齐比较多。常见的语料对齐工具，包括在线对齐工具 Tmxmall 在线对齐、云译通、YouAlign 和 Wordfast Aligner；桌面独立对齐工具 ABBYY Aligner；CAT 软件嵌入式对齐工具包括 SDL Trados Studio、memoQ、Déjà

Vu、雪人 CAT 等。此外，还可以利用 ChatGPT 辅助对齐语料。通过向 ChatGPT 输入语料对齐规则与指令，获得对齐结果。

（四）语料检索

语料制作完成后，我们可以进行语料检索，将语料分析结果应用于我们的研究。常见的语料工具包括 Ant Conc、CUC_ParaConc、WordSmith Tools、BFSU Power Conc、Sketch Engine 等。语料检索工具的常见功能包括：索引、词丛、N 元模式、搭配、词单、关键词单等，这些功能帮助我们更好地统计词频、查看搭配、生成关键词单等。

三、案例实操

下面将结合具体案例，简单介绍各种与语料处理相关的工具，并演示如何通过不同工具实现快速语料清洗、语料标注、语料对齐和语料检索。

除了专门的语料处理工具，ChatGPT 也可以被用来辅助处理语料。ChatGPT 是一款由 OpenAI 开发的大型语言模型，能够理解和生成自然语言文本，帮助用户寻找信息、回答各种问题、提供创意灵感、创作文本等。此外，ChatGPT 也在翻译技术学习、教学或语言服务等工作场景中慢慢发挥作用。因此，以下案例不仅会探讨常用的语料处理工具，也将探讨如利用 ChatGPT 快速清洗语料、对齐双语语料，解决翻译技术相关问题。

（一）案例一：如何快速清洗语料

假设你是一名自由译者，想要创建自己的语料库，作为日常翻译的参考资料。你获取了一份普通的双语语料，但有很多噪音，不能直接使用，该如何清洗呢？

1. 使用 MS Word 快速清洗语料

MS Word 是微软公司的一个文字处理器应用软件，功能丰富，界面简洁，为我们的学习和办公提供了便捷。除了利用 MS Word 编辑文本，我们还可以借助通配符，利用它清洗语料。下面介绍具体操作方法。

（1）首先，用 MS Word 打开待清洗的语料，勾选段落标记符号，勾选后显示为向左弯曲的箭头，并观察语料的特点。图 5-1 显示该语料存在多处空白行、"一"、"1." 等编号，需要去除。

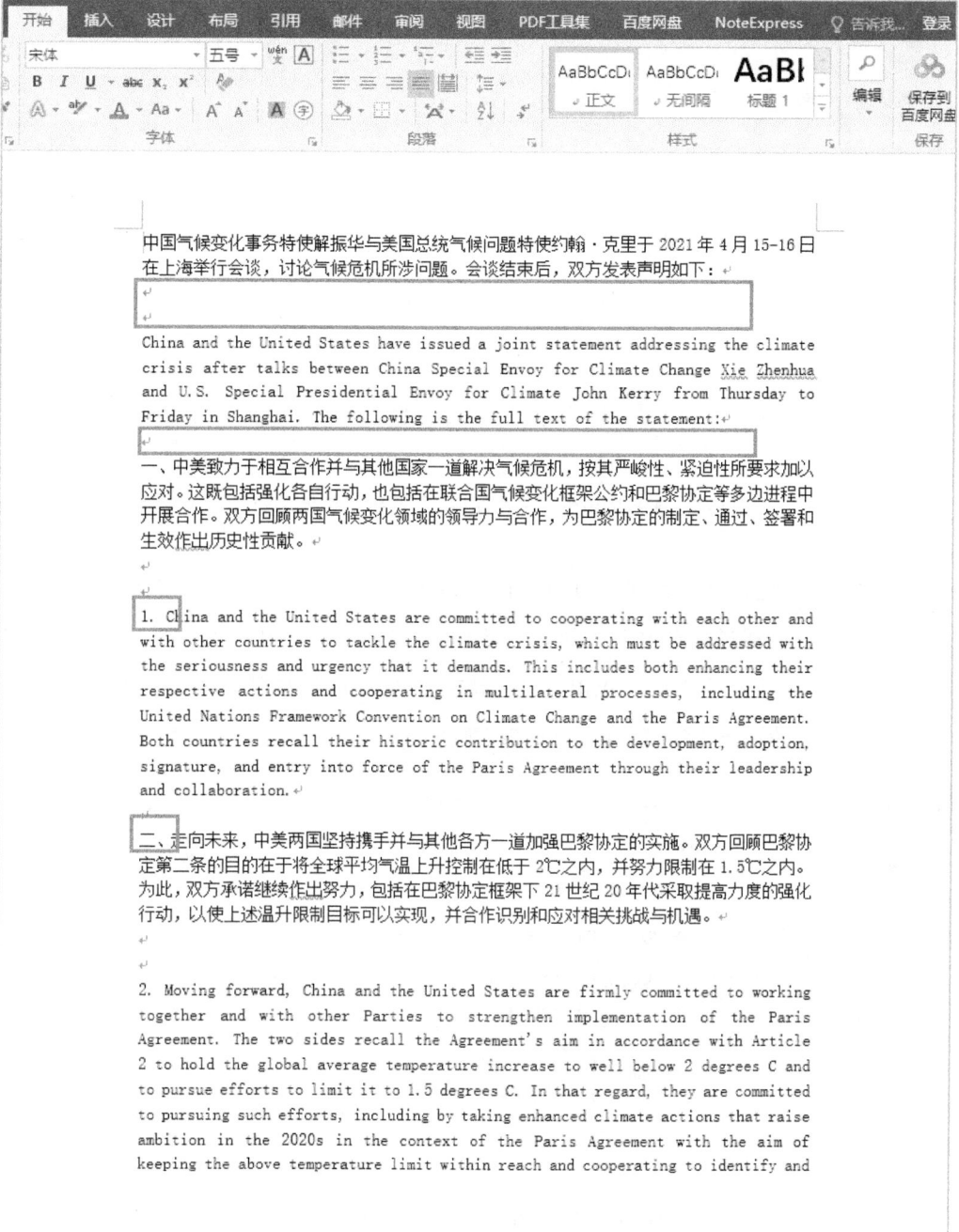

图 5-1　MS Word——观察待清洗语料

（2）使用快捷键"Ctrl+H"调出"查找和替换"框，如图 5-2 所示。

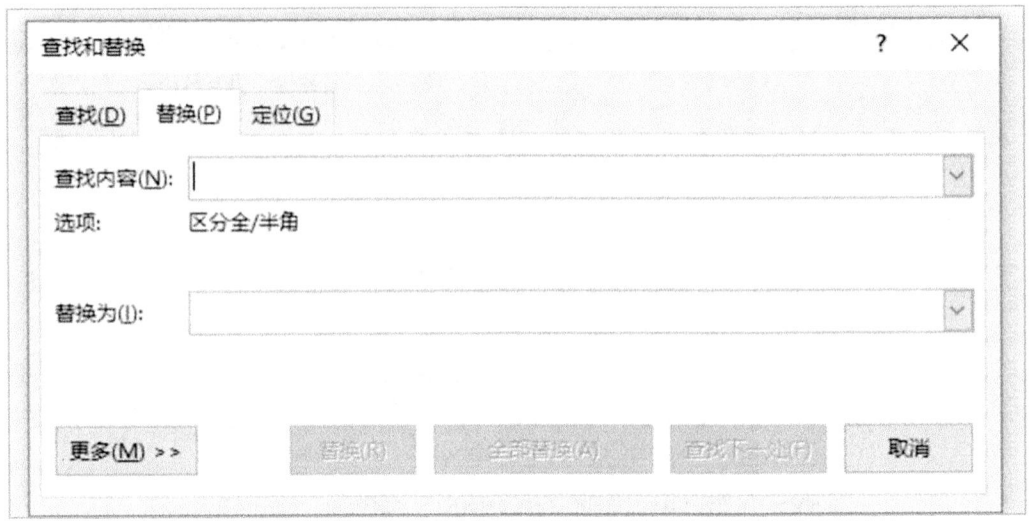

图 5-2　MS Word——"Ctrl+H"调出"替换和查找"

（3）对空白行进行批量删除，可通过批量删除段落标记来实现：在"查找内容"里面输入两个"^p"，可通过在英文状态下输入 Shift+6 打出"^"，再输入"p"，然后在"替换为"中输入一个段落标记"^p"，点击"全部替换"，完成后若发现还存在空白行，再次点击"全部替换"，直至提示已完成替换，如图 5-3 所示。

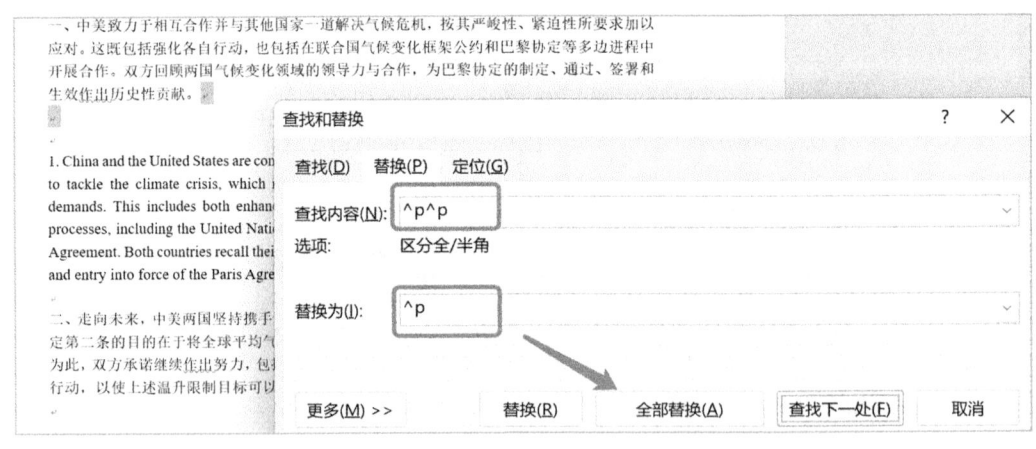

图 5-3　MS Word——批量去除空白行

（4）利用通配符批量删除"一、"和"1."等编号：在"查找和替换"的搜索选项中勾选"使用通配符"，这里注意"段落标记"在通配符中的表示为"^13"，如图 5-4 所示。

图 5-4　MS Word——使用通配符

（5）先批量删除"一、"等编号：在"查找内容"里面输入"^13[一-顩][、]"，其中"[一-顩]"表示查找所有中文，再加上"、"表示查找所有带上"、"的一个中文，"^13"限定了这些中文是在行首，排除了段落内含有这种形式的内容，然后在"替换为"中输入一个段落标记"^p"，如图 5-5 所示。

图 5-5　MS Word——批量去除中文序号

（6）批量去除数字编号：在"查找内容"里面输入"^13([0-9]{1,2}.)"，其中"[0-9]"表示查找所有单个数字，加上"{1,2}"表示查找所有1至2位的数字，"^13"限定了这些数字是在行首，排除了段落内含有这种形式的内容，然后在"替换为"中输入"^p"。注意这里原文本的数字编号末尾有空格，所以我们需要在"."的后面空一格，如图5-6所示。

图 5-6　MS Word——批量去除数字序号

2. 使用 EmEditor 快速清洗语料

EmEditor 是一款功能丰富的文本编辑器，简单好用，支持 Windows 平台，内含多种配置，具有强大的查找、宏等功能，可自定义颜色、字体、工具栏、快捷键、行距等，支持文本列块选择、无限撤销或重做等。下面具体介绍如何利用 EmEditor 快速清洗语料。

（1）首先，进入 EmEditor 官网，点击下载，跳转到软件下载位置，下载后完成软件安装，如图5-7所示。

图 5-7　EmEditor——软件下载

（2）用 EmEditor 打开待清洗的语料，语料文件格式为 .txt，也可以直接将语料复制并粘贴到 EmEditor 中。选择"搜索"，点击"替换"，也可以使用快捷键"Shift+H"，调出"替换"框，如图 5-8 所示。

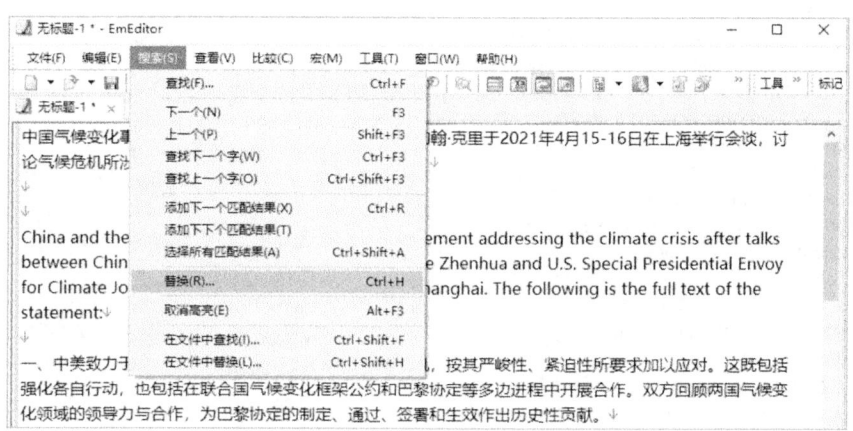

图 5-8　EmEditor——调出"替换"框

（3）勾选"正则表达式"。先批量去除空白行：在"查找"中输入"\n\n"，"\n"表示"换行或新建行"，在"替换"中输入"\n"，点击"替换全部"，替换完成后，如果发现还有空白行，再次点击"替换全部"即可，直到所有空白行已经去除，如图 5-9 所示。

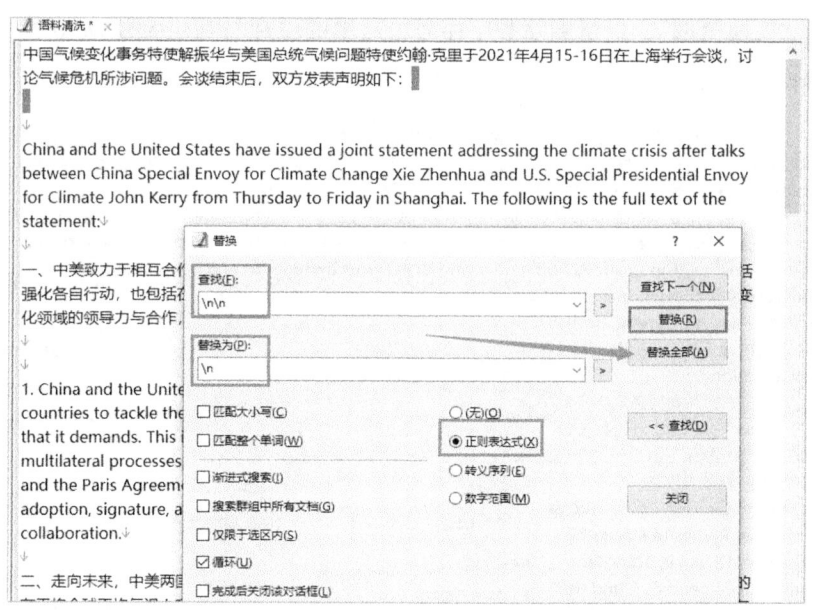

图 5-9　EmEditor——批量去除空白行

（4）下面批量去除"一、"等中文序号：在"查找"中输入"\n[一-龥]、"，在"替换"中输入"\n"，点击"替换全部"，批量删除中文序号，如图 5-10 所示。

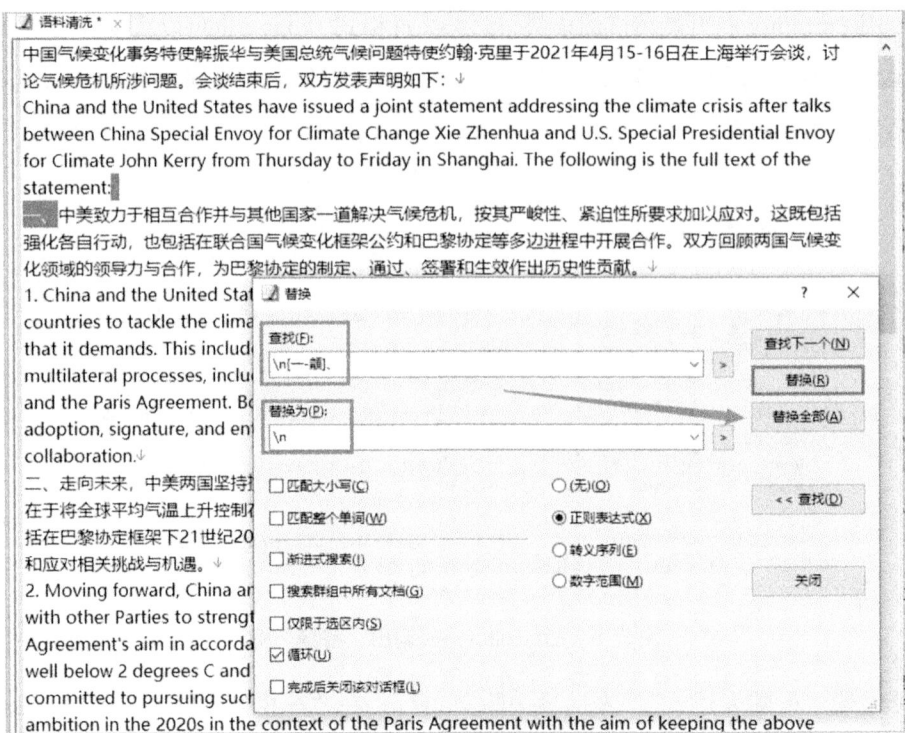

图 5-10　EmEditor——批量去除中文序号

（5）批量去除数字序号：在"查找"中输入"\n([0-9]{1,3}.)"，在"替换"中输入"\n"，点击"替换全部"，批量删除数字序号，这里的原理与利用 MS Word 批量删除数字序号类似，如图 5-11 所示。

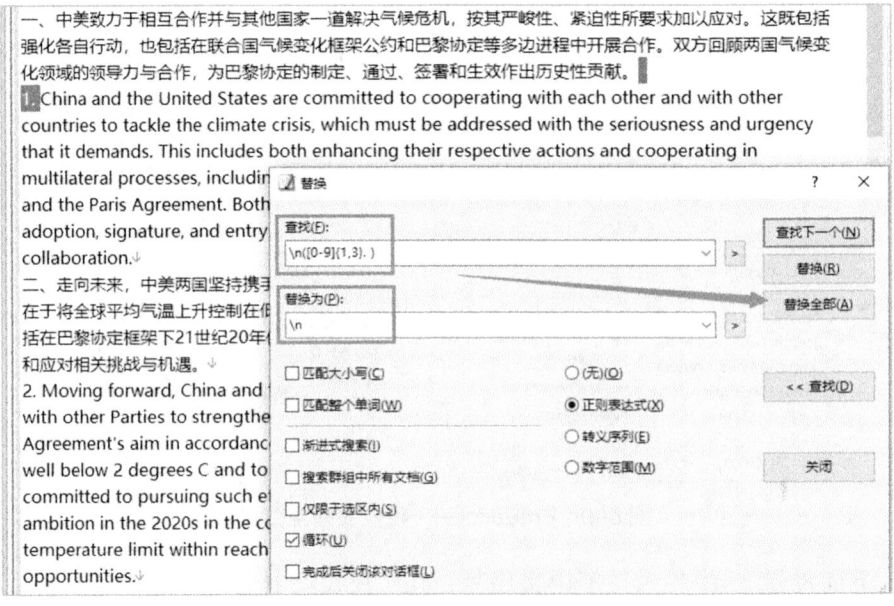

图 5-11　EmEditor——批量去除数字序号

3. 使用 ChatGPT 快速清洗语料

下面以 ChatGPT-3.5 为例，介绍如何利用 ChatGPT 快速清洗双语语料。

（1）首先，打开 OpenAI 官网，进入 ChatGPT 界面，如图 5-12 所示。

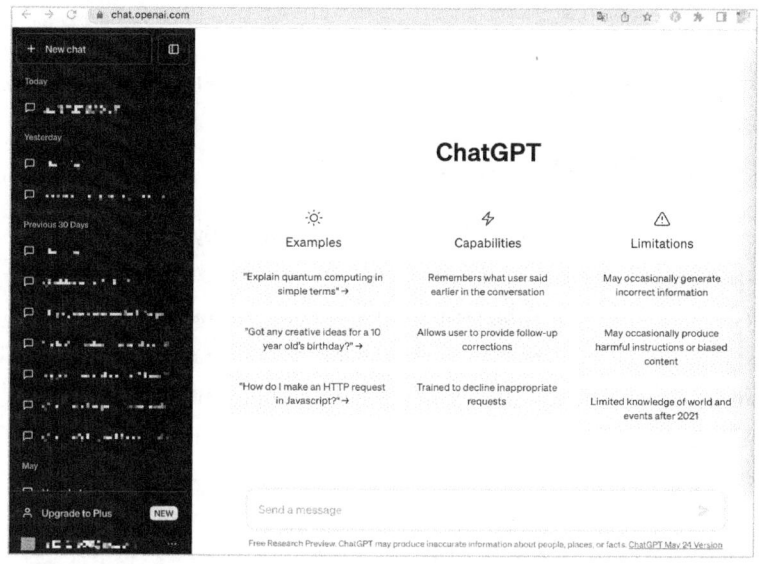

图 5-12　ChatGPT——界面展示

（2）观察待清洗语料中存在的噪音类型，如标记符号，在 "Send amessage" 框中输入语料清洗指令，并加上需要处理的语料，之后点击发送按钮发送内容，如图 5-13 所示。

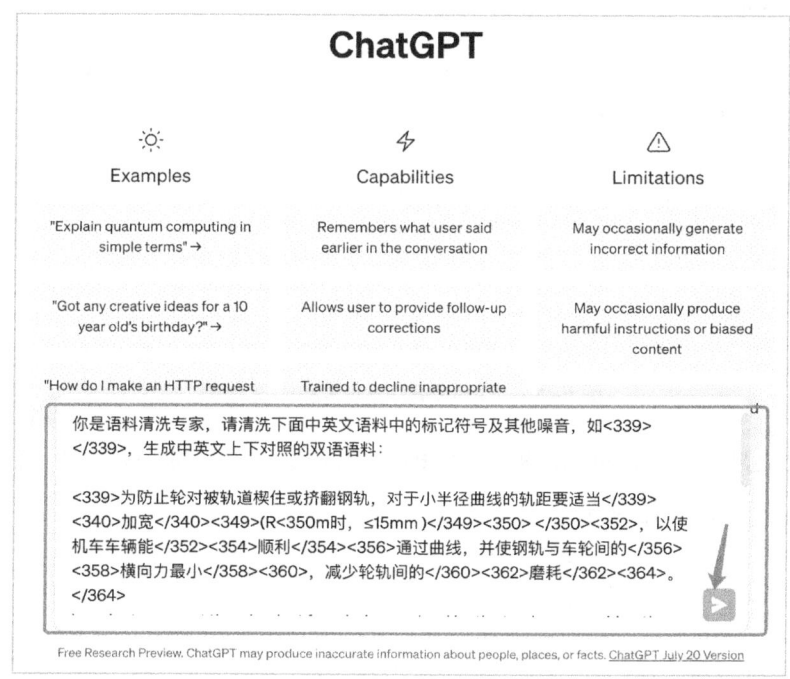

图 5-13　ChatGPT——输入清洗语料指令

（3）等待 ChatGPT 生成结果，生成结果如图 5-14。从图中可以看出，原语料中的标记符号已被清除，并且获得了双语上下对照的语料。

图 5-14　ChatGPT——语料清洗结果

（4）除此之外，用户还可以借助 ChatGPT 生成通配符，在 MS Word 中清洗语料中的噪音，如空白行，如图 5-15 所示。

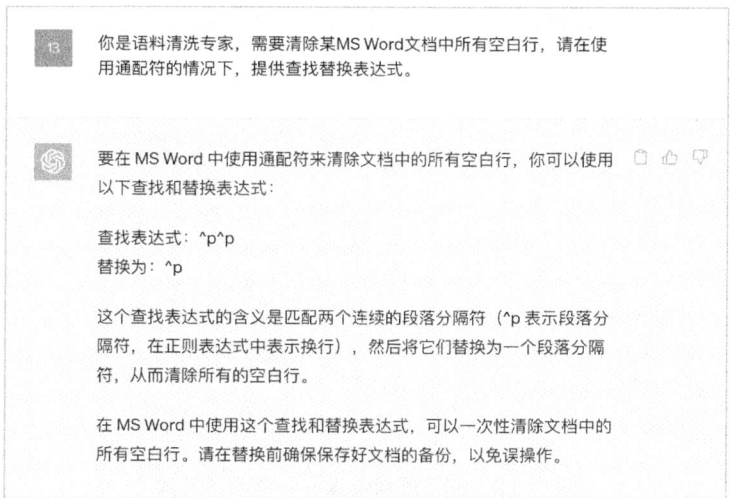

图 5-15 ChatGPT——辅助清洗语料

（二）案例二：如何进行语料标注

假设你收到项目经理分享的一批普通语料，要求你对语料的所有内容做词汇拆分和词性标注，保留存档作为日常翻译的参考资料，该如何快速批量对语料进行词性标注呢？

1. 利用云译语料管理平台做语料标注

云译语料管理是一个综合性的语料处理软件，包含语料管理、术语管理、对齐工具、用户管理四大功能模块；用户可累积构建自己的语料库、术语库；并提供词性标注和术语提取两大工具，更有效的在平台中快速处理语料并抽取语料中的有效信息。下面介绍如何使用云译语料管理平台进行语料词性标注。

（1）打开云译语料管理平台，在语料管理模块创建语料库，上传自己的文件，如图 5-16 所示。

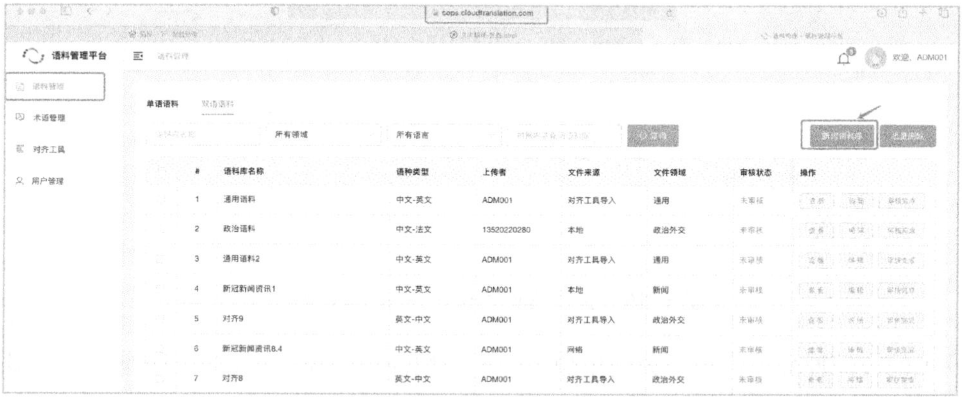

图 5-16 云译语料管理——创建语料库

（2）点击"查看"进入语料库详情页，如图 5-17 所示。

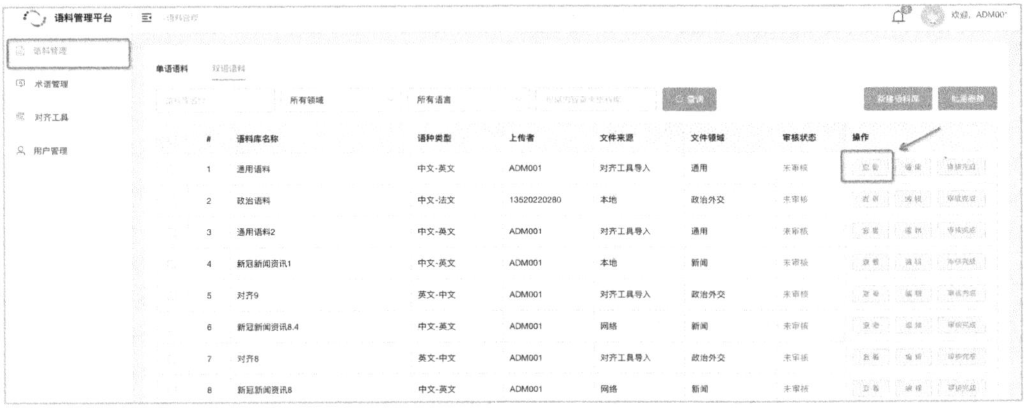

图 5-17 云译语料管理——查看语料库

（3）语料在上传的同时会自动进行词汇拆分和词性标注，打开词性标注开关按钮，查看所有语料的词性标注结果，如图 5-18、图 5-19 所示。

图 5-18 云译语料管理——打开词性标注

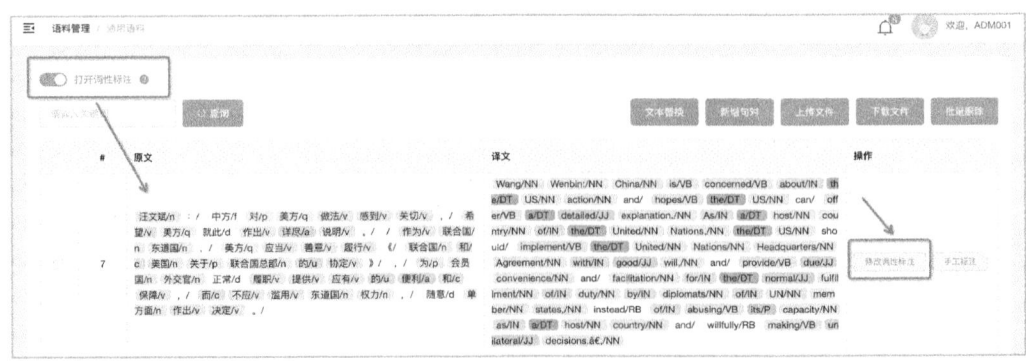

图 5-19 云译语料管理——查看词性标注

（4）修改词性标注：每个分词用颜色标签与词性后缀作了标示，用户可点击"修改词性标注"按钮，对词性标注进行修改调整，如图 5-20 所示。

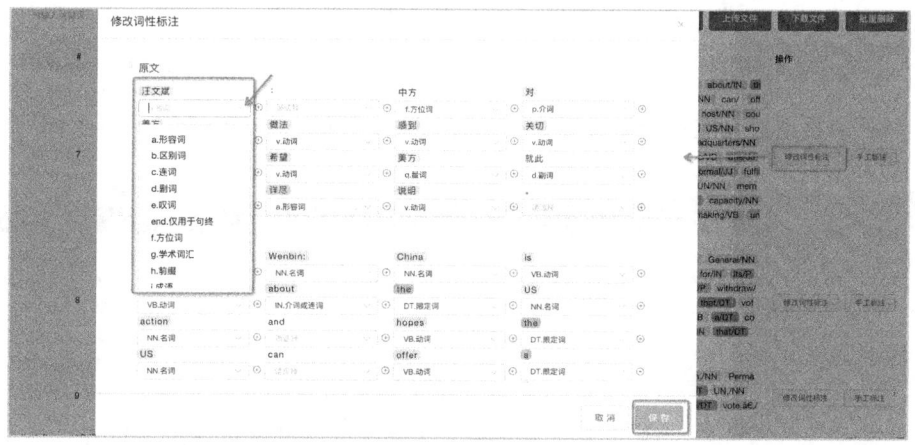

图 5-20　云译语料管理——修改词性标注

（5）下载保存词性标注语料，支持 .txt、.csv 和 .xls 文件格式，用户可根据需要下载，如图 5-21 所示。

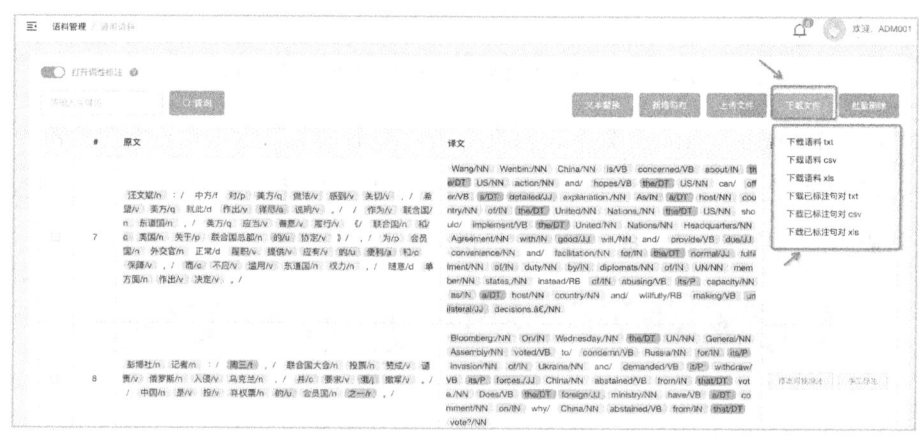

图 5-21　云译语料管理——下载词性标注语料

（三）案例三：如何快速对齐中英双语语料

假设项目经理发给你一份上下对照的双语 Word 文档，需要你制作成左右对照的双语表格文档，用于后期制作语料。又给你发了两份单语文档，需要你尽快对齐这两份文档，该怎么做呢？

1. 利用 MS Word 将双语文档转换为表格文档

MS Word 是当前主流的办公软件，为用户提供了强大的文字处理功能，帮助用户节省时间进行高效办公。作为 Office 套件的核心程序，MS Word 提供了许多易于使用的文档创建工具，同时也提供了丰富的功能帮助用户编辑优化文档。下面介绍如何利用 MS Word 将上下对照的双语文档转变为左右对照的双语表格文档。

（1）在 MS Word 中打开双语文档，全选整个文档中的文字，点击项目栏中的"插入"，选择"表格"，再选择"文本转换成表格"，如图 5-22 所示。

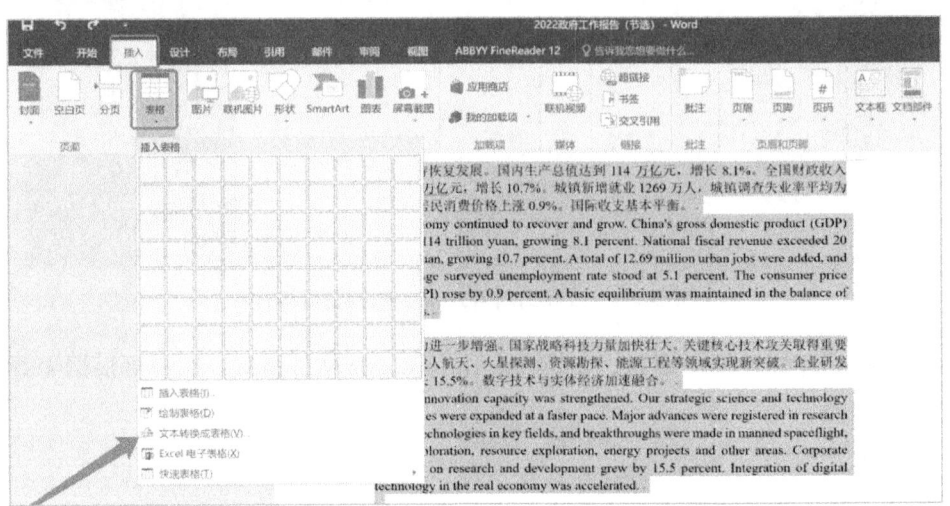

图 5-22　Microsoft Word——文本转换为表格

（2）设置表格尺寸，先设置列数，根据双语对照的情况，双语语段之间没有空行，但与下一段双语语段之间有空行，将列数设置为 3，如果整个语料没有空行，那么列数设置为 2。设置完成后，行数会自动生成，选择"段落标记"，点击确定，如图 5-23 所示。

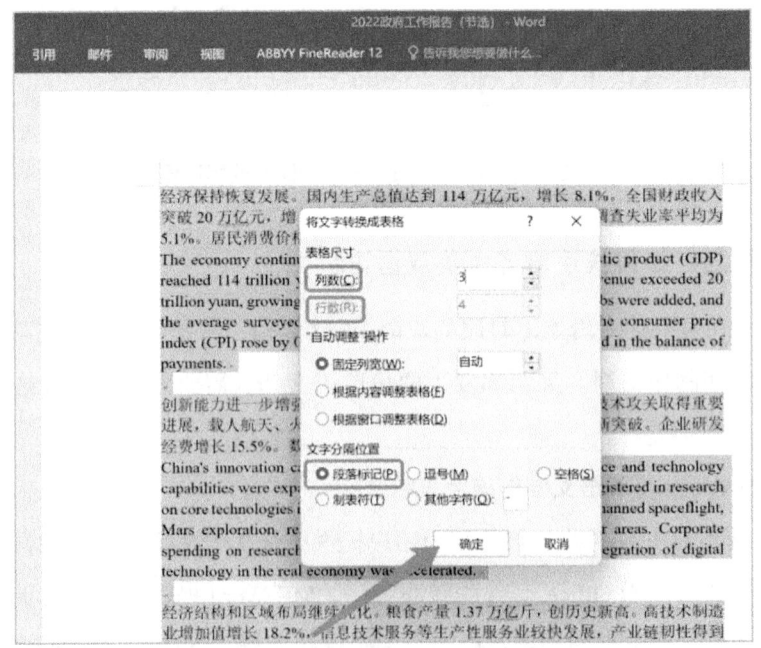

图 5-23　Microsoft Word——将文本转换成表格

（3）选中最右侧整个空白列并删除，自由调节最后剩下两列的宽度，即可完成转换，如图 5-24 所示。

图 5-24　Microsoft Word——完成格式转换

2. 使用 ABBYY Aligner 快速对齐中英双语语料

ABBYY Aligner 是一款功能强大的对齐工具，支持多国语言，实现自动对齐，支持编辑对齐内容和统计，可以显示对齐总数、已经完成、错误的内容，方便查看本地对齐处理的结果。对齐后可导出 .txt 格式的平行语料，在 CAT 软件中使用。下面介绍如何利用 ABBYY Aligner 对齐中英语料。

（1）打开软件，选择源语言"Chinese"，目标语言"English"，并导入源语文件和目标语文件，如图 5-25 所示。

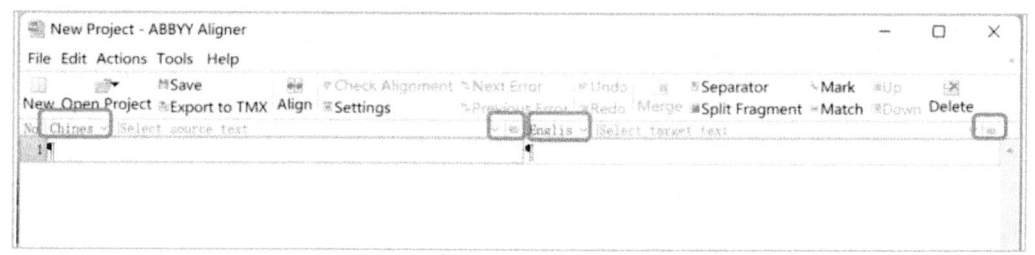

图 5-25　ABBYY Aligner——设置语言及添加文件

（2）两个文件导入后，点击"Align"，即可实现对齐，如图 5-26 所示。

人人都用得上的翻译技术

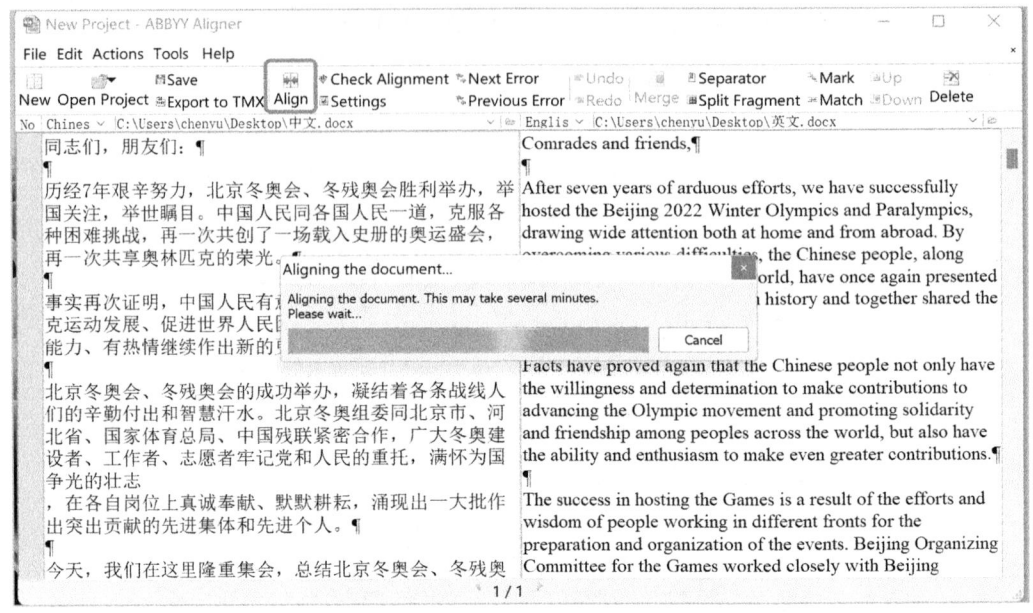

图 5-26　ABBYY Aligner——对齐

（3）在对齐后，软件会识别出一些可能存在的对齐错误，用浅棕色底色标出，需要我们确认和修改，如图 5-27 所示。

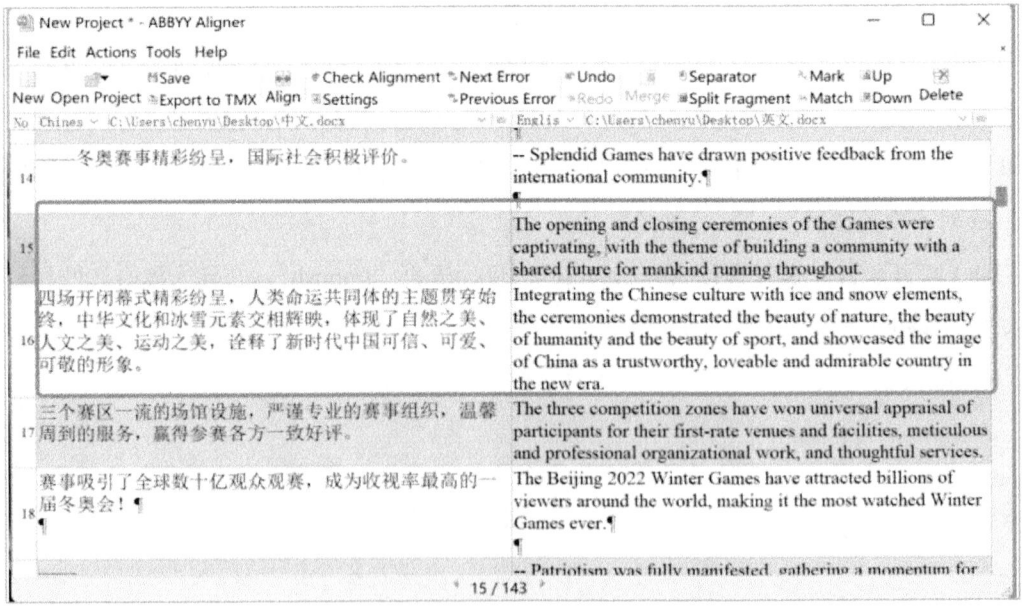

图 5-27　ABBYY Aligner——对齐错误

（4）可以通过工具栏中的"Merge"、"Separator"、"Split Fragment"、"Up"与"Down"等功能修改错误的对齐结果。如图 5-28，选择右侧两行英文，点击"Merge"，两行英文合并后，如图 5-29，点击"Delete"删除空白行即可。

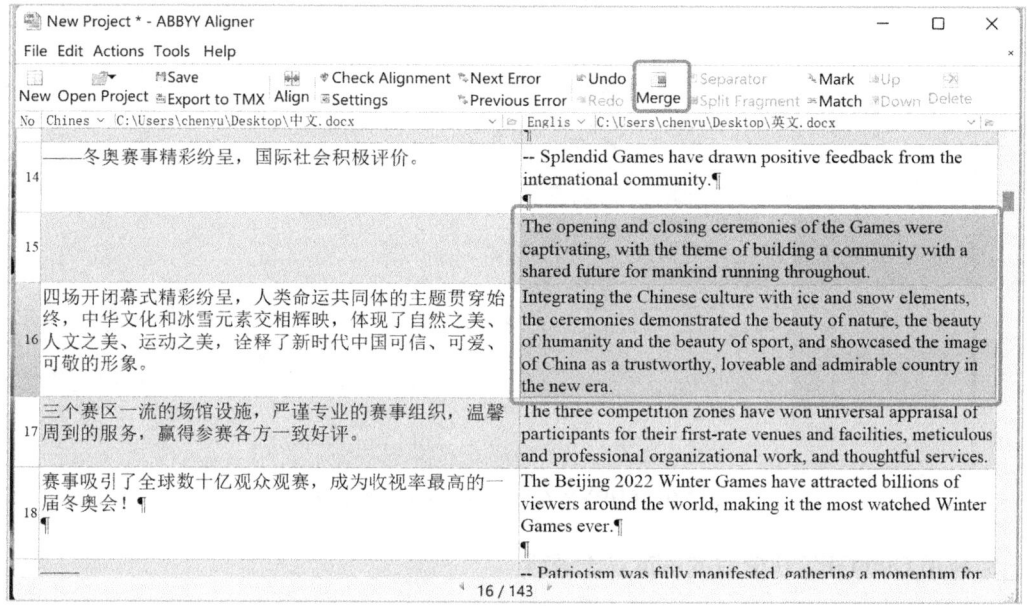

图 5-28　ABBYY Aligner——合并

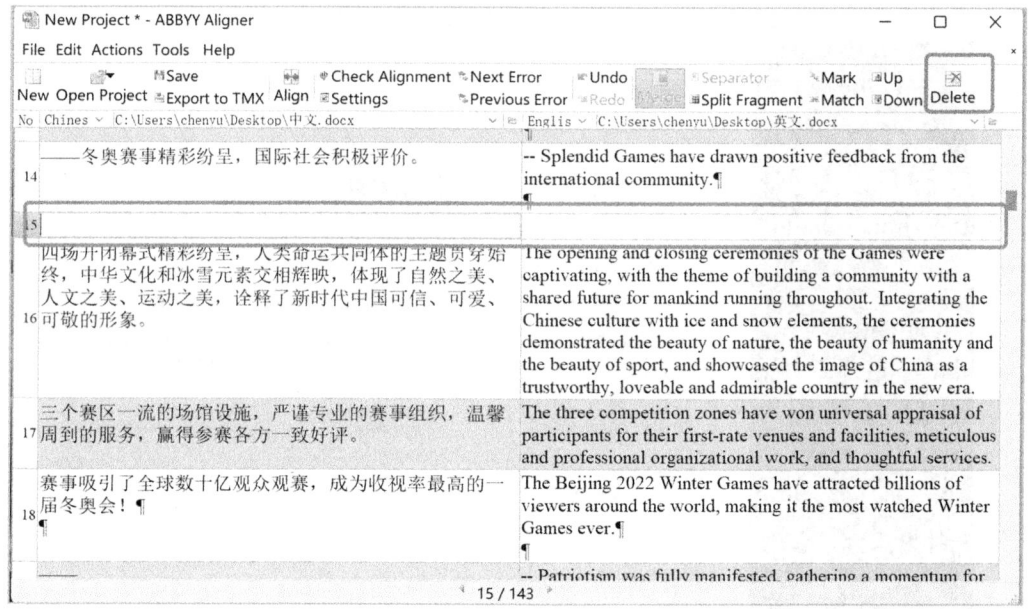

图 5-29　ABBYY Aligner——删除空白行

（5）对齐结果确认无误后，选择"Export to TMX"，选择保存位置，命名文件即可获得对齐文件，如图 5-30 所示。

图 5-30　ABBYY Aligner——导出对齐结果

3. 利用 ChatGPT 快速对齐中英双语语料

下面以 ChatGPT-3.5 为例，介绍如何利用 ChatGPT 快速对齐中英双语语料。

（1）首先，打开 OpenAI 官网，进入 ChatGPT 界面，如图 5-31 所示。

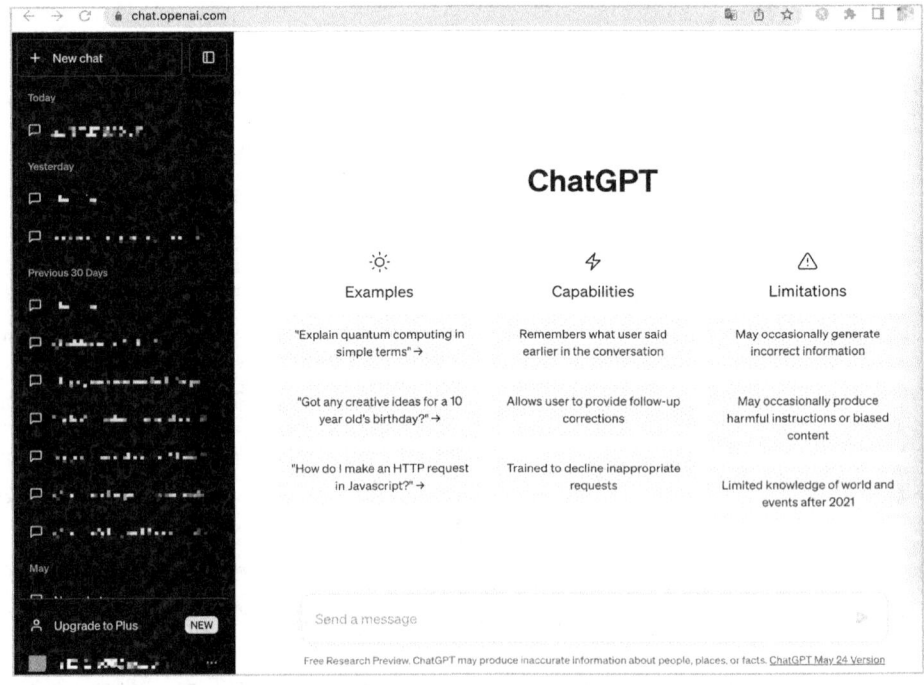

图 5-31　ChatGPT——界面展示

（2）在"Send a message"框中输入语料对齐指令："请以句子为单位，将下列语料制作成左右双语对照的语料，以表格形式呈现"，并加上需要处理的语料，之后点击发送按钮发送内容，如图 5-32 所示。

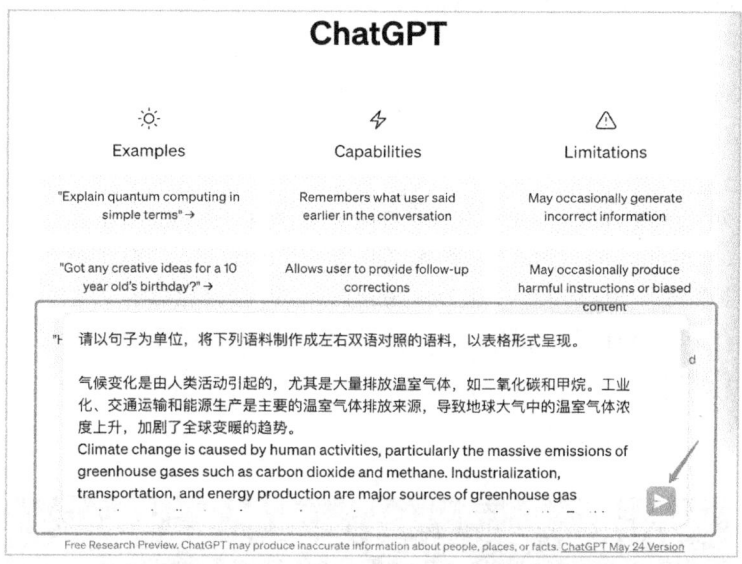

图 5-32　ChatGPT——输入语料对齐指令

（3）等待 ChatGPT 生成结果，生成结果如图 5-33 所示。可通过鼠标全选内容，复制并保留格式粘贴至新文档中，即可获得表格形式的中英左右双语对照的语料。

图 5-33　ChatGPT——语料对齐结果

（4）使用 ChatGPT 对齐双语语料，不仅可获得表格形式的语料，还可以通过向 ChatGPT 输入指令，获得 TMX 格式的语料，如图 5-34 所示。

图 5-34　ChatGPT——转换成 TMX 格式

（四）案例四：如何快速检索语料

假设你正在研究某一词在特定语料中的使用情况，以便更好地掌握该词的用法。你有一份法律领域的语料，该如何检索这个词呢？

1. 利用 AntConc 检索语料

Ant Conc 是一款免费的语料检索软件，软件界面简洁，易操作，支持 Windows、macOS 和 Linux 系统，具有索引（Concordance）、索引定位（Concordance Plot）、文件查看（File View）、词丛（Clusters）、N 元模式（N-Grams）、搭配（Collocates）、词单（Word List）、关键词单（Keyword List）等功能。下面介绍如何利用 AntConc 检索语料。

（1）在 AntConc 官网，根据自身电脑情况选择适合的软件版本，下载并安装，如图 5-35 所示。

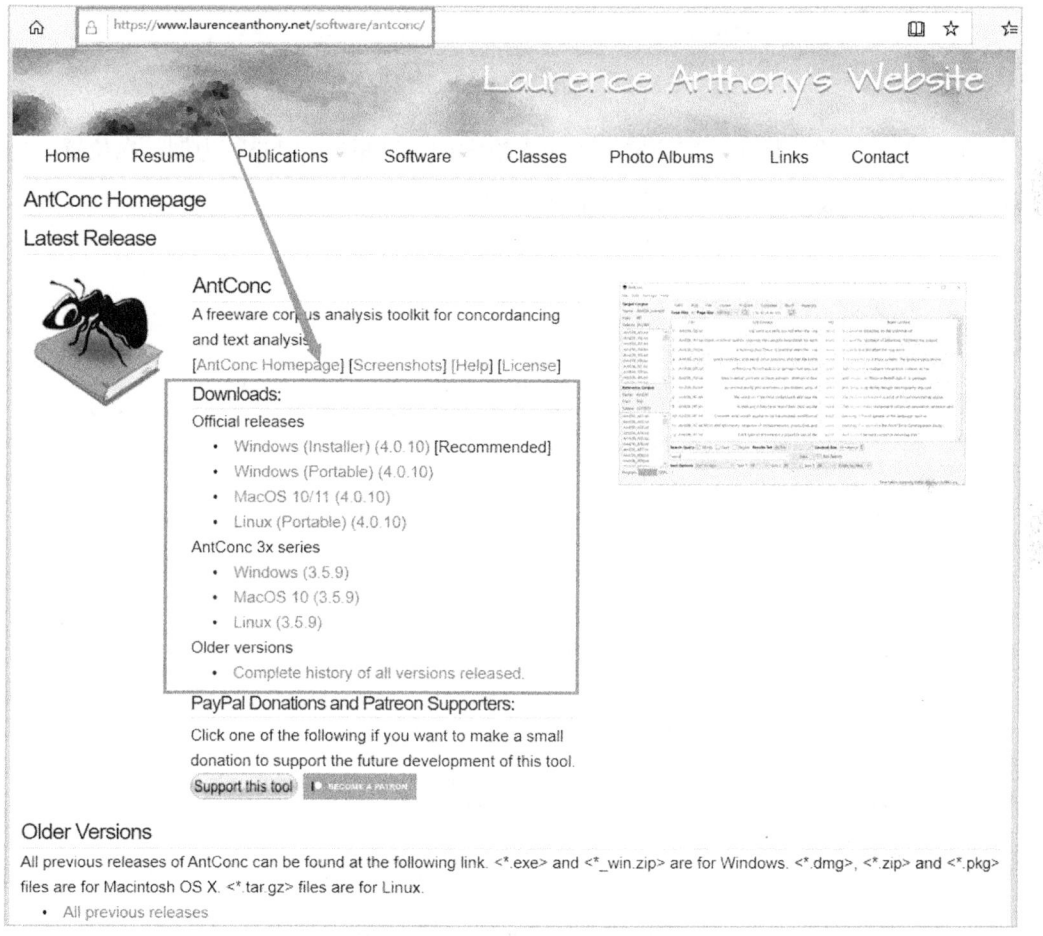

图 5-35　AntConc——软件下载

（2）打开软件，点击"File"，选择"Create Quick Corpus..."，选择需要导入的语料，如图 5-36 所示。

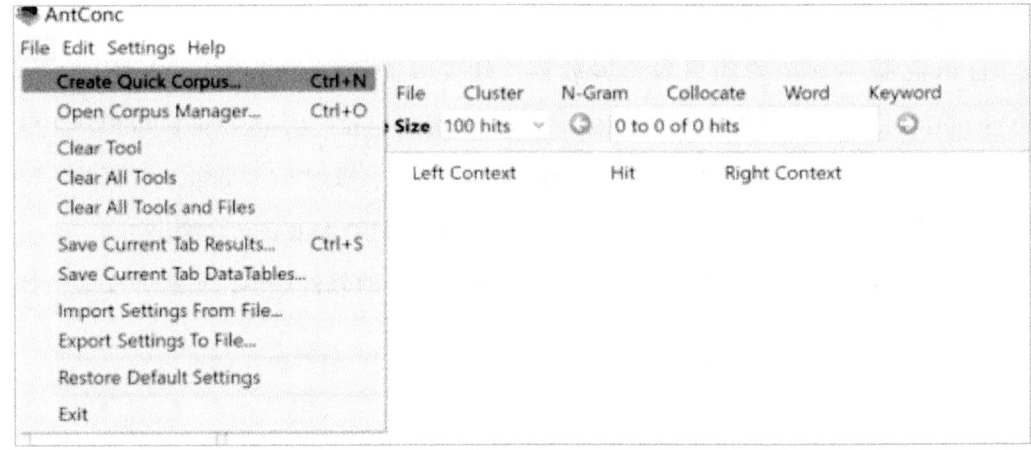

图 5-36　AntConc——语料导入

（3）点击导入的语料库，在位置 2 中输入检索词，这里以"ship"为例，在位置 3 选择检索功能，选择完成后点击"Start"，如图 5-37 所示。

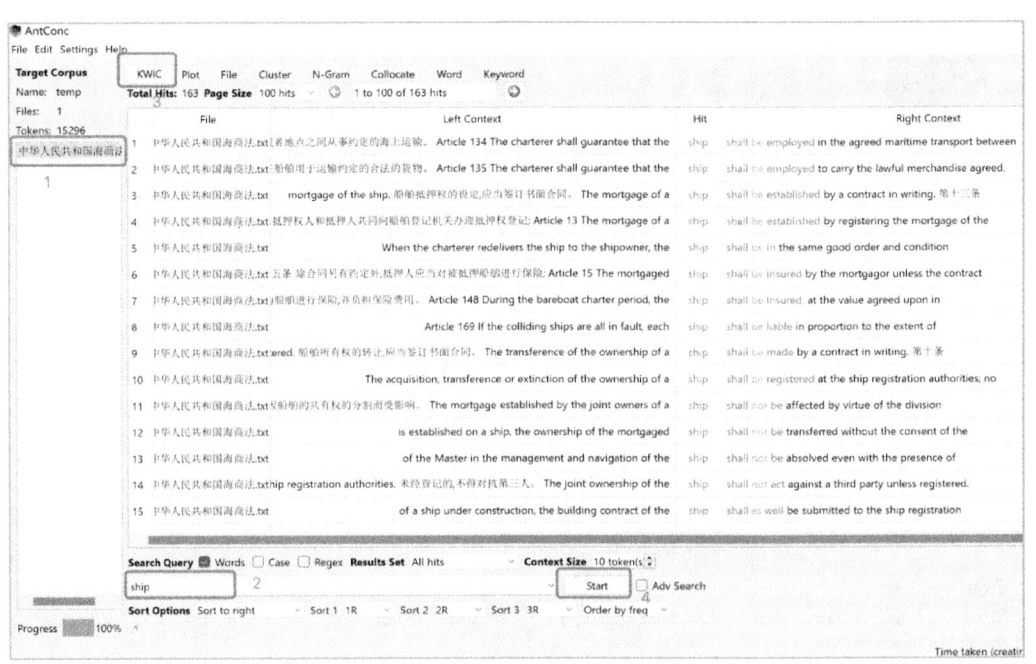

图 5-37　AntConc——语料检索

（4）此外，除了可以检索完整单词，可以利用通配符检索，在"Setting"中选择"Global Settings"，点击"Search"即可看到支持的通配符。例如"*ed"，表示检索所有单词结尾为 ed 的词，如图 5-38 所示。

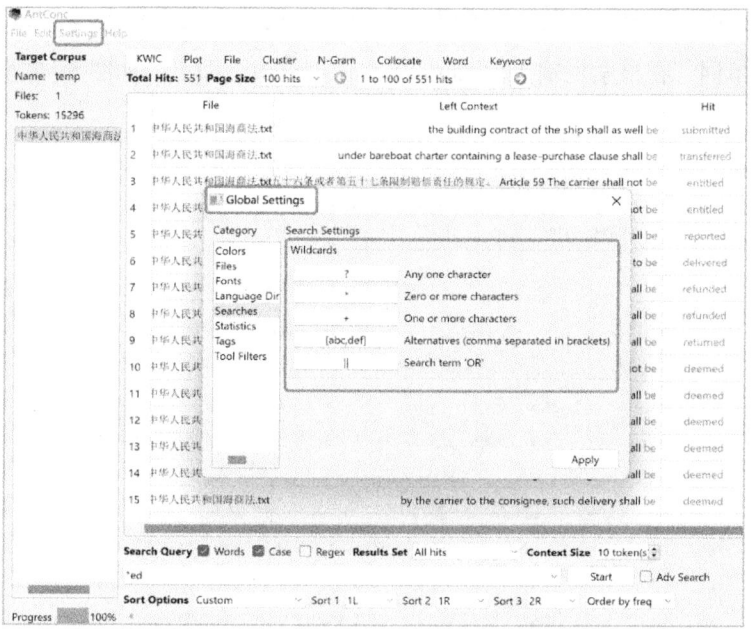

图 5-38　AntConc——使用通配符检索

（5）可以勾选"Case"区分大小写，也可以对检索内容进行排序：设置"Sort Option"，1L 指检索词左边第一个词，1R 指检索词右边第一个词，2R 指检索词右边第二个词，可根据需要进行勾选，排序规则可选择"Order by freq"或"Order by value"。设置完成后单击"Start"即可，如图 5-39 所示。

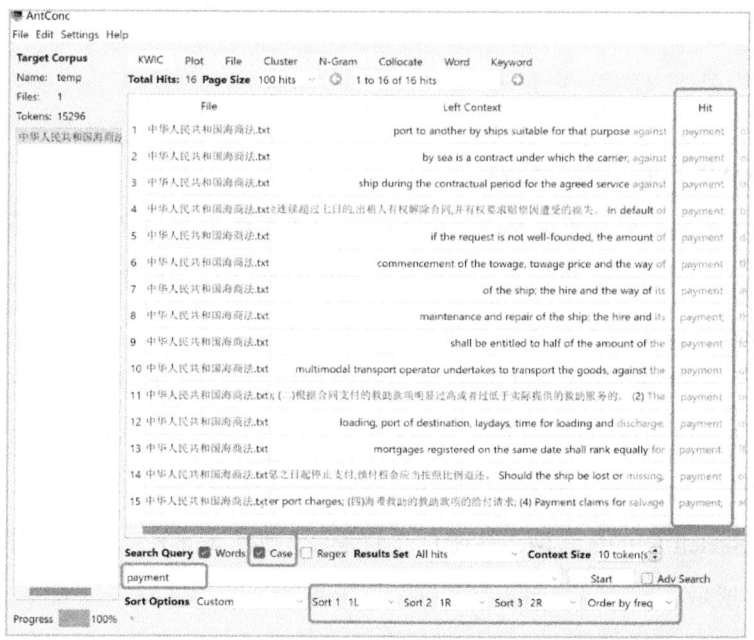

图 5-39　AntConc——检索设置

（6）同时，可以勾选"Regex"可以输入正则表达式进行高级检索：例如想要搜索以"ship"开头的单词，在检索栏输入"^ship"，点击"Start"即可，如图5-40所示。

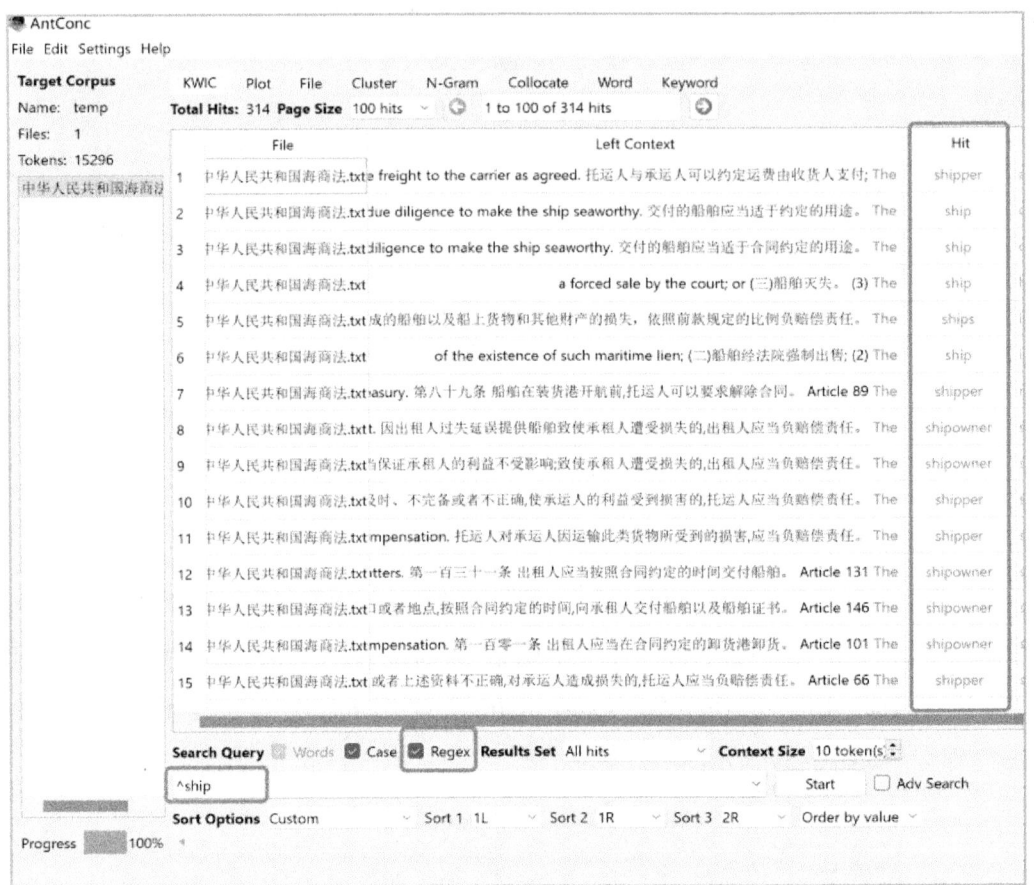

图 5-40　AntConc——使用正则表达式检索

2. 利用 Sketch Engine 检索语料

Sketch Engine 是 Lexical Computing Limited 开发的语料库管理器和文本分析软件，可以用来检索语料，具体功能有词语素描（Word sketch）、单词对比（Word Sketch Difference）、同义词（Thesaurus）、索引（Concordance）、词单（Wordlist）、N 元模式（N-grams）、关键词（Keywords）、文本类型分析（Text type analysis）等。支持从网页创建专门的语料库和术语，同时软件还支持构建自己的语料库，对学术研究及日常学习来说十分方便，可以积累自己的语言资源。下面介绍如何使用 Sketch Engine 检索语料。

（1）进入 Sketch Engine 官网，注册自己的账号，如果此前已经注册，那么直接登录即可，如图 5-41 所示。

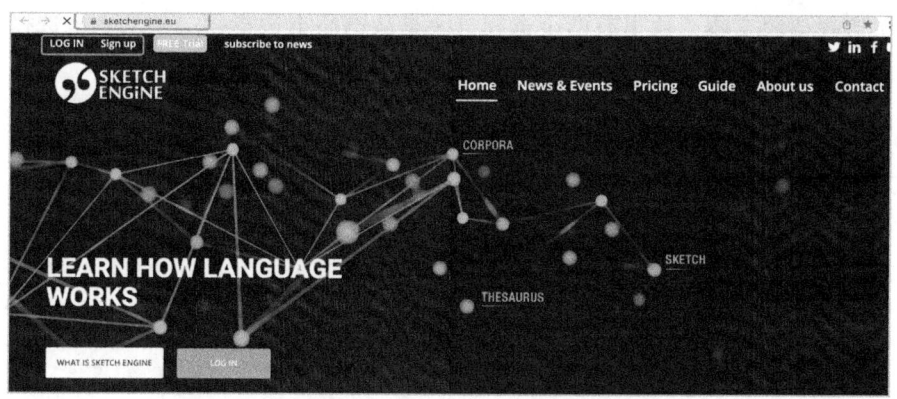

图 5-41　Sketch Engine——账号注册和登录界面

（2）如图 5-42 点击"Dashboard"，然后点击"NEW CORPUS"，如图 5-43 填写语料名称、类型以及语言，这里以单语语料为例。

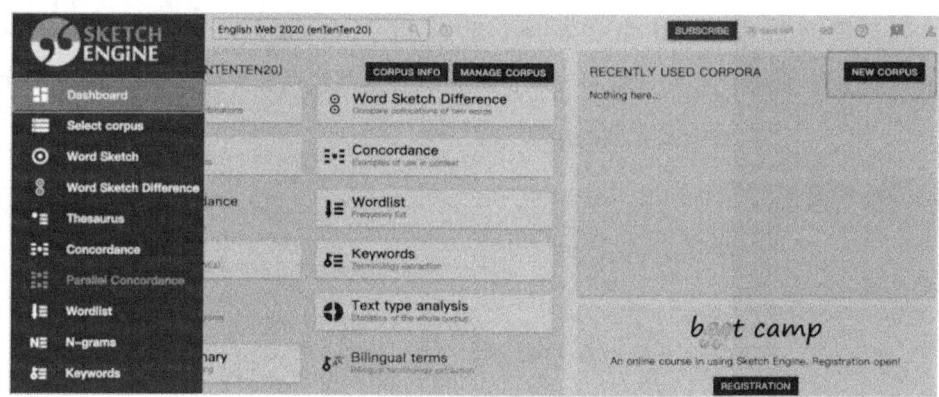

图 5-42　Sketch Engine——新建语料库

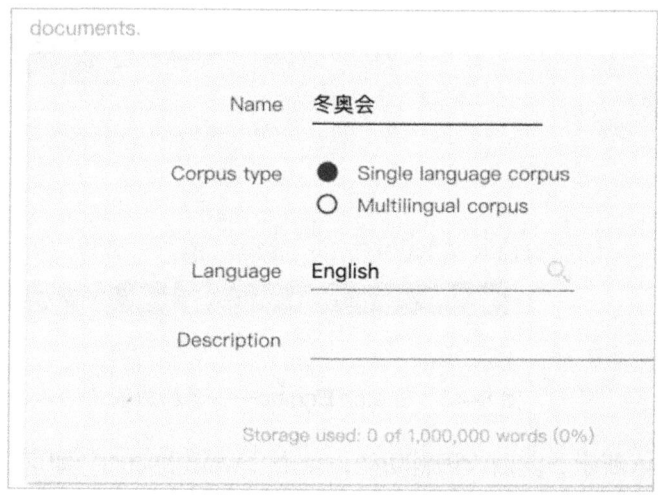

图 5-43　Sketch Engine——完善语料信息

（3）选择语料文本，这里有两个选择：一是从网络上选择；二是从本地选择，这里以本地语料为例，如图5-44所示。

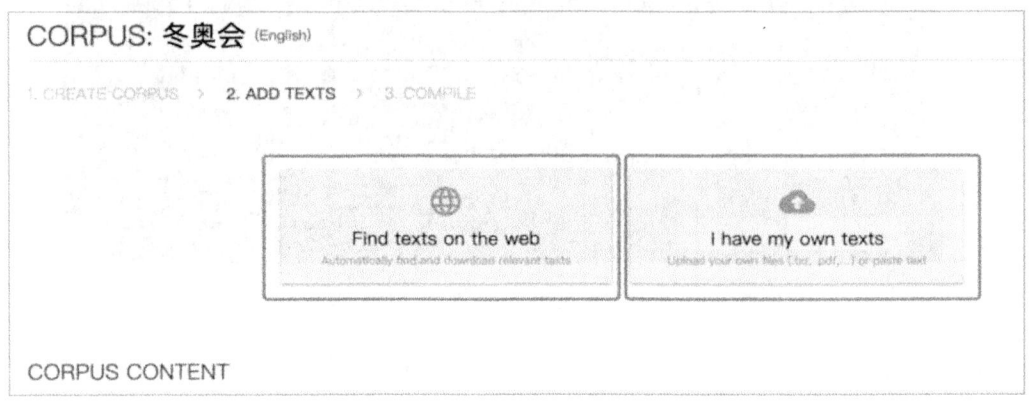

图5-44　Sketch Engine——导入语料

（4）上传语料后，点击红色箭头，再点击"Compiled"，完成后点击"CORPUS DASHBOARD"，此时已经完成语料导入，页面跳转至语料功能界面，如图5-45所示。

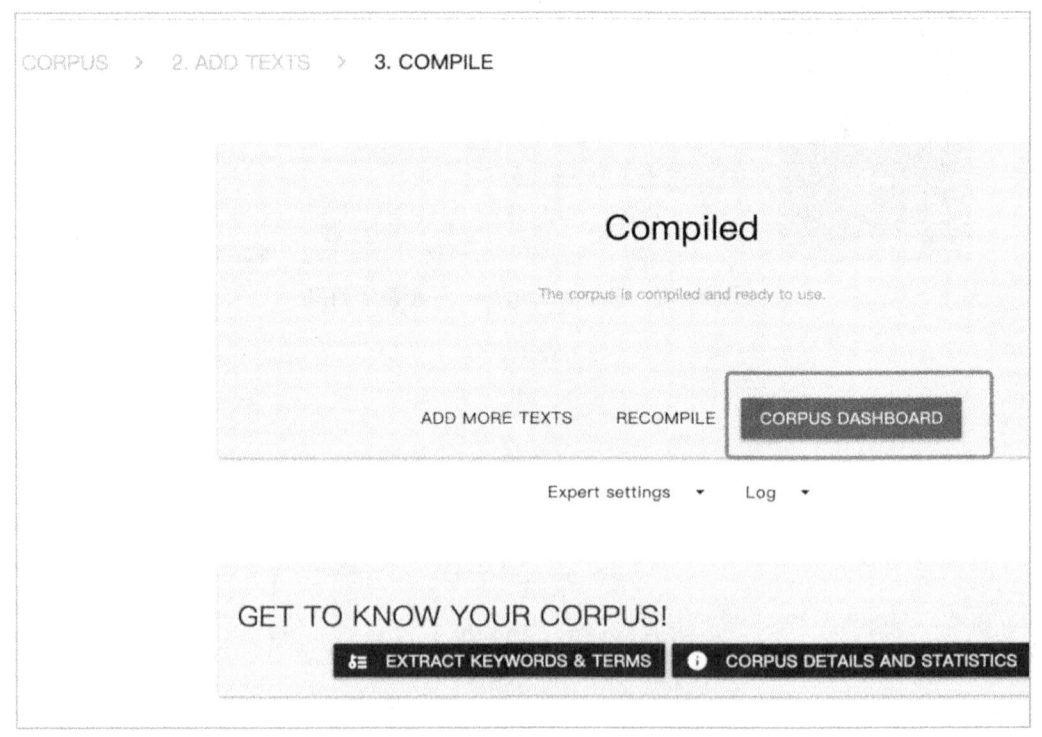

图5-45　Sketch Engine——语料加载

（5）如图5-46所示，左侧为语料功能，点击"Word Sketch"即可在"冬奥会"这个语料库中检索语料，输入"spirit"，然后点击"go"，即可检索出含有"spirit"的内容，检索出来的内容已经根据种类划分好了。点击三个原点，可选择跳转至相应位置（如索引），如图 5-47 所示。

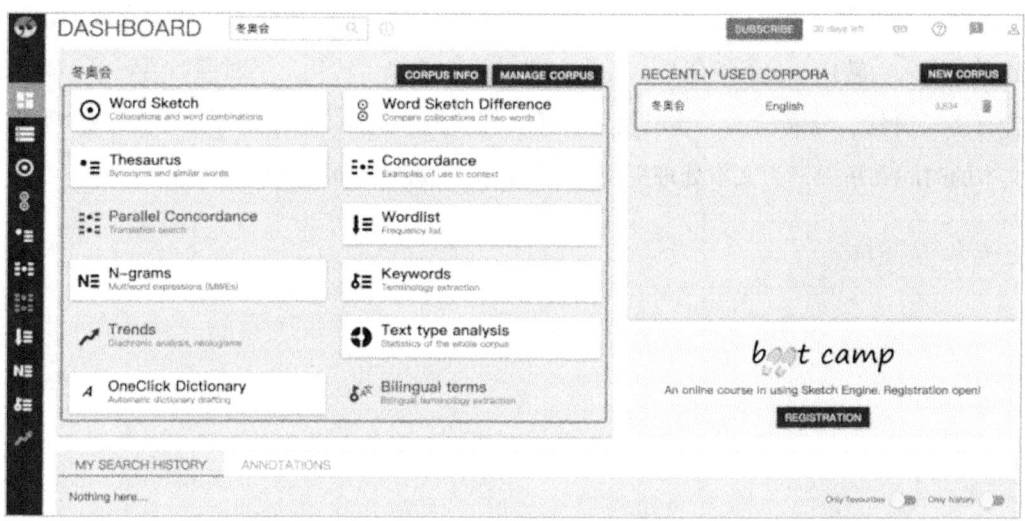

图 5-46　Sketch Engine——语料处理功能

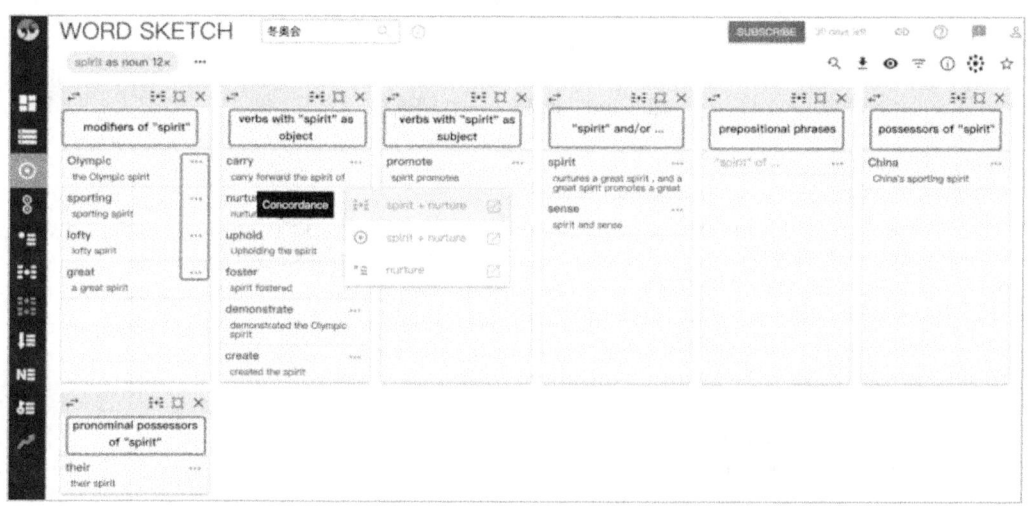

图 5-47　Sketch Engine——"spirit"检索结果

四、技术拓展

语料处理工具种类众多，下面继续拓展相关的语料处理工具，所列举的软件工具仅为学习参考，并未涉及所有相关的软件。

（一）库酷

库酷是一款十分便捷的文档处理工具，适用于 Windows 平台，内含多种功能，支持利用快捷键一键处理文档，功能包括基本操作和高级操作。基本操作的功能含有放大镜、内容清理、插入、转换、分行／合并、转化左右对照的语料、转化上下对照的语料等；高级操作含有格式设置、分隔设置、导出设置、插入等。操作简单、功能丰富，大大减少手动清理文本的时间和精力，为文本处理提供极大的便捷。如图 5-48、图 5-49 所示。

图 5-48　库酷——文档选择

图 5-49　库酷——功能展示

（二）BFSU PowerConc

BFSU PowerConc 是由北京外国语大学语料库团队开发的一款免费的语料库检索工具软件，基于 Windows 系统。BFSU PowerConc 支持英语和汉语两种语言，功能齐全，支持基于正则表达式的关键词索引，包括单词及词块检索、单词曲折词形检索、词性检索、任意词检索、混合检索、正则表达式检索、区分大小写的检索、批量检索、搭配共现检索、二次检索等多种检索方式；支持生语料和标注过的熟语料两种形式的语料检索；支持语料库定量研究方面的各类统计分析功能，如主题词的计算、结果抽样等。如图 5-50 所示。

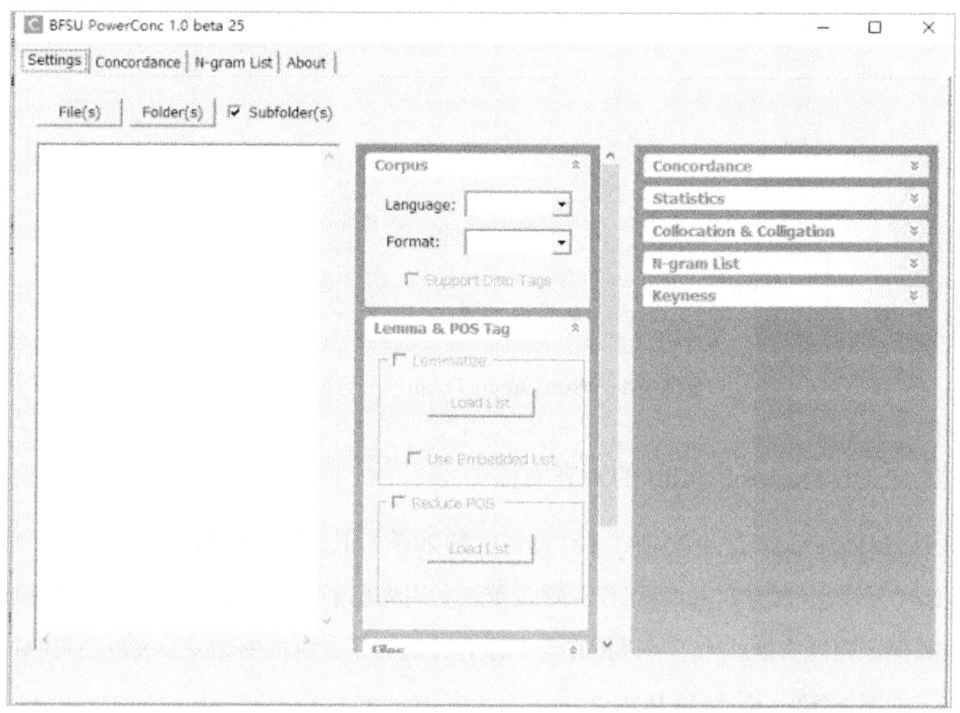

图 5-50　BFSU PowerConc——功能展示

（三）WordSmith Tools

WordSmith Tools 是一款专业的语料库检索软件，支持 Windows 平台，集语境共现检索工具、词频列表检索工具、关键词检索工具、文本分割工具、文本替换工具、文本浏览工具等工具和功能于一体，不仅适用于各种大、中、小型语料库，更适用于各类自建语料库，并附有功能齐全的语料库统计工具，是从事语料库语言学研究必不可少的检索工具。如图 5-51 所示。

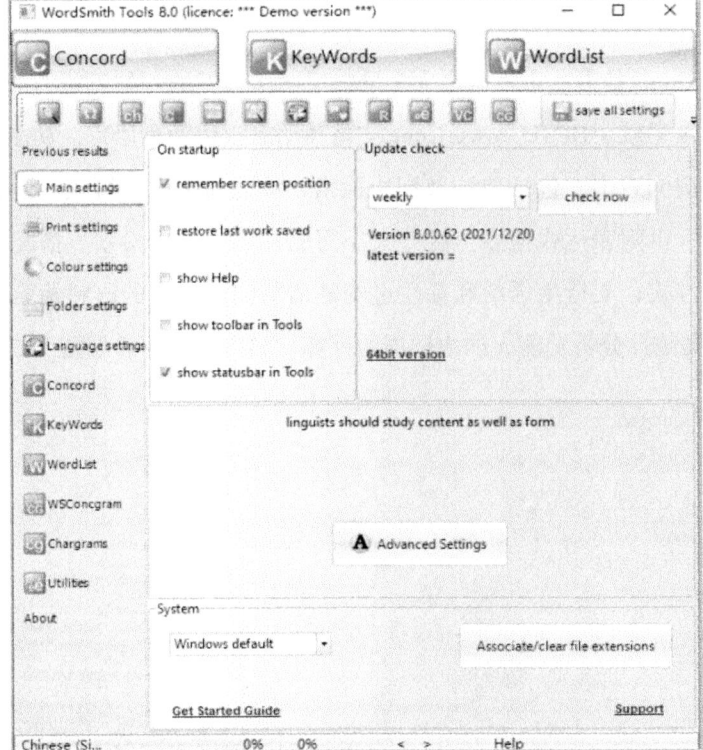

图 5-51　WordSmith Tools——界面展示

（四）SDL Trados Studio 的对齐文档

SDL Trados Studio 是一款 CAT（计算机辅助翻译）工具，支持 Windows 平台，翻译记忆库 (TM) 是该软件的核心，其工作原理是重复利用先前翻译的内容，从而更快地完成翻译项目，并保证翻译质量。除了可以用在与翻译有关的工作，SDL Trados Studio 还可以用来对齐文本。如图 5-52 ~ 图 5-54 所示。

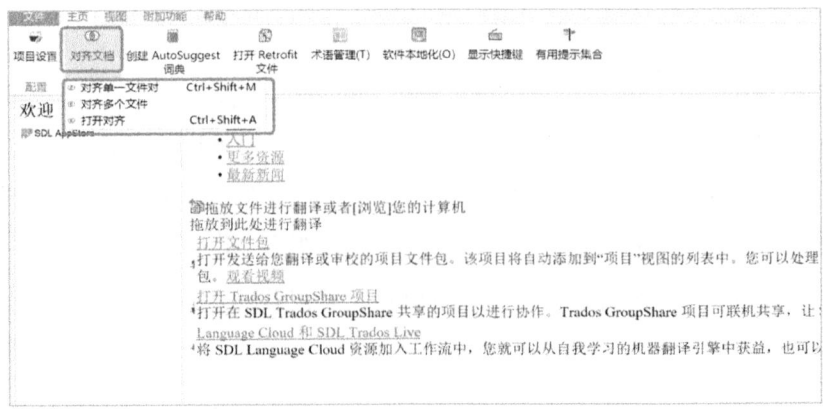

图 5-52　SDL Trados Studio——对齐功能

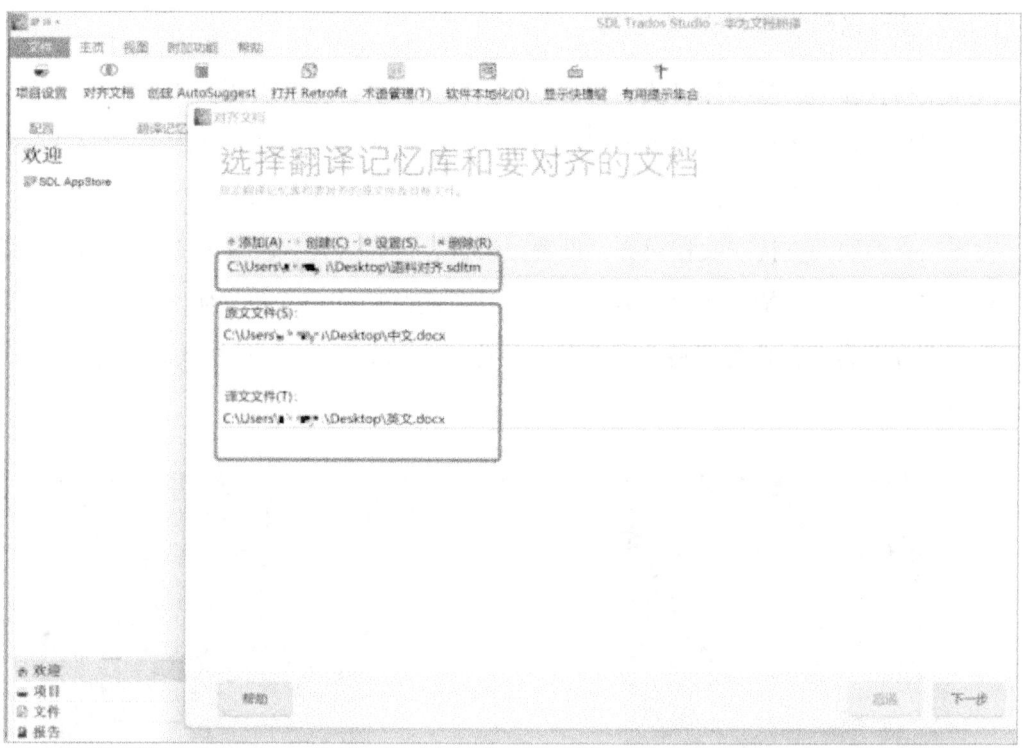

图 5-53　SDL Trados Studio——选择翻译记忆库及对齐文档

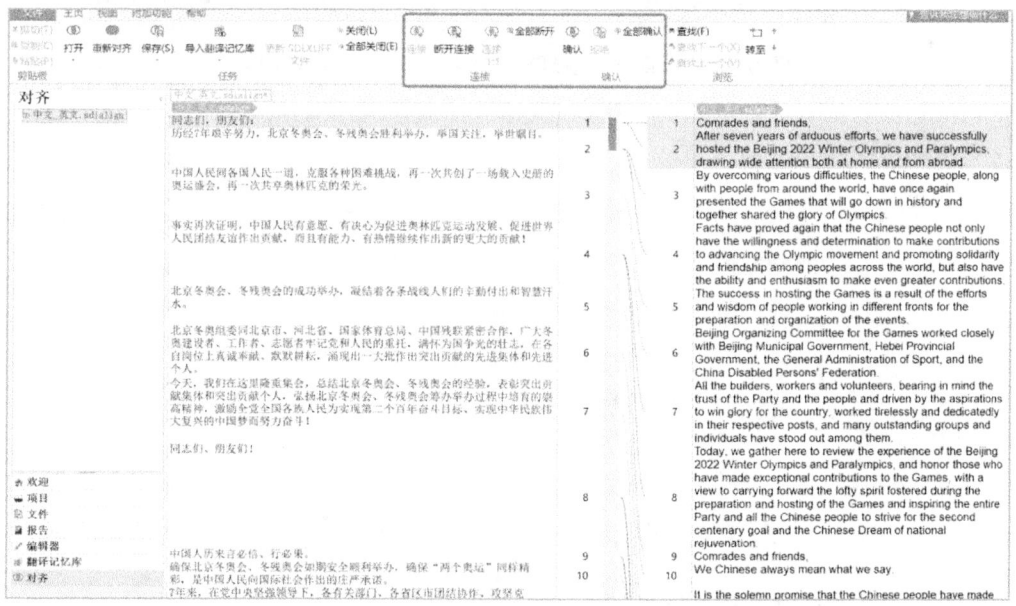

图 5-54　SDL Trados Studio——修改对齐结果

（五）云译语料管理的对齐工具

云译语料管理平台是云译科技语料管理解决方案，平台囊括语料管理、术语管理、对齐工具和用户管理四大模块，并提供词性标注和术语提取两大工具，支持在平台中快速处理语料并抽取语料中的有效信息。

对齐工具模块，支持双文档对齐，设置源语言、目标语言、领域等信息，将原文和译文文件上传，在对齐详情页用户可通过头部工具快速调整对齐结果，对齐后，可直接将对齐结果保存在平台，创建为语料库或下载，支持 .txt、.csv、.xls 三种格式。如图 5-55、图 5-56 所示。

图 5-55　云译语料管理对齐工具——上传对齐文件

图 5-56　云译语料管理对齐工具——调整对齐结果保存与下载

五、参考资料

1. EmEditor 官网：https://www.emeditor.com
2. AntConc 官网：http://www.laurenceanthony.net
3. Sketch Engine 官网：https://www.sketchengine.eu
4. BFSU PowerConc 下载网址：http://corpus.bfsu.edu.cn/TOOLS.htm
5. WordSmith Tools 官网：https://lexically.net/wordsmith
6. 菜鸟教程正则表达式教程：https://www.runoob.com/regexp/regexp-tutorial.html
7 云译语料管理官网：https://cops.cloudtranslation.com
8. ChatGPT 官网：https://chat.openai.com

第六章 文本快翻

一、基础知识

随着人工智能的发展，机器翻译的质量不断提升，文档翻译也取得了较大的发展，为翻译带来了极大的便利。目前，有各种网页版、桌面版的翻译软件供用户选择，大多数软件同时提供网页版和桌面版两个版本。众多翻译软件中，许多提供免费的服务，部分高级功能需要支付费用，支持各种格式的文档翻译，包括 Word、PDF、PPT 等文档的翻译，大多数文档翻译工具支持一键翻译，用户可以根据需求选择翻译引擎，包括谷歌翻译、百度翻译、有道翻译、微软翻译、小牛翻译、搜狗翻译等，翻译后支持保留原格式，支持编辑译文，编辑完成后可导出多种格式。除了通用版的翻译软件，还有一些定制化的翻译软件，包括个人版、企业版、专业版等，用户也可根据需要选择不同的版本。

ChatGPT 虽然不是专门为翻译而构建的，但是正在迅速成为一种可靠的翻译工具。与多数机器翻译不同的是，ChatGPT 具有交互性，用户可以自定义翻译以满足特定需求，并且可以根据结果进行反馈。例如，可以调整语气和风格，并考虑单词含义的文化内涵和区域差异。与谷歌翻译等机器翻译相比，ChatGPT 能够在生成翻译时准确考虑文本的上下文，能够生成反映作者意图的翻译。提高翻译准确度的重要因素有：直接声明文本类型，例如，成语、歌曲、军事报告、医疗文件；在 ChatGPT 中使用风格迁移帮助调整翻译的语气和风格，以匹配目标受众或行业；根据说话者的地区或国家提供不同的含义，例如，"football"可以翻译成"足球"，也可以翻译成"橄榄球"，根据说话者的不同地区，反映说话者的潜在意图；如果不想阅读整篇文本，只想理解作者想要传达的信息，可以让 ChatGPT 提供目标文本的摘要翻译。

二、主流工具

用于文档翻译的工具可以分为两大类，一类是桌面软件，另一类是在线工具。主流的桌面软件包括福昕翻译、云译通、知云文献翻译、有道翻译等。主流的在线工具如表 6-1 所示。

表 6-1　在线翻译工具

1	百度翻译	https://fanyi.baidu.com/
2	有道翻译	https://fanyi.youdao.com
3	搜狗翻译	https://fanyi.sogou.com/text
4	谷歌翻译	https://translate.google.com.hk
5	qtrans 快翻	https://www.tmxmall.com/qtrans/
6	DeepL 翻译器	https://www.deepl.com/translator
7	翻译狗	https://www.fanyigou.net/
8	新译科技	https://fanyi.newtranx.com/onlineTrans
9	云译通	https://www.ctcfile.com/zh/

三、案例实操

下面将结合具体案例，简单介绍各种在线翻译工具，并演示如何通过不同工具实现快速翻译 Word、PDF 等文档。

（一）案例一：如何快速翻译 Word 文档

假设你手中有大量 Word 文档待翻译，你需要对这些文档进行机器翻译与译后编辑，你会使用什么翻译软件或工具呢？

1. 利用百度翻译在线翻译

百度翻译是百度公司提供的翻译服务，支持文本翻译、机器翻译同传、视频翻译、拍照翻译、图片翻译、网页翻译、语音翻译等特色功能，提供 200 多种语言翻译，支持 Word、PDF、Excel 等文档格式的翻译，提供通用翻译以及生物医药、网络文学、金融财经等多种垂直领域翻译，支持在线翻译与下载应用软件翻译。下面介绍如何利用百度翻译在线翻译文档。

（1）进入百度翻译的官网，选择"文档翻译"，点击"上传文件"，如图 6-1 所示。

图 6-1　百度翻译——官网界面

（2）点击待翻译文档的图标或拖动待翻译的 Word 文档至翻译区，注意文档的大小不能超过 10MB，如图 6-2 所示。

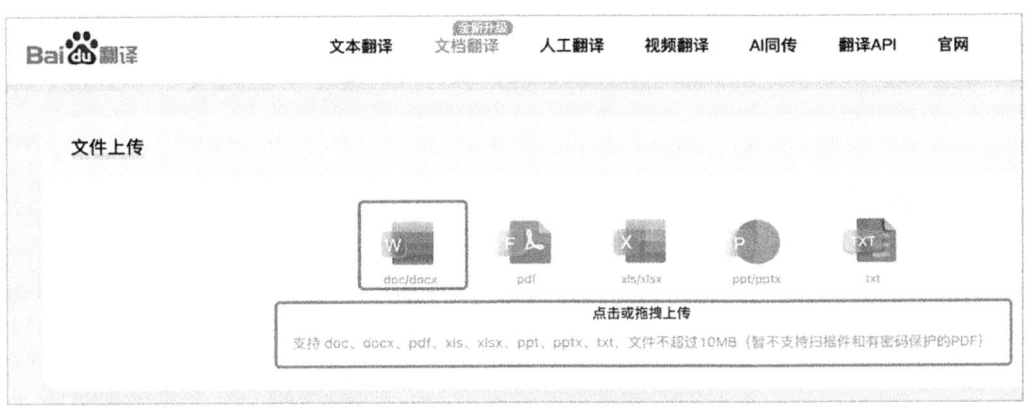

图 6-2　百度翻译——上传待翻译文档

（3）根据翻译需求选择语言方向、领域模型，设置完成后点击"立即翻译"，如图 6-3 所示。

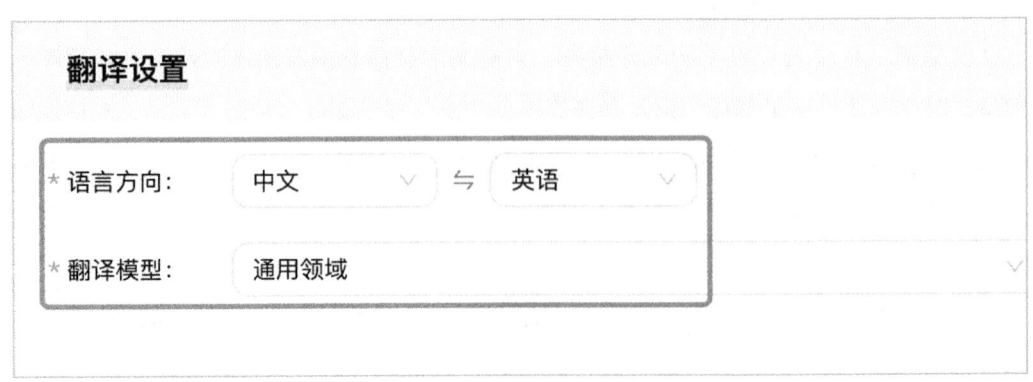

图 6-3　百度翻译——翻译设置

（4）机器翻译完成后，可以开启"编辑译文"，对机器翻译译文进行编辑修改，也可以添加术语，编辑完成后，点击"导出"即可，如图 6-4 所示。

图 6-4　百度翻译——翻译导出

2. 利用 WPS AI 翻译

WPS AI 是由金山办公发布的具备大语言模型能力的人工智能应用，为用户提供智能文档内容处理，包括起草、改写、总结、润色、翻译、续写等功能，还提供智能人机交互，支持 .doc、.ppt、.pdf、.xlsx 等文件格式。目前，WPS AI 支持在 WPS Win 客户端、安卓 App、iOS App 以及金山文档中使用。下面在 Windows 操作系统中，介绍如何利用 WPS AI 翻译 Word 文档。

（1）在 WPS AI 官网首页，点击"申请体验官资格"，选择合适的身份通道并填写体验申请表，等待官方通过申请，如图 6-5 所示。

图 6-5　WPS AI——申请体验

（2）获取体验资格后，选择合适的软件版本下载并安装，如图 6-6 所示，这里以"Win 客户端"为例。

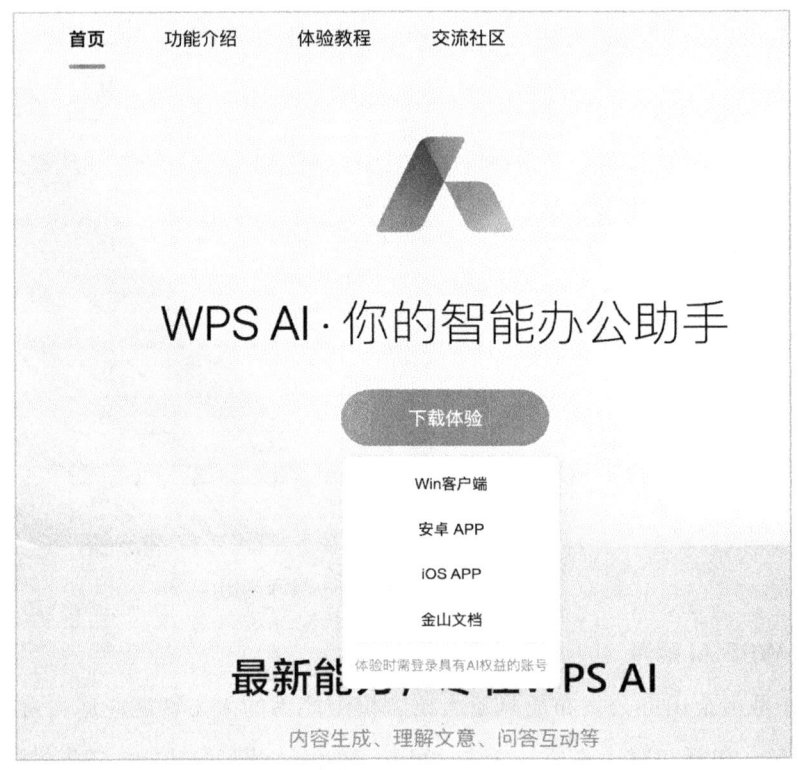

图 6-6　WPS AI——下载软件

（3）用 WPS Office 打开待翻译的 Word 文档，鼠标选中待翻译的内容，然后点击出现的 WPS AI 图标，启动 WPS AI。除此之外，还可以通过另外两种方法启动：在文档中输入"@ai"，点击"Enter"键；点击功能栏中的 WPS AI 图标，如图 6-7 所示。

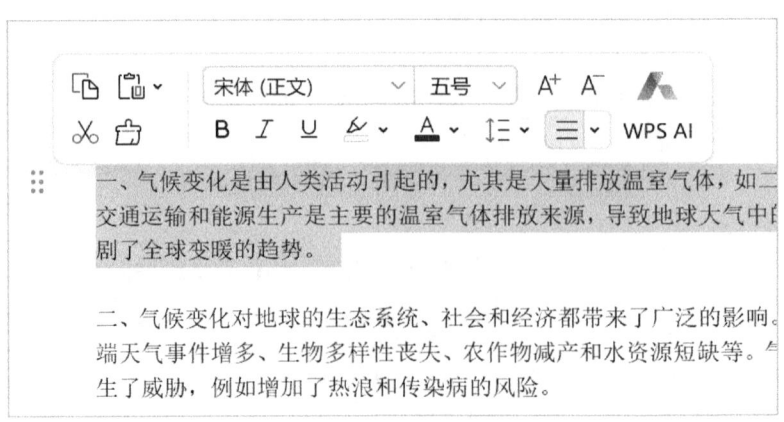

图 6-7　启动 WPS AI

（4）勾选使用须知，完成后在出现的 WPS AI 框中输入翻译指令，如图 6-8 所示。

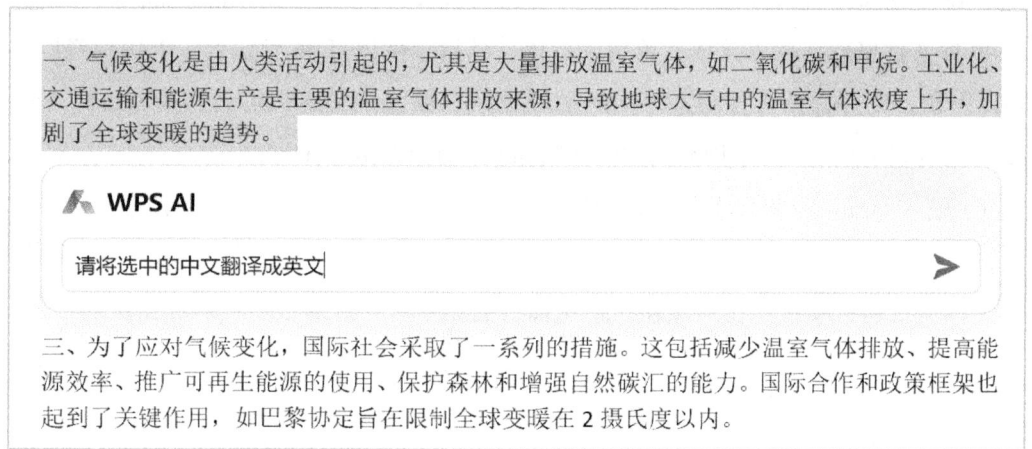

图 6-8　WPS AI——输入翻译指令

（5）等待 WPS AI 生成结果，最终结果如图 6-9 所示。可根据自身需求继续编辑生成的结果，确认无需修改后点击"完成"即可。

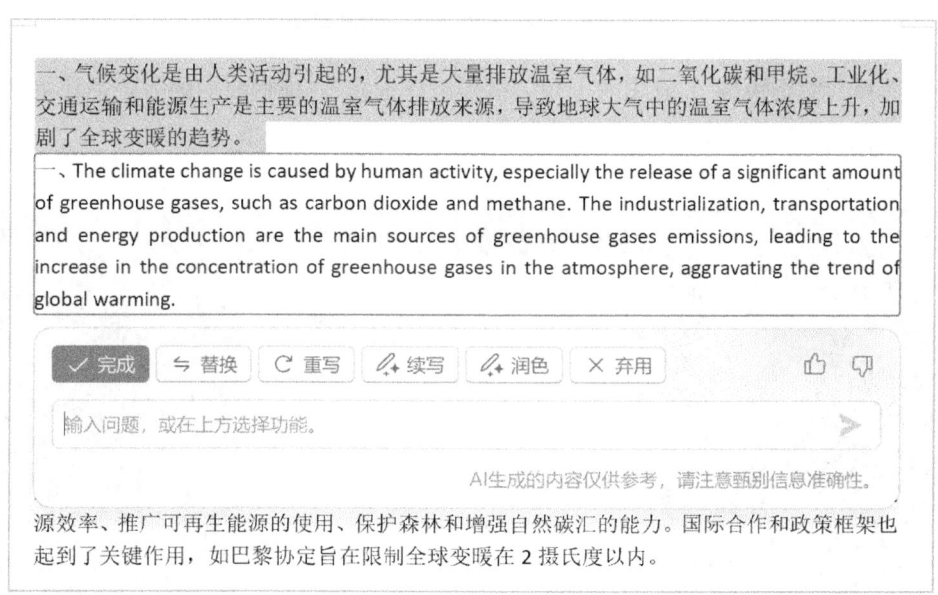

图 6-9　WPS AI——翻译结果

（二）案例二：如何快速翻译 PDF 文档

假设你是一名自由译者，客户发给你 PDF 格式的文档，需要你进行机器翻译与译后编辑，你会选择哪款翻译软件或工具呢？

1. 利用 qtrans 快翻在线翻译

qtrans 快翻是一款智能文档翻译工具，支持 .doc、.docx、.xls、.ppt、.pptx、.pdf、.txt 等近 40 种文件格式，涵盖汉语、英语、日语、韩语、俄语等 46 种语言，采用神经网络机器翻译引擎，完好保留文件格式，同时翻译记录全保留，支持 PDF 转换为 Word，PPT 及 Excel，保留原文件格式。下面介绍如何利用 qtrans 翻译 PDF 文档。

（1）输入 qtrans 网址，点击"立即体验"，进入文档翻译界面，如图 6-10 所示。

图 6-10　qtrans 快翻——官网界面

（2）选择"文档快翻"，点击右上角"机器翻译选择"，根据我们的需要选择机器翻译，如图 6-11 所示。

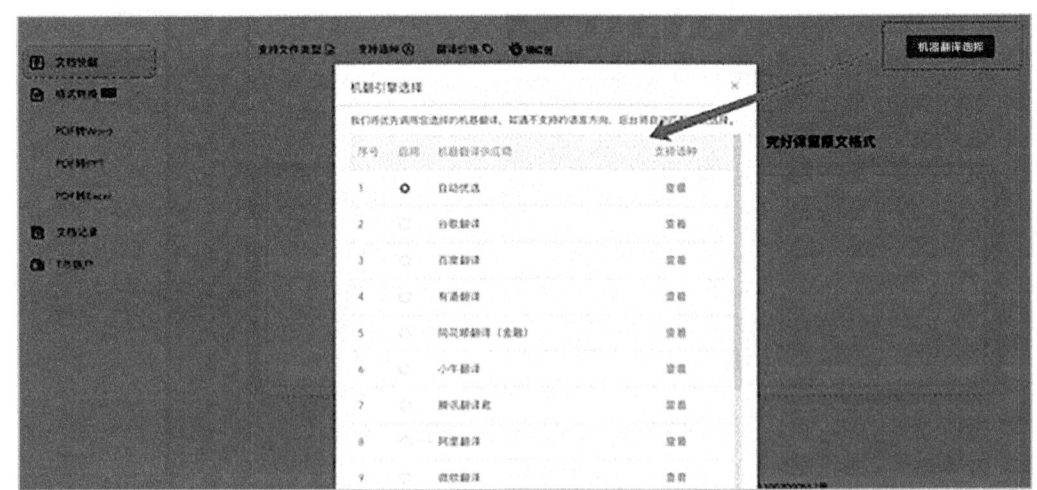

图 6-11　qtrans 快翻——机器翻译选择

（3）上传待翻译文档，单击或将待翻译文档拖至下图位置即可，如图 6-12 所示。

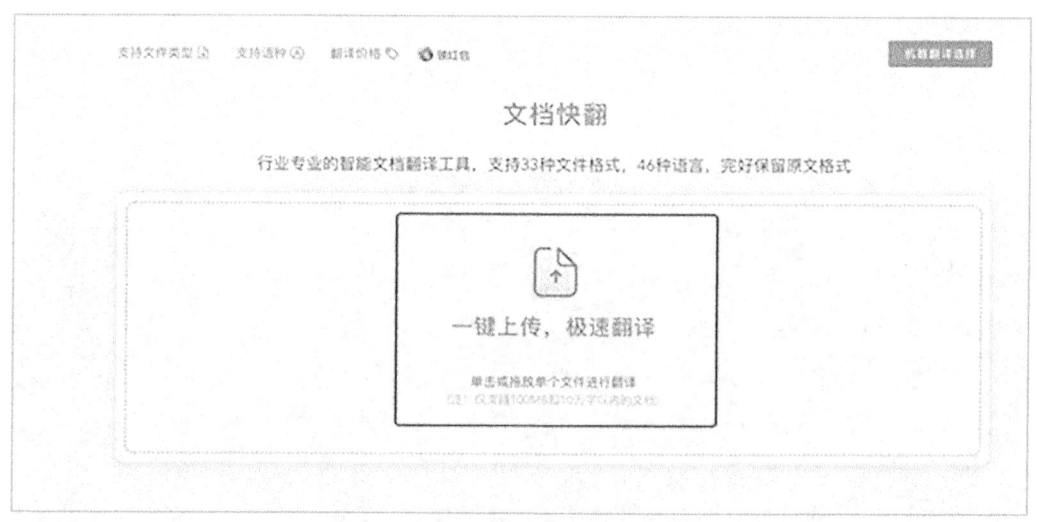

图 6-12 qtrans 快翻——上传待翻译文档

（4）选择源语言与目标语言，选择需要翻译的页数，设置完成后，点击"翻译"，也可以点击"预览"查看翻译效果，如图 6-13 所示。

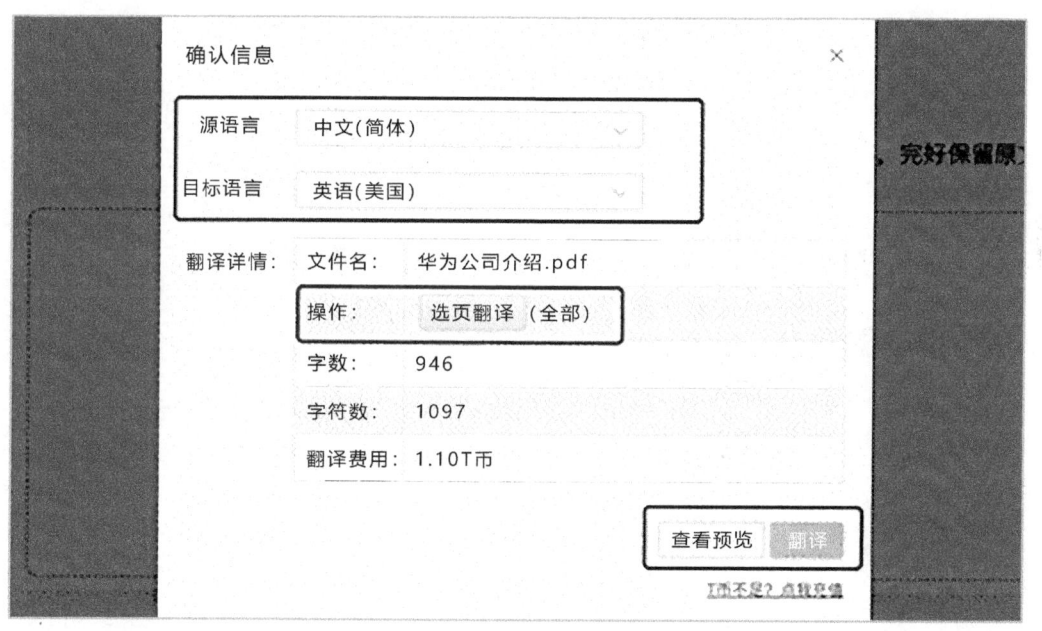

图 6-13 qtrans 快翻——翻译设置

2. 利用知云文献翻译

知云文献翻译是一款自带 PDF 阅读器的免费翻译软件，关联多个搜索引擎翻译，支持百度 AI 翻译、有道翻译、搜狗翻译等多个翻译引擎，支持同步翻译，选中任意翻译区域，即时得到翻译结果，提供 Windows、Mac 客户端，界面简洁，操作简单。下面介绍利用知云文献翻译 Windows 端来翻译 PDF 文档。

（1）进入知云文献翻译官网，根据需要选择合适的版本并安装，如图 6-14 所示。

图 6-14　知云文献翻译——官网界面

（2）打开软件，选择待翻译的文档，如图 6-15 所示。

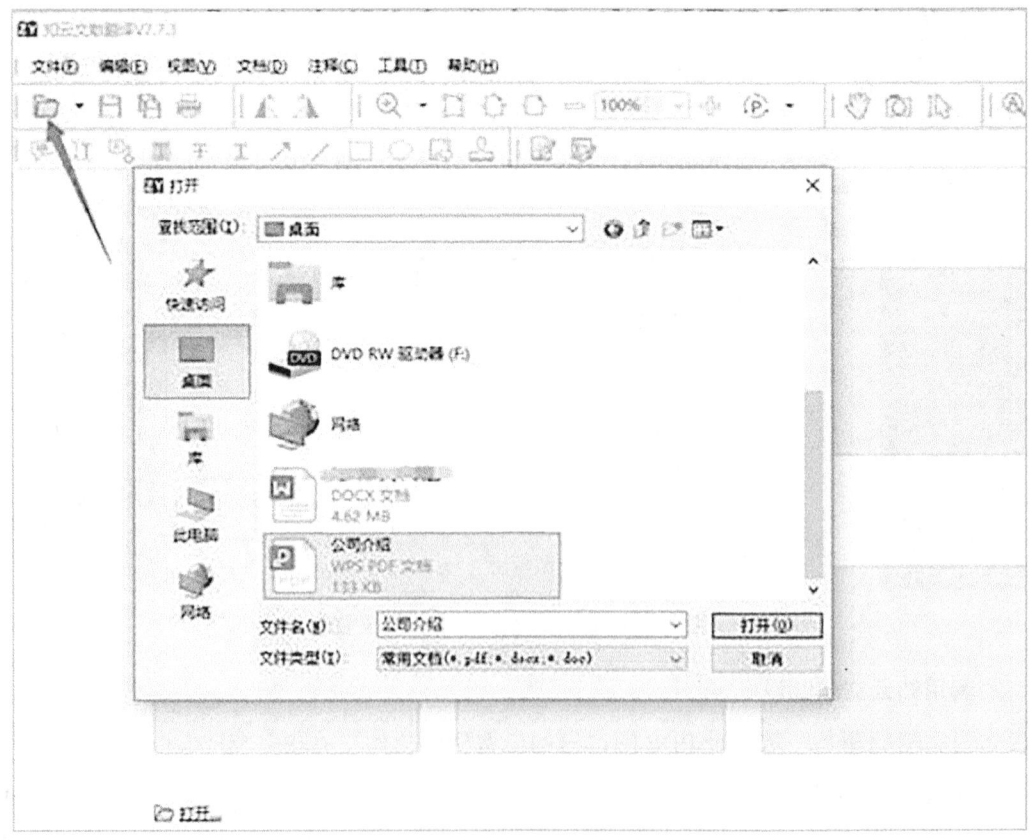

图 6-15　知云文献翻译——待翻译文档选择

（3）点击"翻译引擎"后，需要用微信扫描登录账号，即可根据需求选择合适的翻译引擎，如图6-16所示。

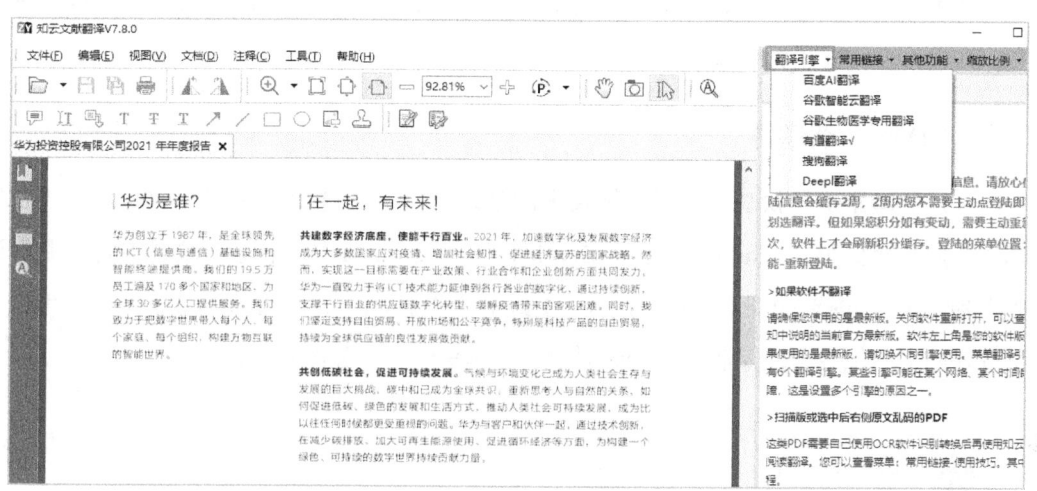

图6-16　知云文献翻译——翻译引擎选择

（4）选中需要翻译的内容，右侧会显示译文及识别后的原文，如果识别不准确，可修改原文，右键重新翻译，如图6-17所示。

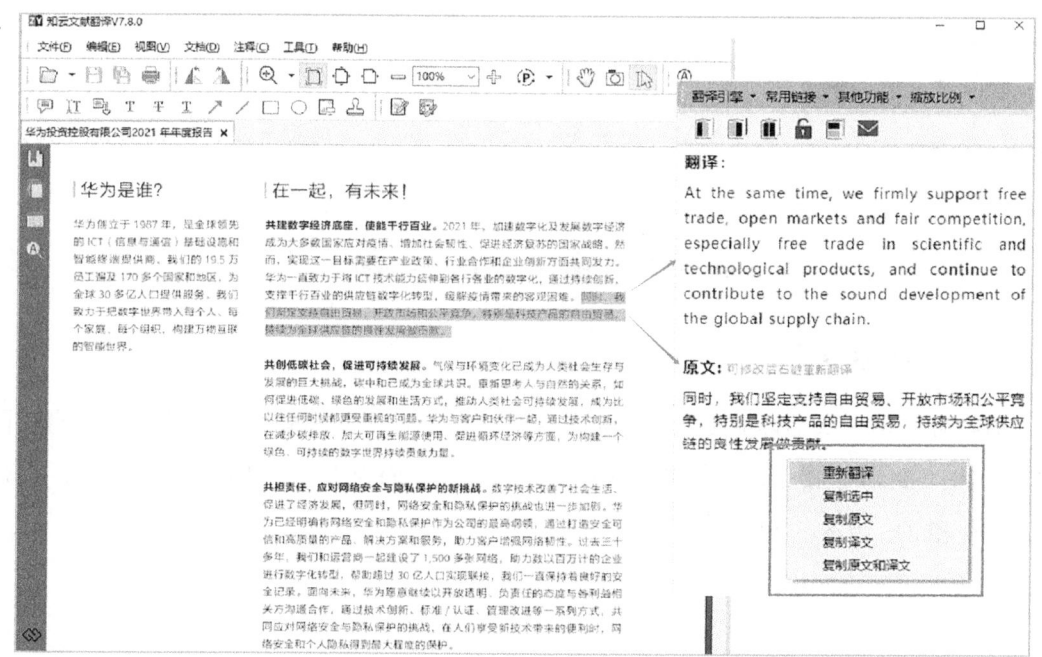

图6-17　知云文献翻译——翻译

四、技术拓展

翻译工具种类众多，下面继续拓展介绍相关的翻译工具，所列举的软件工具仅做学习参考，并未涉及所有相关的软件。

（一）DeepL 翻译器

DeepL 翻译器是一款基于神经网络技术的翻译工具，支持 26 种语言，500 多种语言组合翻译，拥有网页版、Windows、macOS、iOS 四种版本，支持术语表、文档翻译、翻译语气等多种功能，支持 .pdf、.docx、.pptx 等格式的文档翻译。界面简洁，易于操作，可以直接将待翻译文档拖放到翻译器，在翻译器中直接编辑译文。如图 6-18 所示。

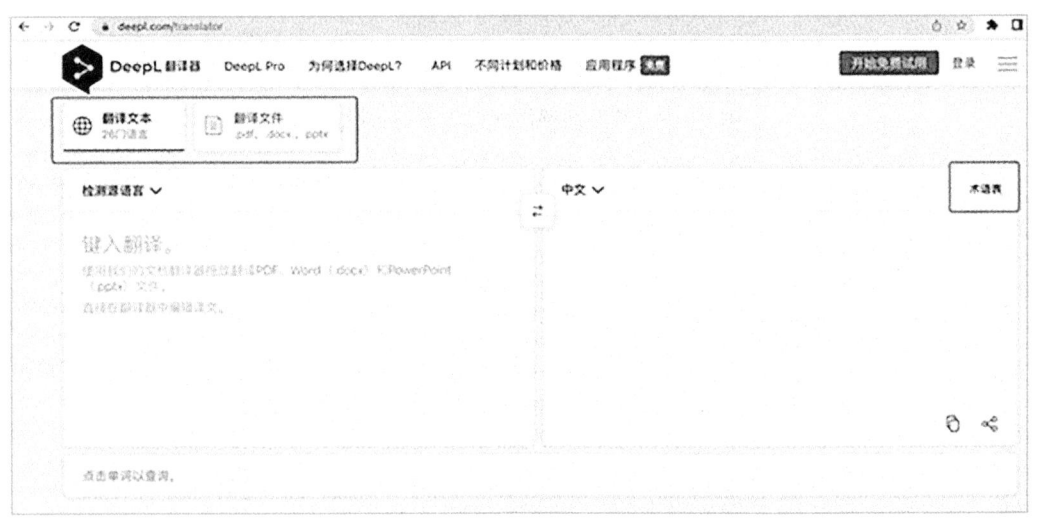

图 6-18　DeepL 翻译器——官网界面

（二）福昕翻译

福昕翻译是在线翻译服务平台，提供文档翻译、图片识别翻译、在线翻译、自动翻译以及人工翻译等服务，支持 PDF、Word、PPT、Excel 文件，支持 20 多种语言，提供 Windows 和 iOS 版本。如图 6-19 所示。

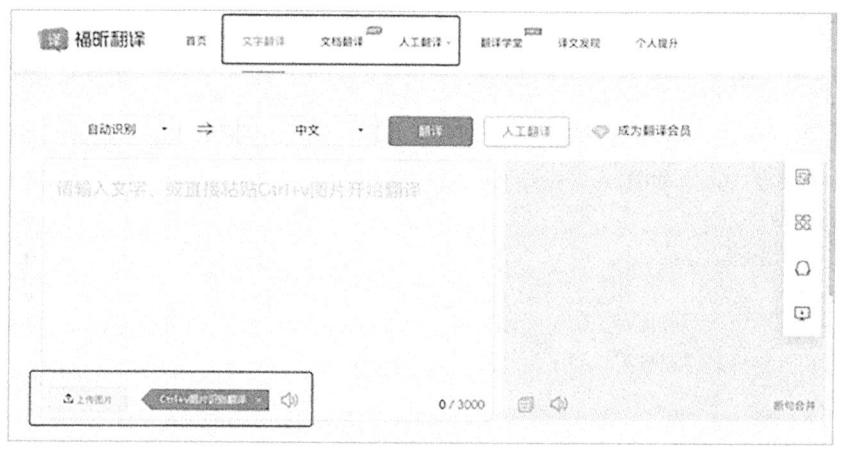

图 6-19 福昕翻译——官网界面

（三）译境翻译

译境翻译平台是在线翻译服务平台，提供文本翻译、文档翻译、图片翻译、网页翻译等服务。目前支持超 80 种语言，并提供 IT、医学、专利、政治外交等 20 多个垂直细分领域的机器翻译引擎。

1. 文本翻译

平台支持文本内容的直接翻译。在左边菜单栏选择"文本翻译"，右侧可显示原文框和译文框。该模块支持文本即时翻译、译后双语对照、译后编辑等功能。翻译时可以选择使用多个翻译记忆库或术语库。如图 6-20 所示。

图 6-20 译境翻译——文本翻译界面

2. 文档翻译

"文档翻译"用于上传整个文档翻译，无需在界面上输入文本，支持批量翻译，支持的文档格式有 .docx、.pptx、.xlsx、.doc、.ppt、.xls、.pdf、.html、.csv、.txt、.idml、.xliff、.sdlxliff、.xml 以及 .dita。如图 6-21 所示。

图 6-21　译境翻译——文档翻译界面

五、参考资料

1. 百度翻译官网：https://fanyi.baidu.com
2. 云译通官网：https://www.ctcfile.com
3. qtrans 快翻网址：https://www.yicat.vip/products/qtrans
4. 知云文献翻译官网：http://www.zhiyunwenxian.cn
5. DeepL 翻译器官网：https://www.deepl.com/translator
6. 福昕翻译官网：https://fanyi.pdf365.cn
7. 搜狗翻译官网：https://fanyi.sogou.com/text
8. WPSAI 官网：https://ai.wps.cn
9. 译境翻译平台：https://online.cloudtranslation.com

第七章 网页翻译

一、基础知识

根据网页类型，可以将网页划分为静态网页与动态网页。静态网页是基于 HTML 格式的网页，它的扩展名包括 .htm 和 .html。值得注意的是，静态网页不是静止不动的，它可以展现各种动态效果，只是不能自动更新。HTML 代码生成后，静态网页页面的内容和显示效果基本上不会发生变化。对于动态网页，即使页面代码没有变化，但显示内容是可以随着时间和环境发生改变。动态网页允许对内容和风格进行动态和交互式管理，其背后是 HTML 语法规范与 PHP、Java、Python 等多种技术的融合。

网页翻译是网站本地化中的重要步骤之一。翻译静态网页时，可以将静态网页 .htm 或 .html 文件导入 CAT 工具中，保留内嵌标记位置不变，完成文本的翻译。在日常办公和学习中，可以借助各种翻译插件快速翻译网页。动态网页的翻译比静态网页的翻译要复杂，动态网页的翻译涉及安装翻译插件、设置源语言与目标语言、提取并翻译源语言文本、上传目标语言文本等步骤。

二、主流工具

正如前文所述，可以借助网页翻译插件来翻译静态网页，表 7-1 列出几款比较常用的静态网页插件。对于动态网页，也可以使用插件形式，需要借助 WordPress 内容管理系统。WordPress 的插件包括 Loco Translate、Weglot Translate、Polylang、WPML、GTranslate 等。

表 7-1 静态网页翻译插件

1	谷歌翻译插件
2	OpenAI Translator
3	彩云小译网页翻译插件
4	Saladict 沙拉查词插件
5	有道词典 Chrome 划词插件

续表

6	百度翻译插件
7	Mate Translate
8	Yeekit 网页翻译
9	Simple Translate
10	ImTranslator

三、案例实操

下面将结合具体案例，简单介绍网页翻译的相关工具，并演示如何通过不同工具实现快速翻译静态网页和动态网页。下面是两个具体案例。

（一）案例一：如何快速翻译静态网页

假设你在学习过程中，遇到外文网页，想要快速了解其内容，将其翻译成简体中文，会借助什么处理工具呢？

1. 利用 Google 翻译插件翻译静态网页

Google 翻译是一款由谷歌公司发布的网页划词翻译插件，是 Google Chrome 的翻译扩展工具。Google 翻译支持划词翻译，选定需要翻译的文本内容，旁侧会出现该 Chrome 插件按钮，点击即可进行翻译；支持新建窗口翻译，选中需要翻译的文本内容，右击鼠标菜单栏找到 Chrome 插件，打开新的窗口进行内容翻译，并支持多语言切换；支持整篇页面翻译，点击浏览器顶部的谷歌翻译插件，就可以进行整个页面的文本翻译。

（1）进入 Chrome 网上应用商店，点击"扩展程序"，在搜索框中输入"Google 翻译"，如图 7-1 所示。

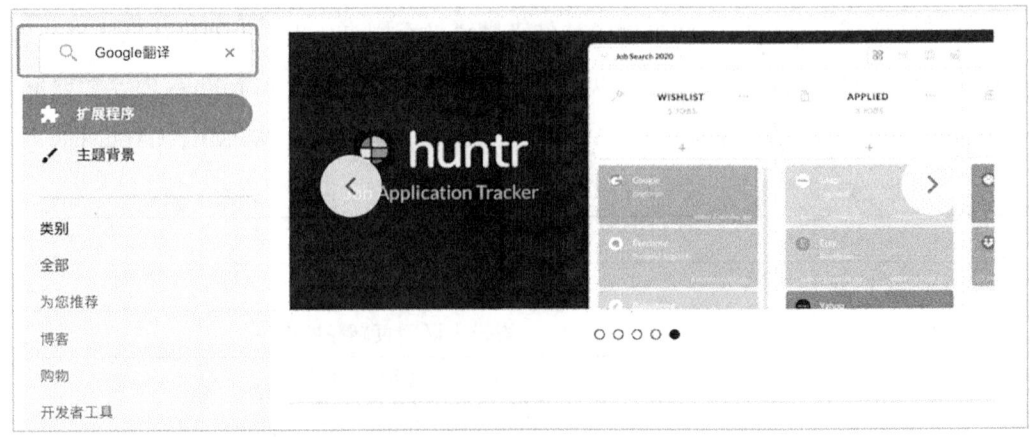

图 7-1　Google 翻译——搜索 Google 翻译插件

（2）点击 Google 翻译，进入“添加至 Chrome”界面，添加该插件，如图 7–2 所示。

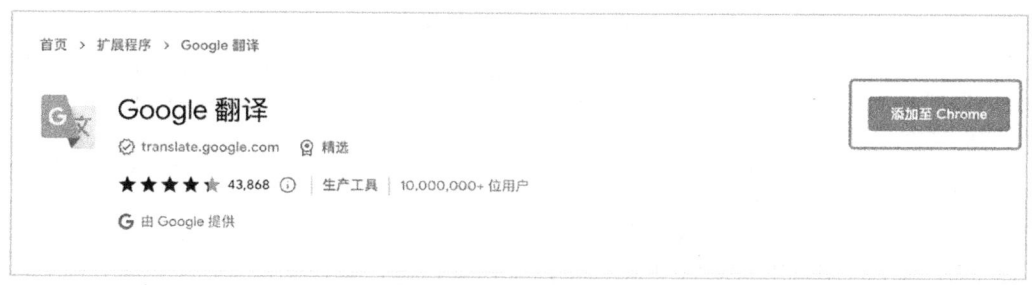

图 7–2　Google 翻译——添加 Google 翻译插件

（3）安装完成后，点击拓展程序图标，即可看到 Google 翻译扩展程序，如图 7–3 所示。

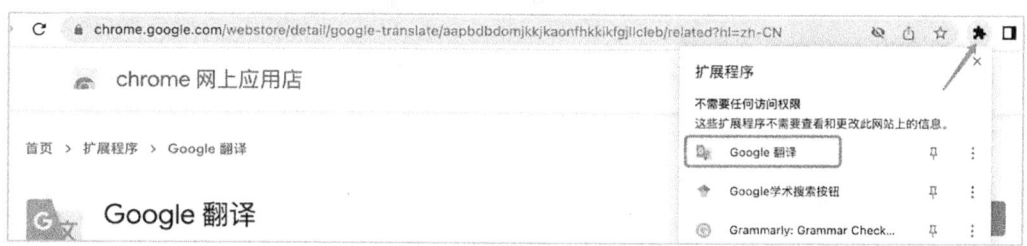

图 7–3　Google 翻译——显示 Google 翻译插件

（4）若想实现划词翻译，需要在网页上选择需要翻译的内容。如果选择的是单词或短语，选择完内容后，点击在所选内容附近出现的 Google 翻译图标进行翻译，如果选择的内容是句子，点击右上角 Google 翻译图标即可显示翻译结果，如图 7–4 所示。

Baishizhai village, Yongzhou city, central China's Hunan province, June 6, 2022. (People's Daily Online/ Jiang Keqing)

Although he owns seven to eight mu (about 5 hectares) of paddy fields, Wu hasn't worked in the fields himself this year.

"I entrusted plowing, seedling raising, and transplanting I needed to do to a specialized cooperative for crop planting in a nearby village, and I didn't take part in any of these tasks," said Wu, who lives in Nandiguai village, Anxiang county, Changde city of Hunan province.

The cooperative Wu was talking about mainly provides local grain-growing households with commercial services covering the whole process of grain production, including planting, drying, storage, processing and sale.

"We have taken care of the farm work in over 10,000 mu (666.67 hectares) of farmland for local farmers, or provided services for them for 100,000 times if calculated according to the steps and links of the farming process," said Li Zhihui, a manager of the cooperative.

The services in agricultural production have freed small-scale farmers like Wu from laborious farm work.

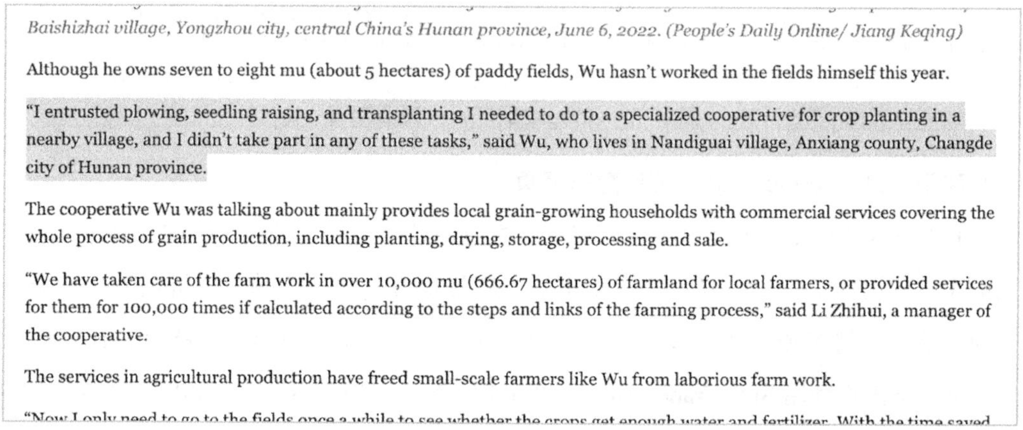

图 7–4　Google 翻译——划词翻译

（5）若想新建窗口翻译，需要选择待翻译内容，右击鼠标选择“Google 翻译”，即可跳转到新的翻译窗口,如图 7-5 所示。

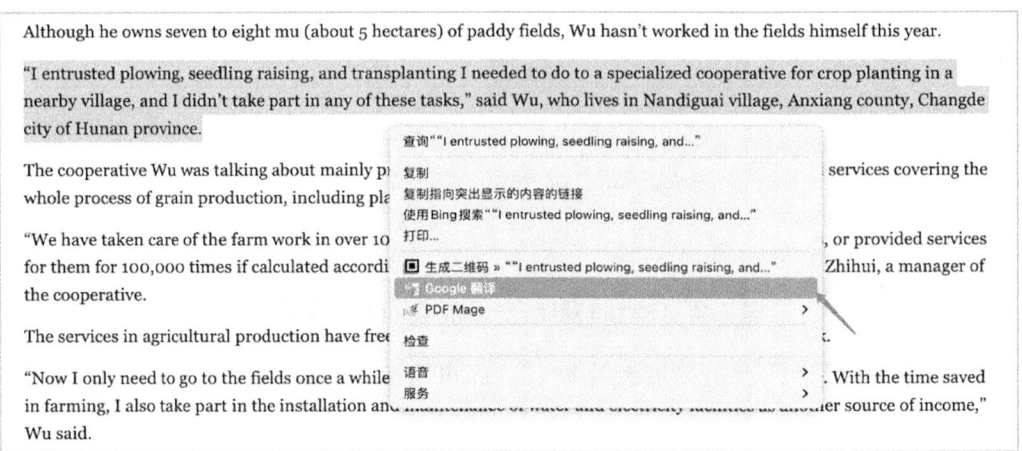

图 7-5　Google 翻译——新建窗口翻译

(6)若想翻译网页,点击右上角"Google 翻译"图标后,点击"翻译此页面",如图 7-6 所示。

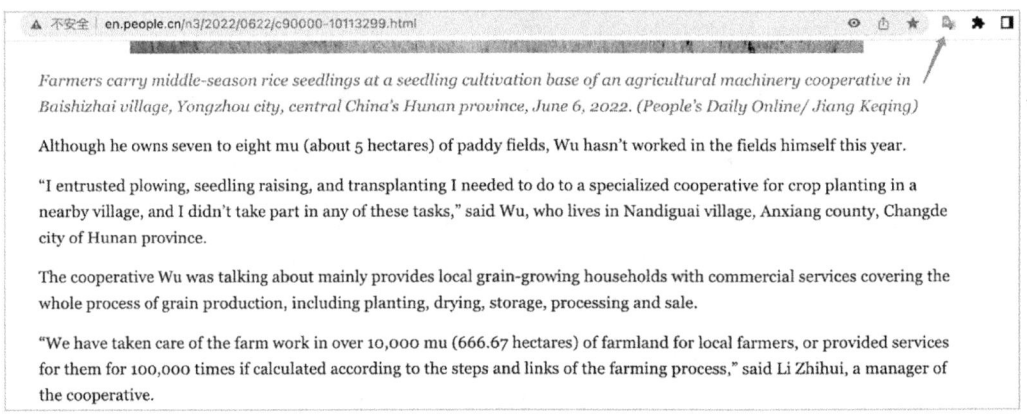

图 7-6　Google 翻译——网页翻译

2. 利用 SDL Trados Studio 翻译静态网页

SDL Trados Studio(塔多思)是目前一款主流的计算机辅助翻译(CAT)软件,融合翻译记忆库、术语库等技术,具有翻译编辑器、质量检查、项目管理、分析报告和机器翻译等多种功能,支持多种格式、多语种文档的翻译,页面简洁,具有操作指示,让操作变得更加简单。下面将利用 SDL Trados Studio 2021(以下简称 Trados)演示如何翻译静态网页。

(1)将鼠标放置在待翻译网页的空白处,右击鼠标另存为网页格式,如图 7-7 所示。

第七章　网页翻译

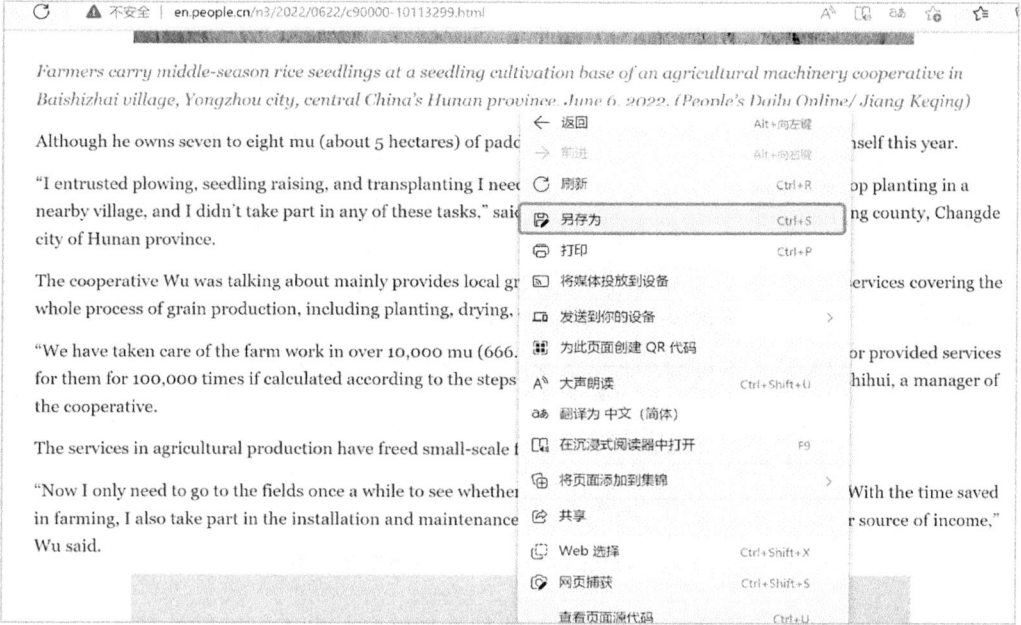

图 7-7　Trados 翻译——存储待翻译网页

（2）打开 Trados，进入"项目"视图，新建项目，如图 7-8 所示。

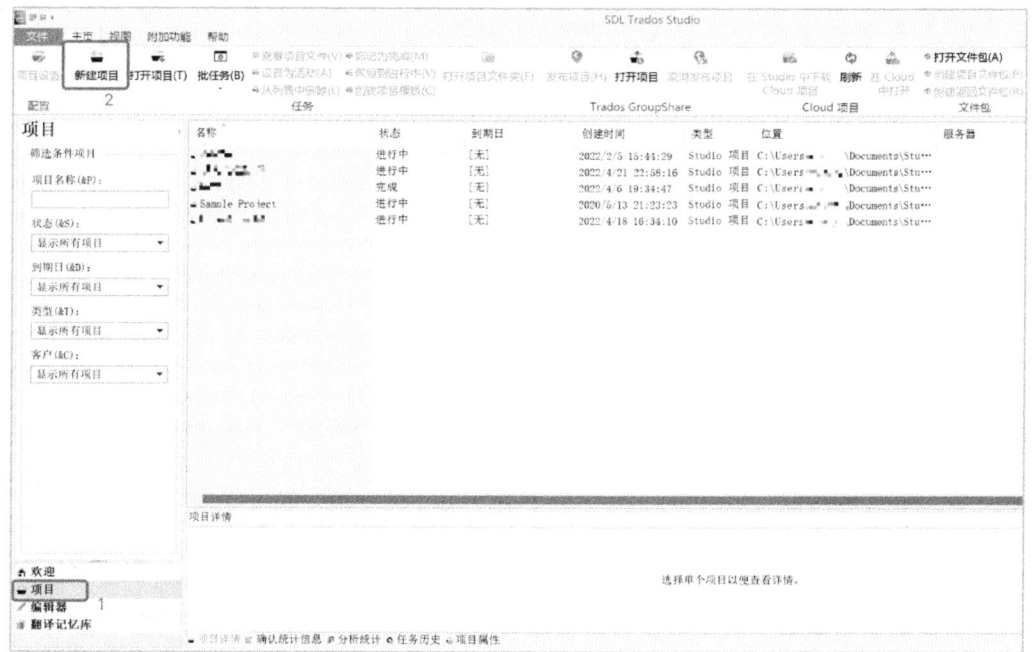

图 7-8　Trados 翻译——新建项目

（3）命名项目，选择语言对和待翻译文档，完成后点击下一步，如图 7-9 所示。

165

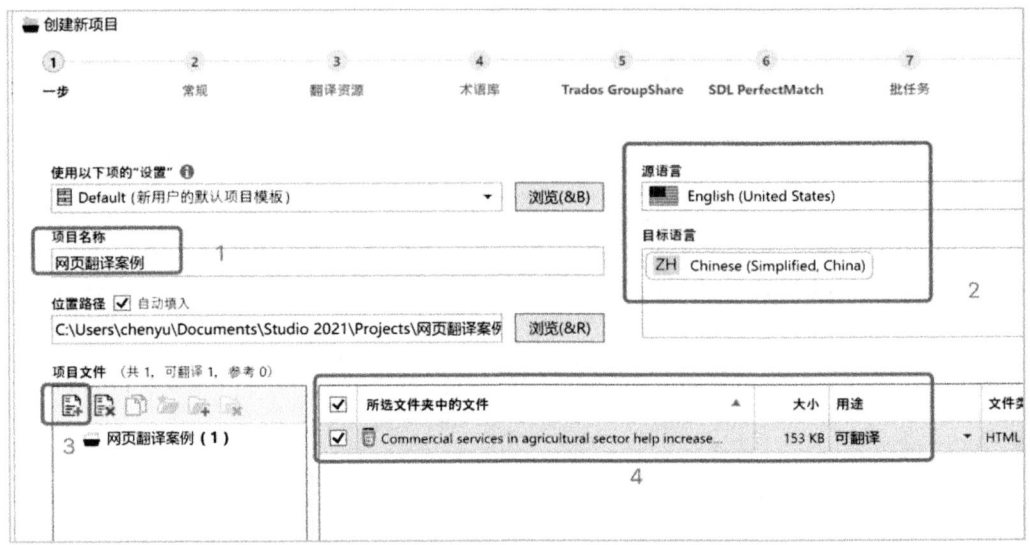

图 7-9　Trados 翻译——添加待翻译网页

（4）选择已有的翻译记忆库或者创建新的翻译记忆库，术语库操作与翻译记忆库操作类似，如图 7-10、图 7-11 所示。

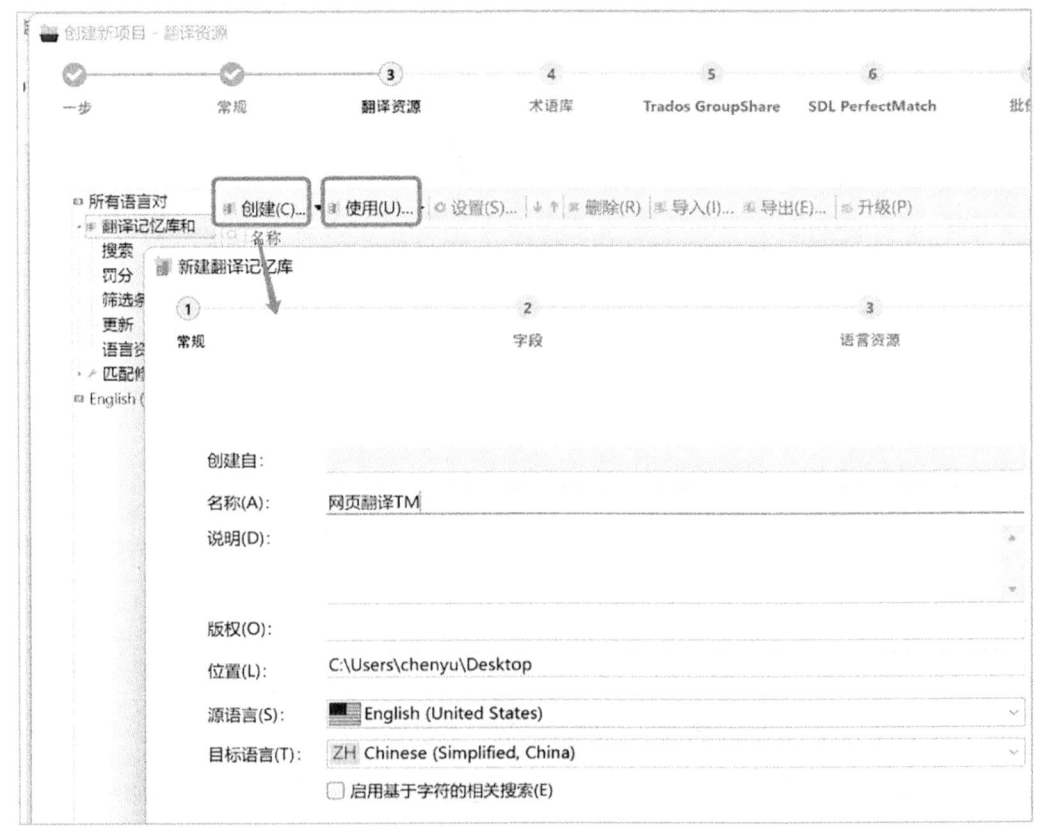

图 7-10　Trados 翻译——创建翻译记忆库

图 7-11　Trados 翻译——添加翻译记忆库

（5）新建项目完成后，双击进入项目，进行翻译，如图 7-12 所示。

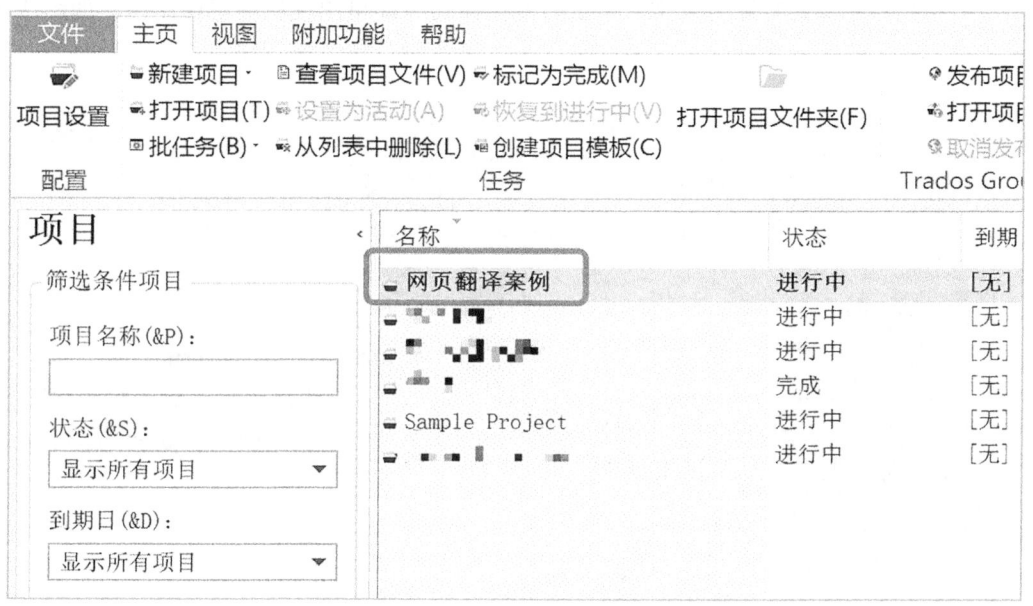

图 7-12　Trados 翻译——进入项目

（6）如需调用机器翻译，需要在"项目设置→翻译记忆库和自动翻译→使用"选择适合的机器翻译插件，如图 7-13 所示。

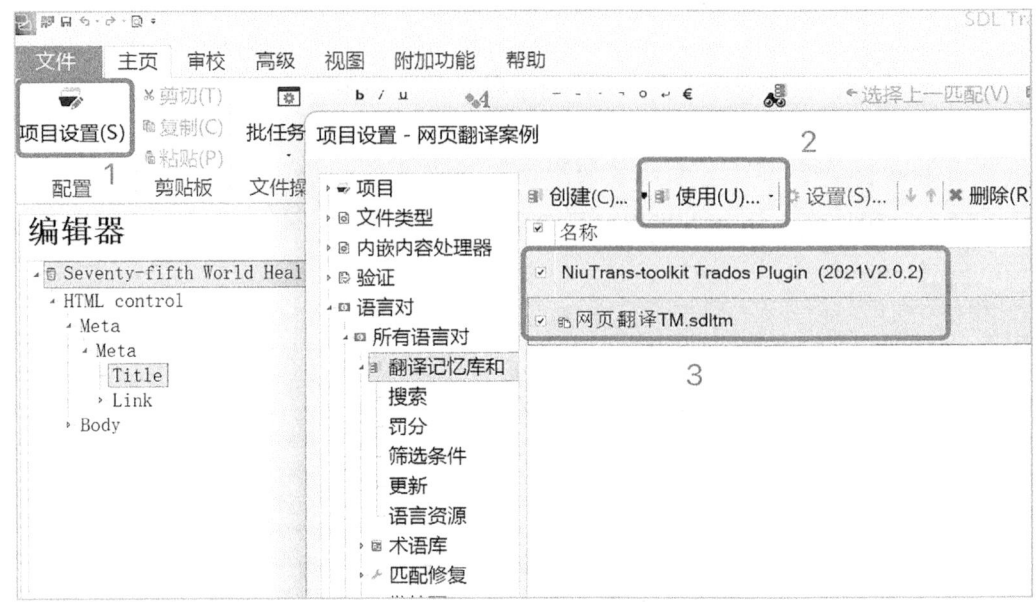

图 7-13 Trados 翻译——添加机器翻译插件

（7）左侧为原文，右侧为译文，单击右侧空白行，即可出现机器翻译结果，如图 7-14 所示。

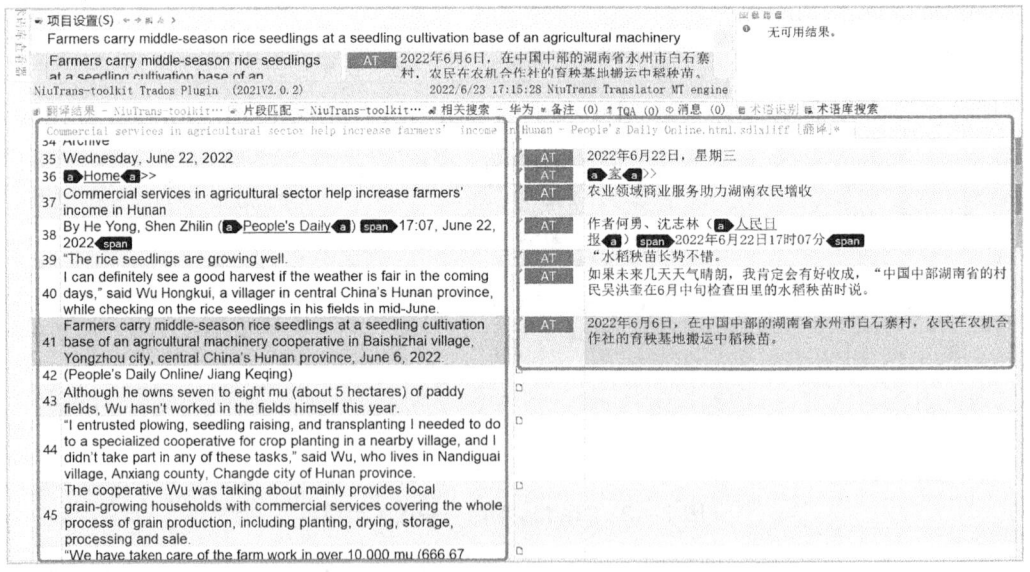

图 7-14 Trados 翻译——翻译界面

（8）翻译完成后，可以点击"文件—译文另存为"，导出译文，如图 7-15 所示。

第七章　网页翻译

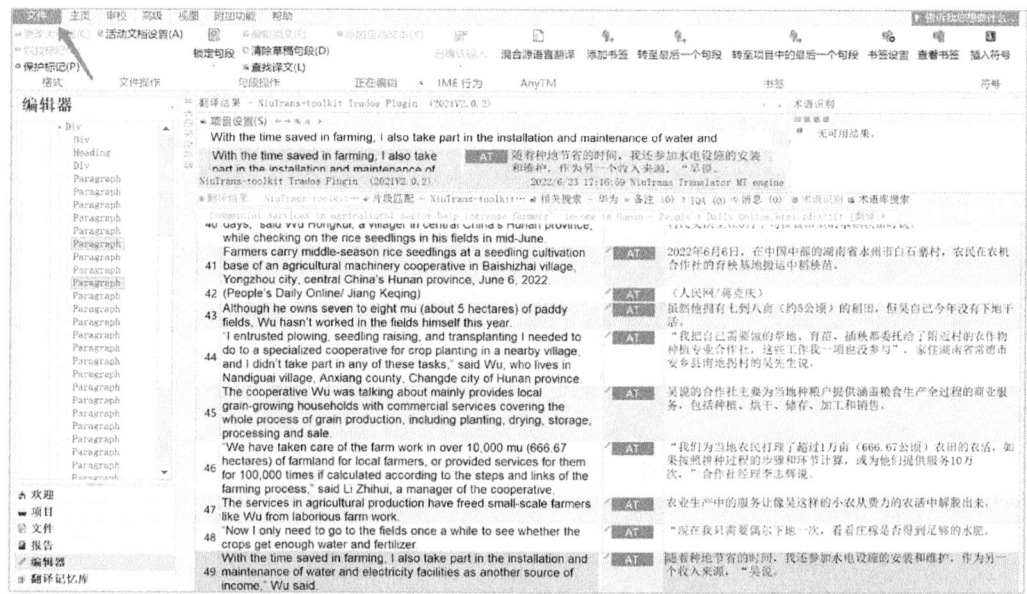

图 7-15　Trados 翻译——译文另存为

3. 利用 OpenAI Translator 翻译插件翻译静态网页

OpenAI Translator 是一款浏览器插件，通过调用 ChatGPT API，可在静态和动态网页实现划词翻译、总结、润色、分析、代码解释等功能。借助 ChatGPT，OpenAI Translator 可帮助用户阅读、分析、理解不同语种的网页内容。下面以 Chrome 浏览器为例，介绍如何利用 OpenAI Translator 翻译静态网页。

（1）在 Chrome 拓展程序中找到"OpenAI Translator"，并点击"添加至 Chrome"，如图 7-16 所示。

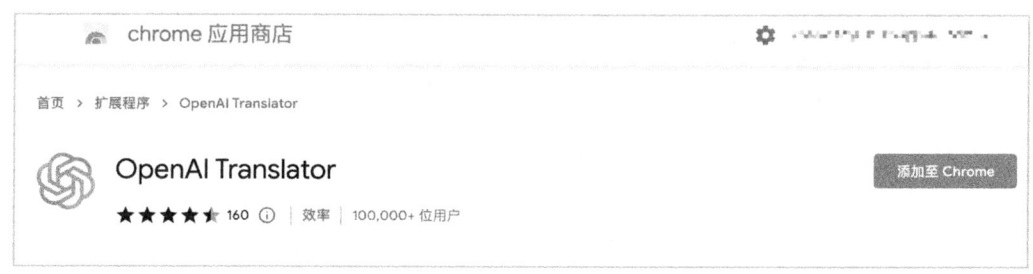

图 7-16　OpenAI Translator——添加插件

（2）点击右上角拓展程序图标，点击 OpenAI Translator 图钉图标，将其快捷方式固定在右上角，如图 7-17 所示。

169

图 7-17　OpenAI Translator——固定插件

（3）点击右上方 OpenAI Translator 图标，打开 OpenAI Translator 后台，设置"Default Service Provider"。若用户拥有 OpenAI API Key，可选择"OpenAI"，否则则可以选择"ChatGPT(Web)"，选择后保存即可，如图 7-18 所示。

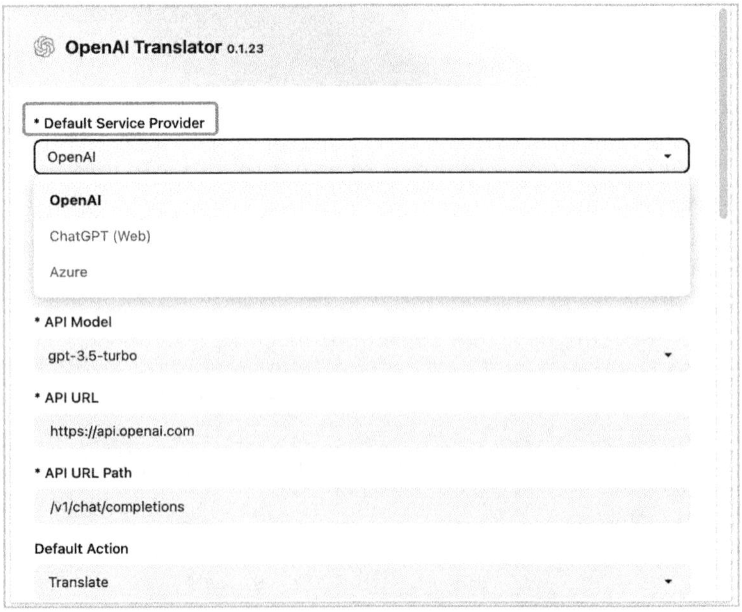

图 7-18　OpenAI Translator——设置插件

（4）打开需要翻译的网页，鼠标划词后，点击鼠标旁边的 OpenAI Translator 图标，即可获得翻译，如图 7-19、图 7-20 所示。

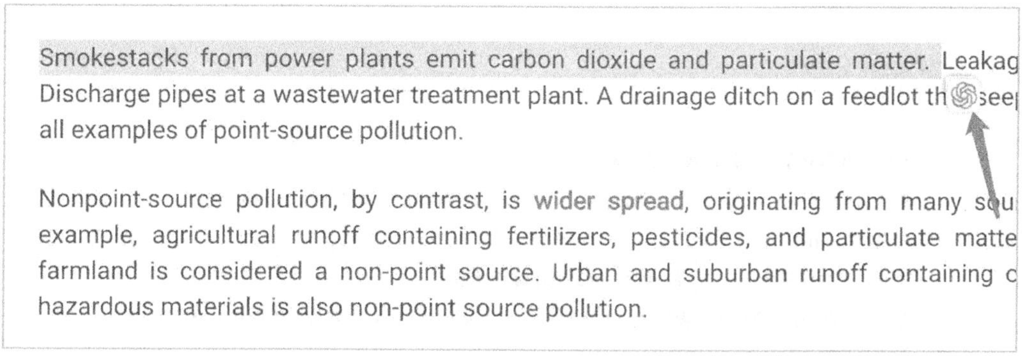

图 7-19　OpenAI Translator——划词翻译

图 7-20　OpenAI Translator——翻译结果

（5）翻译完成后，用户可通过划词让 OpenAI Translator 解释某一词汇或短语。除此之外，用户还可以体验总结、分析、图片识别翻译等功能，如图 7-21 所示。

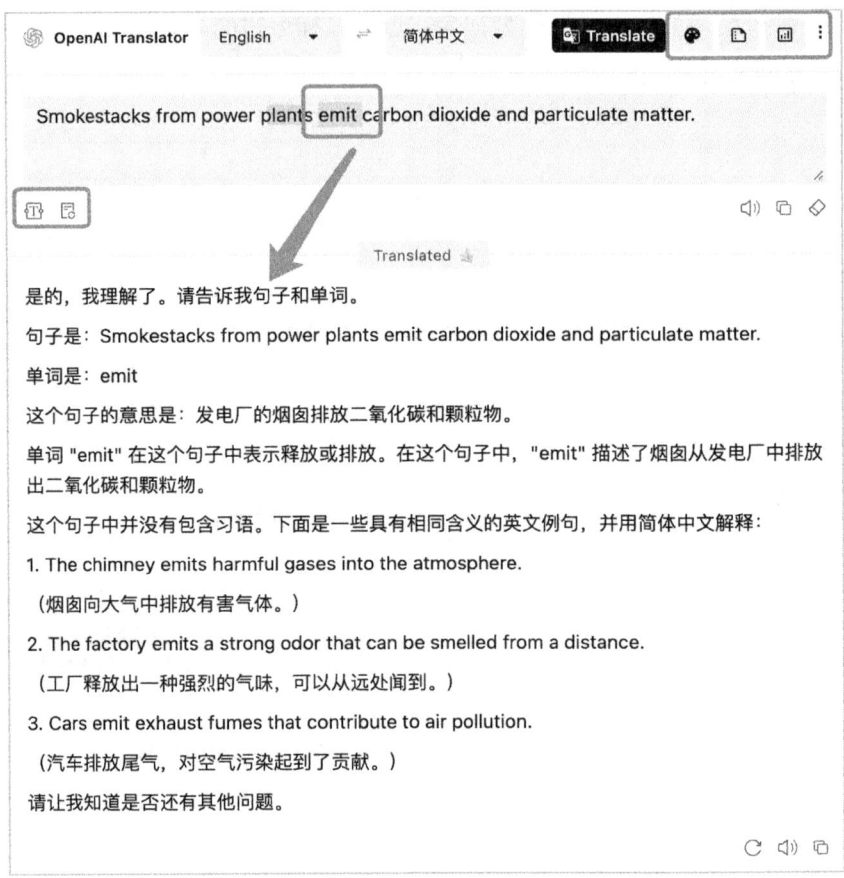

图 7-21　OpenAI Translator——其他功能

（二）案例二：如何翻译动态网页

除了静态网页，我们还会遇到动态网页的翻译，动态网页的翻译更加复杂。如果你想翻译一个动态网页，该如何处理呢？

1. 利用 WordPress 中的 Loco Translate 插件翻译动态网页

WordPress 是一个基于 PHP 和 MySQL 平台的内容管理系统，具有插件架构和模板系统，支持建立网站、应用程序等。用户可以发布文章、管理文章、评论及安装插件。在 WordPress 中，包含丰富的免费主题和数千种免费插件。Loco Translate 是 WordPress 中的翻译插件，提供了内置翻译编辑器和 DeepL、Google、Microsoft 等翻译 API，支持直接在主题或插件中创建和更新语言文件、从源代码中提取可翻译的字符串等。下面将介绍如何利用 WordPress 中的 Loco Translate 插件翻译动态网页。

（1）进入 WordPress 界面，点击 "插件——安装插件"，搜索 Loco Translate 并安装，如图 7-22、图 7-23 所示。

图 7-22　WordPress——搜索插件

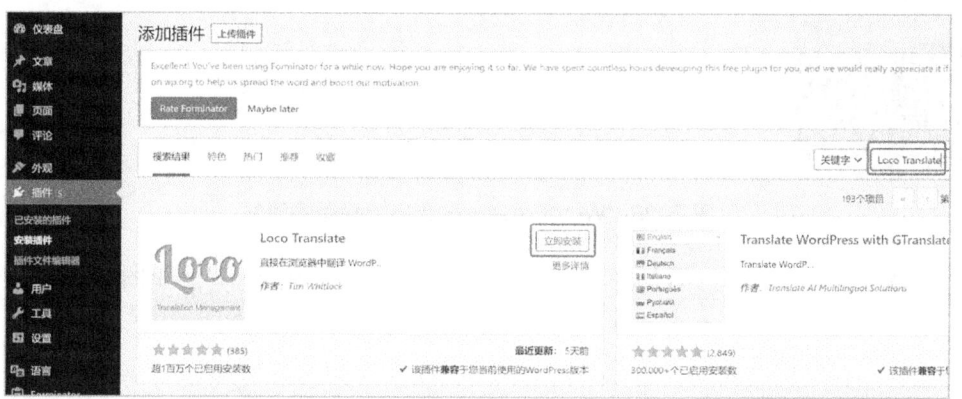

图 7-23　WordPress——安装 Loco Translate 插件

（2）启用 Loco Translate，如图 7-24 所示。

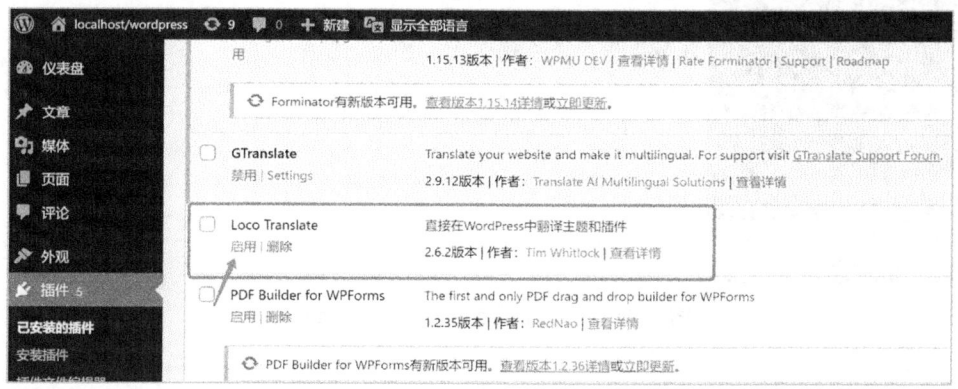

图 7-24　WordPress——启用 Loco Translate 插件

（3）点击"Loco Translate→主题"，选择需要翻译的网站，如图 7-25 所示。

图 7-25　WordPress——选择待翻译的网站

（4）点击"新语言"，添加目标语言，选择"Chinese (China)"，如图 7-26、图 7-27 所示。

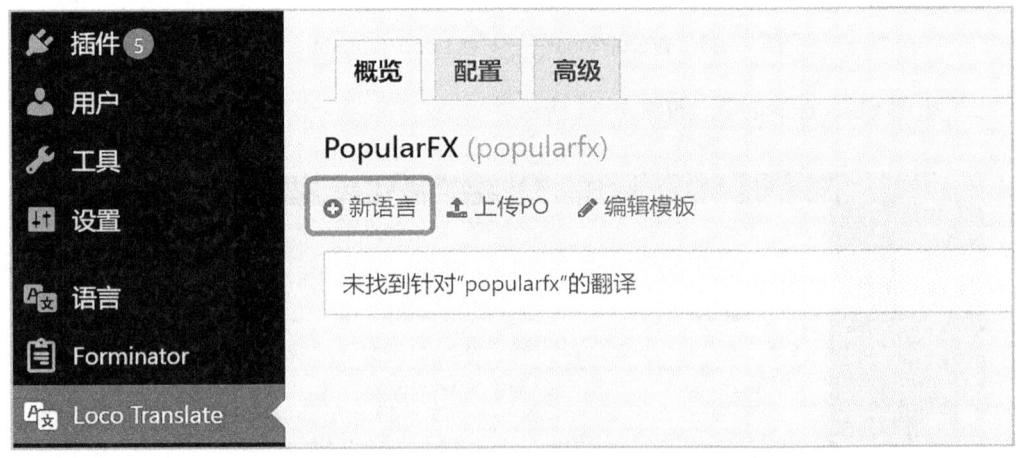

图 7-26　WordPress——添加目标语言

图 7-27　WordPress——选择目标语言中文

（5）进入翻译界面，进行翻译，点击"自动"即可选择机器翻译，如图 7-28 所示。

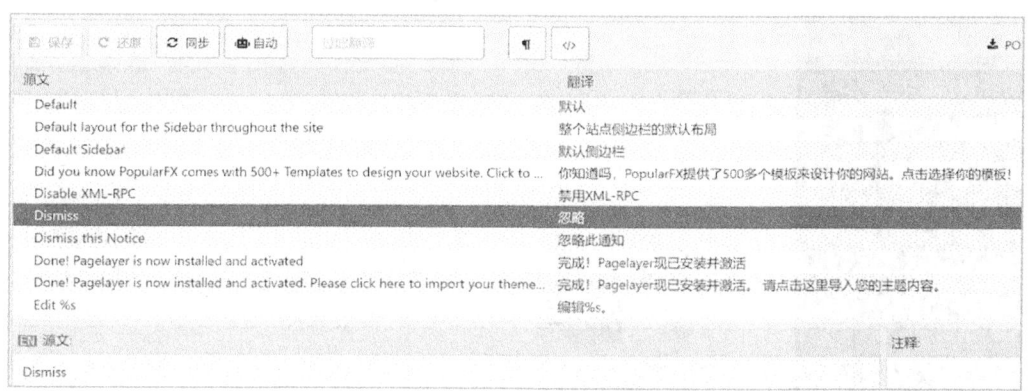

图 7-28　WordPress——翻译网页

2. 利用 WordPress 中的 Polylang 和 Lingotek 插件自动翻译动态网页

Polylang 是 WordPress 平台上一款多语言翻译插件，支持用户创建双语或多语言 WordPress 网站，可结合 WordPress 中的 Lingotek 组件，提供自动翻译服务。Lingotek 提供一个完整的翻译管理系统，支持翻译记忆库、术语库、机器翻译、翻译编辑等功能。下面介绍如何利用 Polylang 和 Lingotek 自动翻译动态网页。

（1）进入 WordPress 界面，点击"插件→安装插件"，搜索并安装 Polylang 插件，如图 7-29 所示。

图 7-29　WordPress——搜索和安装 Polylang 插件

（2）点击"启用"，启用和设置 Polylang 插件，如图 7-30、图 7-31 所示。

图 7-30　WordPress——启用 Polylang 插件

图 7-31　WordPress——设置 Polylang 插件

（3）点击"语言"，添加语言，如图 7-32 所示。

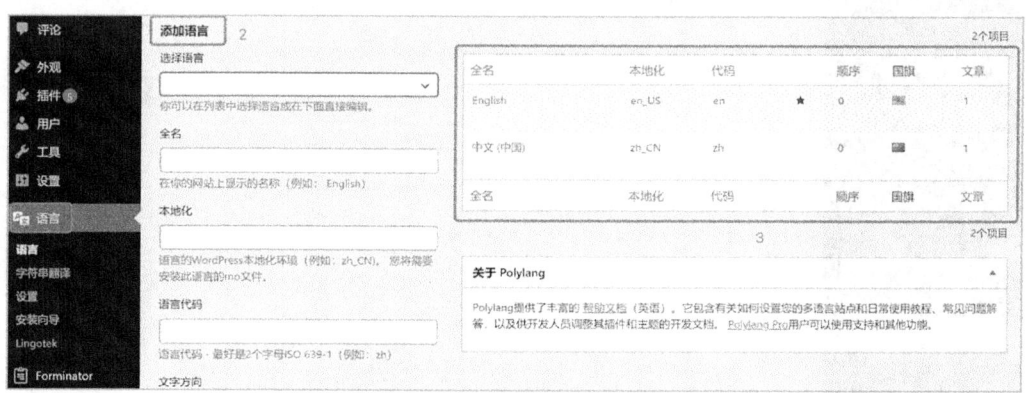

图 7-32　WordPress——添加语言

（4）点击"语言→Lingotek"，启用翻译管理系统，如图 7-33 所示。

图 7-33　WordPress——添加语言

（5）点击"Translation"，创建 Lingotek 账户，填写相关信息，注册完成后登录账号，如图 7-34、图 7-35 所示。

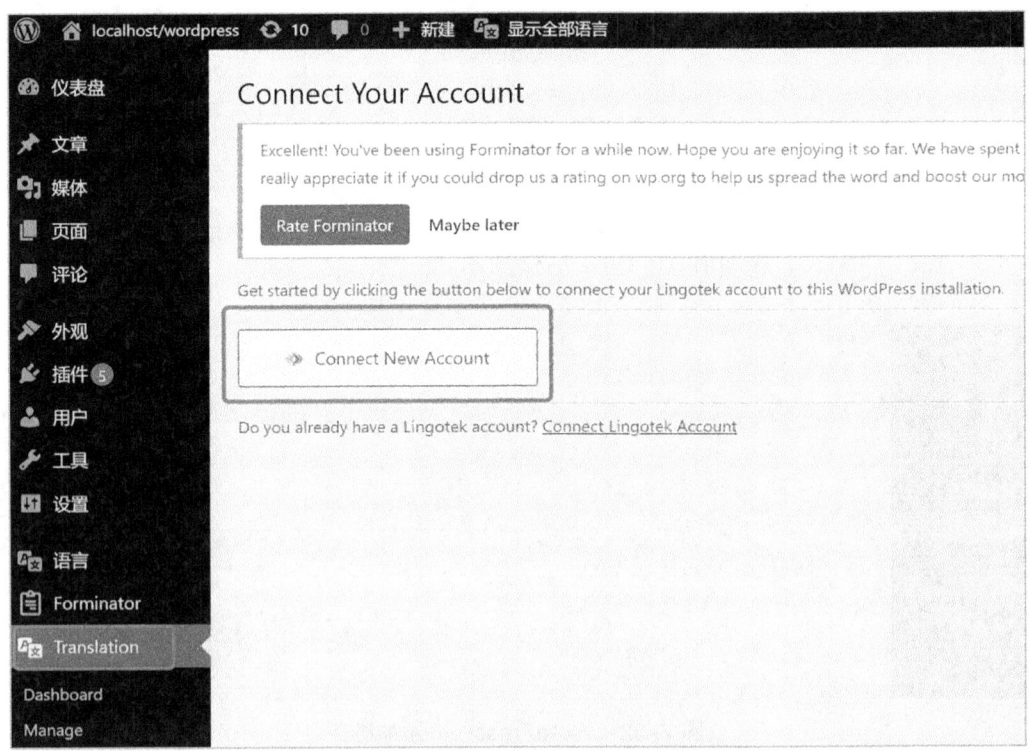

图 7-34　WordPress——连接新账户

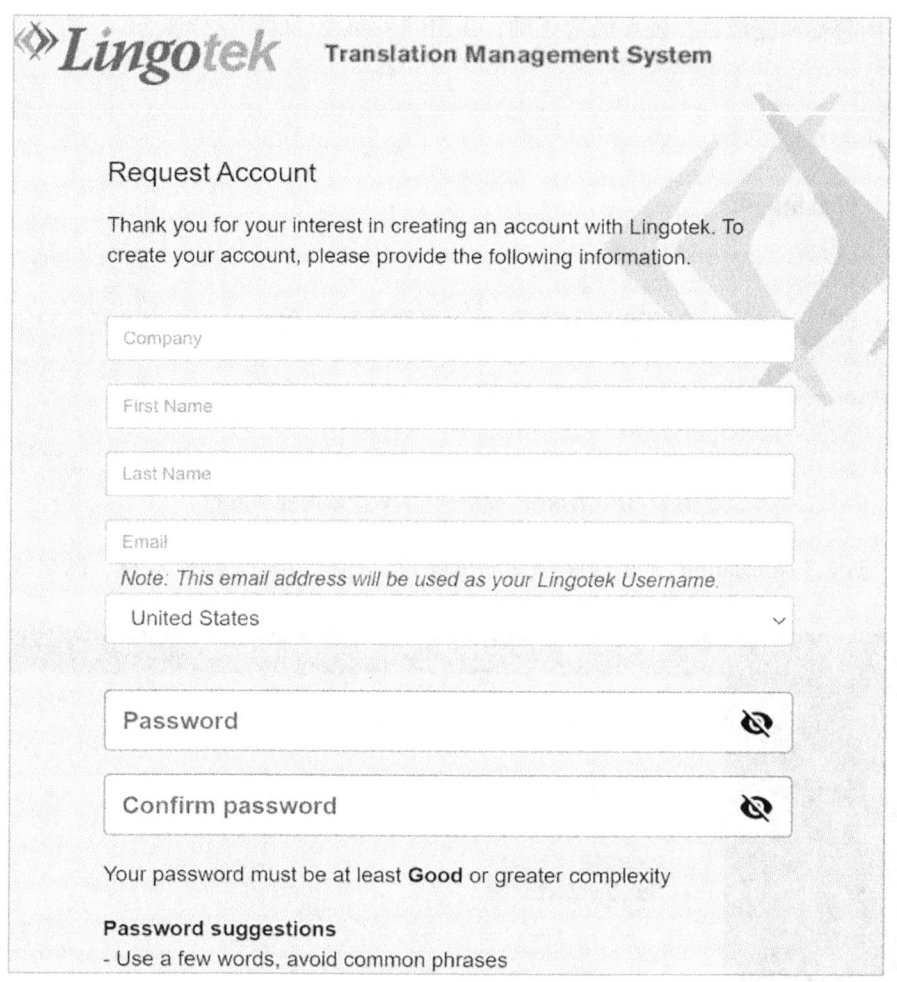

图 7-35　WordPress——填写账户信息

（6）返回 WordPress 中，点击"文章"，新建一篇文章，即后面需要翻译的网页，如图 7-36 所示。

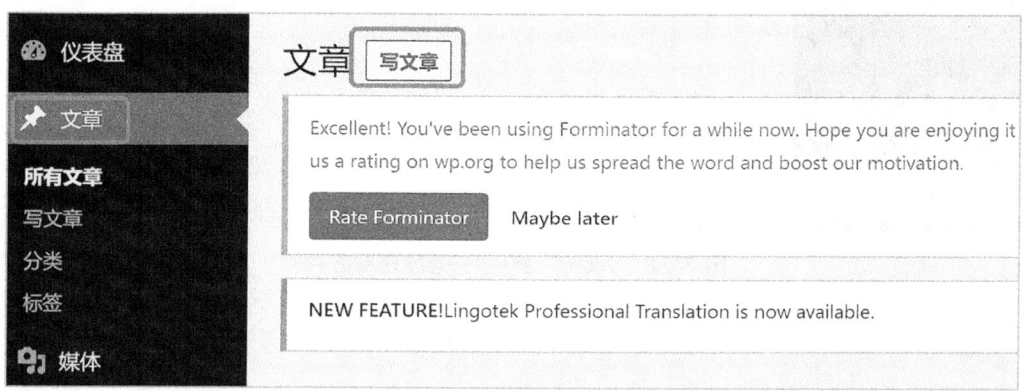

图 7-36　WordPress——新建文章

（7）内容输入完成后，确保语言正确，点击"发布"，如图7-37所示。

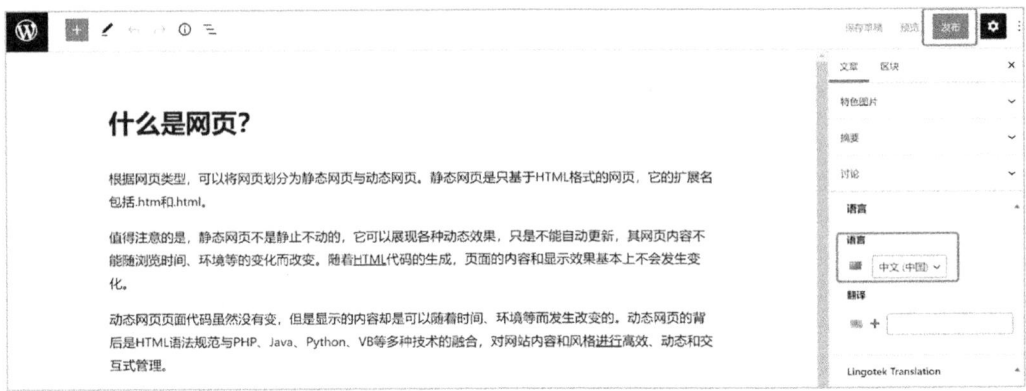

图7-37　WordPress——填写文章内容和发布

（8）点击"Translation"，连接刚刚注册的账户，选择组织，如图7-38、图7-39所示。

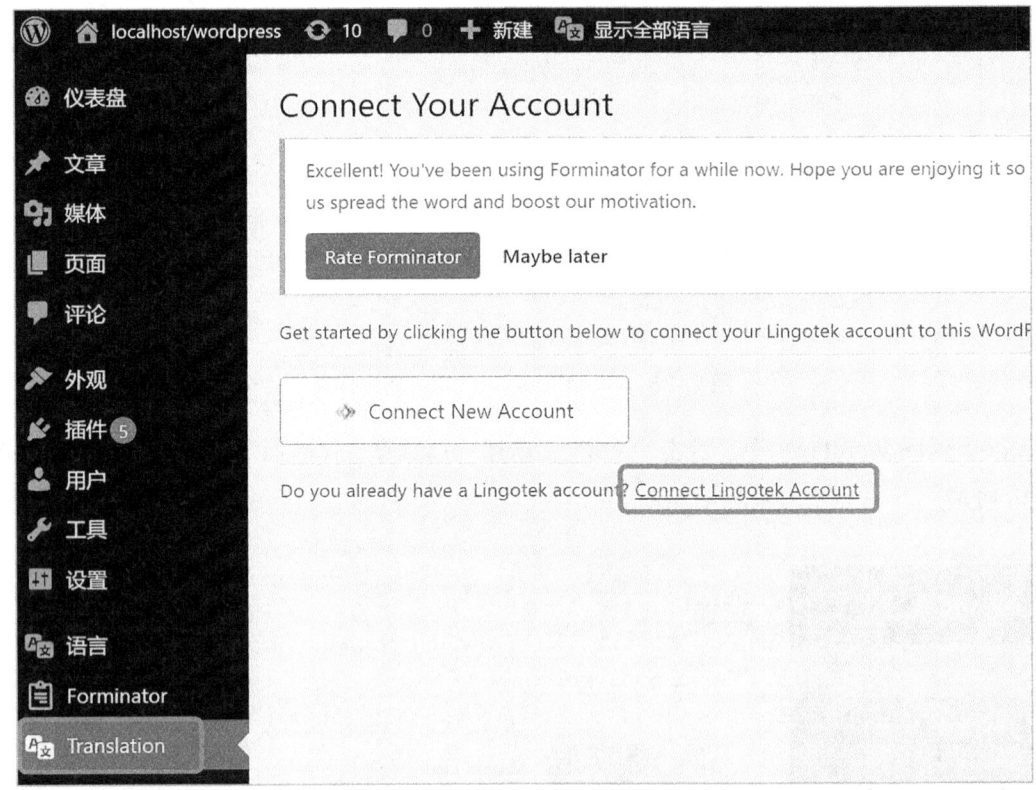

图7-38　WordPress——连接已有账户

图 7-39　WordPress——选择组织

（9）点击"文章",找到刚发布的文章,点击"Upload to Lingotek",如图 7-40 所示。

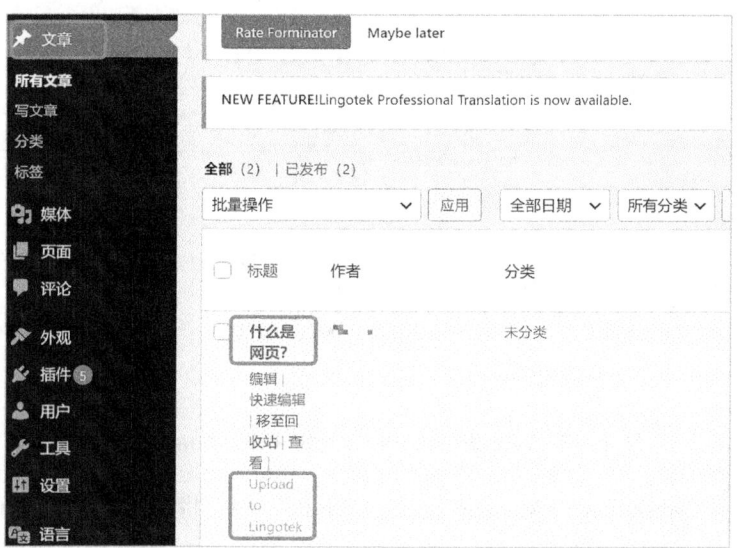

图 7-40　WordPress——将文章上传到 Lingotek

（10）点击"Request translation",再点击"Open in Lingotek workbench",如图 7-41、图 7-42 所示。

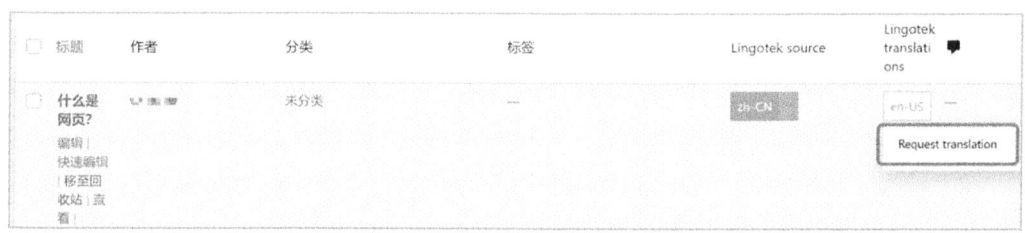

图 7-41　WordPress——Request translation

图 7-42　WordPress——Open in Lingotek workbench

（11）在 Lingotek workbench 中，有网页内容、翻译界面、翻译记忆库、术语库和机器翻译五大部分。机器翻译自动翻译网页内容，可自行编辑翻译结果，如图 7-43 所示。

图 7-43　WordPress——Lingotek workbench 界面

（12）点击"Translation → Manage"，在"Profile"中，将模式改为"Automatic"，并保存设置，如图 7-44 所示。

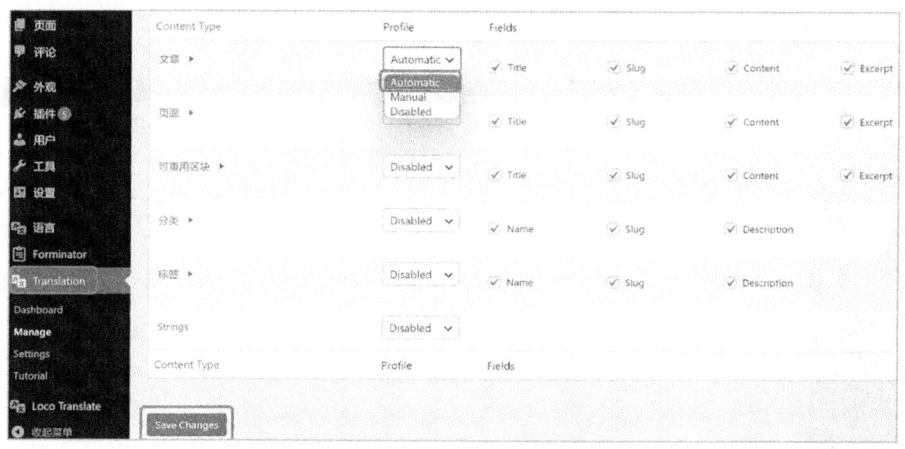

图 7-44　WordPress——设置模式

（13）点击"Update translation status"，更新文章状态。更新完成后，翻译状态会更新，即"Lingotek translation"下方的"en-US"会由橙色变为绿色，如图 7-45、图 7-46 所示。

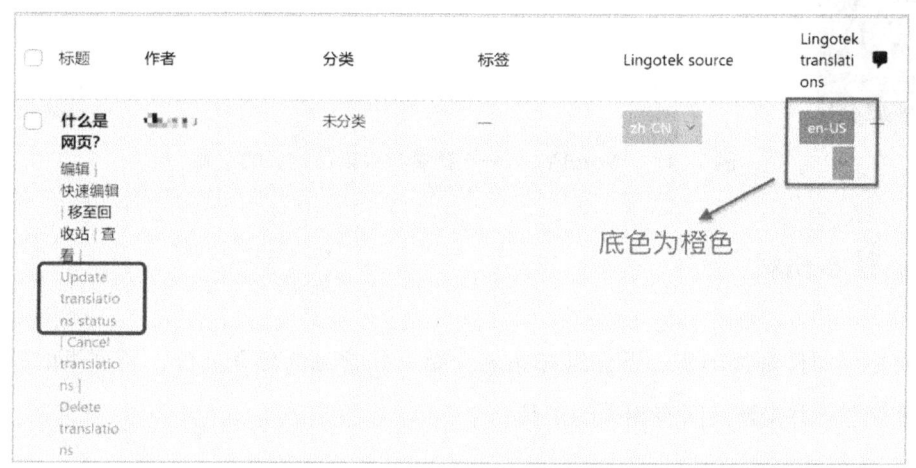

图 7-45　WordPress——更新翻译状态

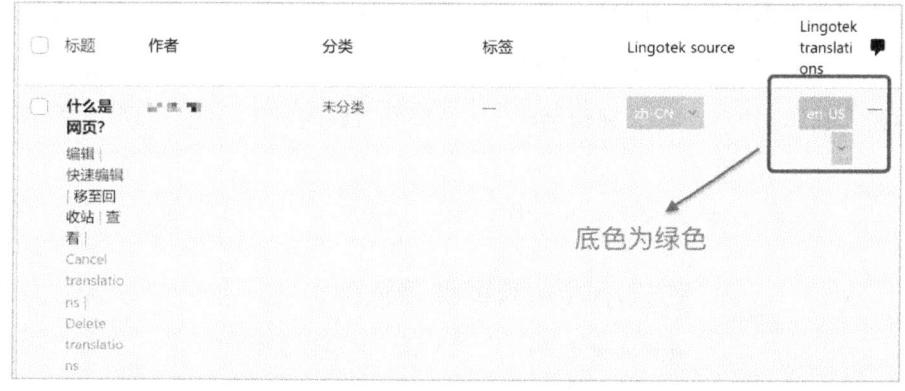

图 7-46　WordPress——翻译状态更新完成

（14）在"文章"中，可查看、编辑或删除已翻译的文章，如图 7-47 所示。

图 7-47　WordPress——查看和编辑已翻译的文章

四、技术拓展

目前翻译插件种类丰富，下面继续拓展介绍一些常见的翻译插件，所列举的软件工具仅作学习参考，并未涉及所有相关的工具。

（一）彩云小译

彩云小译是针对浏览器开发的一款网页翻译工具，支持中文、英文和日文三种语言，用户可以在双语对照、原文和译文三种模式中切换。除了具有划词翻译功能，同时还支持在线文本输入翻译、文档翻译、视频翻译、术语库和收藏网页等功能，如图 7-48 所示。

图 7-48　彩云小译——插件下载

（二）GTranslate

GTranslate 是 WordPress 中的翻译插件，提供机器翻译、翻译编辑、搜索引擎索引、网址翻译、语言托管、使用统计等功能。GTranslate 支持语种丰富，安装完成后，提供 Google 和 Bing 的机器翻译，允许访问者在 WordPress 上在多种语言之间切换。该插件提供免费版本和付费版本，在免费版本中提供 Google 自动翻译功能，而在高级版本中支持专业人员翻译、手动编辑翻译、搜索引擎友好功能等，如图 7-49 所示。

图 7-49　GTranslate 网页翻译——插件下载

（三）Weglot Translate

Weglot Translate 是 WordPress 中的翻译插件，可自定义的语言切换按钮，支持人工翻译和机器翻译，翻译可以实时更新，机器翻译支持多种语言。该插件提供各种版本的定制，用户可以根据需要选择合适的版本。插件配置相对容易，操作界面直观，更方便用户操作，如图 7-50 所示。

图 7-50　Weglot Translate 网页翻译——插件下载

（四）云译网页翻译插件

云译翻译插件是基于译境翻译平台，针对浏览器开发的一款网页翻译工具，支持 80 多种语言，并提供 IT、医学、专利、政治外交等 20 多个垂直细分领域的机器翻译引擎，如图 7-51、图 7-52 所示。

图 7-51　译境平台网页翻译

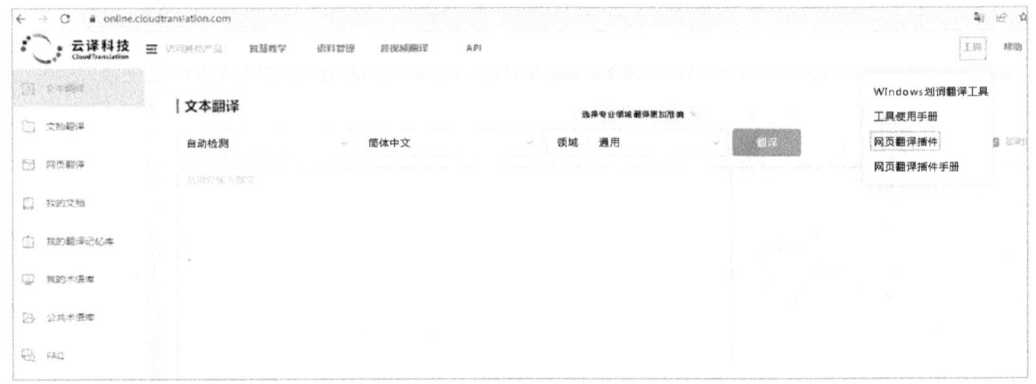

图 7-52　译境平台网页翻译——插件下载

五、参考资料

1. 谷歌翻译官网：https://translate.google.cn
2. SDL Trados Studio 官网：https://www.trados.com
3. WordPress 中文网：https://wordpress.com/zh-cn
4. 彩云小译：https://caiyunApp.com
5. 译境翻译平台：https://online.cloudtranslation.com

第八章　语音输入

一、基础知识

语音输入是通过电脑、手机等设备将人类语音转换成文字的输入方法。语音输入，又称声控输入或麦克风输入法，可以说是世界上最简便、最易用的输入法，也是语音识别技术的延伸。过去，由于语音识别的准确度、口音适配、环境干扰、网络依赖等问题，语音输入的应用难以普及。近年来，语音识别、语音翻译等技术已经走过了初步的摸索阶段，人工智能的进步让自然语言处理技术飞速发展，语音输入也走进了大众的生活，成为人人都可使用的普适便捷的输入方法，语音输入的应用场景也变得越来越广泛，其中包括：

（1）语音搜索：通过语音输入来匹配关键词，适用于车载搜索、手机搜索、电脑搜索等多种场景。

（2）即时通讯：将语音消息识别为文字，方便用户聊天、输入并阅览消息。

（3）会议场景：在大会演讲的屏幕上实时展示嘉宾演讲字幕，逐字展示并智能纠错；会议场景中，可以实时记录每个人的语音，提升会议记录效率。

（4）人机交互：与类似 Siri 这样的语音助手对话，通过语音操控智能设备或软件，适用于硬件、机器人、App 等领域。

未来，语音输入的准确度将越来越高，应用场景更加丰富，也能帮助使用者解放双手，提升工作效率，语音输入将会成为主流的输入方式之一。

二、主流工具

随着人工智能和大数据的发展，语音输入、语音转写等相关技术取得了迅猛的进步。人们在日常生活和工作中，也越来越需要便捷、高效的语音输入工具。如今，大部分语音输入软件硬件功能强大，搭载先进语音识别、语音合成等技术，也常常支持在线或离线语音转写文字，但由于不同工具的功能侧重各异，个人的需求也不同，在选择语音输入工具时要根据实际情况和具体场景做出判断。语音输入相关的主要软件工具及硬件产品有：

（1）语音输入法软件：搜狗输入法、讯飞输入法、百度输入法等。

（2）语音输入硬件：智能鼠标、智能键盘、搜狗录音机、讯飞智能录音笔等。

（3）录音转写软件：讯飞听见、讯飞语记、CymoNote 等。

（4）语音翻译机或翻译应用：讯飞翻译机、网易翻译蛋、搜狗翻译宝等。

（5）语音助手：CallAnnie 语音助手、苹果 Siri、谷歌 Assistant、微软 Cortana、亚马逊 Alexa、百度小度、小米、小爱等。

三、案例实操

下面将结合具体案例，对各种语音输入相关工具进行简单介绍，并演示如何通过不同工具实现快速语音输入和批量录音文件转文字。下面是两个具体案例。

（一）案例一：如何通过语音输入实现快速输入

译员在翻译某文件时遇到不熟悉的知识，如何用浏览器进行快速搜索？如何在 Word 文档或其他可输入文字的软件中快速输出译文？为提升工作效率、节约录入的时间，可以采用语音输入的方法。实现快速语音输入的工具有：讯飞、搜狗、百度等输入法，以及智能鼠标，智能键盘，智能录音机等硬件。

1. 讯飞输入法

讯飞输入法提供电脑桌面版和手机 App 版本，集语音、手写、拼音等多种输入方式于一体，其输入效率和准确率较高，能实现中文与英文、方言与普通话、在线与离线的免切换语音输入。通过人工智能核心技术研发和应用，讯飞输入法除了支持普通话语音输入外，还支持 23 种方言和藏语、维吾尔语等民族语音的输入。同时，该输入法特别推出了语音实时翻译功能，支持中文与英、日、韩、俄四种语言的语音即时互译。同时，还可实现跨屏输入功能，即说话人通过手机输入语音，电脑输出文字。下面以讯飞输入法为例，介绍如何实现快速语音输入。

（1）在讯飞输入法的官网，可以下载安卓版、iOS 版或 Windows 版的讯飞输入法软件。在图 8-1 方框处下载并安装软件后，在屏幕右下角则可以看到讯飞输入法的图标。

图 8-1　讯飞输入法——下载

（2）将光标移到搜索框处，点击讯飞输入法菜单栏的小麦克风按钮，就会弹出上方的对话栏，再点击上方大麦克风按钮并开始语音输入，即可在搜索框中看到输出的文字内容。在麦克风按钮左上方可自由切换普通话、23 种方言、3 种民族语言、4 种外国语和随身译，即中外互译功能，如图 8-2 所示。

图 8-2　讯飞输入法——语音输入

（3）在讯飞输入法的菜单栏，点击最右边的按钮，可以修改输入法的"设置、插入特殊符号、实现手写输入、跨屏输入"等。值得一提的是，点击跨屏输入并让手机端的讯飞输入法 App 扫描二维码后，当使用者在 App 上说话，对应的文字内容会在电脑上显示出来。此外，点击"设置"后，在弹出的对话框中，可以选择"输入"，修改输出的字体字号等常用设置，如图 8-3 所示。

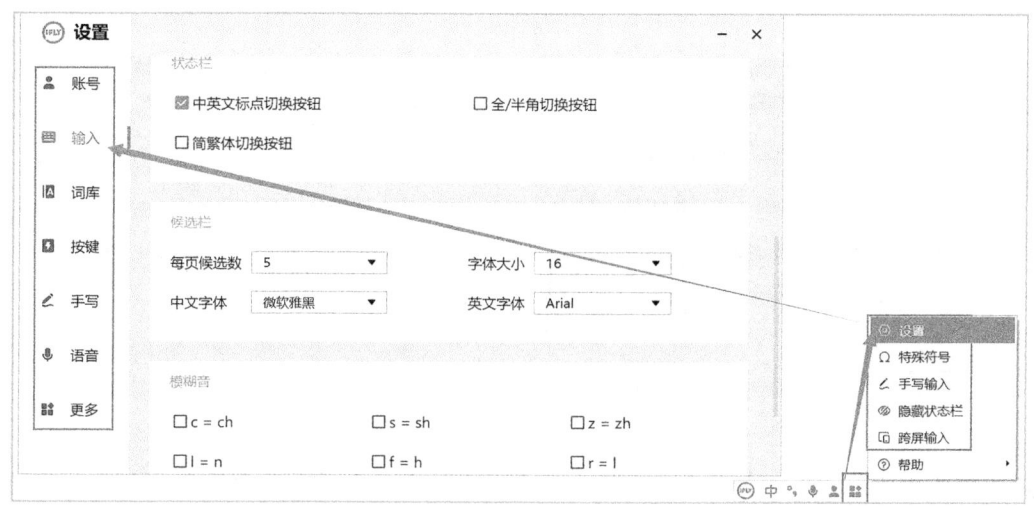

图 8-3 讯飞输入法——输入设置

（4）还可以通过点击图 8-4 的"按键"来修改讯飞输入法的各种快捷键，如录音快捷键、手写快捷键等，实现快速输入。还可点击图 8-5 左侧菜单栏的"语音"，修改识别语种，设置语言领域，设置离线语音识别，并识别较长的语音文本。

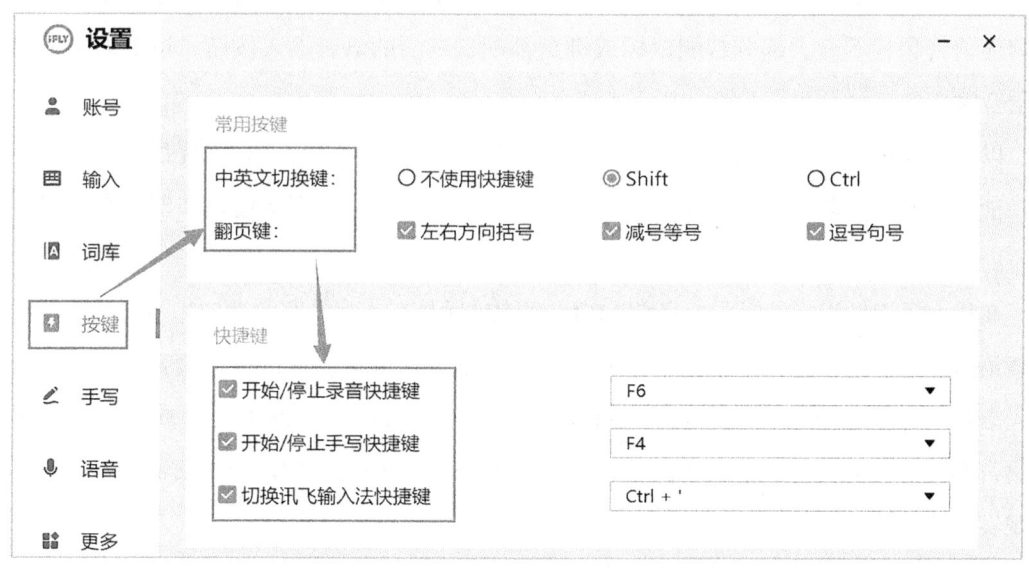

图 8-4 讯飞输入法——按键设置

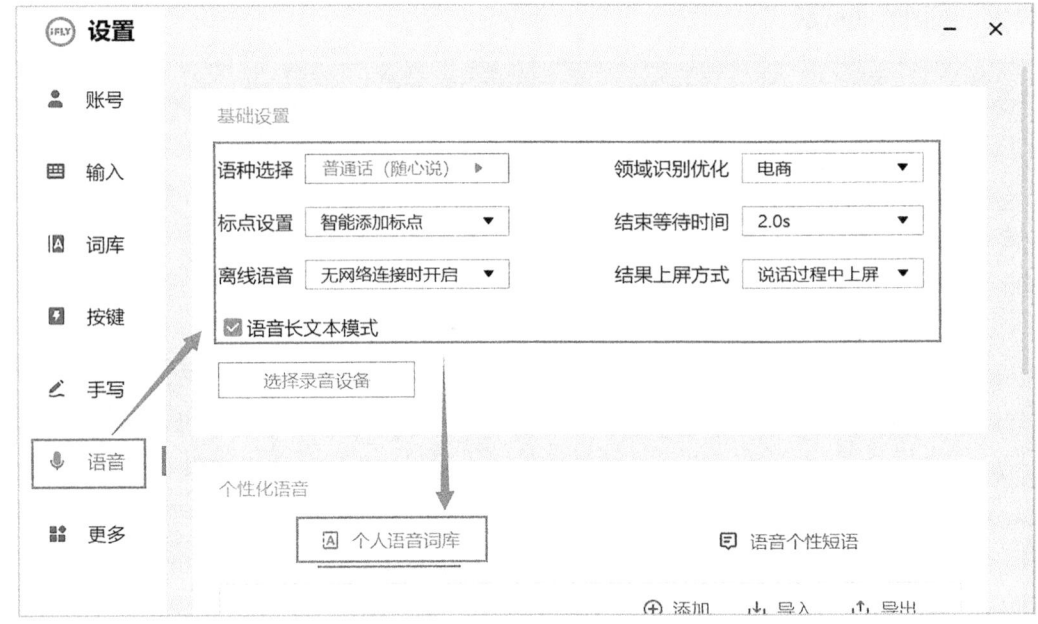

图 8-5　讯飞输入法——语音设置

2. 智能鼠标、智能键盘等

除了软件之外，语音输入的硬件产品也普遍受到大众的欢迎。评价良好的智能鼠标包括科大讯飞智能语音鼠标、罗技智能语音鼠标、华为 AI 智能语音鼠标、小米小爱鼠标、联想智能语音鼠标等。大部分智能鼠标或键盘都配备专门的语音输入按钮，按下即可实现快速语音输入。

以罗技 Voice M280 智能无线鼠标为例，该鼠标搭载由百度语音技术提供支持的语音输入功能，听写效率较高，支持中文、英文、日文听写，并具有直接输入和即时翻译成多种语言的功能。

在科大讯飞的智能鼠标中，目前 M610 智能鼠标具有非常丰富的功能，可以实现在线和离线语音输入，并切换语音功能和演示器功能。语音功能下，可以进行语音听写、语音翻译、语音上网和语音命令控制电脑。Windows 系统支持普通话及 24 种方言转写，可提供 73 种语言翻译。iOS 系统支持普通话及 17 种方言转写，28 种语言翻译。在演示器功能下，可实现实时字幕、上下翻页和激光指示功能。

同时，科大讯飞也推出了具有类似功能的智能键盘，此类键盘上设置了独特的麦克风按键，只需按下该按键即可开始快速语音输入，非常方便快捷，其支持的功能与智能语音鼠标类似，此处不再赘述。

（二）案例二：如何完成批量录音文件转写与校对

在参加某大型会议时，参会人员对每个讲者发言进行了录音，录音文件数量多，涉及语种丰富，讲者口音较重。会后，如何将大量录音文件转写成文字并校对，最终形成高质量的会议笔记文本？

1. 讯飞听见

讯飞听见可以实现将音频、视频文件转写为文字，支持多语言转写，按照转写质量分为机器快转和人工精转，转文字准确率高，转写速度快，可选择语音识别所属的专业领域，让转写结果更加精准。识别完成后，讯飞听见支持在线编辑校对和文本翻译，支持导出多种格式的文件。

（1）在讯飞听见官网的上方菜单栏选择"转文字"，进入下图页面，根据需要选择批量录音文件的"机器快转"或"人工精转"，并点击"上传音频"，如图8-6所示。

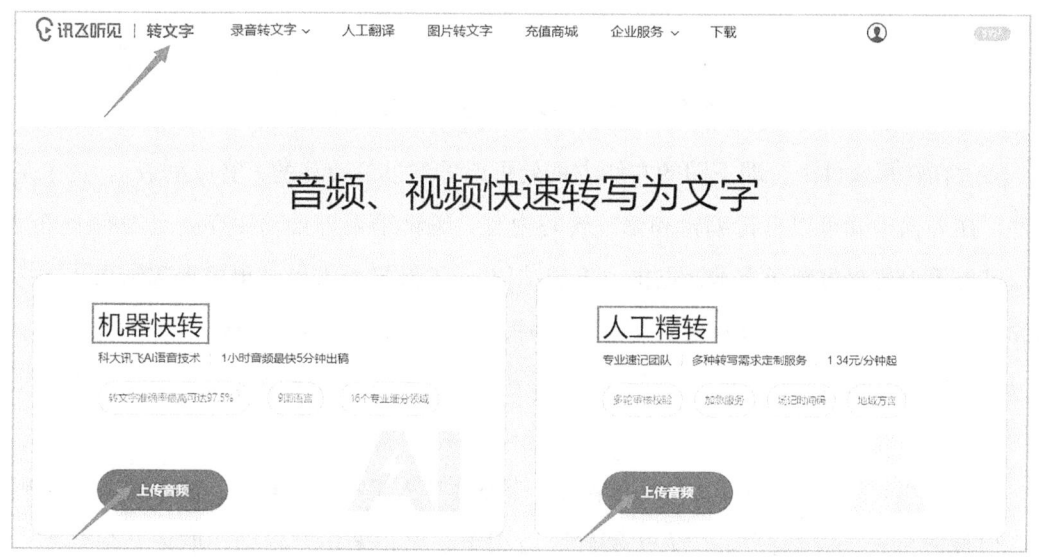

图 8-6 讯飞听见——转写为文字

（2）如选择"机器快转"一栏，可以在左侧箭头处"点击或拖拽添加音频、视频"，选择添加单个或批量添加音频视频，支持.mp3、.wav、.pcm、.m4a、.amr、.wma、.aac、.mp4、.3gp格式文件，最多可以批量上传100个文件，接着在右侧选择"音频语言""出稿类型"和"专业领域"，最后点击"提交转写"。在支付订单并等待后，就可看到音频或视频的文件转写结果了，如图8-7所示。

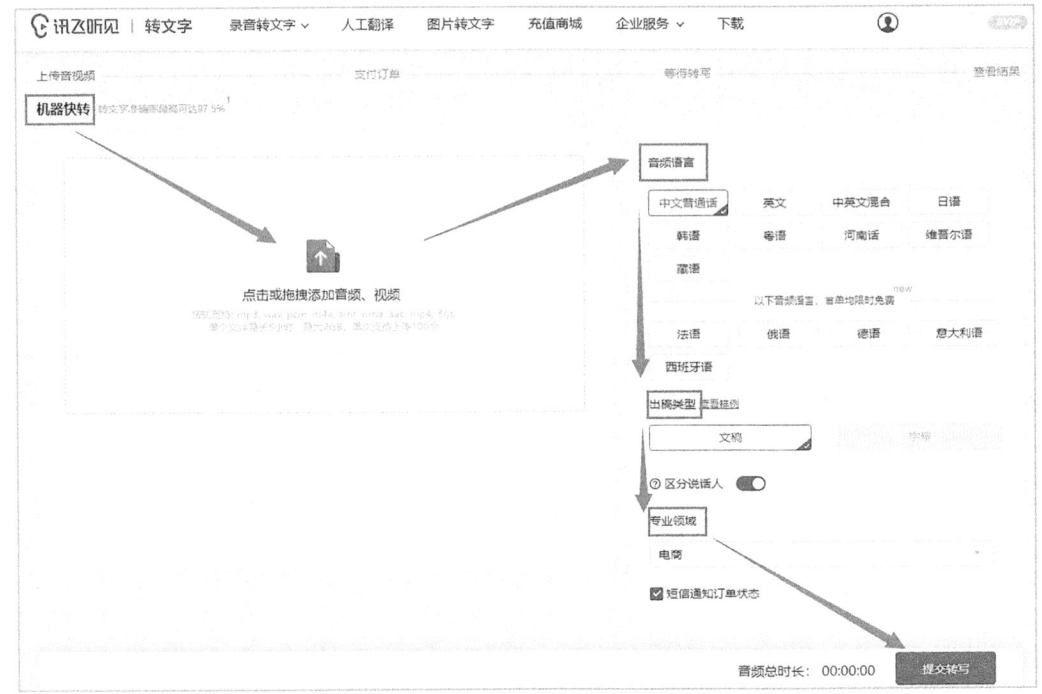

图 8-7　讯飞听见——机器快转设置

（3）在转写文件中，即下图的左侧方框处可以看到批量转写的"音频列表"。选中某一文件，在界面中间可以自行编辑和修改转写内容，编辑结果将自动保存。点击右上角"翻译"可查看中英双语翻译文本，点击"下载结果"，下载导出本条结果或全部结果，支持导出 .docx、.doc 或 .txt 格式文件。在下载导出时，还可选择"是否显示说话人、时间码""是否分段""是否下载译文"等，这样"批量录音文件转写文字并校对"就完成了，如图 8-8 所示。

（4）与"机器快转"相比，"人工精转"服务会有人工校对的环节，转写文本的准确率更高但耗时更长、收费更多。"人工精转"适用于会议、采访、培训、取证、综艺等多种场景的音视频，可输出文稿、字幕等多种格式，适用带地域口音、音量小、说话人多、语速快、有背景噪音等复杂音视频或有特殊格式要求的音视频处理。如图 8-9 所示，"人工精转"的基本操作与"机器快转"类似，但目前只支持中英文转写，在上传音频后，设置"音频语言、出稿类型、出稿需求"等，之后"提交转写"，经过"审核估价""支付订单""等待转写"这些环节，最后才能查看转写结果。

第八章 语音输入

图 8-8　讯飞听见——转写结果校对下载

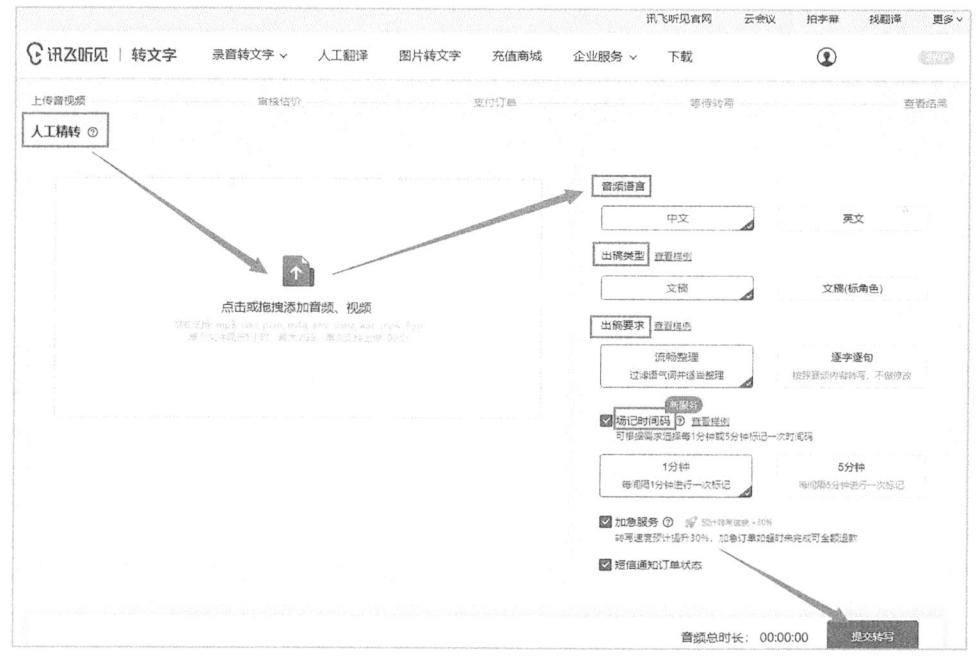

图 8-9　讯飞听见——人工精转

2. 迅捷文字转语音软件

迅捷文字转语音软件支持 .mp3、.m4a、.wma 等多种语音格式输入，可识别汉语、英语，并转换长度为 40 分钟的语音，支持导出 .txt、.doc、.srt 格式文件。图 8-10 中，迅捷文字转语音软件可实现"录音转文字""视频转文字""翻译"等多种功能。

（1）在选中"录音转文字"后，点击"添加文件"，设置"输出格式、识别语种、输出路径"，接下来点击"开始转换"。

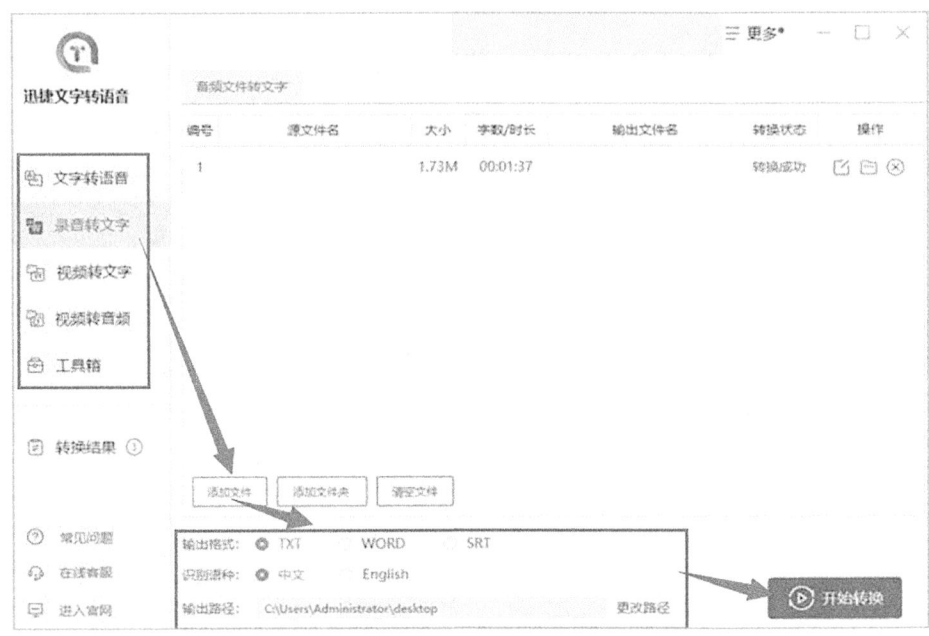

图 8-10　迅捷文字转语音——录音转文字设置

（2）点击"转换结果"，可以在屏幕右侧编辑修改文本、保存编辑并导出 .txt 或 .doc 格式文本，如图 8-11 所示。

图 8-11　迅捷文字转语音——转写结果

四、技术拓展

下面继续拓展介绍支持快速语音输入和录音转文字功能的相关手机 App、PC 端软件、Web 端工具等,所列举的软件工具仅作学习参考,具体选择还需根据实际情况决定。

(一)搜狗输入法

搜狗输入法 App 和 PC 端软件都可以实现快速语音输入和录音转文字,支持中英混杂的语音输入,离线也能输出文字。以搜狗输入法 App 为例,点击下方的"AI 输入",再点击"开始录音",可实现在线语音转文字,点击"导入音频"则可以将录音文件转写为文字。搜狗输入法可将中、英、日、韩等多种语言的音频转为文字,支持 .mp3、.wav、.flac、.m4a、.aac、.ogg、.opus 等音频格式。此外,在手机微信等聊天软件或手机浏览器中,将输入法切换为搜狗输入法,也可实现快速语音输入和在线中英互译。其"AI 输入"界面如图 8-12 所示。

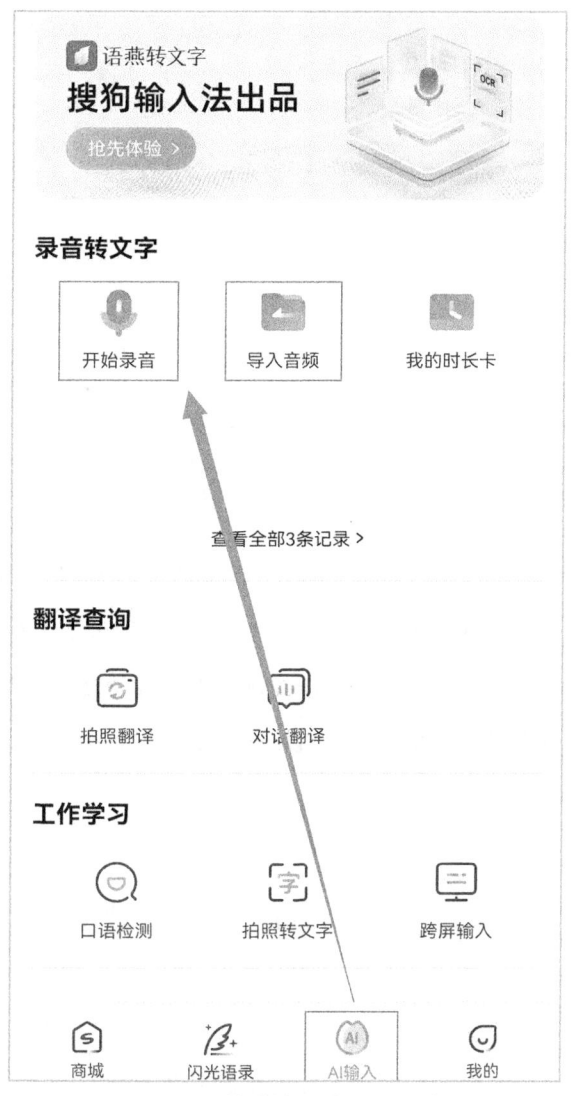

图 8-12 搜狗输入法——AI 输入

1. 如在点击"AI 输入"中的"开始录音"后,进入图 8-13 页面,先选择语言,可以选择中文普通话、英文、方言或者外语,接下来点击下方按钮开始录音。接着,录音转文字的结果会出现在屏幕上方,最后点击"结束",可保存包含转写文字的录音文件。

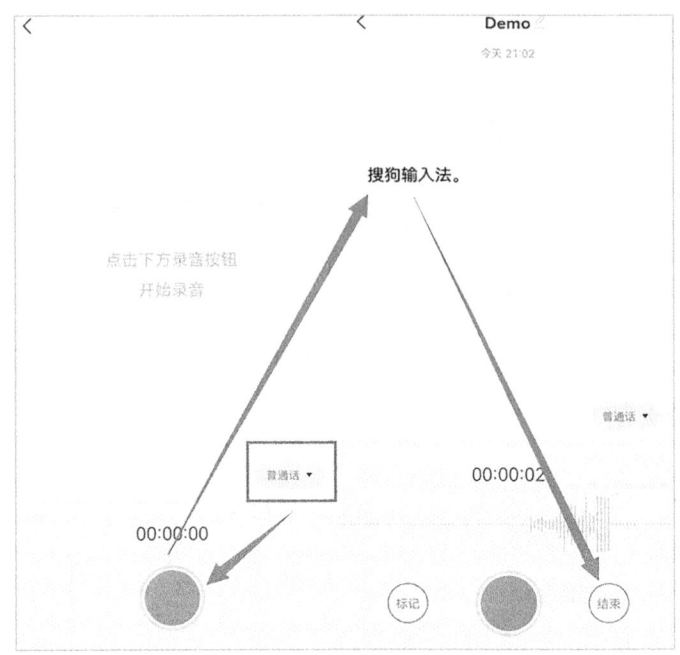

图 8-13　搜狗输入法——开始录音

2. 如选择"导入音频",可点击"本地上传"或"从其他 App 导入",在导入音频文件后选择录音语言、专业领域,点"开始转文字",即可看到录音转写结果。在转写文件中还可以设置"AI 降噪""隐藏空录音""区分讲话人""过滤语气词"等功能,如图 8-14 所示。

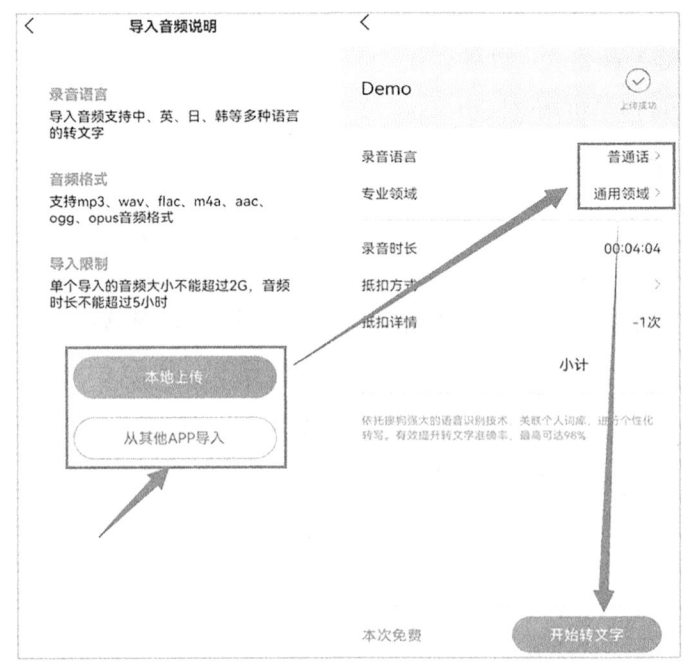

图 8-14　搜狗输入法——导入音频

(二)讯飞语记

讯飞语记是专注于语音输入的综合类云笔记软件,有 PC 版、手机 App 版和网页版。讯飞语记支持实时语音听写、会议录音转写、外部音频导入转写、OCR 拍照识别、朗读笔记等功能。讯飞语记可实现普通话、英语、粤语等十多种语言和方言输入,以及多国语言同声翻译,并具有专业领域识别引擎,提升转写精准度。

如图 8-15 左侧,打开讯飞语记 App,轻触屏幕中央即开始语言输入形成笔记,或者点击下方加号,跳出图 8-15 右侧页面,即可实现"录音速记""语音输入""外部录音转写"等功能。在转写成文字后,可自行修改校对转写内容。

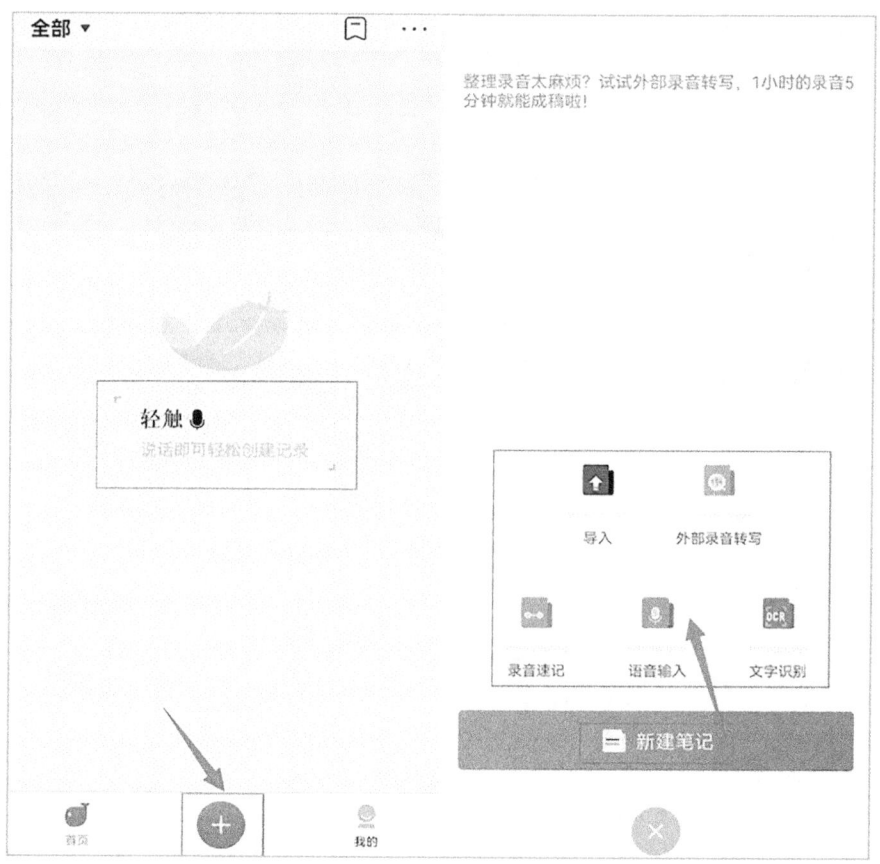

图 8-15 讯飞语记——语音笔记

(三)Cymo Note

Cymo Note 是专业的多语种译员笔记软件,集多语音识别转文本、手写笔记、机器翻译、文本标注、术语制作和收藏等多种功能于一体。其开发初衷是用于协助译员在交传和同传等场景记录信息，特别是当遇到复杂的数字和大量的名词术语时，可以减轻译员的笔记负担，为口译工作设计的多种即时功能可以让译员将更多的精力用在翻译输出上，同时也可以满足日常的语音转文字需求。其使用场景包括：线上会议（Zoom、Teams、Webex、GoogleMeet、腾讯会议等）、线下会议（在线下同传间里同传）、线上线下混合会议（在线下同传间里同传，同时将声音输入线上会议平台）等。Cymo Note 是一个智能口译笔记助手，目前发布了桌面客户端和浏览器端，支持 iOS 系统、Windows 系统。

（1）首先，Cymo Note 可识别多种语言，如图 8-16 所示。同时，还可以智能转写系统语音、麦克风声音，也就意味着它的使用场景更加丰富。

图 8-16　Cymo Note——语言设置

（2）用户可根据需要自行切换 Cymo ASR、腾讯、微软、科大讯飞语音识别，如图 8-17 所示。

图 8-17　Cymo Note——语音识别设置

（3）在添加术语表后，转写后的文字还能自动识别出术语、数字并标记，如图 8-18 所示。

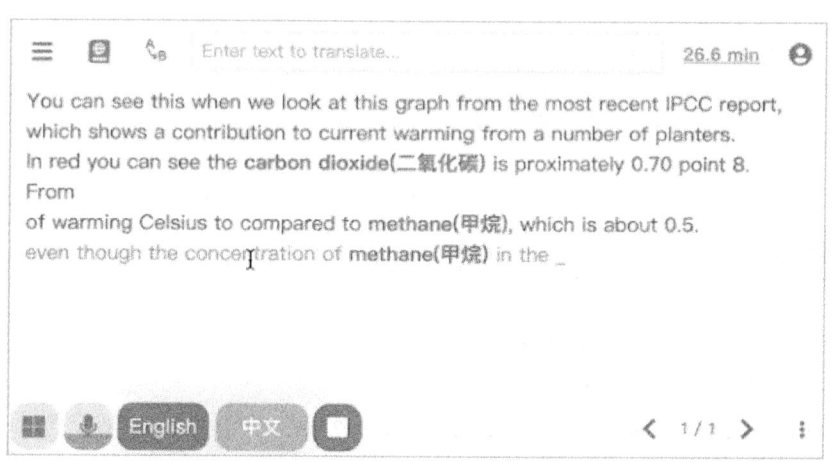

图 8-18　Cymo Note——自动标记文本

（4）通过 Swipe Trans 功能，划选文本便可立即得到机器翻译结果，如图 8-19 所示。

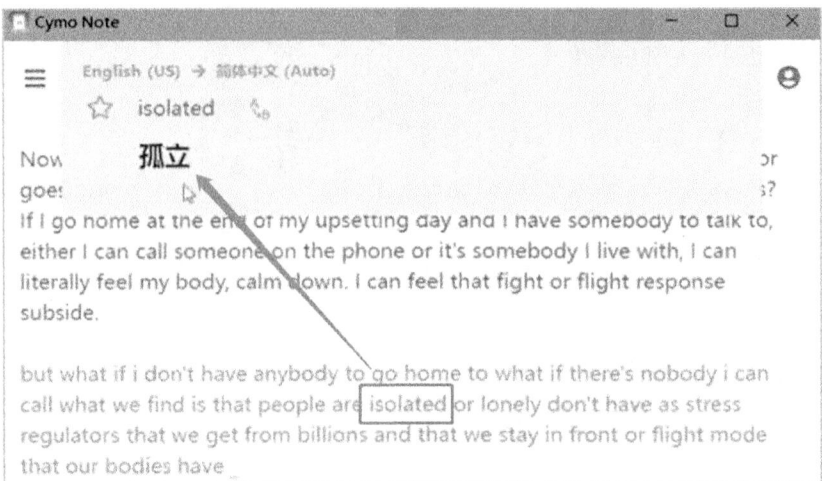

图 8-19　Cymo Note——机器翻译

（5）还可以切换交传模式，在文本旁做笔记，如图 8-20 所示。

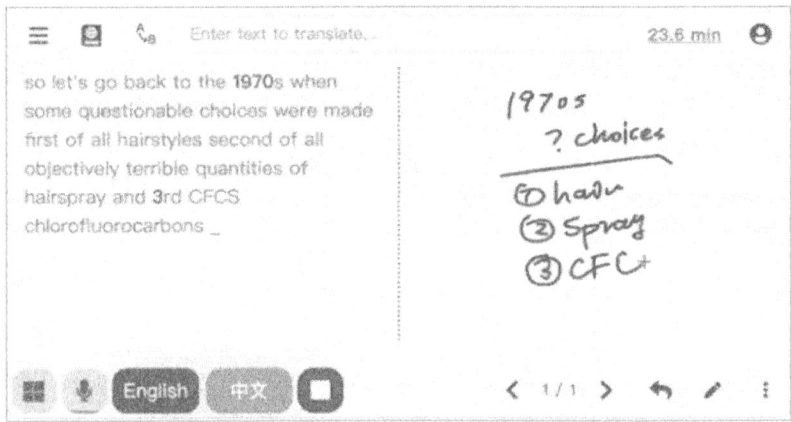

图 8-20　Cymo Note——随时笔记

五、参考资料

1. 讯飞输入法官网：https://srf.xunfei.cn
2. 讯飞听见官网：https://www.iflyrec.com
3. 迅捷文字转语音官网：https://www.xunjiepdf.com/voice?zhhxx11
4. 搜狗输入法官网：https://pinyin.sogou.com
5. 讯飞语记官网：https://iflynote.com/home
6. Cymo Note:https://www.cymo.io/zh/note.html

第九章 机器翻译译后编辑

一、基础知识

机器翻译(Machine Translation,简称 MT)也称自动翻译,通过使用计算机系统将文本或语音从源语言自动翻译为目标语,即通过计算机加工处理而不是通过人工完成的。回顾机器翻译的发展历程,机器翻译的基本方法可划分为基于规则(Rule-based)和基于语料库(Corpus-based)两大类,而基于语料库的方法可以分为基于统计(Statistics-based)的方法和基于实例(Example-based)的方法。近年来,随着计算机深度学习的研究取得较大进展,机器翻译已经全面转向神经网络翻译时代,同时,人工智能技术与其融合度越来越高,并逐渐将机器翻译的发展推向高潮。

译后编辑(Post-editing,简称 PE)是指语言专家对机器翻译的输出进行检查和修正以完善译文的过程。基于对源文本和目标文本的对比分析,译后编辑者主要修改机器翻译的机械性错误(如大小写和标点符号)、语法错误、术语错误及其他问题。译后编辑可以分为完全译后编辑和快速译后编辑。快速译后编辑(Light Post-editing)是指通过译后编辑,获得简单易懂的文本,无需达到与人工翻译相当的水平。快速译后编辑较多采用机器翻译的原始输出,重点是修改明显错译、漏译,但由于快速译后编辑的目的是缩短翻译周期,不会纠正每个次要细节,也不会更改其风格特征。完全译后编辑(Full Post-editing)对译文的审查更加严格,通过完全译后编辑,获得与人工翻译水平相当的译文,重点在于保证语法、标点、拼写正确,标记和术语准确,修改文化差异较大的译文,保持译文与原文风格一致,并符合客户的要求。采用哪种译后编辑模式取决于机翻译文的质量和翻译的需求。

目前,语言服务行业面临的发展机遇和挑战前所未有,语言服务需求量剧增,人工翻译很难应对海量的翻译数据,需要机器翻译系统的帮助。机器翻译译后编辑(MTPE)作为一种新的翻译工作模式,发挥了机器翻译和人工翻译各自的优势,既提高翻译产出速度,又确保翻译质量,两者的结合是机器和人之间的二元互补。随着客户对快速高质量译文的需求越来越多,在计算机辅助翻译(CAT)工具中采用机器翻译并进行译后编辑是较为理想的解决方案。未来，机器翻译与译后编辑的结合，即人机协同翻译，将在更多领域发挥作用，MTPE 的发展空间广阔、前景可期。

二、主流工具

当今，人工智能和自然语言处理技术的发展为机器翻译译后编辑提供了良好的发展平台。常见的机器翻译引擎包括：

（1）国外机器翻译引擎：Google Translate、DeepL Translator、Yandex Translate、Bing Translate 等。

（2）国内机器翻译引擎：百度翻译、小牛翻译、有道翻译、腾讯翻译、阿里翻译、新译科技、YEEKIT 机器翻译、云译科技等。

与机器翻译系统不同，译后编辑模块通常都集成在 CAT 工具中。CAT 工具可分为在线工具（B/S 架构）和线下工具（C/S 架构）两类，也可分别称为网页版和桌面版工具，不同工具在译后编辑方面的功能各有侧重。

（1）主流的桌面 CAT 工具如 Trados、memoQ、Déjà Vu 等都具备译后编辑功能。例如，在 memoQ 译后编辑界面中，译后编辑人员可以对机器翻译的初始译文进行添加、删除、替换等操作，也可以参照术语建议修改术语，所有编辑修改的内容都能以跟踪修订的方式显示出来。memoQ 生成的编辑报告还可以帮助评估初译或者机器翻译的译文质量。此类 CAT 工具也都有质量保证（QA）功能可以辅助编辑人员快速查找基本的机翻错误。

（2）网页版 CAT 工具主要有 YiCAT、SmartCAT、Memsource、MateCAT、飞译 CAT、译马网等。例如，MateCAT 在译文句段下方列出了译文匹配的来源，即机器翻译匹配、私人翻译记忆库匹配或公共翻译记忆库匹配。这种译文呈现方式为译后编辑提供了极大的便利，译后编辑人员可以在机器翻译译文和翻译记忆库匹配译文之间进行比较和取舍。此外，Memsource 拥有"AI 驱动的非译元素"功能和"机器翻译质量评估"（MTQE）功能辅助译后编辑。如果想实现文件批量机翻并进行译后编辑，可以使用 GT4T 文件翻译器来批量翻译文件，再将译文导入桌面版或网页版 CAT 工具中进行译后编辑。

三、案例实操

下面将结合具体案例，对各种机器翻译译后编辑相关工具进行简单介绍，并演示如何通过不同方法，在 CAT 工具中实现项目文件的快速机器翻译和译后编辑。

（一）案例一：如何在桌面 CAT 工具中调用 API 实现 MTPE

在某大型翻译项目中，因翻译字数较多、交付期较短，翻译公司决定采取机器翻译译后编辑的翻译模式加快翻译效率。在此背景下，译员希望在桌面 CAT 工具中直接调用机器翻译 API 或使用机器翻译插件以最大化翻译效率，应该如何操作？

1. 在 SDL Trados Studio 中使用 Tmxmall 翻译插件进行机器翻译

CAT 工具一般通过 API（应用程序界面）来调用谷歌、百度、Bing 等机器翻译系统。机器翻译 API 是一种由机器翻译服务供应商提供的对外开放数据接口，用户可以在机翻系统注册并获得 API 账号和密钥，并在 CAT 工具中调用 API 获得机器译文。而为了方便用户使用，免去注册申请多个机器翻译 API 的麻烦，Tmxmall 开发的翻译插件 Tmxmall MT plugin 集成了谷歌翻译、腾讯翻译君、百度翻译、阿里翻译、有道翻译、搜狗翻译、小牛翻译、新译翻译等多款机器翻译引擎，可用于 SDL Trados Studio 和 memoQ，帮助译员低成本快速获取机器翻译结果，提升翻译效率。操作方法是：

（1）下载安装 Tmxmall 翻译插件。登录 Tmxmall 机器翻译插件下载页，根据电脑的 Trados 版本选择下载机器翻译插件。解压 Tmxmall MT Plugin 压缩包并点击"下一步"安装，如图 9-1 所示。

图 9-1　Tmxmall 机器翻译插件——插件下载安装

（2）打开 SDL Trados Studio 2019 中的翻译项目，可以在新建项目时勾选"Tmxmall 翻译插件"，也可在项目建成后勾选。以后者为例，找到翻译的项目，单击菜单栏中的项目设置或点击右键选择项目设置，如图 9-2 所示。

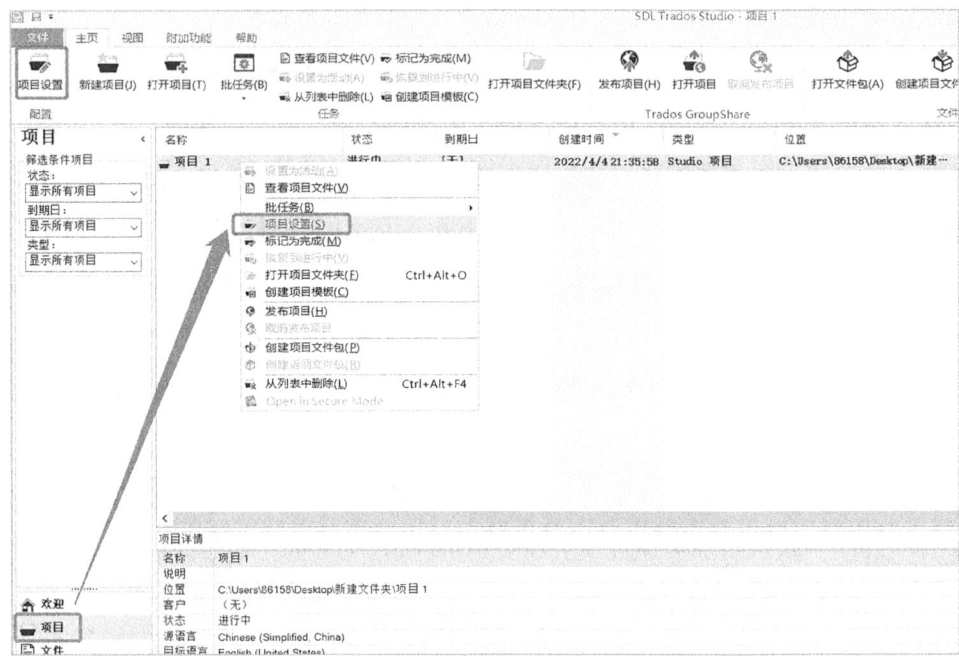

图 9-2　Tmxmall 机器翻译插件——Trados 项目设置

（3）选择"语言对"中的"所有语言对"，点击"翻译记忆库和自动翻译"并使用"Tmxmall MT Plugin"。这时需要输入 Tmxmall 账号和 API Key，两者都可以在 Tmxmall 官网的个人中心查看，如图 9-3 所示。

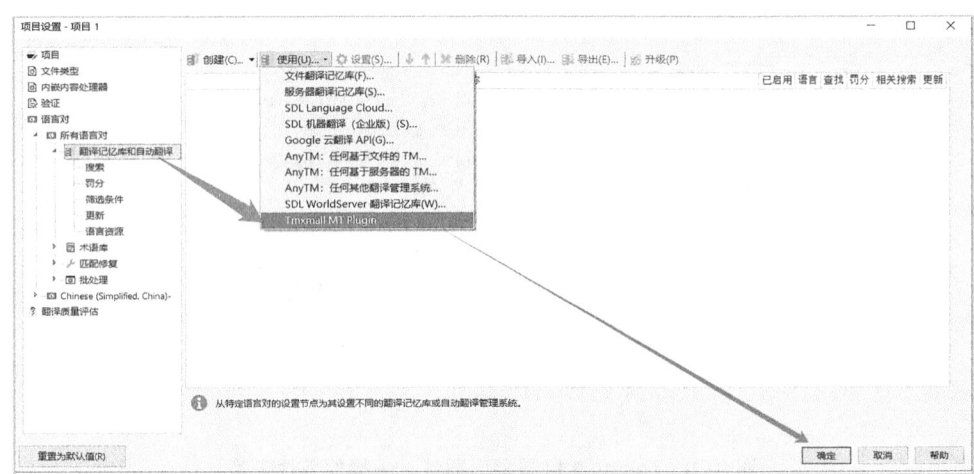

图 9-3　Tmxmall 机器翻译插件——Trados 中使用 Tmxmall 插件

（4）如图9-4，在Tmxmall官网的"启用设置"可以选择启用哪种机器翻译和查看相关收费标准，在"账户管理"的"API Key"复制账号和密钥到Trados中，点击"test login"验证账号。验证成功后，单击确定。这时，机器翻译插件就开始启用了。

图9-4　Tmxmall机器翻译插件——选择机翻引擎并复制API密钥

（5）接下来进入待翻译文件的编辑器页面，在翻译项目中点击"批任务"，选择"预翻译文件"，如图9-5所示。

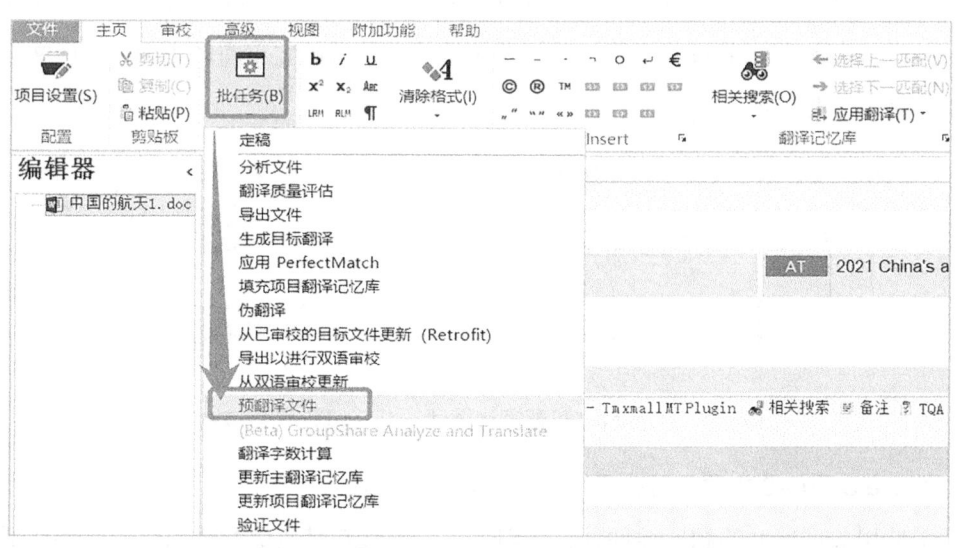

图9-5　Tmxmall机器翻译插件——Trados预翻译

（6）然后单击"下一步"，在设置中选择"找不到匹配时应用自动翻译"，单击"完成"，如图9-6所示。按提示操作重新打开文档，即可实现批量预翻译。

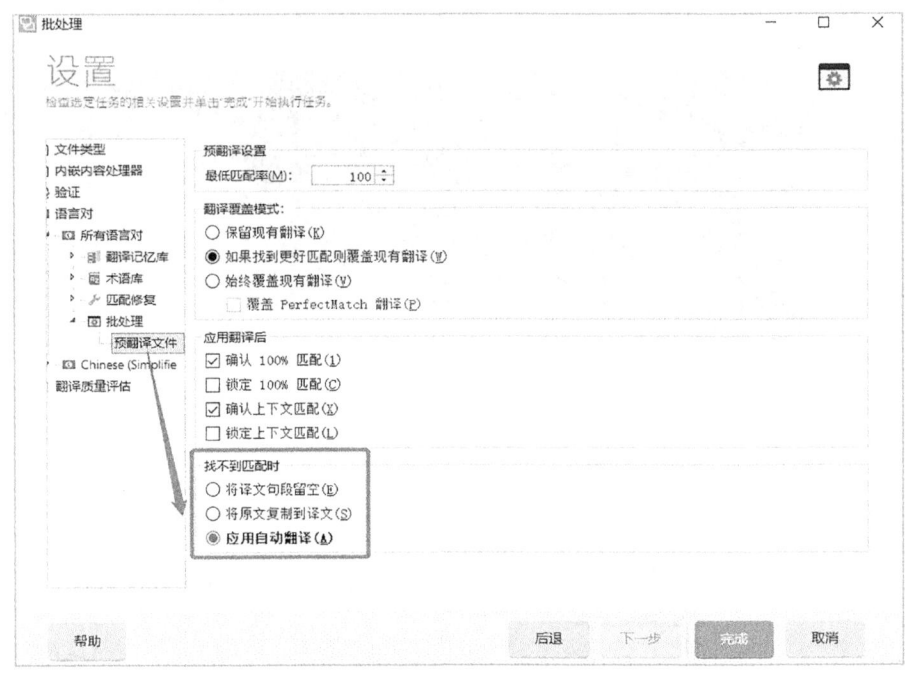

图9-6　Tmxmall机器翻译插件——Trados预翻译设置

（7）接下来便可开始译后编辑了。在译后编辑过程中，译者需要修正的机器翻译错误通常包括：术语错误、格式错误、漏译、风格不符等。尤其是，CAT工具中直接调用的机器翻译系统很可能会在术语翻译上产生问题。例如，图9-7中，机器翻译系统对航天术语"天问一号""祝融号""嫦娥六号"等的译法不准确。译者确定正确译法后，对译文句段进行修改并确认句段即可。

图9-7　Tmxmall机器翻译插件——Trados译后编辑

2. 在Déjà Vu X3中调用百度翻译API进行机器翻译

除了使用Tmxmall的翻译插件外，我们还可以直接在某机器翻译引擎的官网注册并调用其API。大部分国外的机器翻译引擎API申请都较为繁琐，例如若使用"Google云翻译

API",则需要填写在 Google Cloud Platform 上注册得到的 API。而本案例中列举的在 Déjà Vu X3 中调用百度翻译 API 操作较为简单便捷。

(1)进入百度翻译官网,点击"翻译 API"找到"通用翻译 API",或者直接在"百度翻译开放平台"的"产品服务"中找到"通用翻译 API",点击"立即使用",如图 9-8 所示。

图 9-8　调用百度翻译 API——申请 API

(2)使用百度翻译 API 每月翻译不超过 200 万字符时是免费的,但是使用平台前要先注册为开发者。在注册页完善相关个人信息并提交,服务类型选择"通用翻译 API",点击"下一步"。接着输入开通 API 需要的网站或应用名称,然后点击"提交申请"。之后,通用翻译 API 就成功开通了,接着点击"前往管理控制平台",就可以查看翻译 API 账号和密钥,如图 9-9 所示。

图 9-9　调用百度翻译 API——查看 API 账号和密钥

（3）在 Déjà Vu X3 中调用百度机器翻译 API 一共有三种方式，分别是在项目创建前、项目创建中和项目创建后添加。以在翻译项目创建前添加百度翻译 API 为例，在"文件"中的"选项"，点击"机器翻译"中的"百度翻译选项"并输入 App ID 和密钥，这样会在之后的项目中永久添加其 App ID 和密钥，如图 9-10 所示。

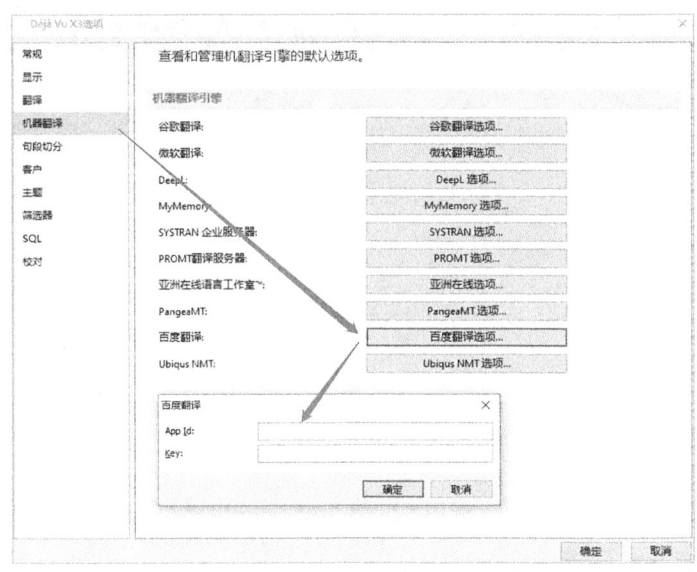

图 9-10　调用百度翻译 API——Déjà Vu 中调用 API

（4）然后新建翻译项目，在"指定机器翻译"这一步添加"百度翻译"，这时 Déjà Vu 会记住之前添加的百度机器翻译 App ID 和密钥，可直接调用引擎数据，如图 9-11 所示。

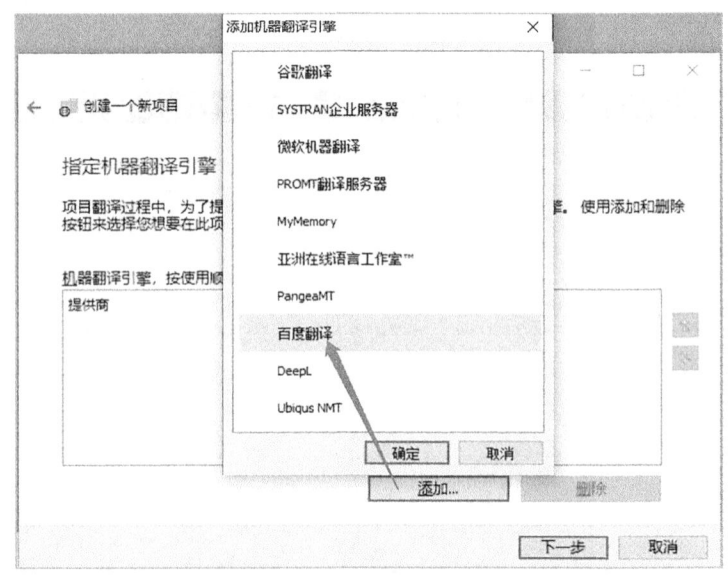

图 9-11　调用百度翻译 API——Déjà Vu 项目中选择百度翻译 API

(5)调用百度机器翻译。通过"文件"中"选项",点击"常规",勾选"为所有句段显示机器翻译结果",点击"确定",如图 9-12 所示。

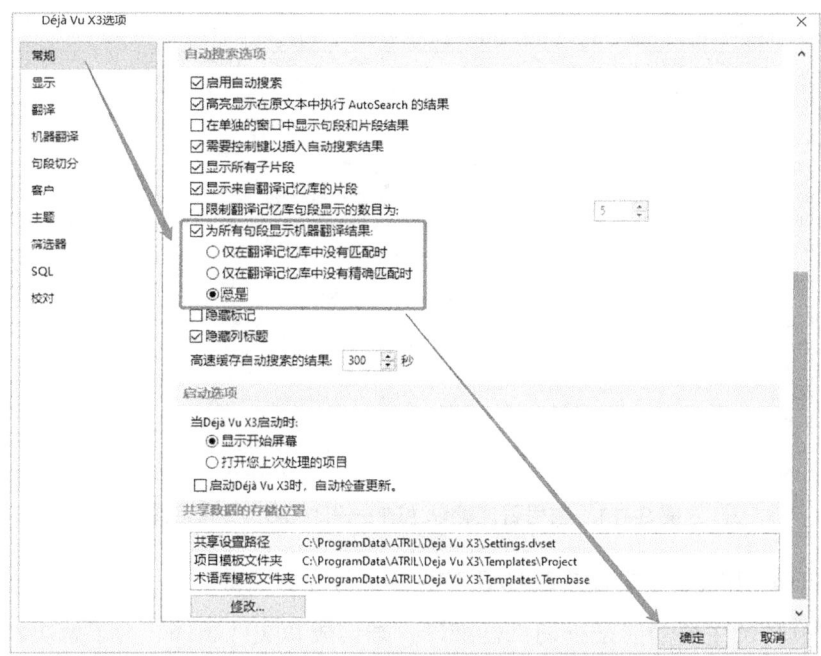

图 9-12　调用百度翻译 API——Déjà Vu 项目中机器翻译设置

(6)通过"项目"中"预翻译",在"预翻译"中进行如图 9-13 中设置调用机器翻译进行预翻译。

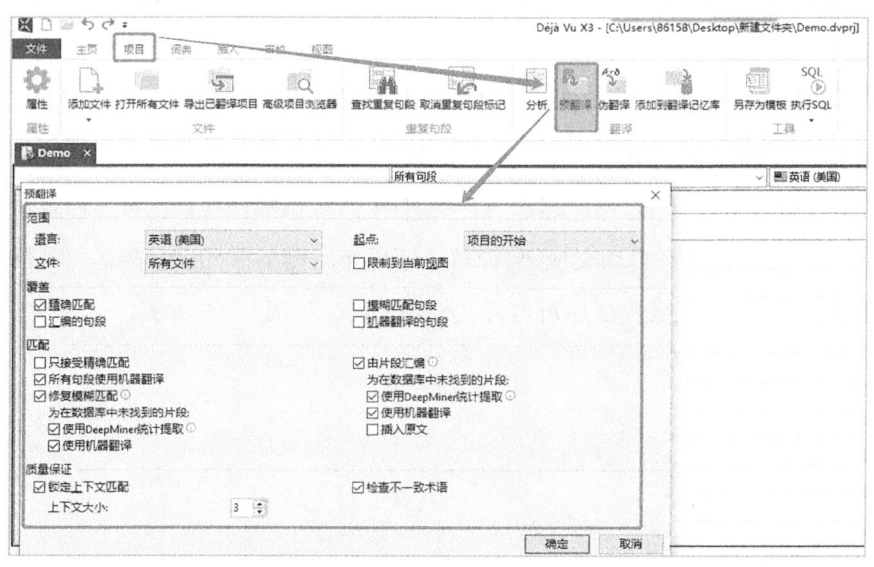

图 9-13　调用百度翻译 API——Déjà Vu 预翻译

（7）接下来便可开始质量检查，例如在"审校"模块进行"拼写检查""字数统计""检查术语""检查标记"等，也可以自行修改译文风格并确认句段，如图9-14所示。

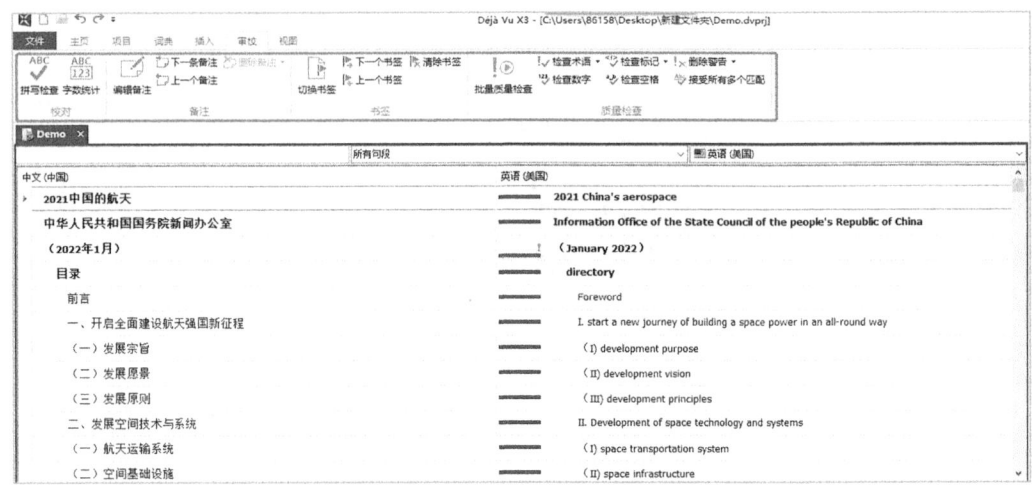

图9-14　调用百度翻译API——Déjà Vu译后编辑

3. 用GT4T翻译多个文件并在CAT软件中进行译后编辑

GT4T软件的主要功能是查询机器翻译、查词典和文件翻译。为了解决本案例中的问题，可以使用GT4T文件翻译器或超级插件功能。以文件翻译器功能为例，可以处理包括Office或桌面出版文档在内的20种文件类型，例如Word、Excel、PowerPoint文档、PDF文件、SRT等格式的字幕文件、Html格式的网页文件等，并在译文中完整保留源文件格式。如果用户从事翻译业务并使用CAT工具，也可以使用GT4T来翻译Trados、memeQ或其他CAT项目文件。

此外，作为一个超级翻译插件，GT4T给几十种CAT工具增加了自动翻译功能。在Trados等CAT工具里，可以通过使用各种快捷键快速完成翻译。

（1）在官网下载GT4T软件并安装，打开GT4T并根据翻译项目设置"语言对"中的源语言和目标语，以及是否"自动交换语言对"。还可在左侧菜单栏设置翻译"风格"并创建自己的"简易词汇表"。设置完成后可打开文件翻译器，如图9-15所示。

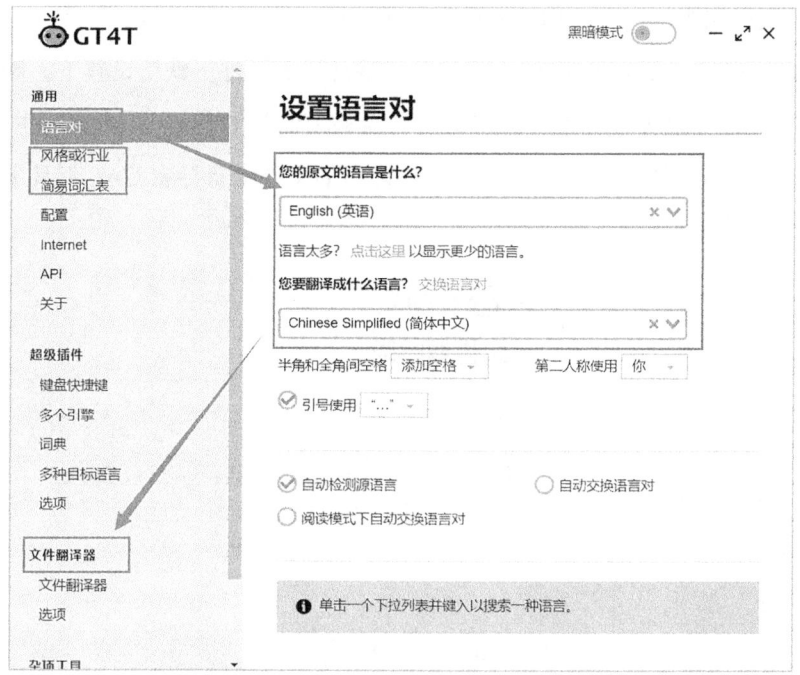

图 9-15　GT4T 文件翻译器——设置语言对

（2）进入 GT4T 文件翻译器页面后，点击如图 9-16 中的 Trados 项目、Wordfast 项目按钮即可查找可翻译的 Trados、Wordfast 等项目文件，也可以自行选中翻译文件并拖放到 GT4T 中，点击"开始"。

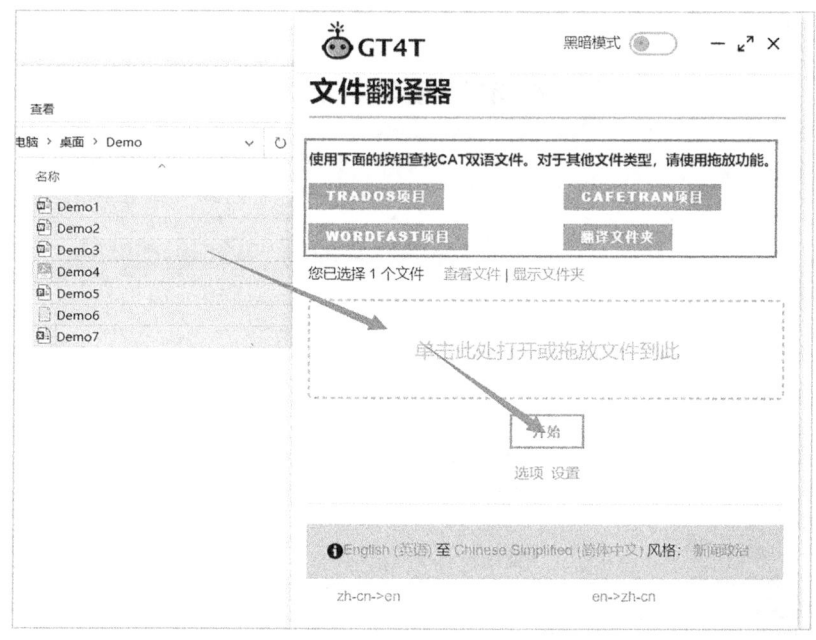

图 9-16　GT4T 文件翻译器——开始翻译

（3）文件翻译完毕，可在 GT4T 中看到翻译结果，包括文件数量、翻译字符、文件位置等。如图 9-17，点击"显示文件夹"，找到已经翻译好的文件。默认设置下，翻译好的文件位于 GT4T_已翻译_语种名称下，原来的文件会被复制到 GT4T_未翻译文件夹下。到此，多种格式的文件批量翻译就完成了。可以将翻译后的文件批量导入 CAT 工具中，便可开始译后编辑了。

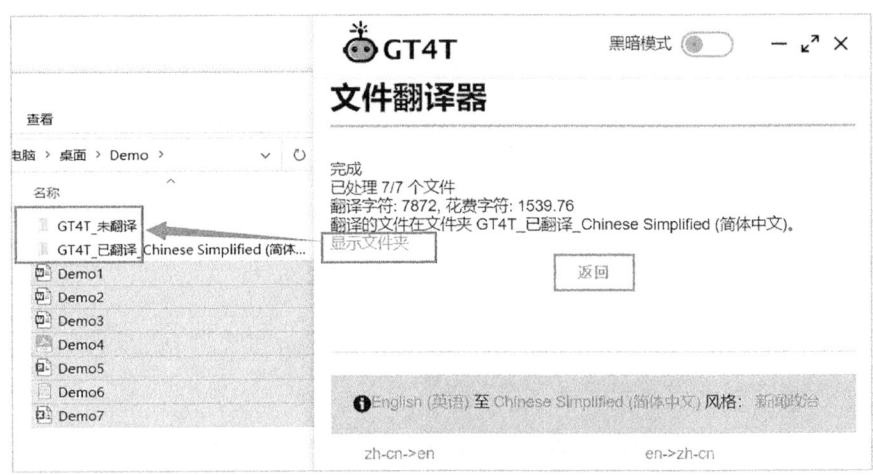

图 9-17　GT4T 文件翻译器——翻译结果

（4）如果对机器翻译结果不满意，还可打开 GT4T 中"超级插件"的"多个引擎选项"，添加或修改机器翻译引擎，GT4T 支持 29 个国内外的机翻引擎，如图 9-18 所示。

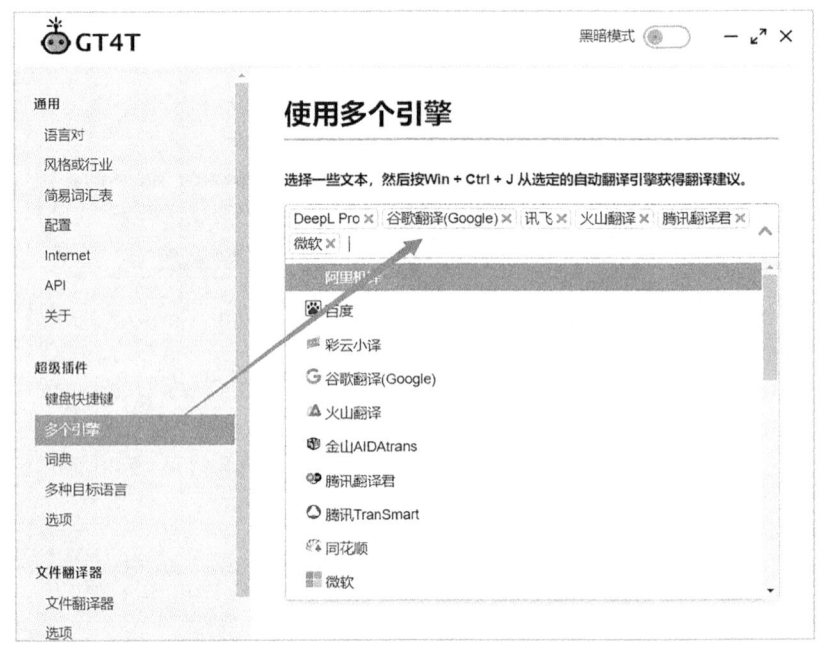

图 9-18　GT4T 文件翻译器——修改机翻引擎

（5）此外，GT4T 也是一个超级翻译插件，在任何窗口下都能用键盘快捷键进行翻译。在 Trados 等 CAT 工具里，将输入点放在目标框里，按"Ctrl+Alt+J"翻译当前句段，按"Ctrl+Alt+Win+J"获得当前句段的多个译文供选择，按"Ctrl+Shift+J"连续翻译多个句段，按"Ctrl+Shift+K"连续获得句段的多个译文。GT4T 支持的 CAT 工具有：Trados Studio、Memsource、memoQ 译马网、Lokalise、雪人、SmartCat、YiCAT 等。如图 9-19，按下"Ctrl+Shift+K"，输入要翻译的句段数目，则会在译文中显示几个句段的翻译。

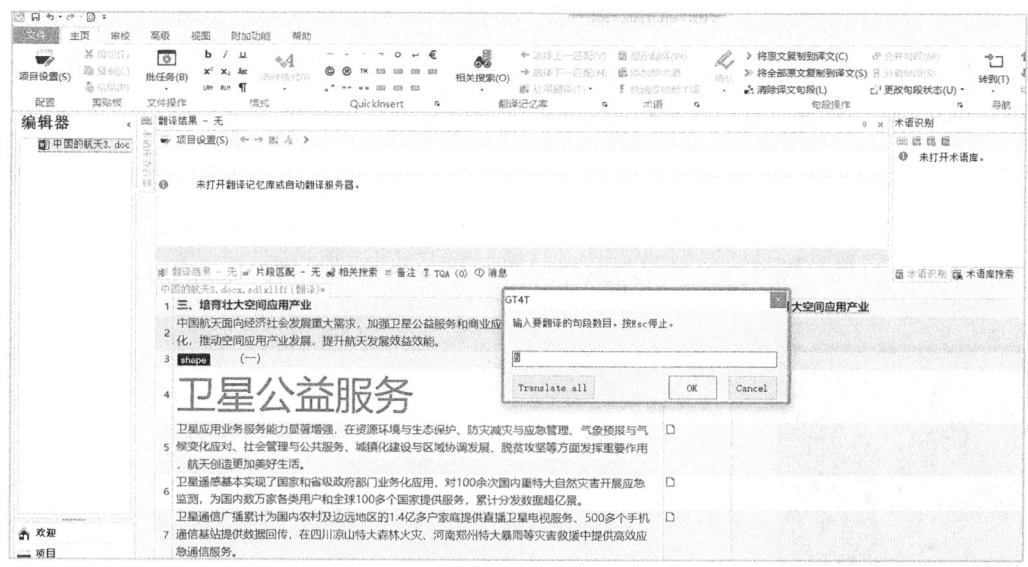

图 9-19　GT4T 快捷键翻译——快捷键

（6）如图 9-19 所示，GT4T 在使用快捷键翻译的情况下会出现许多问题，如高亮标记、标记符号缺失等，这些都可以通过译后编辑实现。又如译后编辑中翻译风格的问题，可以手动将图 9-20 中的标题"卫星公益服务"的译文改为"Boosting Public Services with Satellites"，这样翻译更加合适。

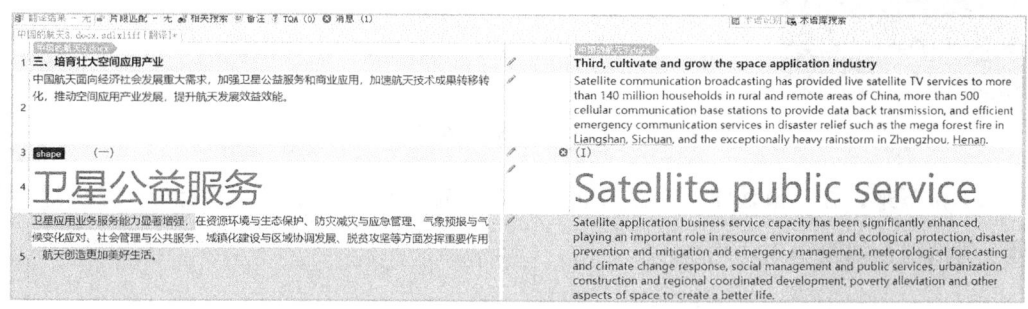

图 9-20　GT4T 快捷键翻译——译后编辑

(二)案例二：如何在网页 CAT 工具中实现 MTPE

某项目有多个文件需要进行机器翻译译后编辑并快速交付审校，此时没有下载桌面版 CAT 工具，应该如何用其他工具实现快速 MTPE 并尽量保留源文件中的文字格式？在此案例中，我们需要使用在线版 CAT 工具，即网页版 CAT 工具，包括 YiCAT、SmartCAT、Memsource、MateCAT、译马网、飞译 CAT 等。下面将讲解具体操作步骤。

1. 用 YiCAT 进行机器翻译译后编辑

YiCAT 在线辅助翻译平台是 Tmxmall 研发的基于语料大数据的在线辅助翻译平台。与桌面版 CAT 相比，用 YiCAT 来进行机器翻译译后编辑的操作更为简单，也方便了高效的团队管理和多人协同翻译，其快速衔接翻译和审校功能也是一大亮点。

（1）直接访问 YiCAT 官网并注册登录。可以在新建项目后或新建项目时添加机器翻译引擎。以前者为例，在"项目管理"一栏选中翻译项目，点击"项目设置"，即可在"机器翻译引擎"中选择各种机器翻译，目前 YiCAT 提供的机翻引擎有 18 种，如图 9-21 所示。

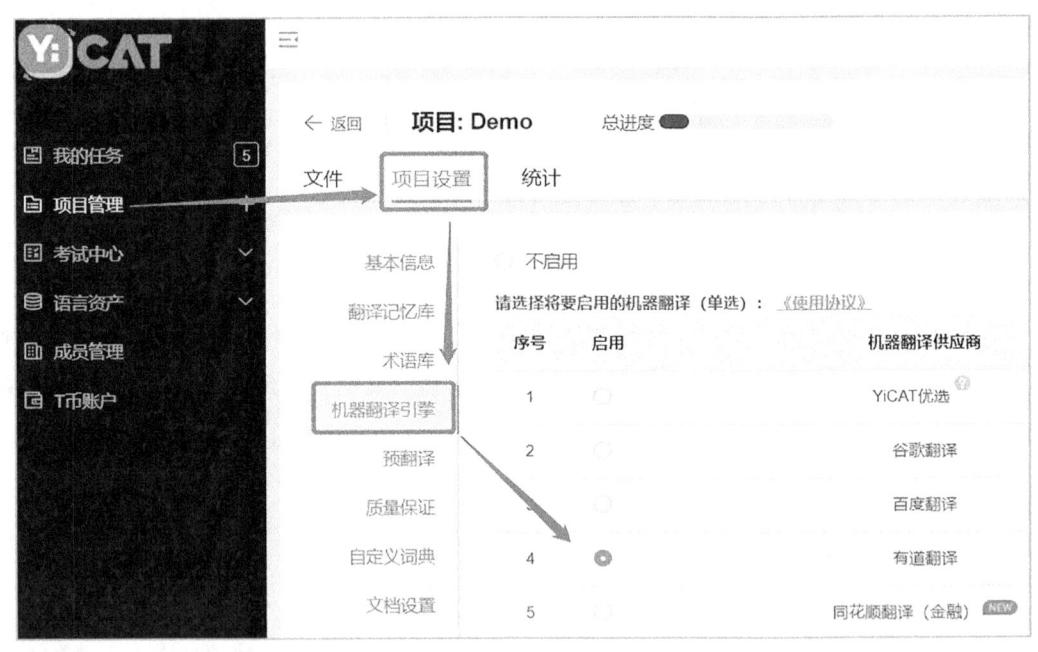

图 9-21　YiCAT——机器翻译引擎设置

（2）接下来，在"预翻译"一栏勾选"用机器翻译进行预翻译""用翻译记忆库进行预翻译"等选项，如图 9-22 所示。

图 9-22　YiCAT——预翻译设置

（3）为方便后续的译后编辑，也可在"质量保证"一栏选择需要检查的内容，如译文标记丢失、译文有语法错误、译文有拼写错误、成对标点符号丢失等，如图 9-23 所示。

图 9-23　YiCAT——质量保证设置

（4）设置好预翻译后打开文件编辑器即可查看机器翻译结果，并开始译后编辑。例如，点击"QA 设置"选择"运行 QA"，可以在下方 QA 结果中看到译文无标记、标点符号后遗漏空格术语错误等。译员可以在此基础上进行译后编辑，然后按 Enter 键确认句段即可，如

图 9-24 所示。

图 9-24　YiCAT——译后编辑和 QA

（5）此外，YiCAT 支持离线或在线审校，审校人员可以直接点击"去审校"跳转编辑器页面操作，或者点击"离线文件"选择"导出到本地进行审校"，完成之后再导入提交。YiCAT 还支持在线跟踪修订，目前国内还没有能够支持跟踪修订的在线 CAT 平台。在 YiCAT 中，若项目流程是翻译和译后编辑，用户可在编辑器中随时打开或关闭跟踪修订功能。若项目流程是翻译加审校，用户仅可在审校模式下启用跟踪修订功能。跟踪修订还可以完美兼容本地 Word 跟踪修订标记，如图 9-25 所示。

图 9-25　YiCAT——译后编辑跟踪修订

2. 用 SmartCAT 进行机器翻译译后编辑

SmartCAT 是国外的一款在线 CAT 平台、TMS 翻译管理系统，其功能较为全面，是针对供应商市场、本地化自动化、合作翻译、工作流管理、本地化质量保证等方面的在线 CAT 工具。就其机器翻译功能而言，SmartCAT 集成 Google、Amazon、Microsoft 等超过 15 种机器翻译引擎。下面将介绍其具体操作方法。

（1）登录 SmartCAT 官网，在左侧"My tasks"新建项目，并在"Settings"中勾选"Use machine translation"，如图 9-26 所示。

第九章 机器翻译译后编辑

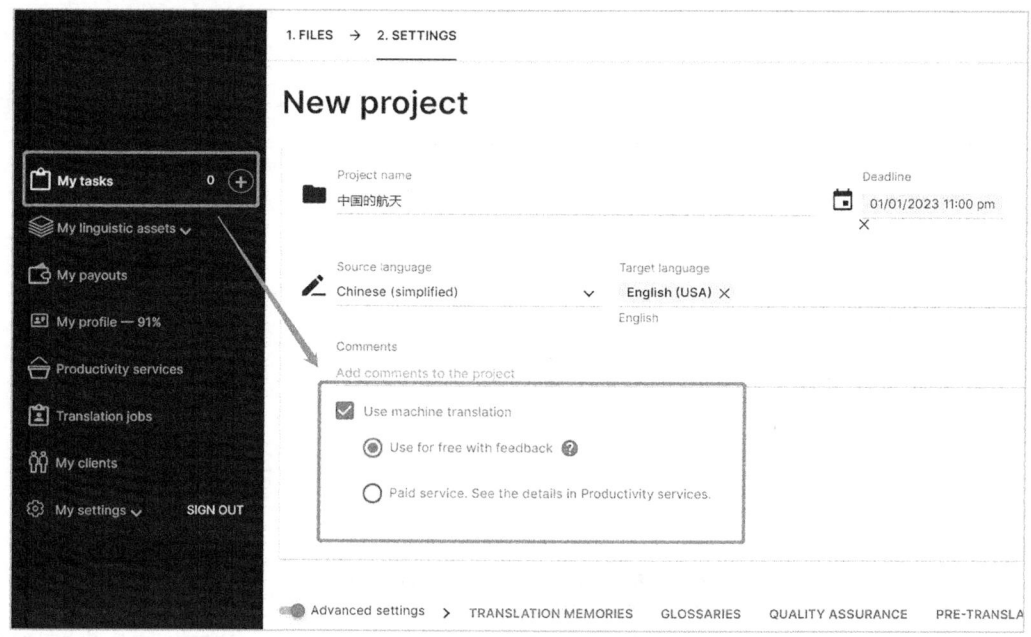

图 9-26 SmartCAT——设置机器翻译

（2）打开"Advanced settings"，选中"Quality Assurance"一栏并对标记、术语、时间数字、标点符号、拼写等进行设置，方便后续译后编辑，如图 9-27 所示。

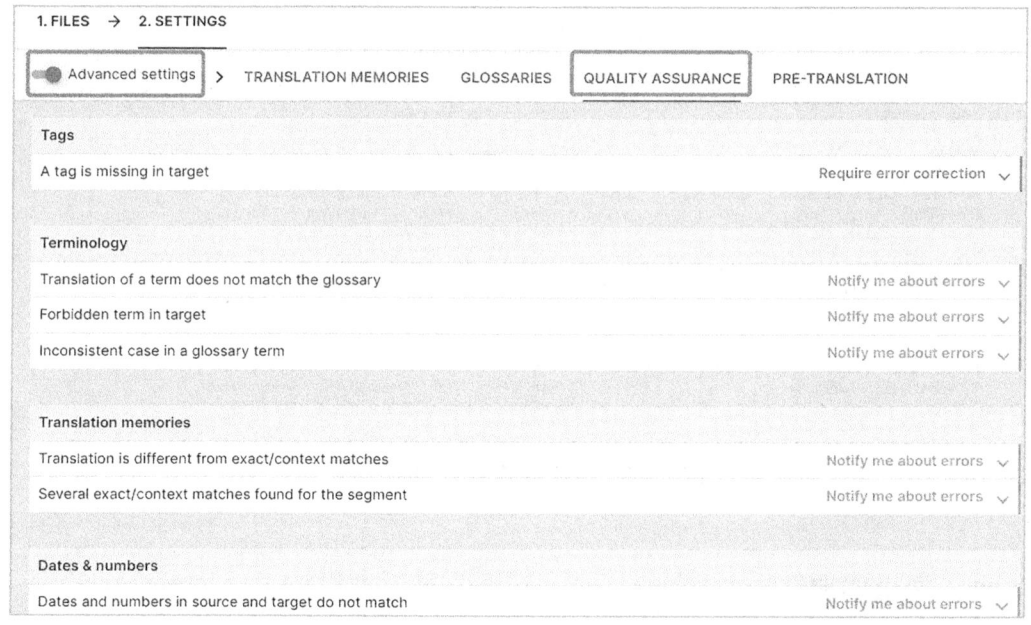

图 9-27 SmartCAT——设置 QA

（3）打开翻译项目，勾选"Pretranslate"即预翻译，选择机器翻译并保存，如图 9-28

219

所示。

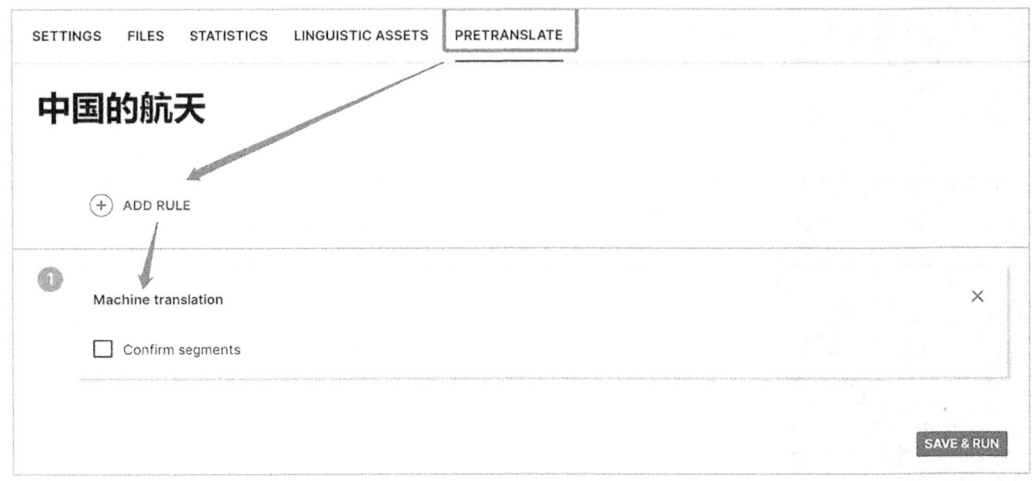

图 9-28 SmartCAT——设置预翻译

（4）打开文件编辑器，这样机器翻译结果就出现在译文位置了。接下来开始译后编辑，根据上下文语境，应该将"空间科学探索"的译文改为"Research on Space Science"，修改后按"Ctrl+Enter"或点击右边的灰色小勾，确认修改，如图 9-29 所示。

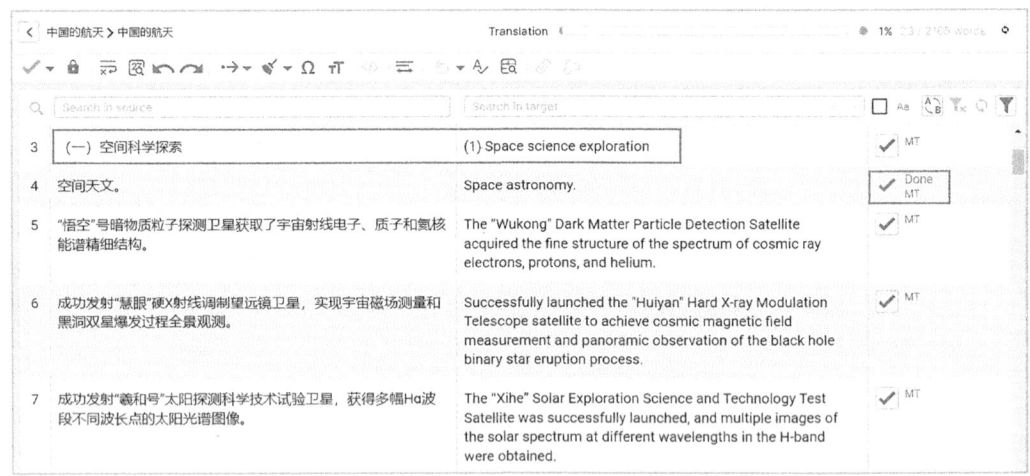

图 9-29 SmartCAT——译后编辑

四、技术拓展

下面继续拓展介绍支持快速机器翻译译后编辑的相关软件工具，各类工具的功能侧重有所不同，用户可以根据需要自行选择合适的工具。下面将介绍 MateCAT、译马网和 Bing

AI 中机器翻译译后编辑的操作。

（一）Mate CAT

MateCat 是免费开源的云翻译软件，目前集成了 Google、Microsoft、ModernMT、MyMemory 等 13 个机器翻译引擎，还有一个包含 120 亿句对的公共翻译记忆库供用户免费使用。在 MateCat 的编辑界面打开原文时，每个句段都会自动添加机器翻译译文或翻译记忆库匹配译文，不需要进行任何预翻译操作。此外，译文句段下方列出了译文匹配的来源，每个句段下方也列出了术语匹配的内容，方便译后编辑人员在机器翻译译文和翻译记忆库匹配译文之间取舍。在 MateCat 的编辑器中，对文本内容进行编辑修改，对文本格式和标记（tag）进行处理也都非常简便。

（1）注册登录 MateCat 后，可以直接新建项目，选择"more settings"设置机器翻译。系统默认使用 MyMemory 的公用记忆库，以及谷歌和微软的机翻引擎，同时也可以自行添加机翻引擎，但需要输入 API 账号和密钥，如图 9-30 所示。

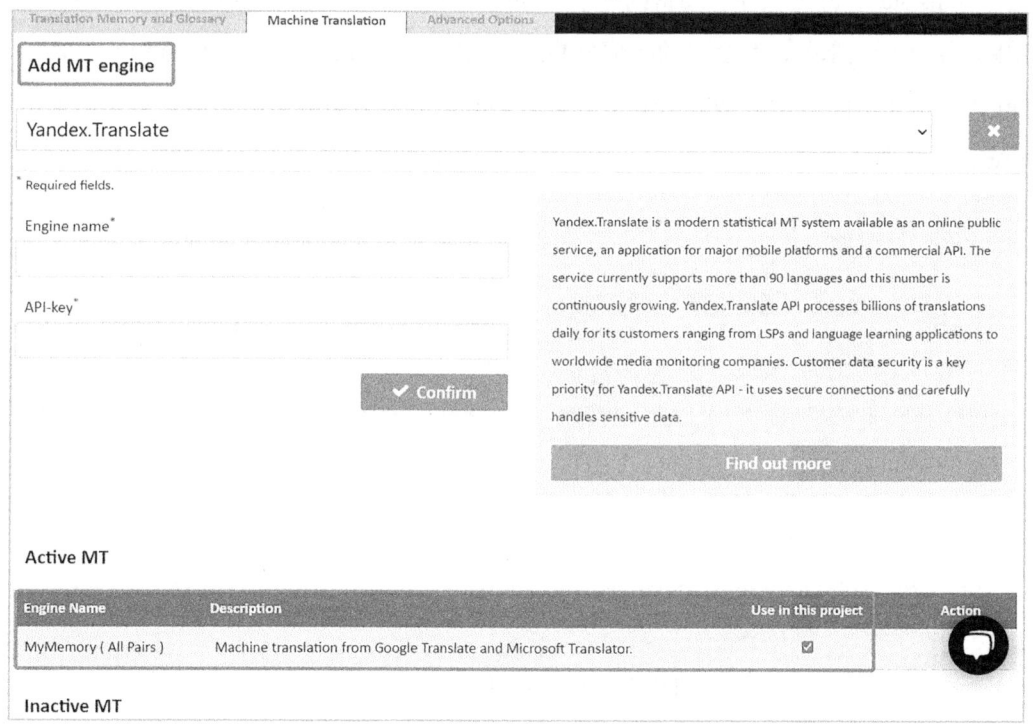

图 9-30　MateCAT——机翻引擎设置

（2）MateCAT 可以添加的机器翻译引擎如图 9-31 所示。

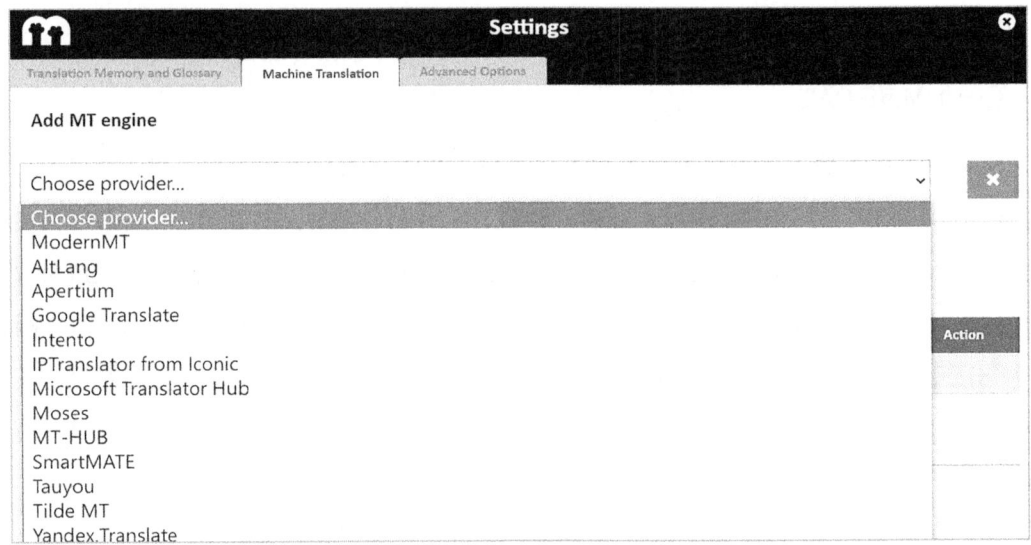

图 9-31　MateCAT——自行添加机翻引擎

（3）设置好后，开始新建项目、设置语言对、导入翻译文件，点击"Analyze"对文件开始"Translate"，并进入译后编辑的环节。如图 9-32 所示，并不需要进行人工预翻译，只需用鼠标点击译文部分，就会自动匹配公共翻译记忆库（Public TM）或机器翻译（MT）的翻译内容，可以自行选择译文并修改，编辑完成后点击"Translated"或按"Ctrl+Enter"即可确定修改句段。

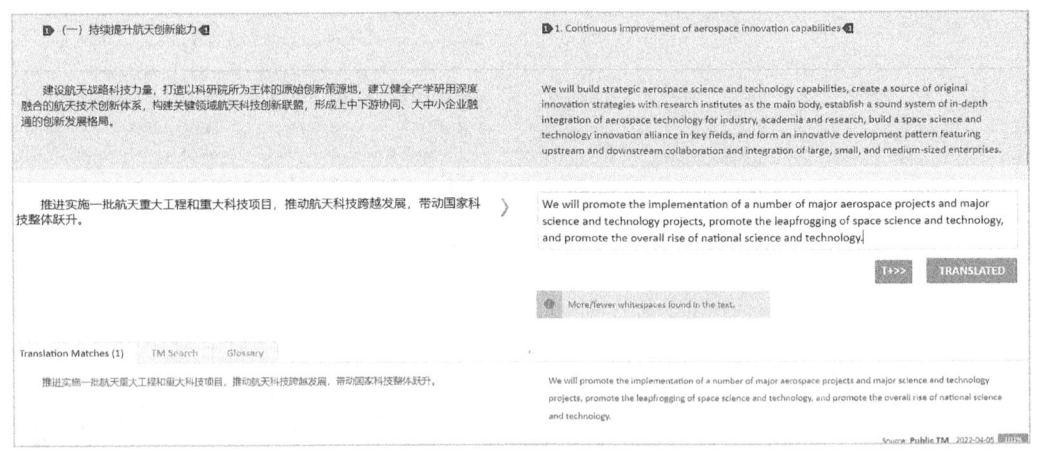

图 9-32　MateCAT——译后编辑

（二）译马网

译马网是开放的第三方语言服务平台，基于云计算技术和语料大数据，译马网不仅提供在线机器辅助翻译系统，还有项目管理、项目译前译后处理、垂直机器翻译、语料共享、众包等功能。在译马网官网，提供个人版、企业版、团队版、高校版等 CAT 系统供用户使用，能够实现高效的协同翻译流程。通过语料大数据的及时交互机制、个性化翻译建议、良好的团队任务管理等措施，译马网可以解决翻译行业在时间碎片化、任务众包化、项目协同化的趋势下出现的系列问题。目前，译马网的 CAT 平台提供小牛、谷歌百度、有道、搜狗等 8 个机器翻译引擎，也可进行译后编辑。

（1）进入官网选择"机辅翻译"，根据需要选择"个人版""团队版"或其他版本。新建项目并选择机器翻译工具。可以在图 9-33 中看到，调用这些机翻引擎都需收取一定费用。

图 9-33　译马网——选择机翻引擎

（2）选择好机翻引擎后，开启"预翻译"选项，并根据需要设置最低匹配率、是否使用模糊匹配等，如图 9-34 所示。

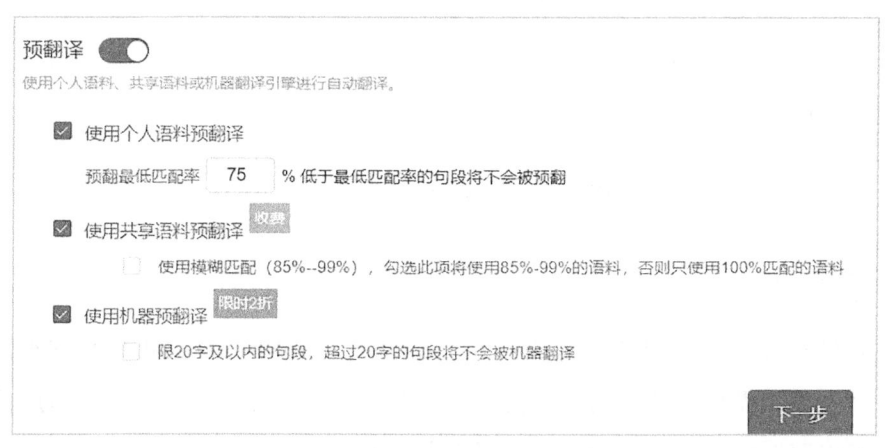

图 9-34　译马网——预翻译设置

（3）设置完成并付款后，便可在文件编辑器查看机器翻译结果，并进行译后编辑。如图 9-35 所示，选中译文框，勾选"全文检查"，便可初步检查出下图的问题。

图 9-35　译马网——QA 设置

（4）如图 9-36 所示，检查出了大量的格式错误，但大小写、数字等问题尚未检查出来，需要人工进行译后编辑。例如，"五、推进航天治理现代化"的译文应该改为"V. Modernizing Space Governance"。修改后，点击确认框即成功确认修改句段，完成译后编辑。

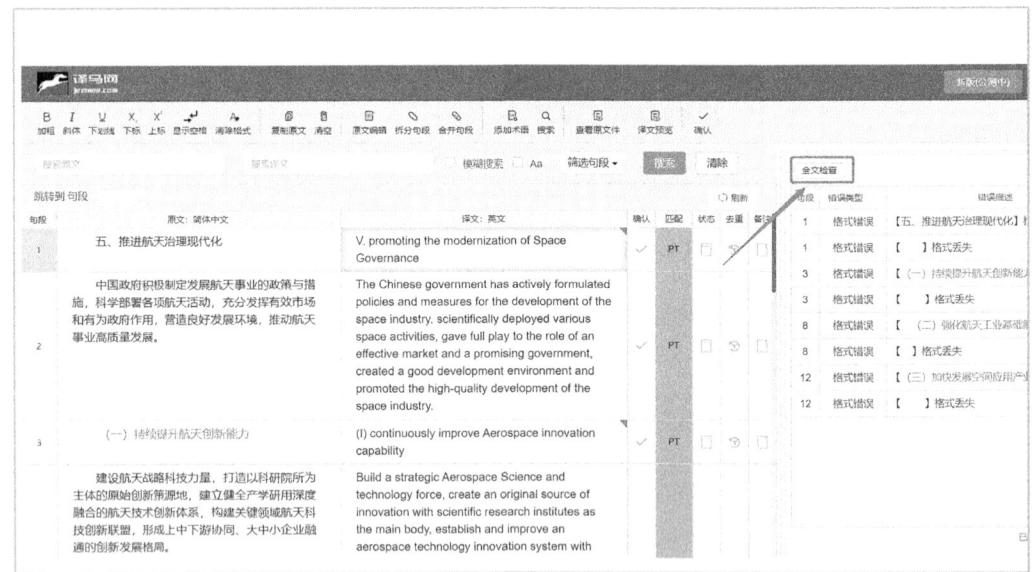

图 9-36　译马网——译后编辑

（三）Bing AI

微软的 Bing AI 是一款智能聊天机器人，可以用于对话聊天，帮助用户搜索信息、分析信息、写文章、做任务等，而且回复速度较快。除了前面几个章节提到的作用之外，BingAI 还可以用于对机器翻译内容进行优化编辑，具体使用方法如下。

(1)如图 9-37 所示,当需要 Bing AI 提供某段文字的 GoogleTranslate 英语译文,并提供其优化版本,那么在对话框输入指令,Bing AI 很快返回两个版本译文。

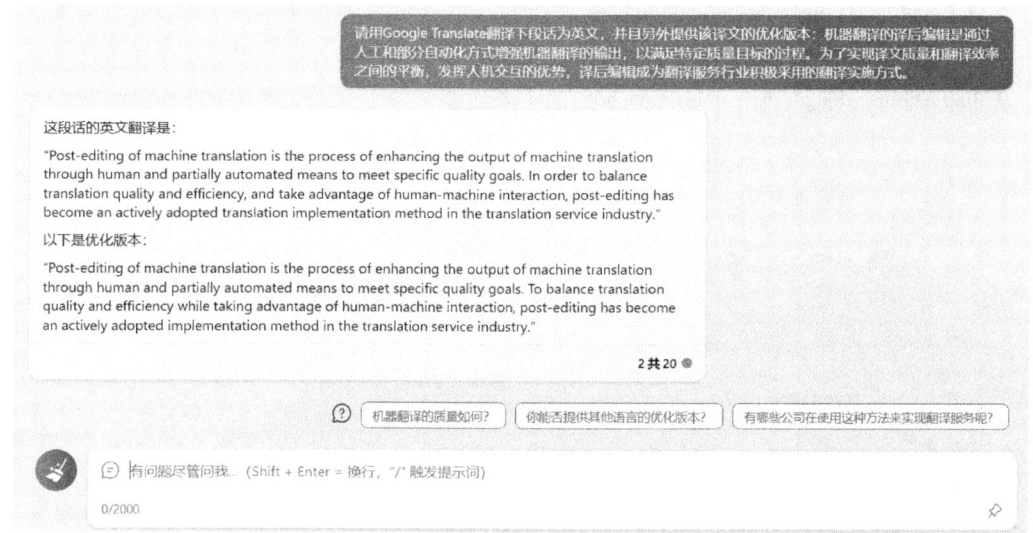

图 9-37　Bing AI——译后优化

(2)如果对优化内容不满意,用户可在聊天框输入修改方法,如修改某个术语的译文。发送之后,Bing AI 很快提供了正确的修改版本,如图 9-38 所示。

图 9-38　Bing AI——针对性优化

五、参考资料

1. Tmxmall 机器翻译插件下载:https://www.tmxmall.com/home/download?innertab=4

2. Tmxmall 官网个人中心:https://www.tmxmall.com/user/center

3. 百度翻译 API 官网:http://api.fanyi.baidu.com/api/trans/product/index

4. GT4T 官网：http://www.gt4t.cn

5. YiCAT 官网：https://www.yicat.vip

6. SmartCAT 官网：https://smcat.cn

7. MateCAT 官网：https://www.matecat.com

8. 译马网：https://www.jeemaa.com/#/portalPage/home

9. Bing AI:https://bing.techxiaofei.com/web/#

第十章 机器口译

一、基础知识

机器口译（MI），又称"语音机器翻译"（Speech-to-Speech MT）或"自动口译"（Automated Interpretation），是指通过计算机实现一种语言的语音自动翻译为另一种语言的语音。纵观机器口译的发展史，机器口译技术可嵌套于各种在线语音翻译系统、口语翻译机、口译机器人、自动口译电话等软硬件中。机器口译的目标是让计算机像人一样在持不同语言的说话人之间充当口译员的角色，完成口译任务。

机器口译中较为常见的模式是机器同传，其重要应用领域包括：日常电话交谈、网络视频聊天、面对面交流、会议演讲、广播等场景。机器口译的过程包括源语言的监听、记忆、理解和目标语言的组织、修正、表达，可拆解为语音识别、语言转换和语音合成三个部分，因此，机器口译的核心离不开语音技术和机器翻译技术。

近年来，随着自然语言处理、人工智能、深度学习等一系列翻译技术的飞速发展，机器口译取得了长足的进步。大量语音翻译系统和应用软件、硬件产品相继出现，并且日趋实用化、大众化，帮助实现人人都能做口译、人人都能做同传的愿景。机器口译的成本低、效率高、使用便捷、应用广泛等优点为其技术发展奠定了良好的基础，机器口译的进步也给人类跨语言交流提供了极大的便利。然而目前，机器口译还面临着语音识别尚不完善的问题，对于语速快、噪声大、网络差、口音重的文本存在较大的识别问题，同时也面临着机器翻译不够准确、训练数据不足的瓶颈和平衡质量与时延、确定评价指标的挑战。具体来讲，机器无法理解和翻译语言所包含的文化、语境、语法和情感，真实场景的同传数据远远不足以训练高质量的同传系统，传统的评价文本翻译的指标不适用于评价机器口译的结果，这些都是未来机器口译专家亟待解决的问题。

二、主流工具

当前，人工口译员的门槛较高、人才稀缺，聘请人工译员费用不菲，在普通日常对话场景下似乎没有必要使用人工译员,而在一些特殊场景中可能无法保证人工译员的质量,出于种种原因,客户方在聘请人工译员时都需要多加考量。但随着人工智能的发展演变,机器口译技术的出现让口译不再变得高不可攀,在成本方面和使用场景方面都更加贴近大众的需求,兼具智能化、大众化、便捷化、实用化等优势。各种适用于工作和生活的机器口译软硬件相继出现,让机器口译技术更加普及,走近大众生活。常见的机器口译软硬件包括:

(1)机器口译手机 App:腾讯翻译君、有道翻译官、百度翻译 App、谷歌翻译、搜狗翻译、微软翻译、Felo Translator 等。

(2)机器口译桌面软件工具:百度同传会议版、百度翻译 AI 同传助手、讯飞听见会议、小译同传、有道同传、Skype Translator、微软翻译、Felo Translator 等。

(3)机器同传系统:云译坤伸智能同传系统(包括远程会议智能同传系统和多语字幕翻译工具)、腾讯 TSI 同传系统等。

(4)语音翻译智能硬件:讯飞翻译机、传神翻译机、搜狗翻译笔、搜狗旅行翻译宝、网易翻译蛋等,又如讯飞听见智慧屏、讯飞听见 L1 等。

三、案例实操

下面将结合具体案例,对各种机器口译相关工具进行简单介绍,并演示如何通过不同方法,在日常聊天中和正式会议演讲中进行快速机器口译。

(一)案例一:在日常聊天中,如何利用手机 App 做机器口译

在日常工作中,某公司代表需长期与外国客户进行快速便捷的面对面沟通,但双方语言不通。在此情况下,公司认为长期聘请人工同传价格不菲,没有必要,但又需要保证较高的翻译质量,不影响双方交流效果,应该采用何种工具?如何操作?

1. 有道翻译官

有道翻译官 App 可实现同传翻译、文本翻译、AR 翻译、离线翻译、拍照翻译等功能。该软件支持中、英、日、韩、法、俄、西等多种语言的机器口译,通过下载离线翻译包也可实现部分语言的离线翻译,在没有网络的情况下也能使用口译功能。同时可实现发音跟读、机器口译结果在线查词等功能,其口译功能非常实用。有道翻译官具体使用方法如下:

(1)如图 10-1 所示,在有道翻译官 App 中可选择"对话翻译""同传翻译""离线翻译包""出国急救包"等功能,后两者中自带双语机器翻译库,对特殊情况下的口译很有帮助。

（2）进入对话翻译界面，在上方可以选择翻译语种，界面下方按麦克风按钮，即可开始机器口译。可以在口译结束后，对每个对话的原文进行修改编辑等操作，其机器口译结果也会发生相应改变，如图 10-2。

（3）在同声翻译功能中，如图 10-3 点击麦克风按钮可以输入时间较长的语音，该软件会自动识别并分段，最后给出口译结果。但该功能的缺点是不可修改文本。

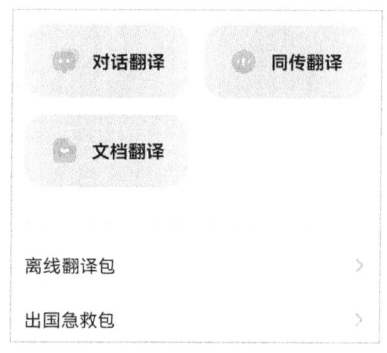

图 10-1　有道翻译官——选项

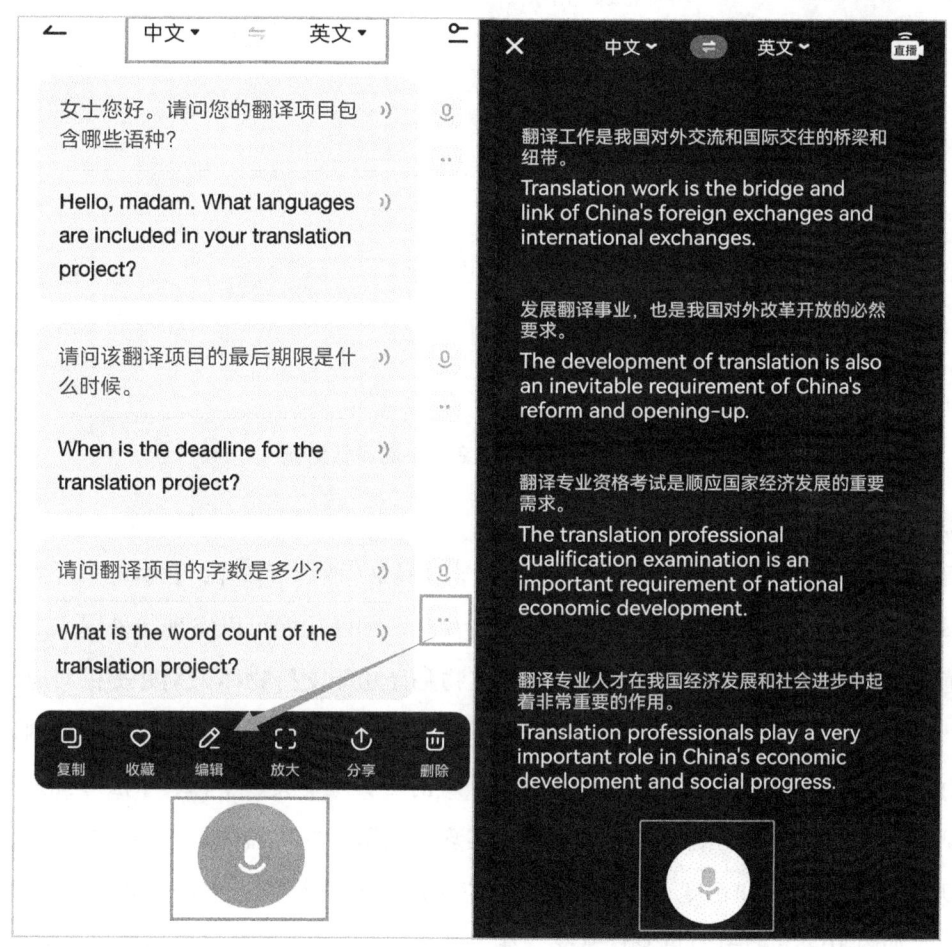

图 10-2　有道翻译官——对话翻译　　图 10-3　有道翻译官——同声翻译

（4）该软件可下载离线数据包，对中英、中韩、中日、中西的数据包，在没有网络的情况下，除了基本的文字翻译和图片翻译，还支持语音翻译和同传翻译功能，如图 10-4。

图 10-4　有道翻译官——离线数据包

2. 百度翻译 App

百度翻译 App 可以实现高质量多语种互译，支持 27 种语言口译，在机器口译和旅游翻译领域效果良好，覆盖所有语种的发音。其语音会话翻译功能可以实现与外国人之间的实时沟通，支持中、英等语种的语音输入；其实物翻译功能支持物体识别并提供对应的翻译结果；其付费离线翻译包中，可下载英语、日语、韩语离线翻译包，之后无需联网即可翻译。百度翻译 App 的对话翻译功能较为强大，目前可实现中英、中韩、中法等九种语言对的对话翻译，但其同传功能较为逊色，只能实现中英语对的机器同传，相比之下，其电脑端百度翻译 AI 会议版和百度 AI 同传助手更为实用。下面介绍该 App 的具体使用方法：

（1）如图 10-5，打开百度翻译 App，在"对话翻译"中，首先选择需要口译的语言对，然后点击下方的"说中文"或"Speak English"按钮，即可开始语音输入，并立即听到机器口译的结果。如果语音识别错误，可以对源语言的识别文本进行修改，获得更准确的口译结果。

（2）在其"同传"功能中，虽然只能实现中英互译，但其优势在于口译速度快，如图 10-6 所示，点击屏幕下方的麦克风按钮即可开始机器同传。

图 10-5　百度翻译 App——对话翻译　　图 10-6　百度翻译 App——机器同传

（二）案例二：在会议演讲中，如何利用电脑软件做机器口译

某大型产品发布会邀请了一位说汉语的讲者进行发言，但观众都只能听懂英语，此时，需要机器口译软件做同传，将演讲内容准确翻译给听众，并在屏幕上呈现出目的语的译文，应该如何操作？

1. 百度 AI 同传

百度 AI 同传提供标准版、VIP 版和 VIP 定制版的服务，在官网可下载百度 AI 同传会议版软件，其中不同版本支持不同的功能。例如，百度 AI 同传会议 VIP 版支持"App 端收音＋网页端操控"模式，支持同传字幕投屏、手机扫码收听、同传记录导出、字幕保障、会议管理、PPT 翻译等功能，适用于国际会议、跨国交流等中小型会议，其 VIP 定制版适用于国际会议、政府会议、行业论坛等大型会议。相比之下，百度 AI 同传软件标准版可用于讲座培训、公司会议、在线会议等小型会议，无论是观看外语演讲视频、倾听外语课程，或是参加跨国会议，都可使用该软件。而作为轻量级音视频同传字幕工具，百度 AI 同传助手支持中英实时同传并实时快速生成双语字幕，同传字幕内容可导出，在会议结束后可以随时回顾文本并撰写会议记录，解决了多语言沟通问题，提高了沟通效率。目前，百度 AI

同传系列软件支持识别中、英双语，可以翻译为中、英、日三种语言。下面是百度 AI 同传会议版的操作方法：

（1）在举办大型线下会议时，可以使用百度 AI 同传会议版软件。打开该软件，快速创建会议，设置会议语言，源语言可以选择中文、英文，目标语言可以选择中文、英文、日文、韩文。同时也可以选择声源和设置投屏字幕样式，如图 10-7。

图 10-7　百度 AI 同传会议版——会议设置

（2）在投屏样式设置中，可以设置原文和译文字幕的大小、行宽、颜色等，如图 10-8 所示，然后点击"开始同传"。

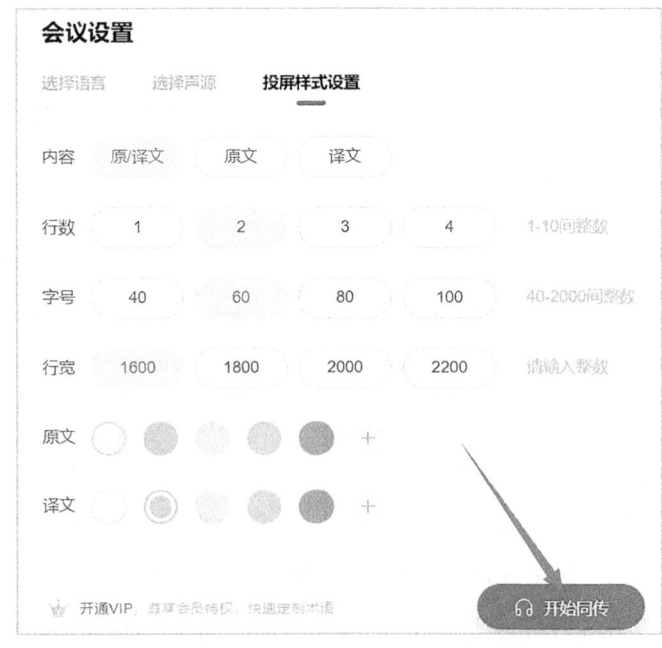

图 10-8　百度 AI 同传会议版——投屏样式设置

（3）会议演讲开始后，屏幕中会实时显示机器同传的原文和译文，也可以打开投屏页，在大型线下会议中可以将字幕投放到会议现场的大屏幕上。观众也可以通过手机扫描二维码收听机器同传，非常方便快捷，如图10-9。

图 10-9　百度 AI 同传会议版——机器同传

（4）会议结束后，在会议管理功能中可以打开会议纪要，复制所需要的双语文字内容，形成最终的会议记录，如图10-10。

图 10-10　百度 AI 同传会议版——会议纪要

2. 讯飞听见会议

讯飞听见会议软件有不同版本，其中适合个人及中小型团队的是个人会议室、商务会议室，适合大型企业及政府事业单位的是企业会议室和定制会议室。不同版本支持的功能有所不同，就其 AI 转写功能而言，其人工智能技术可快速识别参会者发言内容，识别出的发言内容会以滚动字幕形式显示在视频会议画面底部，并实现会议字幕实时同步翻译，会议结束后，所有参会者的发言内容可自动生成会议记录，并支持区分发言人、按句回听功能。讯飞听见会议软件适用于企业会议、教育培训、政务会议、涉外会议等多种场景，全平台兼容，支持 PC、Mac、手机、智能硬件视频会议终端等接入。在机器口译方面，其实时字幕、实时翻译、中英文发言随意切换、支持角色分离、自动生成会议记录的功能是软件的亮点。下面将介绍具体操作方法。

（1）在讯飞听见会议软件中创建会议后，需要开启转写和翻译功能，如图10-11所示。

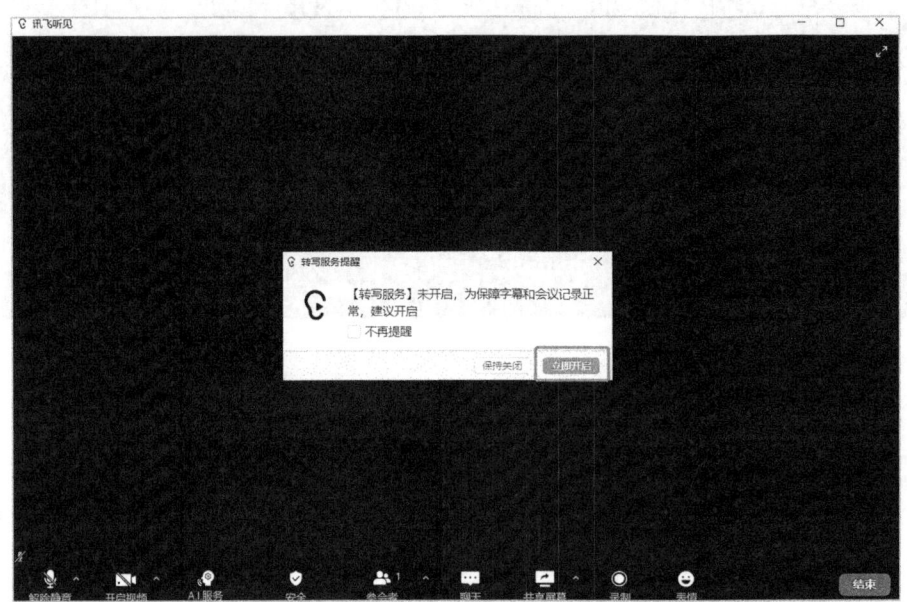

图 10-11　讯飞听见会议——开启转写服务

（2）会议中，点开"AI 服务"可以控制转写和翻译服务，也可以选择翻译方向。字幕字体大小和颜色根据不同场景可以灵活调整，如图10-12所示。

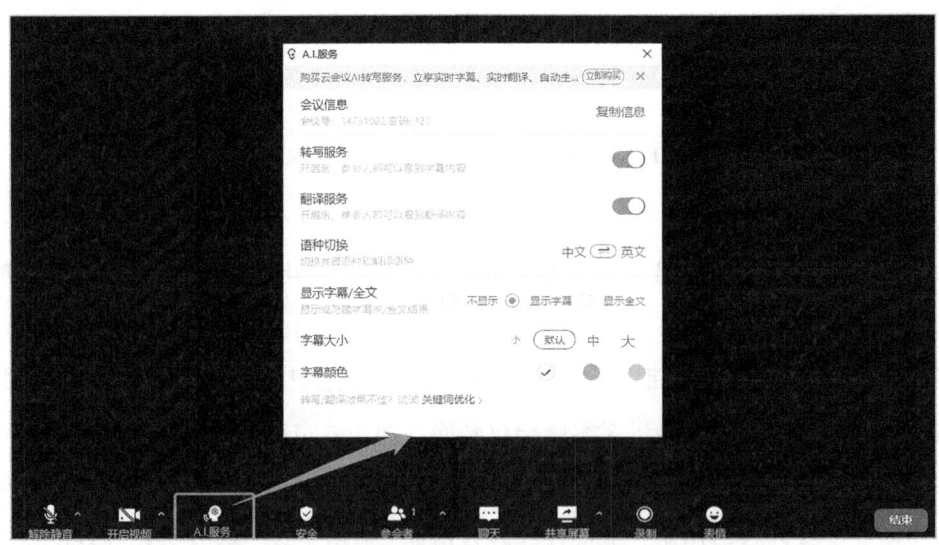

图 10-12　讯飞听见会议——设置转写服务和翻译服务

（3）会议结束后自动生成会议记录，包括音频和文字，主持人加密后通过二维码分享给参会人员。可以针对历史会议记录回看，双击某段文字可以跳转到对应的音频回听，可再次分享和下载会议记录，如图10-13。

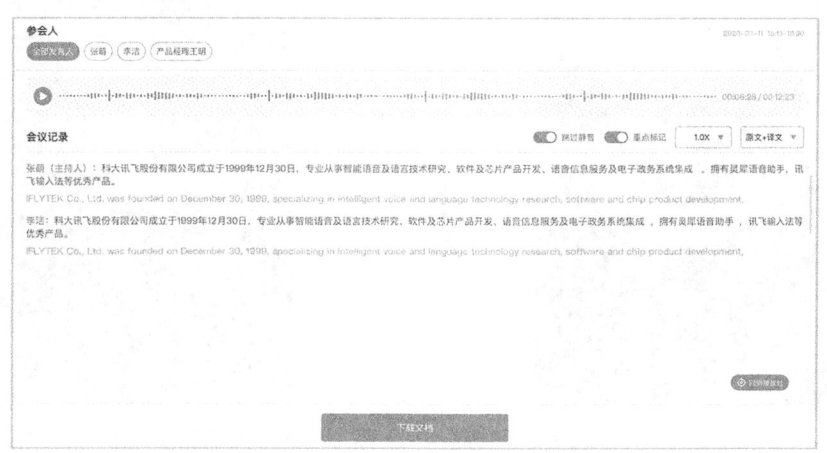

图10-13　讯飞听见会议——会议记录

四、技术拓展

下面将继续拓展介绍支持机器口译、远程口译功能的手机App和电脑桌面软件，其中包括微软翻译App、彩云小译的小译同传、云译坤伸同传系统和云译口译质量评估系统、Call Annie和Felo Translator。

（一）微软翻译App

微软翻译App可将文本、语音、会话、照片等翻译成60多种语言，其语音翻译功能可实现单人使用以及双人对话的分屏模式实时翻译，同时支持多人多语言会话翻译，可连接多个设备并跨越多个语种，与最多100人进行面对面会话，每人都可选择自己的语言。该App还收录了多种出国旅游场景的常用语手册与发音指引，支持下载离线语言包，查看单词的多种翻译与解释等功能。就其机器口译方面的功能而言，微软翻译App适用于教育培训、演讲讲座、娱乐视频、商务会议、学术讨论、日常交流等多种场景中。

（1）在手机应用商店下载安装微软翻译App，然后进入图10-14页面，根据需要选择语音翻译或创建多语种会议室。

（2）进入语音翻译的界面，如图10-15所示，设置语言对并点击麦克风按钮可开始机器同传，同时可以实现修改原文、回听译文等功能。

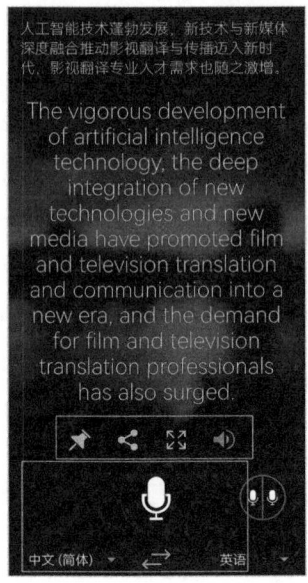

图 10-14　微软翻译 App——选择口译功能　　图 10-15　微软翻译 App——开始机器口译

（3）为了更加方便地实现机器口译，免去重复切换的麻烦，也可调整界面如图 10-20 所示，在汉语和英语对应的方框按下麦克风按钮并输入语音，即可立即听到机器口译的结果。

（4）也可选择创建多语言会议，如图 10-21 所示，每位参会者可以根据需要选择不同的语种，参会者在输入语音后可在会议室看到机器口译的译文。

图 10-16　微软翻译 App——切换机器口译界面　　图 10-17　微软翻译 App——多语种会议

(二)彩云小译同传

彩云小译开发的系列机器同传产品包括手机 App 和电脑桌面软件,兼容安卓、微软和苹果系统。在跨国会议、海外直播等场景下,可以使用小译同传的电脑软件来进行中英、中日的实时互译,在会议结束后可随时查看机器同传的译文,同时该软件还支持图片翻译、划词翻译等功能。总之,小译同传软件可以帮助实现快速便捷的跨语种实时交流,其语音识别和机器同传的翻译准确度较高,适用于大多数会议场景。

(1)下载小译同传试用版并登录账号,在"同传设置"一栏设置机器同传的语种、字幕等,如图 10-18。

图 10-18 小译同传——同传设置

(2)在小译同传中,可以选择从麦克风或电脑系统收音,在机器同传的过程中可以实时查看字幕,在后台可以查看源语文本和译文识别文本,如图 10-19 所示。

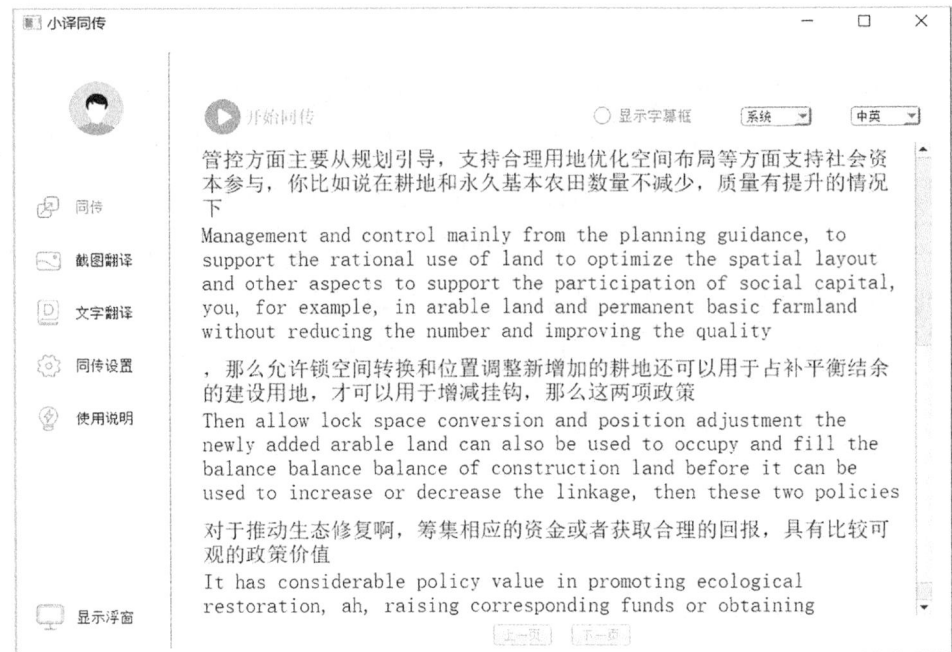

图 10-19　小译同传——同传记录

（三）云译坤伸同传

云译坤伸同传系统是一款能够广泛应用于大型高端会议、发布会、展览会、线上会议等场景的软件产品。通过语音转写、机器翻译等技术，该系统可实现语音实时识别、语音翻译、会议内容记录、实时生成字幕等多种功能，同时还提供多场景多语种实时转写翻译、字幕上屏和会议记录等一体化同传服务（需下载安装包使用）。如图 10-20。

图 10-20　云译坤伸同传——登录

（1）如图 10-21，设置翻译语种、领域，通过麦克风或电脑收音可实现实时语音识别及翻译，还可对声源进行设置、清除屏幕、查看会议记录、设置字幕等。

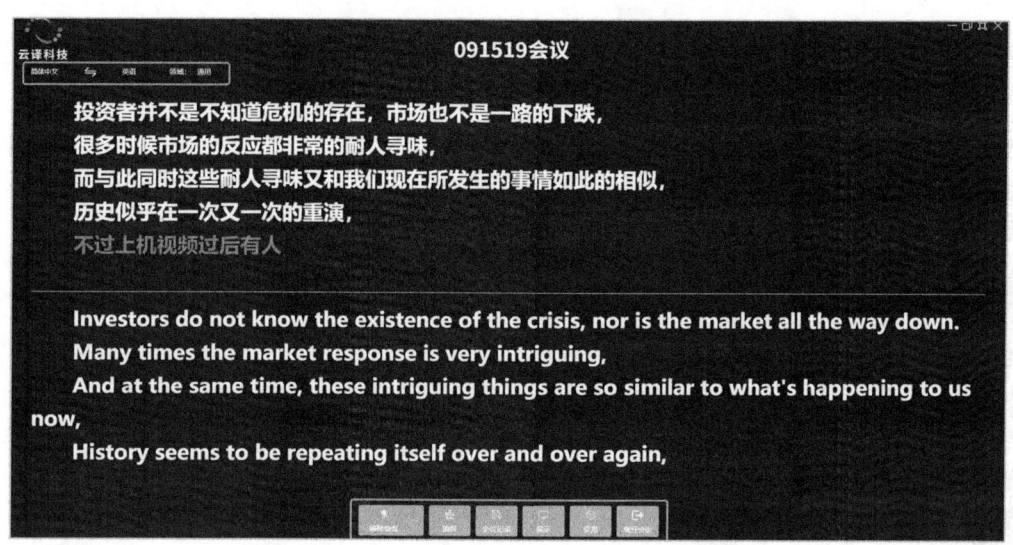

图 10-21　云译坤伸同传——同传翻译主界面

（2）如图 10-30，点击"会议记录"，即可查看当前进行会议的翻译记录，用户还可对会议同传记录进行编辑、修改、保存和导出。

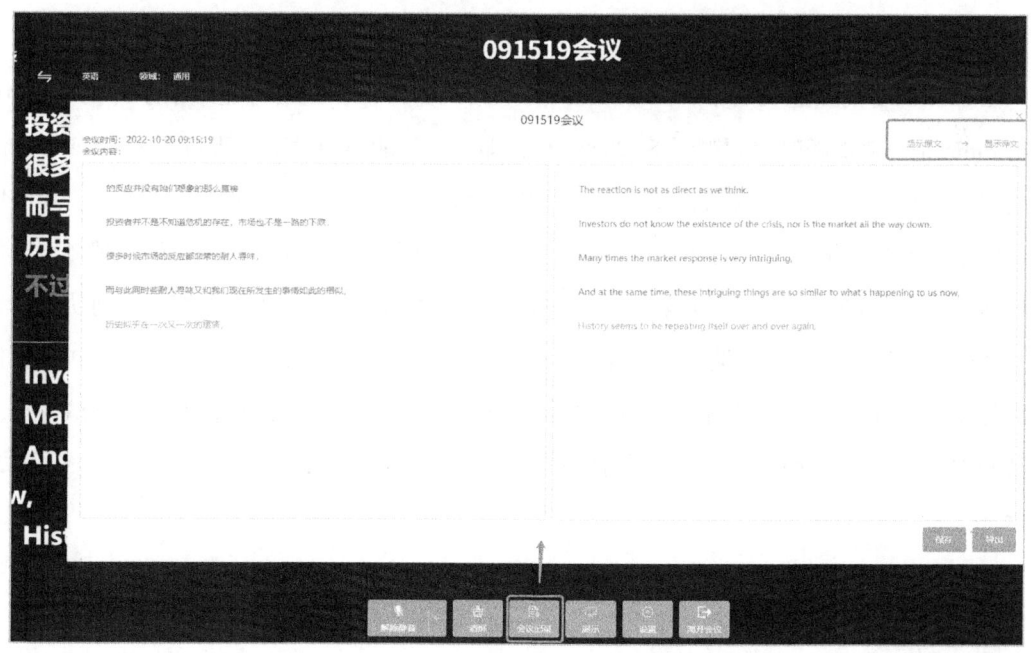

图 10-22　云译坤伸同传——当前会议记录

（3）点击"会议记录"-"同传日志"按钮，可打开历史会议记录列表，如图 10-23。列表展示所有会议历史及记录。点击"查看文件"按钮，即可打开该会议的记录，该目录还包含本场会议的录制音频文件。

图 10-23　云译坤伸同传——同传日志

（四）Call Annie

在 ChatGPT 的快速发展下，Call Annie 无疑给机器口译、教培行业带来了冲击和影响。Call Annie 是一个能随时视频聊天的 ChatGPT，即人工智能虚拟助理聊天机器人。Call Annie 的使用门槛很低，下载完成后，用户甚至无需注册即可立即与 Annie 聊天。同时，其使用场景也非常丰富，用户可以与 Annie 对话、让 Annie 唱歌、用 Annie 练习口语、请 Annie 帮忙处理工作。Annie 可以实现新闻查阅、天气预报、健身教练、金融助理等一系列功能，机器口译也不在话下，但其弊端在于，Annie 只能说英文，其他语言可以通过文字方式在软件界面与用户交流，但是不具备用除英语外其他语言与用户语音交流的能力。经测试，这款工具的中－英口译质量尚可，其他语对的口译质量还需进一步提升。其登录界面如图 10-24 所示。

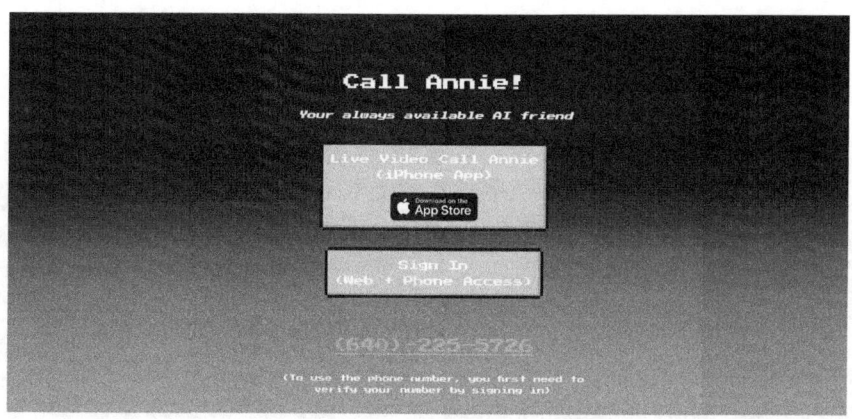

图 10-24　Call Annie——网页登录

（1）在图 10-25 位置，点击"Web Call"-"Call"，可以开始和 Annie 通话。

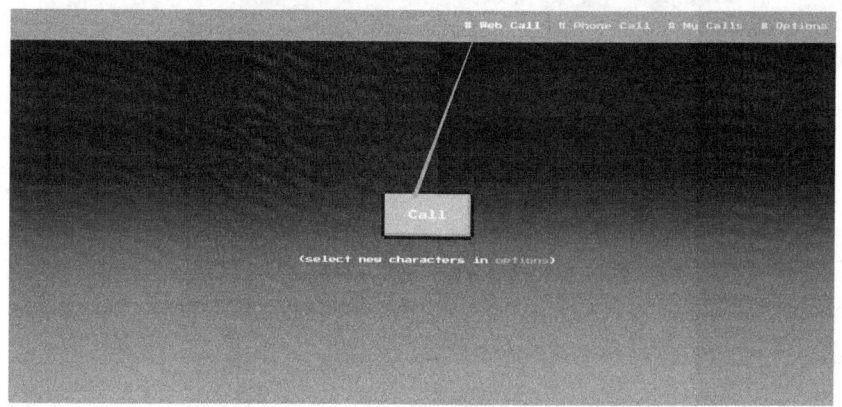

图 10-25　Call Annie——网络电话

（2）接下来，Annie 会识别对话内容，提供各种功能帮助，其中"中英"机器口译的结果值得参考。在拨号键下方，还能看到其语音的文字内容，十分方便，如图 10-26 所示。

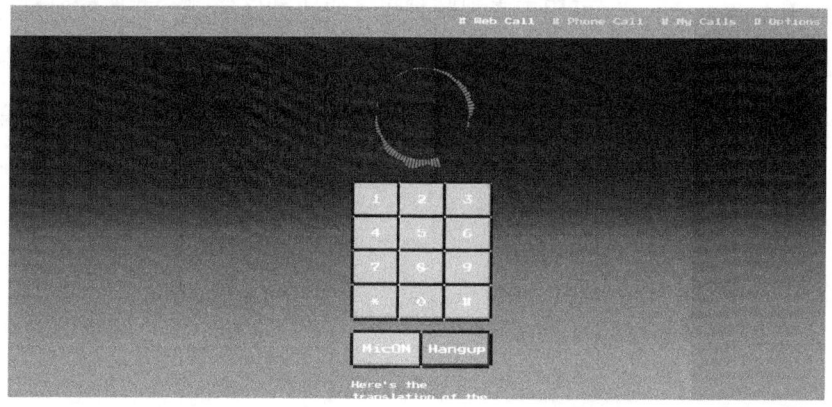

图 10-26　Call Annie——中英机器口译

（3）最后，用户还可选择不同角色的智能语音助手进行通话，每位助手擅长的领域各不相同，极大拓宽了其功能范围，如图10-27所示。

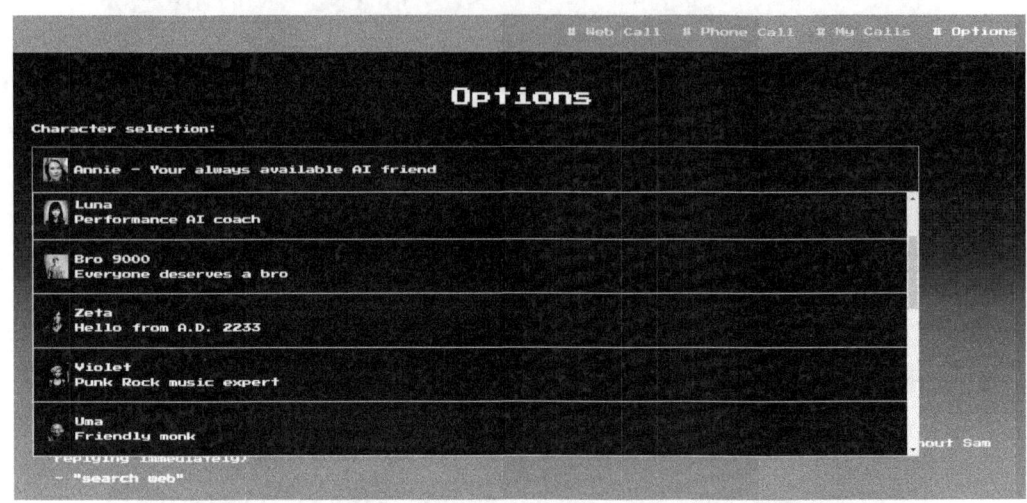

图10-27　CallAnnie——选择不同对话角色

（五）Felo Translator

Felo Translator是一款使用了大语言模型AI技术的同声传译App。基于GPT-4模型，该软件支持双向即时口译。Felo Translator界面简洁易用、操作便捷，目前发布了iOS版，可以在iPhone、iPad等设备上使用，且支持简体中文、繁体中文、日语、英语、西班牙语、德语、法语、意大利语、俄语、韩语、泰语等语言。通过AI大语言模型，该软件提供了更高质量的翻译效果，解决了过去翻译工具中常见的多义词错误理解的问题。Felo Translator适用于各种各样的场景，如海外旅行时，Felo Translator能够帮助用户解决各种日常沟通问题；语言学习场景中，通过软件的实时翻译和语音输出功能，用户可以学习正确的发音和表达；此外，Felo Translator还可用于音视频翻译，快速翻译字幕，获取实时翻译结果，并将其转化为字幕文件等。

（1）如图10-28所示，打开应用后，进入设置界面，可自行选择语言、翻译后自动语音播放、自动开启识别等。

图 10-28　Felo Translator——同声传译设置

（2）进入同声传译界面，底部有暂停或继续的功能按钮。原文和译文的文字、语音都可以在界面中实时查看，点击右侧播放按钮还可播放译文语音。如图 10-29 所示。

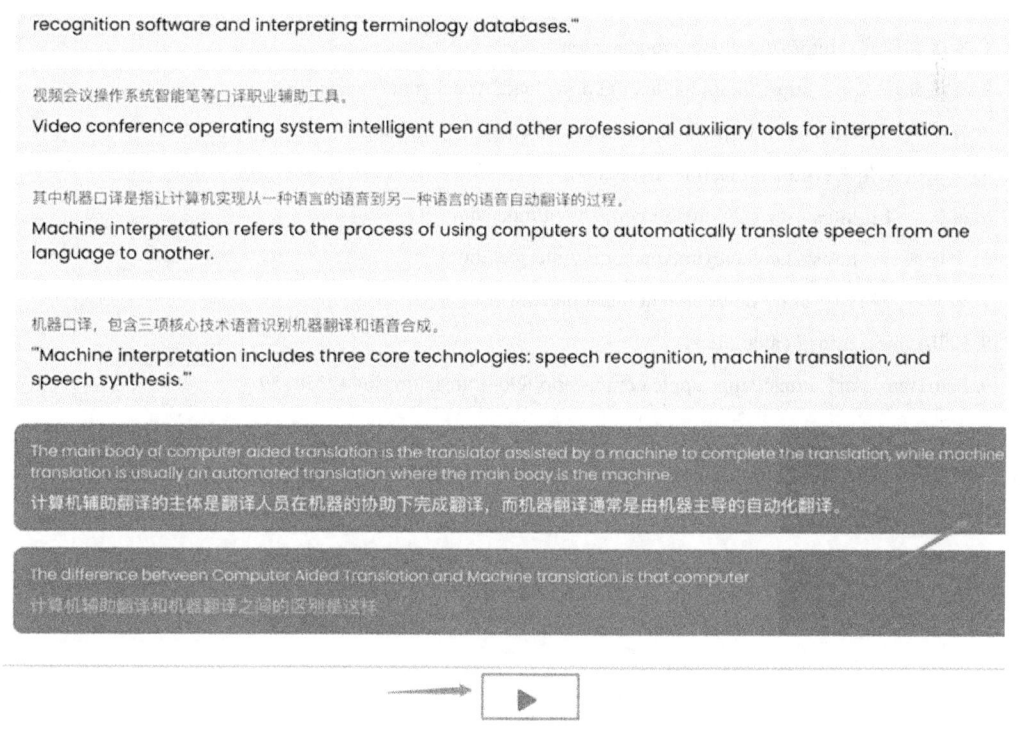

图 10-29　Felo Translator——机器口译界面

（3）口译内容都可以存档，方便日后查阅，如图 10-30 所示。存档后，屏幕会清空，用户可以开始新一轮的翻译内容。存档的内容都可以在历史记录菜单中找到，非常方便。

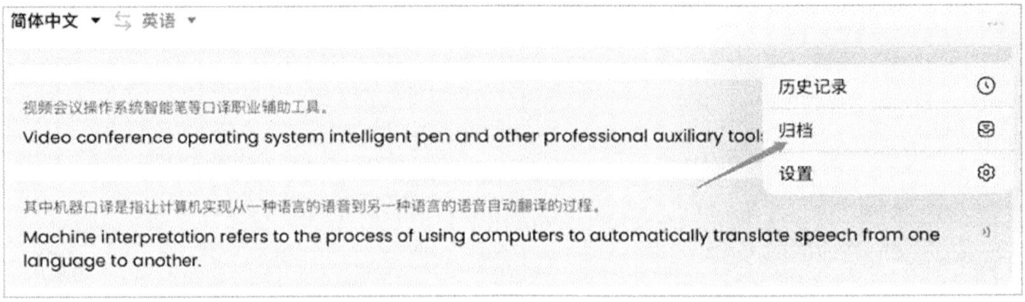

图 10-30　Felo Translator——口译内容归档

五、参考资料

1. 有道翻译官：https://fanyiguan.youdao.com

2. 百度翻译 App：https://fanyi.baidu.com/download?Appchannel=pcalading

3. 百度 AI 同传会议版：https://tongchuan.baidu.com/?fr=pinzhuan

4. 讯飞听见会议：https://meeting.iflyrec.com

5. 微软翻译：https://www.microsoft.com/zh-cn/translator

6. 小译同传：https://fanyi.caiyunApp.com/#/interpretation

7. 云译坤伸同传：http://news.cloudtranslation.com

8. CallAnnie：https://callannie.ai

9. FeloTranslator：https://apps.apple.com/us/app/felo-translator/id6447256759

第十一章 视频翻译

一、基础知识

视频翻译又称多媒体翻译，即在多媒体和影音文档的翻译过程中，将源语声音转译成目标语言并配上字幕的过程。视频翻译的对象包括动漫、剧集、电影、纪录片等，广泛用于网络程序、视频游戏、互动软件等场景。从个人角度来看，视频翻译已经逐渐融入了大众的日常生活和工作中，各种智能技术的普及应用，也让大众随时随地都能实现快速高质量的视频翻译，人人都能做视频翻译的愿景正在逐步实现。从国内国际大环境来看，影视翻译正推动中国从影视大国逐渐走向影视强国，而人工智能技术蓬勃发展更为中国影视文化出海提供了强大助力，新技术与新媒体深度融合，为影视本地化、字幕翻译等带来了前所未有的机遇与挑战，帮助影视翻译与传播逐步迈入新时代。

因视频翻译所涵盖的内容非常丰富，本章主要就视频翻译中的字幕制作和字幕翻译方面展开深入探讨。在视频翻译中，字幕的种类繁多、分类方式各异，从翻译对象来看，字幕分为剧集字幕、电影字幕、电视字幕和解释字幕；从语言学角度出发，字幕可分为语内字幕（Intralingual Subtitles）和语际字幕（Interlingual Subtitles）；从字幕技术角度来说，可分为开放性字幕和隐藏式字幕；从字幕内容上看，可分为显性字幕和隐性字幕；从字幕应用方式来看，还可分为硬字幕、软字幕及外挂字幕等。在视频翻译中，字幕翻译的流程一般包括：原视频下载、源语视频内容转写或源语字幕提取、时间轴制作、字幕翻译、字幕校对、视频压制等后期制作。

具体而言，若视频不包含源语字幕文件，则需要通过听写或转写得到源语字幕，便于后期译为目的语字幕；若视频包含源语字幕文件，可根据字幕文件确认字幕内容，并根据每段字幕时长制作出时间轴，或直接在源语字幕的时间轴上加以修改，得到新的时间轴。之后进行字幕翻译、校对，并根据视频中字幕字体、效果、颜色等，选择相应的软件添加目的语字幕，最后生成翻译后的视频。在视频翻译的过程中，还要注意译文风格、字幕格式、字幕标点、音画对应等问题，总之，视频翻译看似简单，实则包罗万象，是一门深刻且简洁的艺术。

二、主流工具

随着人工智能技术的成熟和制作成本降低,视频翻译技术将更加普及,视频翻译需求也随之增加。通常来说,视频的内容听写、时间轴制作以及字幕翻译都需要具备专业的技能和多媒体工程技术能力,而视频翻译相关软件工具的出现则填补了普通大众技术上的空缺,让大多数人能快速译制视频、实现信息和文化的交流传播。如今,可供选择的视频翻译工具多种多样,不同的工具在功能上各有侧重。下面主要介绍与视频翻译、视频制作剪辑、字幕制作编辑、字幕翻译等相关的常见工具。

(1)自带智能翻译功能的字幕翻译工具:人人译视界、Arctime、讯飞听见字幕、TransWAI、网易见外、字幕通、场辞、览映、Open Subtitle Translator、SRT Translator 等。以人人译视界、Arctime、字幕通等为代表的字幕翻译工具正朝着一体化、智能化的方向发展,集成了机器翻译、翻译记忆、术语管理、质量控制等计算机辅助翻译模块和视频播放、渲染压制等多媒体模块,提高了字幕翻译的效率。

(2)字幕制作与编辑工具:Aegisub、anSuber、Popsub、SubCreator、Sub Station Alpha、Subtitle Workshop、Visual SubSync、Subtrans 等。此类工具仅支持人工制作、编辑和翻译字幕文件,以及制作时间轴等功能,不具备 AI 翻译的功能。

(3)可自动生成字幕的视频剪辑工具:剪映、爱剪辑、蜜蜂剪辑、快影、必剪等。此类软件适用于在剪辑和制作视频的时候,需要为视频添加多语言字幕的场景,此类软件往往兼具多种视频处理和字幕添加功能,相对前两种专业的字幕翻译制作工具,在字幕处理方面的功能上稍有欠缺。

(4)ChatGPT 相关工具 / 插件:BibiGPT、Video Insights 插件等。

三、案例实操

下面将结合具体案例,对各种视频翻译和字幕处理相关工具进行介绍,并演示如何借助工具,在视频没有字幕文件时,如何自动制作时间轴并翻译出字幕,以及如何快速剪辑视频并添加双语字幕。当然,各种工具功能各有侧重,也不仅仅包含字幕制作和翻译这类功能,在实操中要依照具体情况提出解决方案。

(一)案例一:如何快速制作视频时间轴并翻译视频

某翻译公司接手了一个多媒体本地化项目,其中包括视频字幕的翻译,视频源语言为美国英语，目标语言为简体中文。该项目只包含视频文件，没有字幕文件，应该选择什么样的工具来进行时间轴制作、字幕制作和翻译？

1. 人人译视界

人人译视界支持 Windows 和 MacOS 电脑版，以及 Android 和 iOS 系统的移动版，该视频译制工具与译制协作平台采用 AI+ 人工校对的视频译制模式，是一个字幕编辑、翻译、视频后期制作工具。其在加快视频翻译速度的同时提高质量，解决了译员上手成本高、多软件切换耗时费力、协同工作困难的问题。该软件的亮点在于，除了一般的字幕编辑、制作的功能外，还可通过人工智能技术实现智能听译、智能识别画面字幕、机器翻译、智能配音等功能。例如，其智能听译功能可对音视频文件语音识别，快速产出字幕文件；机器翻译功能可对字幕原文或者文档原文快速智能翻译；智能识别画面字幕功能可识别视频画面的字幕，生成带有时间轴的字幕文件；智能配音功能可将文字转成语音，生成带有配音的视频文件。此外，在人人译视界还可实现多人协作、团队管理、译审同步、评价反馈、快速结算、术语协同，这种模式下可以将一个视频拆分成多个任务，并开展多人分工协作、提升视频翻译效率。

（1）下载并打开人人译视界软件，导入需要翻译的视频，可以手动添加时间轴，并进行人工听录和字幕翻译，也可以使用更方便的"智能听译"功能，选择识别语言为英文，翻译语言可以设置"中文"，之后自动生成精校版时间轴、字幕的听写和字幕的翻译，如图 11-1 所示。

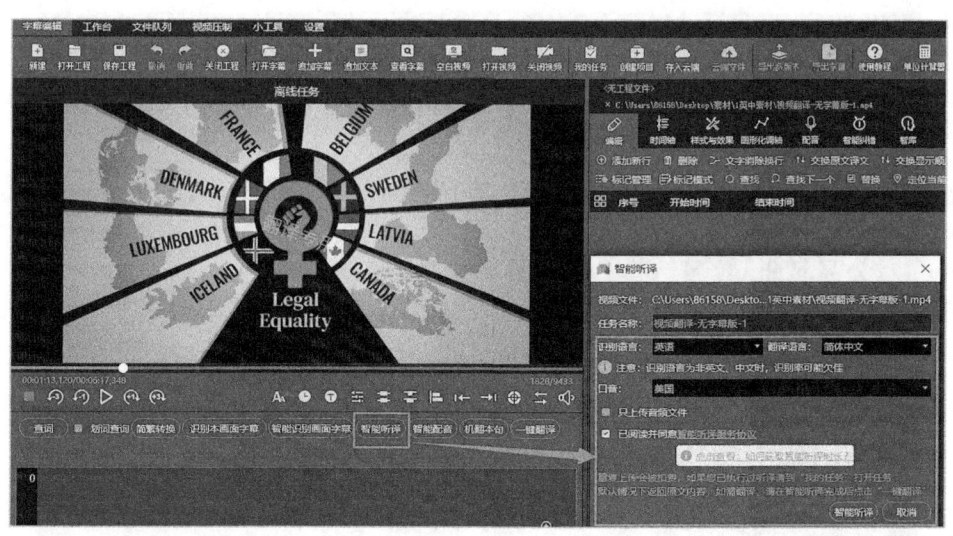

图 11-1　人人译视界——智能听译

（2）如选择了"智能听译"中的"无需翻译"，此时只听写了原文而没有译文，则可以点击"一键翻译"或"机翻本句"，得到翻译结果后点击"智能纠错"并进行人工校对，可以人工对字幕文本和时间轴进行修改调整，如图 11-2 所示。

图 11-2　人人译视界——智能纠错

（3）如果是项目经理，可以在"工作台"一栏将字幕翻译任务分配给译者，实现多人协作、团队管理、译审同步。同时，可以在翻译字幕时导入术语库，点击"智库"，导入术语库文件，以保证人名、地名、组织等术语翻译的一致性，如图 11-3 所示。

图 11-3　人人译视界——导入术语

（4）选择"导出多版本"可导出多格式的单语或双语字幕文件，或选择"导出字幕"则导出双语字幕文件，然后点击"一键压制"进行视频压制，并把最终文件上交客户，如图 11-4 所示。

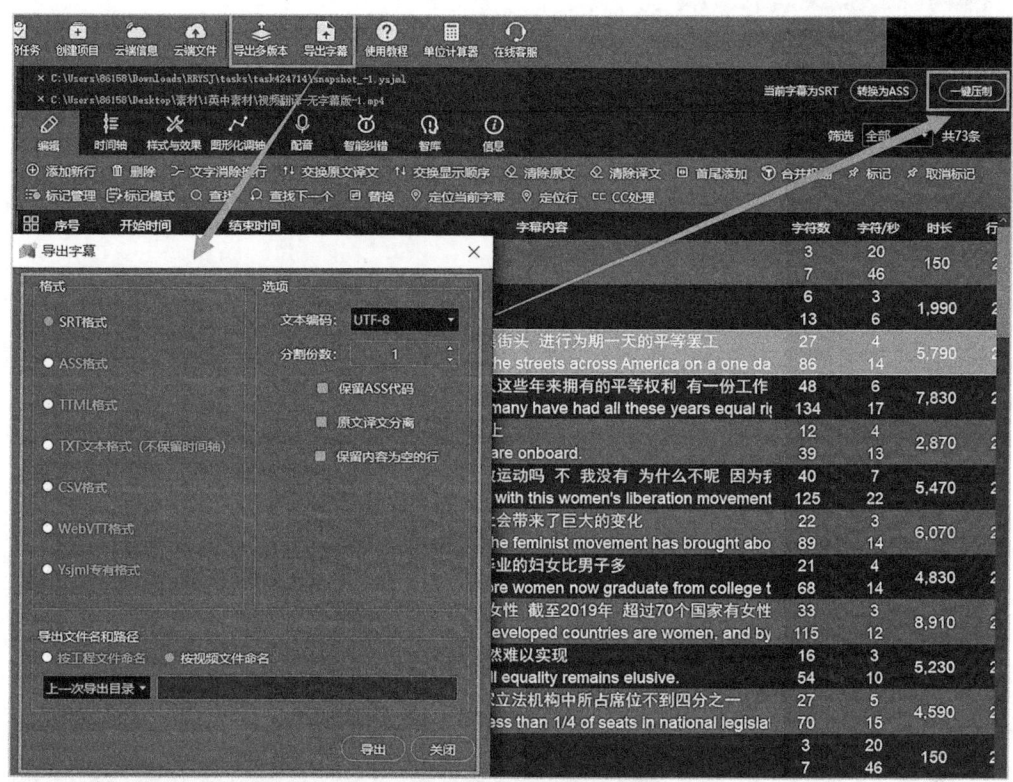

图 11-4　人人译视界——导出字幕或压制视频

2. Aegisub

Aegisub 是免费、开源、跨平台字幕编辑软件，支持完整 Unicode，支持超过 30 个地区的语言编码，还支持 .ssa、.ass、.srt 字幕格式。Aegisub 具备字幕预览功能，并可用波形图或音频谱制作、调整时间轴，方便用户跳过无对白部分。Aegisub 可用于翻译、时间轴、编辑、排版、校对、卡拉 OK 计时以及卡拉 OK 特效。值得一提的是，该软件拥有简单直观而又强大的字幕编辑排版功能，在拼写检查或者词典、翻译助手、特效标签提示、句法高亮显示，以及各种自动化功能的帮助下，字幕翻译、编辑和校对等工作都会更加轻松。下面将介绍其使用方法：

（1）首先，根据原视频进行人工听录，之后打开 Aegisub 导入视频和听录文本，如图 11-5 所示。

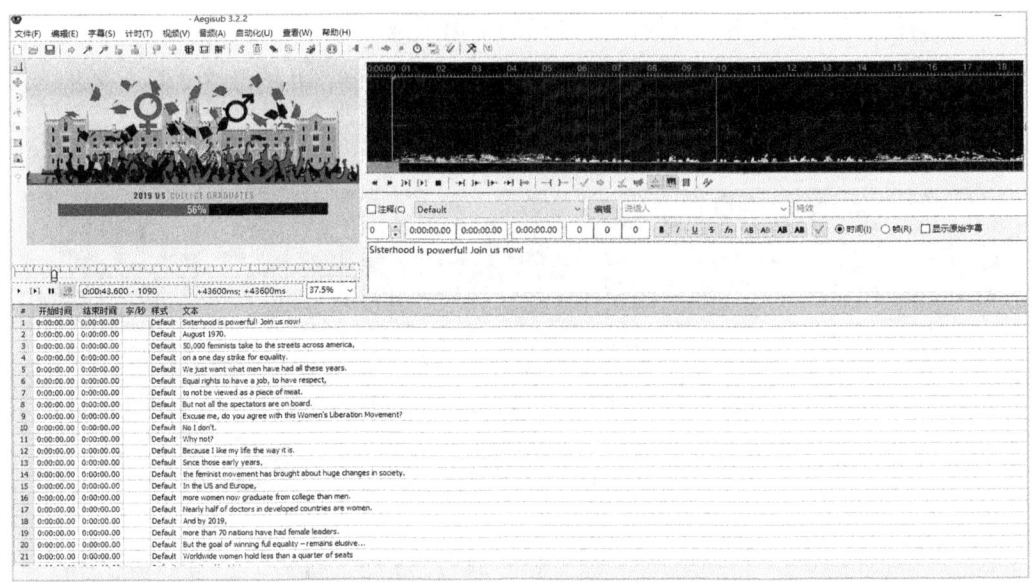

图 11-5　Aegisub——导入视频和源语文本

（2）接下来开始自行制作时间轴，在右上方音轨区域，按鼠标左键设置开始时间，右键设置结束时间，按 Enter 键即可打时间轴，在此基础上为每段字幕制作好时间轴，如图 11-6 所示。

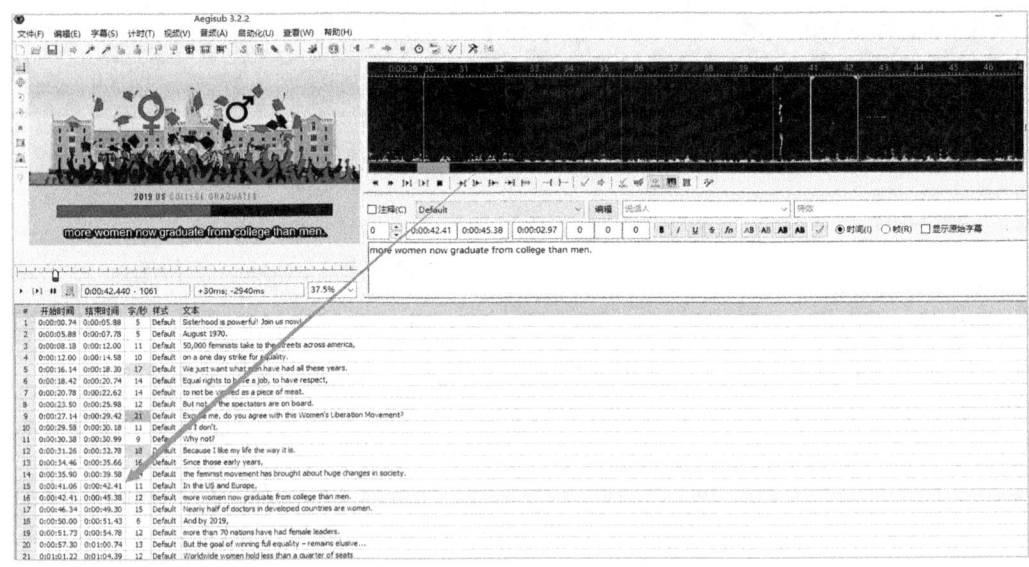

图 11-6　Aegisub——制作时间轴

（3）之后开始翻译字幕，如图 11-7 所示，选中需要翻译的字幕，点击菜单栏"字幕"中的"翻译助手"并在译文栏输入中文，点击回车键，该段字幕就变成中文字幕了。

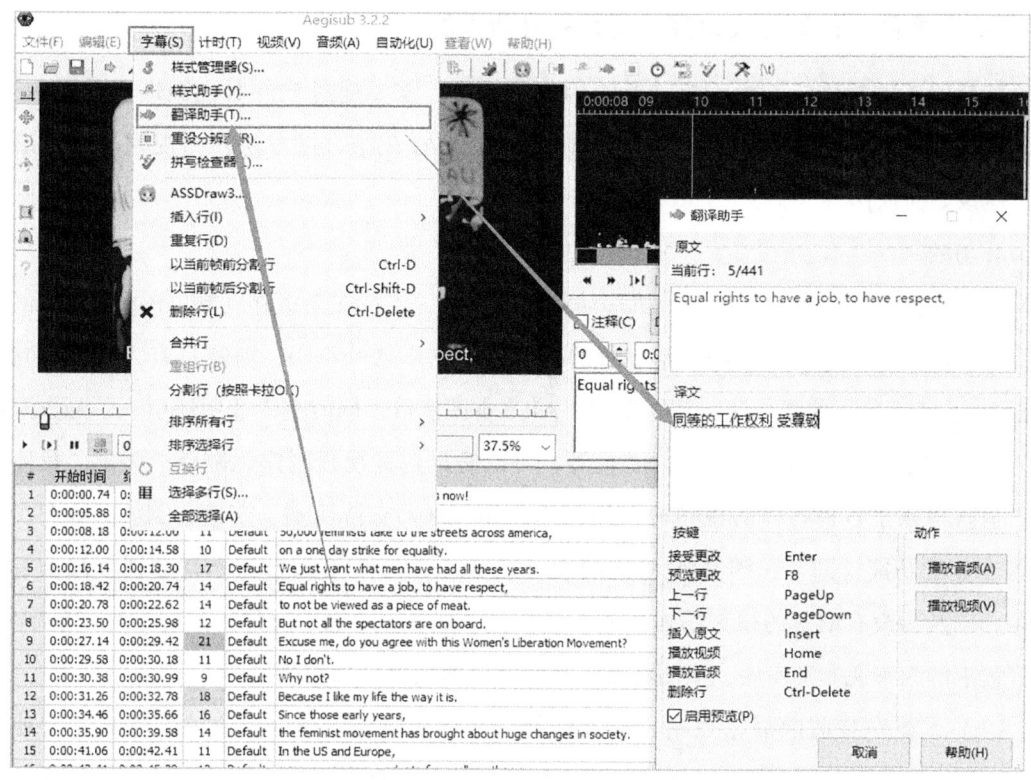

图 11-7　Aegisub——翻译字幕

（4）该软件还可自行编辑字幕样式，选择"字幕"中的"样式管理器"，新建样式，设置好后点击确定，并将样式复制到当前脚本，接着可以选中需要更改样式的字幕栏目，通过"样式助手"或在音轨下的样式栏直接更改字幕样式，如图 11-8 所示。

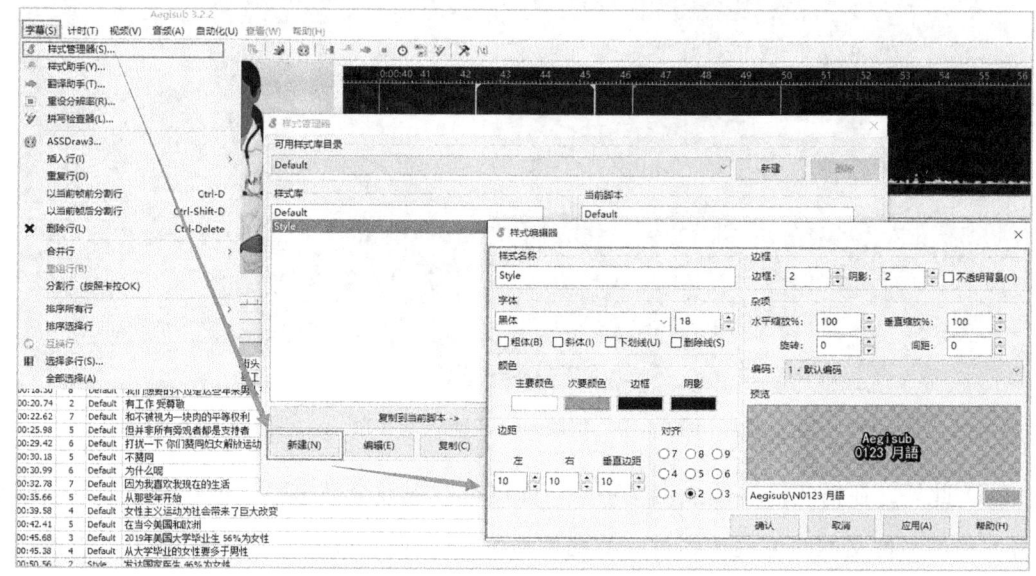

图 11-8　Aegisub——调整字幕样式

(二)案例二:如何快速剪辑视频并自动添加双语字幕

某公司正在制作一部大型宣传片,因素材较多,需要通过软件对视频进行剪辑加工,同时也需要在视频剪辑完成后,采用人工或人工与 AI 相结合的方法,为视频添加双语字幕,应该如何操作?

1. 剪映

剪映支持电脑桌面专业版、手机移动版和网页版,支持在手机移动端、Pad 端、Mac 电脑、Windows 电脑全终端使用。与一般的视频剪辑制作软件不同,剪映具有 AI 智能功能,包括智能 AI 字幕、曲线变速、智能抠图、AI 文本朗读等,同时其专业版还引入了强大素材库,支持搜索音频、贴纸、特效、滤镜等,可以满足各种视频制作和翻译的需求。具体而言,剪映提供了各种各样的视频剪辑编辑功能和素材,支持切割、变速、倒放、画布、转场等专业的功能,同时,因其强大的 AI 技术,该软件还支持为自带语音的视频添加智能字幕,以及为没有语音的视频添加智能字幕并自动配音,功能十分强大,对于有字幕制作、翻译需求的人来说非常实用。下面将展示如何通过剪映自动添加字幕:

(1)下载安装剪映后,点击"开始创作"并导入视频,选择"文本"中的"智能字幕",该软件便开始自动制作时间轴并识别视频的语音,之后可以选中视频中的字幕框,对智能识别出的中文字幕添加英语字幕,并设置字号、颜色、字体、样式、特效等,这样双语字幕就制作完成了,如图 11-9 所示。

图 11-9 剪映——智能识别字幕

(2)此外,在播放器右侧点击"字幕"即可查看视频全部字幕,可新增、拆分或删除字幕,单击字幕文本即可跳转到对应的视频画面、双击即可播放,在右下角可以查找和替换字幕，方便了字幕修改、编辑和翻译，在人工修改校对后，可自行导出视频，如图 11-10 所示。

图 11-10　剪映——手动编辑字幕

（3）对于已经有校对后的字幕文档的视频来说，可以选择"文本"中"智能字幕"的"文稿匹配"一栏，在弹出的对话框中输入或复制字幕文本，点击"开始匹配"。同样，该软件会自动制作时间轴并根据文本生成字幕，此时可对字幕进行人工编辑修改，还可以在"朗读"一栏进行字幕智能配音，如图 11-11 所示。

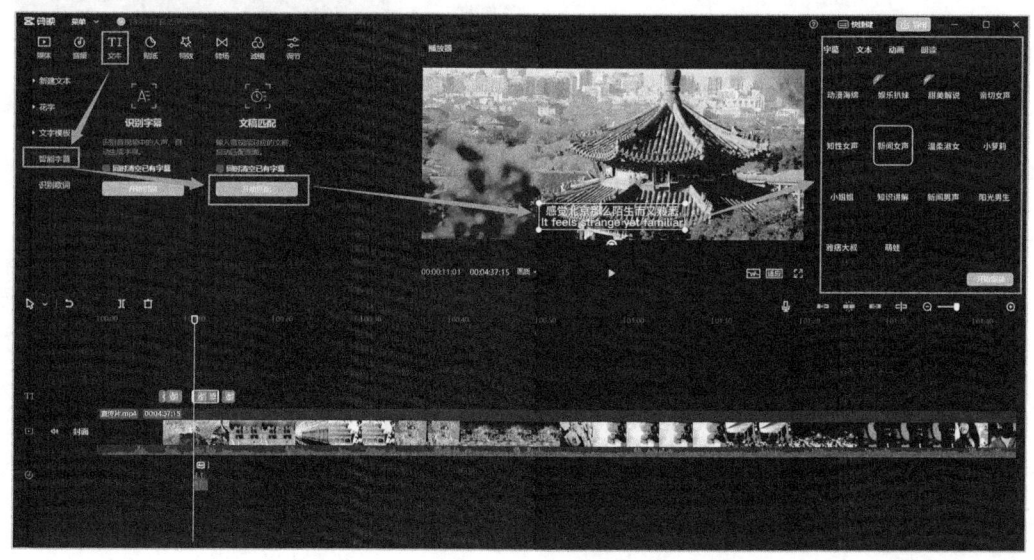

图 11-11　剪映——智能文稿匹配和配音

2. 爱剪辑

爱剪辑也是一个界面相对简洁、操作比较简单的视频剪辑、字幕制作软件，可处理多种格式的视频音频，支持多种视频剪辑功能、文字特效、滤镜效果、一键调色、转场特效，以及加相框、加贴图、去水印功能。除了手动添加字幕、修改字幕样式、添加字幕特效之外，爱剪辑的 AI 识别字幕是一大亮点，该功能支持普通话、粤语、上海话、其他方言，以及英语等数十种语种，通过人工智能技术去识别视频或音频里的人声内容，并自动生成同步字幕。其识别速度较快。该软件还支持其他功能，包括"批量调整字幕时间""批量修改或删除识别出的字幕文本""多行字幕文本的编辑""拆分字幕为两句""合并字幕"等，对视频制作剪辑、自动生成时间轴和字幕以及字幕翻译都非常实用。下面将介绍具体的操作方法：

（1）下载爱剪辑软件后导入视频，可以通过两种方法进入"AI 自动加字幕"功能。方法一：下图中在"视频"或"音频"列表中，选中要识别的文件，单击鼠标右键，在弹出的右键菜单中，选择"AI 自动加字幕"，如图 11-12。

图 11-12　爱剪辑——导入视频

（2）方法二：切换到"字幕特效"面板，双击视频预览框，在弹出的"编辑文本"对话框中，可以自己输入文本或点击"AI 自动加字幕"按钮，如图 11-13 所示。

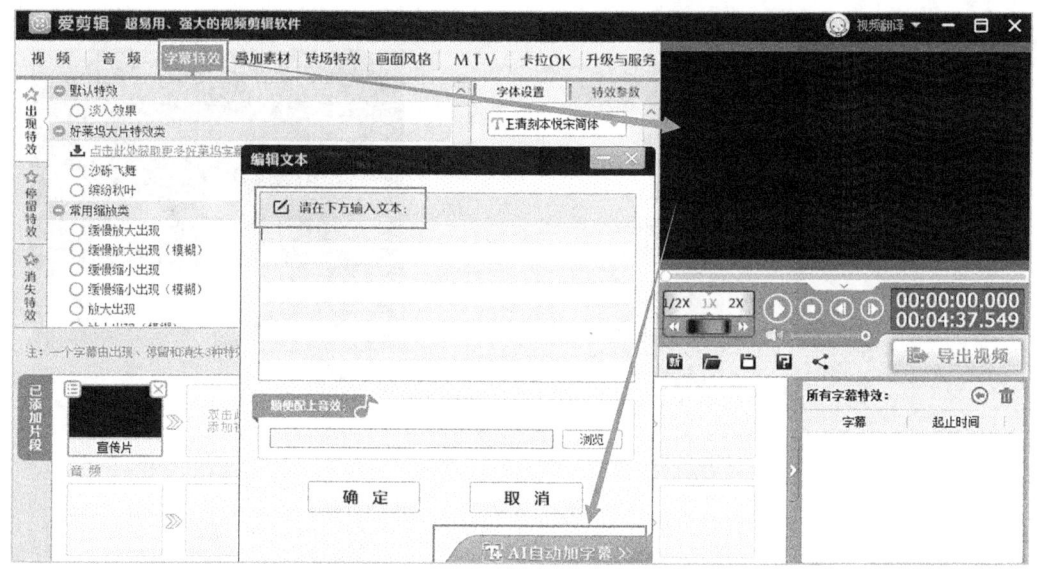

图 11-13　爱剪辑——AI 自动加字幕

（3）进入"AI 识别字幕"功能对话框后，点击"开始识别"按钮，选择要识别的声音语种，如普通话、粤语、英语等，再点击"开始识别"按钮，稍等片刻即可识别完成，如图 11-14 所示。

图 11-14　爱剪辑——AI 识别字幕

（4）识别完成后，在图 11-15 界面可以修改自动生成的时间轴，也可修改字幕，也可添加双语字幕，最后点击"保存并应用"。

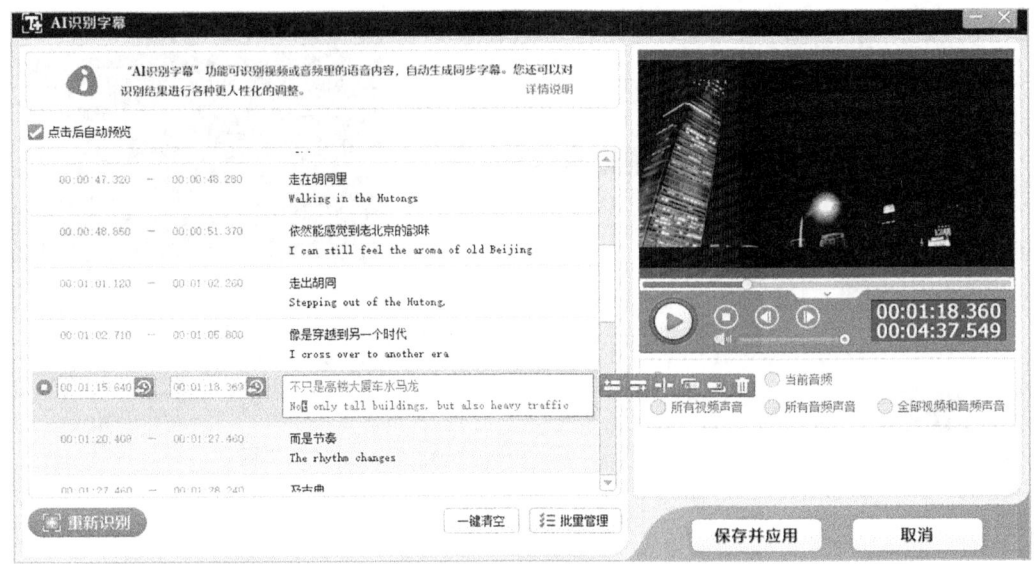

图 11-15　爱剪辑——人工修改字幕和时间轴

（5）点击"字幕特效"即可修改字幕样式、添加特效，可点击右下角对话框，定位到某个时间范围内的字幕，双击右上角字幕区域即可修改字幕内容，如图 11-16 所示。

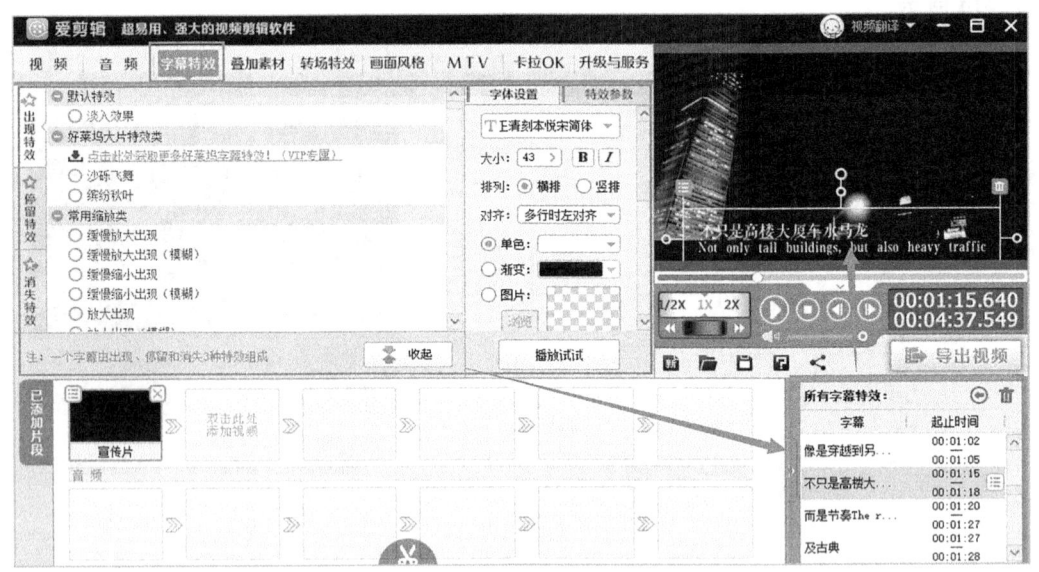

图 11-16　爱剪辑——字幕特效

四、技术拓展

下面将继续拓展介绍支持视频制作与剪辑、字幕制作和翻译的相关工具软件，包括

TransWAI、网易见外、BibiGPT、VideoInsights 等软件工具，其中有些软件免费，有些需要付费，其侧重的功能效果也有所不同，需要根据具体情况选取不同的软件。

（一）TransWAI

TransWAI 是一站式音视频翻译服务平台，集音视频转文字、音视频翻译、视频配音三大功能于一体，覆盖音视频转写、翻译、编辑、压制的字幕生成全流程，为个人和企业节省字幕处理成本，提升字幕处理效率。目前 TransWAI 包含个人版和团队版两个版本。

个人版主要面向自媒体视频制作、网络培训课程制作的个人用户，平台提供快速准确的视频翻译服务，支持 85+ 个语种互译、在线编辑（新增、拆分、合并、删除）、排版样式自定义、多格式字幕文件导出、导出单/双语字幕的视频。

团队版主要面向有大量音视频文件处理的翻译公司或翻译团队，平台实时把控项目进度，项目流程按需选择、自动流转，实现多流程、多文件、多人员的协同译审。同时该平台支持计算机辅助翻译功能，自带记忆库与术语库管理功能，支持创建库、查询库、导入导出多种格式的语言资产以及库内检索，实现语料库统一管理。

1. 个人版

（1）登录进入个人版页面，点击"新建"选择任务类型——音视频翻译，如图 11-17 所示。

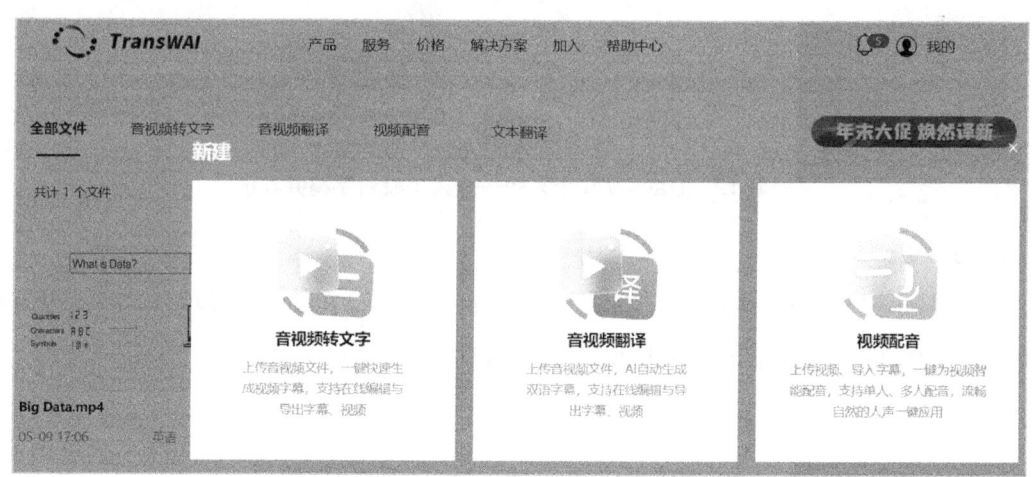

图 11-17　TransWAI 个人版——新建音视频翻译任务

（2）导入音视频文件，并选择源语言及目标语言，提交后系统自动进入识别流程，如图 11-18 所示。

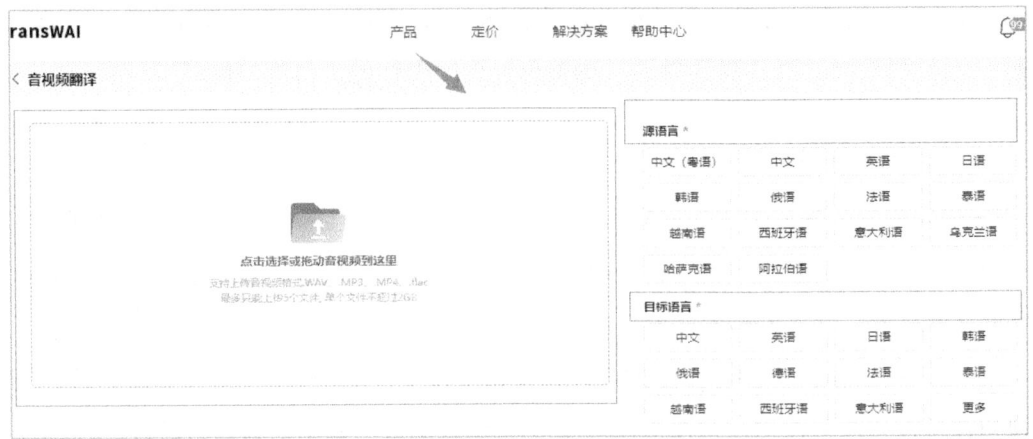

图 11-18　TransWAI 个人版——导入并设置语言对

（3）识别完成后，点击进入到制作页面，可对机器识别出来的结果以及时间码进行人工调整，支持字幕在线编辑及字幕的新增、拆分、合并、删除，支持自定义视频字幕样式。字幕调整润色后，可导出字幕文件以及单 / 双语字幕的视频，如图 11-19 所示。

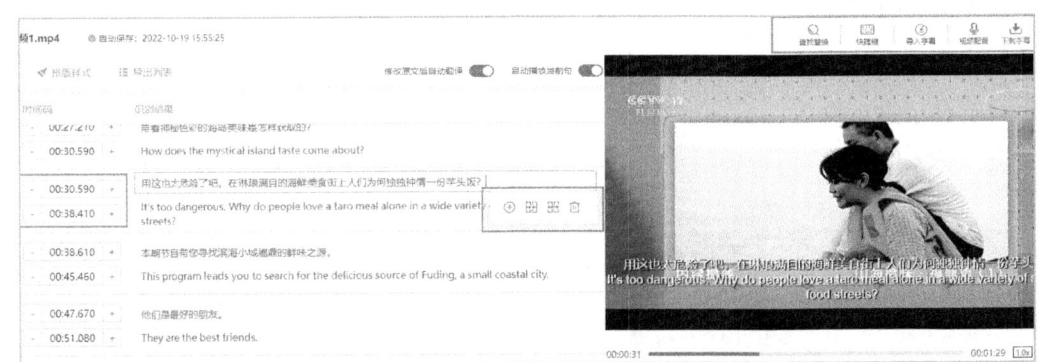

图 11-19　TransWAI 个人版——人工校对字幕并导出

2. 团队版：

（1）登录并进入团队版页面，点击"新建项目"并选择音视频翻译项目类型，设置基本信息，上传文件，设置翻译库 / 术语库 / 质量保证，如图 11-20 所示。

图 11-20　TransWAI 团队版——新建项目

（2）任务分配：可对任务进行拆分，根据任务类型可将任务指派给不同角色的人员，如图 11-21 所示。

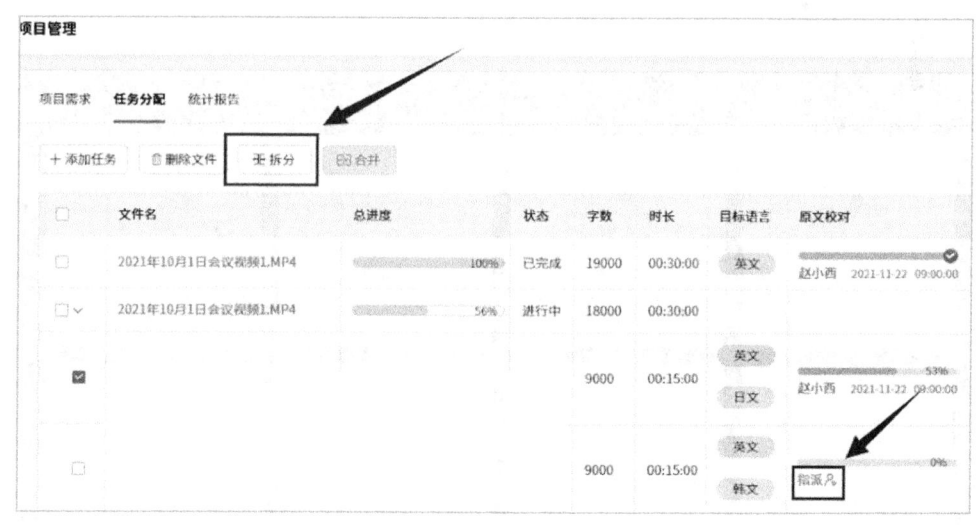

图 11-21　TransWAI 团队版——任务分配

（3）译文编辑器是内嵌于 TransWAI 平台的计算机辅助翻译功能，提供快捷术语添加、译文与术语实时共享、修改与批注实时追踪、一键质检等辅助翻译的功能。之后可对译文内容进行人工校对，待所有句段确定后点击提交，即可完成译后编辑，如图 11-22 所示。

图 11-22　TransWAI 团队版——译后编辑

（二）网易见外

网易见外是一个免费 AI 智能翻译转写平台，集视频翻译、视频转写、字幕翻译、文档翻译、语音转写等功能为一体。其视频翻译功能支持上传 .mp4 格式的视频文件且不能大于 2G，上传后可自动制作时间轴和中英双语字幕，语言仅限中英双语。其字幕翻译功能仅支持上传小于 2M 的 .srt 格式字幕文件，仅支持中英互译。

（1）进入网易见外工作台，新建视频翻译项目，导入视频并选择翻译语言对，如图 11-23 所示。

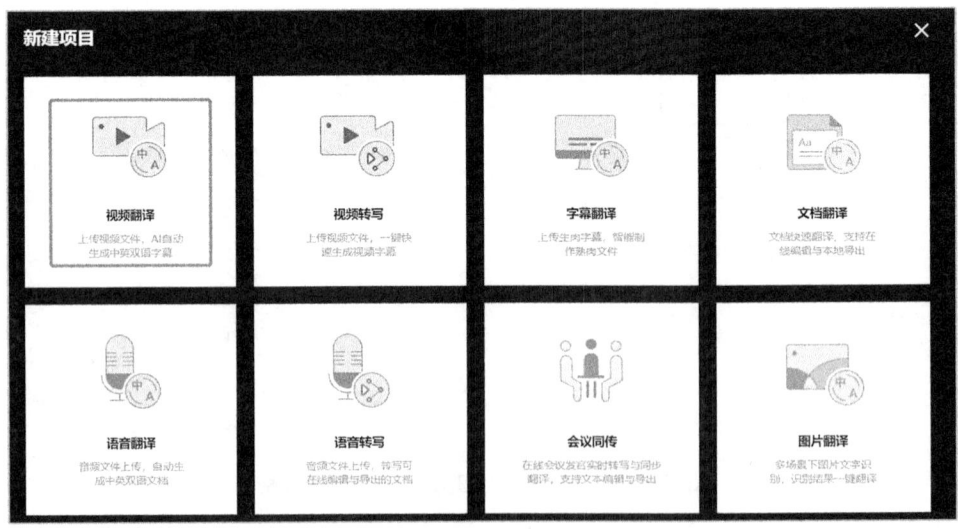

图 11-23　网易见外——新建视频翻译项目

（2）翻译完成后进入下图界面，可自行调整时间轴、修改字幕内容，最后导出字幕文件，如图 11-24 所示。

图 11-24　网易见外——人工校对字幕并导出

（三）BibiGPT

BibiGPT 是一款基于 OpenAI 的 GPT-3.5 模型的"一键总结视频内容"工具，能够进行自然语言处理和文本生成，为用户提供高效便捷的服务。使用时只需把任意 bilibili 视频 URL 中的后缀".com"改成"jimmylv.cn"，或者直接打开网页，输入 bilibili 视频链接即可。目前支持 bilibili、Youtube、抖音视频字幕的转写和总结，还可上传网页链接或音视频文件进行提炼。通过自动提取、理解、分析这些字幕，该软件生成视频内容的概括性总结，这种方法可以帮助用户快速了解视频的主题和关键点，节省时间。

（1）进入官网并输入视频链接，设置是否显示 emoji、时间戳、分段总结，以及句子长短、输出语言等，点击"一键总结"，如图 11-25 所示。

图 11-25　BibiGPT——一键总结

（2）从总结出的摘要可以看出对一个三分钟的视频进行了简要概括，可以选择分享到其他网站，下载 pdf.、txt. 等格式的文件，如图 11-26 所示。

图 11-26　BibiGPT　视频总结摘要

（3）同时还可以查看思维导图，实现一键保存笔记、一键复制、一键下载思维导图文件等功能，如图 11-27 所示。

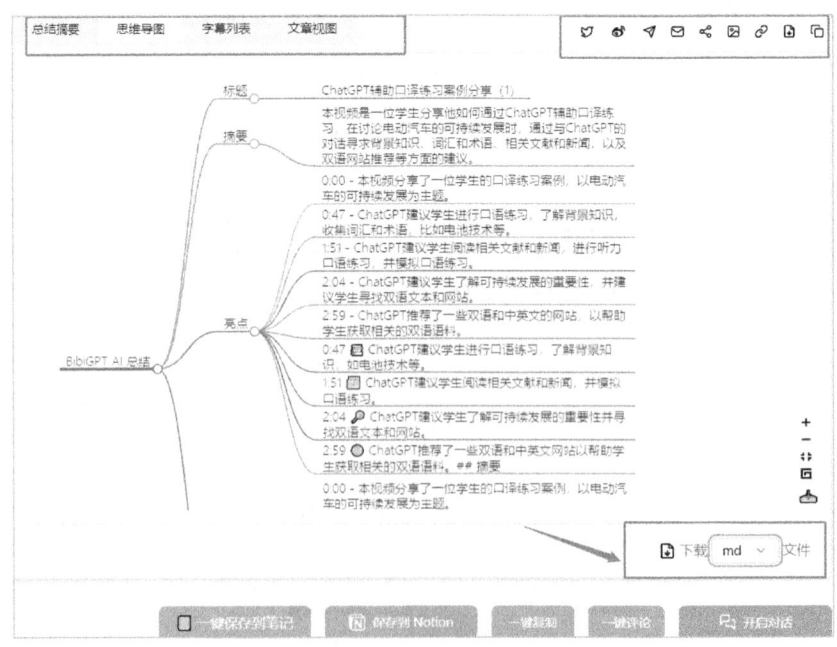

图 11-27　BibiGPT——视频思维导图

（4）还可以呈现有时间戳的字幕列表，下载 srt. 等字幕文件，以及查看全视频转写文字视图，如图 11-28 所示。

图 11-28　BibiGPT——视频字幕视图

（四）Video Insights

ChatGPT 开放联网和插件功能后，不再受限于预训练数据中的知识，第三方开发者也可以基于 ChatGPT 增强自己的应用程序功能。目前 ChatGPT 插件功能只面向付费用户（Plus 版本订阅用户）开放。Video Insights 是一个允许 ChatGPT 分析视频的插件。通过基于 AI 的视频分析功能，Video Insights 在几秒钟内自动从视频脚本中生成摘要和 transcript 等内容，帮助用户提取重要的信息，从而节省时间和精力，同时该插件还提供多语言支持和 API 接口。目前，免费版的 Video Insights 支持分析 YouTube 网站的视频，而付费版在视频时长、数量、平台限制方面都有所提升。

（1）订阅 ChatGPT Plus 后，首先进入设置界面 –Beta features 设置，开启 Plugins 功能，如图 11-29 所示。

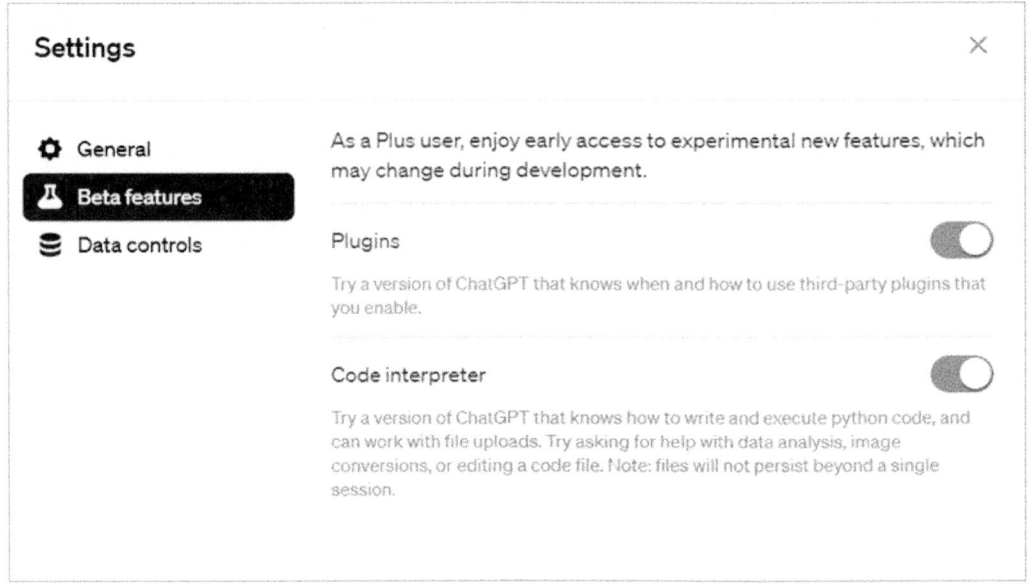

图 11-29　Video Insights——ChatGPT 设置

（2）然后在聊天界面中，选择 GPT-4，点击"插件"并选择插件商店下载 VideoInsights 插件，如图 11-30 所示。

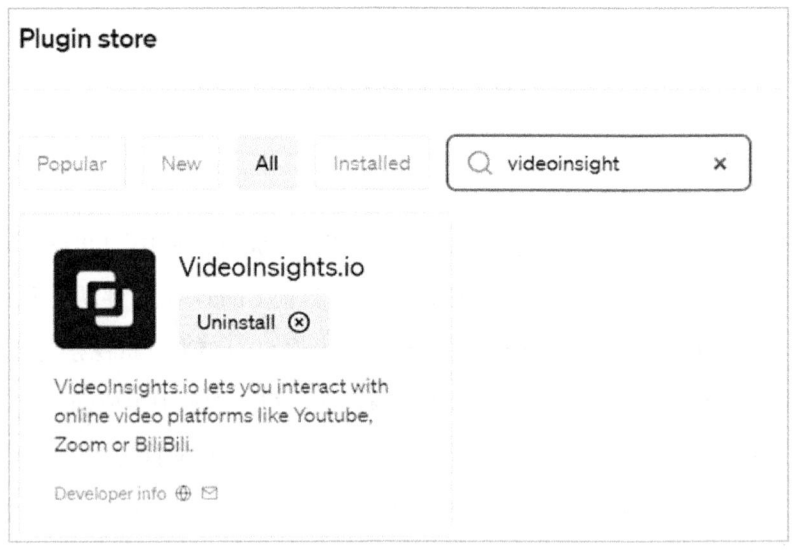

图 11-30　Video Insights——下载插件

（3）下载完成后，需要在插件界面开启 VideoInsights.io。请注意，最多只能同时开启三个插件，如图 11-31 所示。

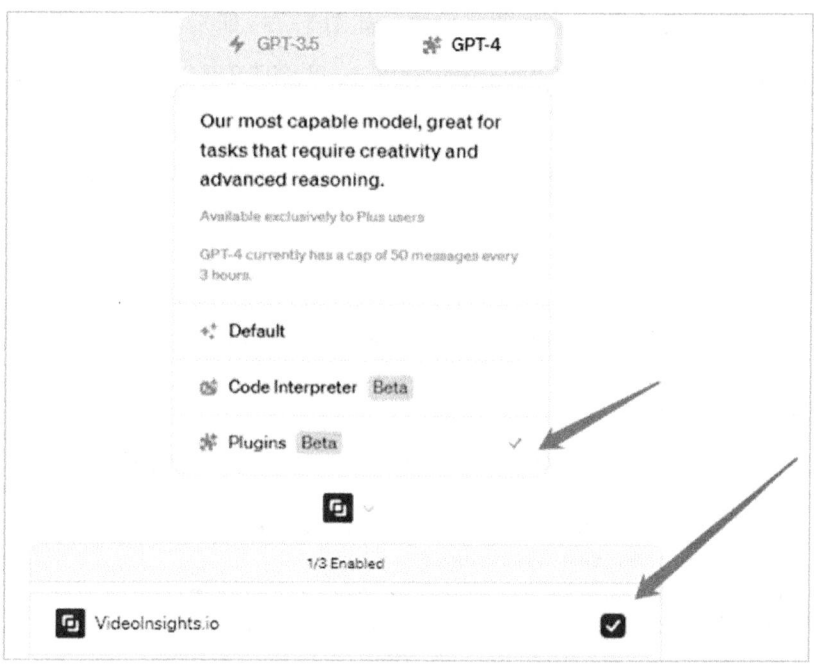

图 11-31　Video Insights——启动插件

（4）接下来在聊天框输入"获取视频的 transcript"并提供视频链接，在几秒后，用户即可获得结果。如果出错或卡顿，也可以选择 stop generating 或 regenerate 重新操作，如图 11-32 所示。

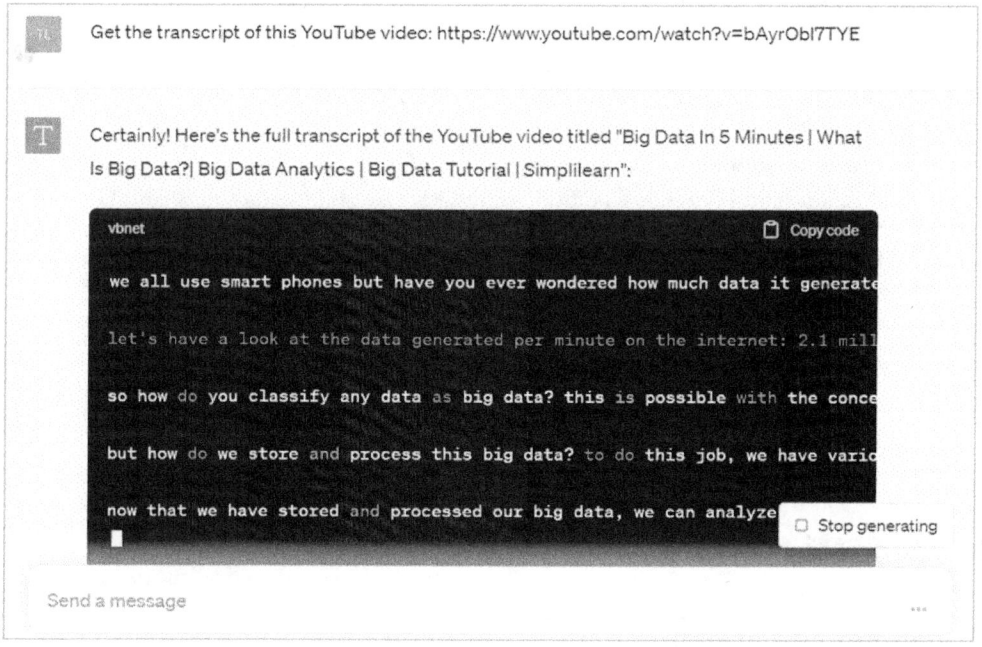

图 11-32　Video Insights——获取视频 transcript

（5）还可以输入指令获得视频的总结摘要，如图 11-33 所示。如果需要获取中文版本，则输入"translate the summary of this video into Chinese"，即可获得中英双语的视频摘要。

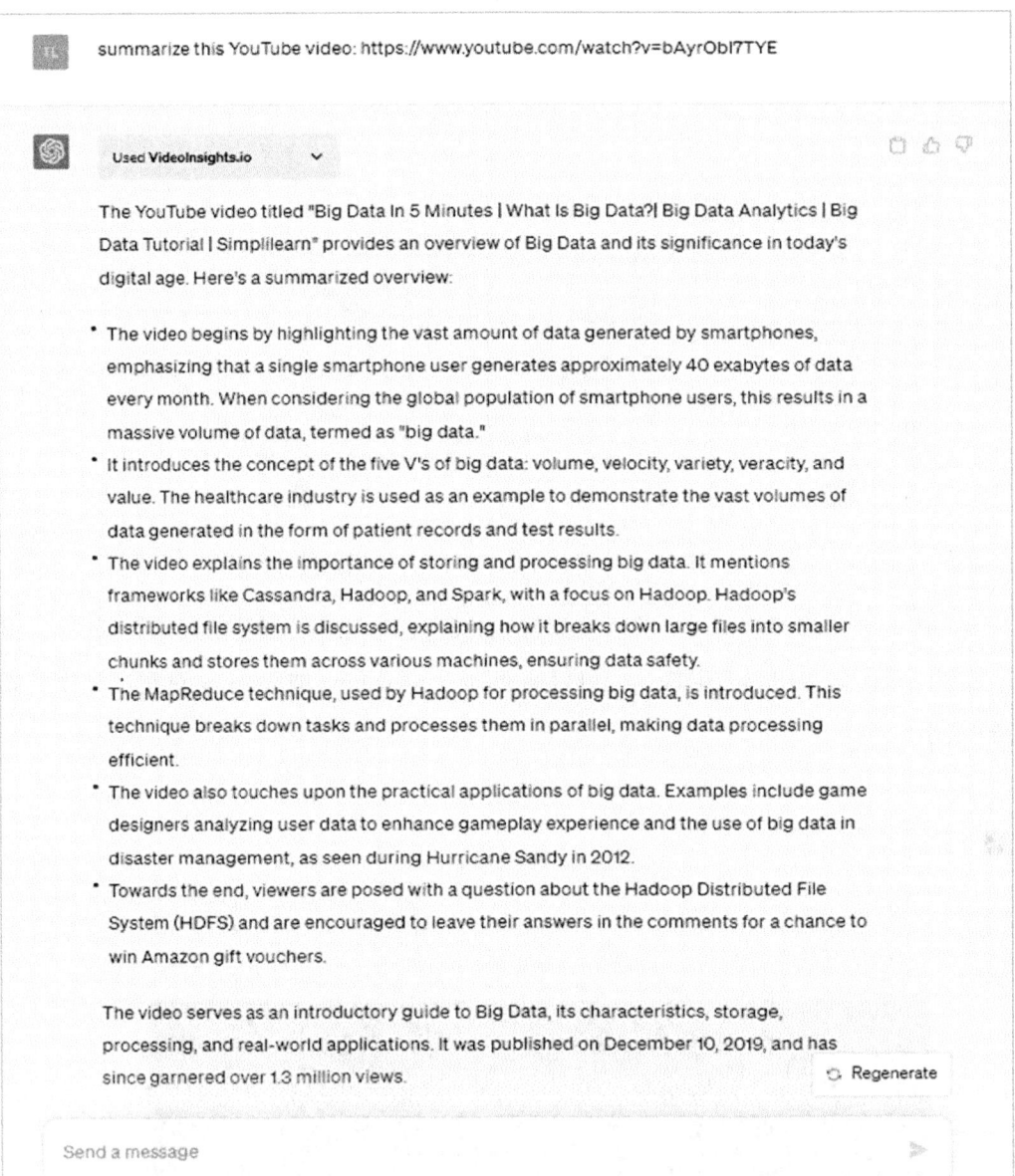

图 11-33　Video Insights——获取视频的双语摘要

五、参考资料

1. 人人译视界：https://www.1sj.tv

2. Aegisub:https://aegi.vmoe.info
3. 剪映：https://lv.ulikecam.com
4. 爱剪辑：http://www.ijianji.com
5. TransWAI:http://www.transwai.com/#/product
6. 网易见外工作台：https://jianwai.youdao.com
7. BibiGPT:https://b.jimmylv.cn
8. VideoInsights:https://www.videoinsights.io

第十二章　智能写作与批改

一、基础知识

随着技术的发展，人工智能已经渗透到了人类生活中的方方面面，其中智能写作与批改的地位和作用也愈加明显。智能写作可以简单分为人工智能辅助写作及机器人创作两类。人工智能辅助写作主要从以下方面来辅助人类，即"写什么、如何写、如何写好、如何辅助推广"，其中包括热点题材感知、联想素材推荐、查重与纠错、个性化推荐等。值得注意的是，智能写作可以根据一定的语言规则、文体规则对文本进行检查、勘误。在翻译的过程中，可以辅助译者检查文本的拼写、标点符号、大小写、语法、搭配等语言与格式问题，还能够为写作者提供用词建议，避免误用、错别字、敏感词汇等，改善文章可读性和质量，帮助译者提高译文质量。除了服务于创作、翻译，作文智能评阅机器人、写作培训机器人也是其发展方向之一。此外，机器人创作也是智能写作的一个方面，它是以机器人为创作主体，通过人工智能自主完成选题、策划、撰写等环节来生成作品。以非文学的新闻写作为例，机器人写作可利用现有的网络资源、外部文本、多媒体资料库和用户偏好，来为用户创建个性化的音频和视频内容。而在文学创作方面，机器人可以帮助撰写诗词、春联、剧本等内容。

总之，如今智能写作与批改广泛应用于新闻传媒、营销公关、教育学习、文学创作等多个领域和场景。尤其是在新闻领域，由于数据量庞大，智能写作的发展较为成熟，机器人写作呈现出独特的叙事方式、沉浸体验和多样化视角。同时随着人工智能在写作领域的不断创新，衍生出一系列的新概念，如电脑生成文学、智能写手、机器人记者、互动小说等，推动着智能写作稳步前进。

智能写作与人类写作是互补关系，而非竞争或替代关系。目前，智能写作的主要任务是辅助人类写作、帮助减轻人类写作的负担，在未来，智能写作将颠覆性地改变现有创作模式、阅读习惯及作者培养方式，对人类作者带来一定挑战的同时，也会辅助和激励人类创造更好的作品，智能写作将人力从繁重的信息采集、编辑、整理、改写、排版、审核流程中解放出来,将更多注意力放在深度的、观点性的、创新性的内容上,保证内容高质量、高效率产出。智能写作的发展前景良好,也将会在更多的领域发挥其独特作用。

二、主流工具

在现实生活中,智能写作的意义并非替代人类的工作,而是作为一种人工智能赋能的新生产力工具,帮助人类提升媒体、文创等相关行业的生产效率。无论是国内还是国外,都涌现出大量的智能写作与批改的工具,为各行各业,尤其是语言服务行业和翻译从业者提供了巨大的帮助。不同的辅助写作工具也具有自身的特色功能。例如,Grammarly可按文章类型(如常用、商务、学术、科技等)进行纠错,并对文章进行网上相似度检索;ProWritingAid提供高效的语法、文风修改建议,可以快速查找同义词并对文章润色修改。下面主要介绍常见的智能写作和批改工具,其主要分类如下:

(1)国外智能批改工具:Grammarly、Ginger、WhiteSmoke、StyleWriter、ProWritingAid、LanguageTool、Hemingway、Grammar Anywhere、Bullfighter、Triivii、Microsoft Word校对模块,等等。

(2)国内智能批改工具:黑马校对、飞鹰智能校对系统、方正智能辅助审校系统、数智校对、JCJC错别字在线检测、爱校对、批改网、1Checker、网易有道词典校对模块等。

(3)通用型智能写作工具:微软爱写作、Giiso写作机器人、秘塔写作猫、笔神、百度智能创作平台、京东AI闪电智能创作平台等。

(4)文学领域智能写作工具:清华大学九歌、自动剧本生成器、SmartNovel、海马轻帆智能创作平台等。

(5)新闻传媒领域智能写作机器人:新华社快笔小新、今日头条张小明、腾讯梦幻写手、华尔街邮报的Heliograf、美联社采用的Wordsmith、百度的Writing-bots、封面传媒的小封机器人、第一财经的DT稿王等。

三、案例实操

下面将结合具体实操案例,对各种智能写作和批改的相关工具进行介绍,并演示如何借助工具快速批改英文和中文文章,辅助翻译行业从业者校对修改译文。下面将展示这两个具体案例。

（一）案例一：如何快速校对英文文章

某译者接手了一个翻译项目，其中包括多份文件的翻译，文件源语言为简体中文，目标语言为美国英语。该译者在完成译文后，需要利用智能写作辅助工具对英文译文进行检查修改，应该使用什么工具？如何操作？

1. Grammarly

Grammarly 目前有桌面软件版本，支持 Windows 和 Mac 系统，多个浏览器的插件版本，Word 内嵌版等版本，是一款跨平台的基于人工智能的英文写作纠错工具，能帮助作者纠正语法错误、检查单词拼写、标点符号、调整语气以及给出风格建议等，对学术写作来说，Grammarly 还可以帮助查重。尽管目前 Grammarly 只支持检查英语文章，但可以针对美式英语、英式英语、加拿大英语和澳式英语提出不同的风格建议，其优势在于可对文章进行整体检查，以及具有广泛的适用性，可在较多的场景对拼写和语法进行检查。Grammarly 有免费版、高级版和商业版，后两者都需要付费。免费版提供基本的语法、拼写、标点方面的检查，对于日常写作的人来说已经满足了基本的需求，而高级版在免费版的基础上，还增加了纠正无效的词汇替换、过度使用的词汇、过于模糊的语言、过度使用的被动语气、不礼貌语言、非包容性语言等高阶功能，而商业版还提供风格指南、分析面板等更加丰富的功能。其网页免费版的具体操作如下：

（1）如需检查 Word 文档，可以在 Word 中安装插件或安装桌面版 Grammarly。也可以进入 Grammarly 官网，上传文档，查看整体建议，如图 12-1 所示。

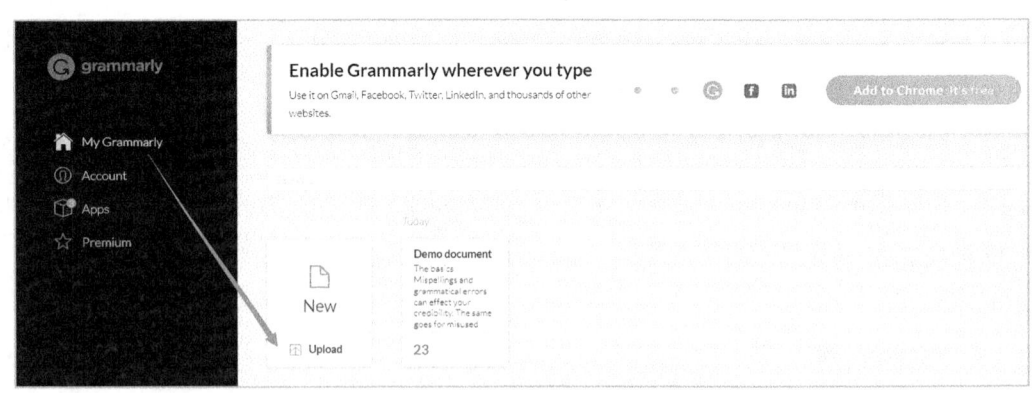

图 12-1　Grammarly——上传文档

（2）导入需要检查的文档后，设置写作目标，如目标读者、正式程度、领域、写作意图等，如图 12-2 所示。

第十二章 智能写作与批改

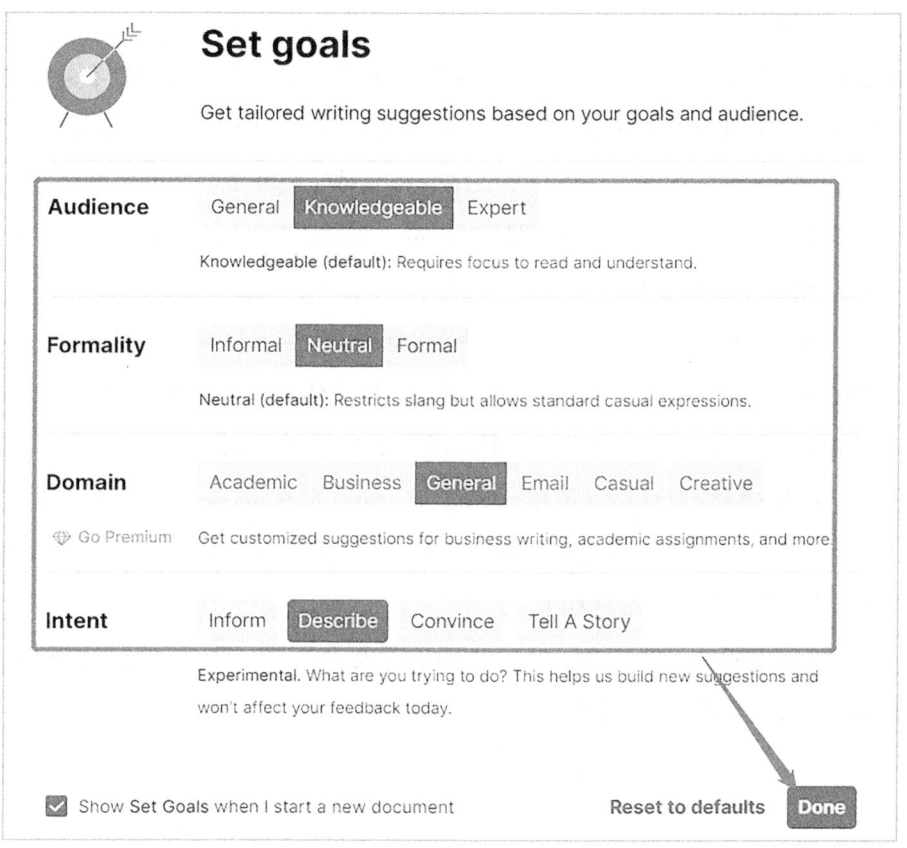

图 12-2　Grammarly——设置修改目标

（3）在图 12-3 界面中可以看到软件提出的一些语法、拼写、风格等方面的建议，Grammarly 还会给出评分，可以自行选择接受或删除修改一键。完成智能写作后可以导出英文文档。

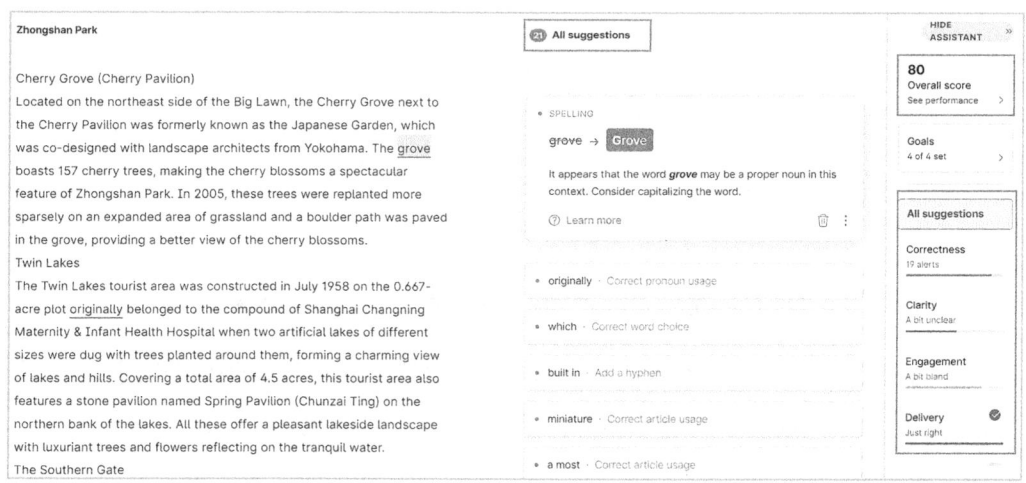

图 12-3　Grammarly——查看修改建议

2. LanguageTool

LanguageTool 是风格、语法、拼写校对工具，采用基于人工智能的技术分析文本的风格、语调和排版，并通过分析上下文生成修改建议，目前支持检查超过 20 种语言，比如汉语、英语、西班牙语、德语、法语、日语等，与其他工具相比，这是其优势之一。目前该软件支持谷歌、微软、火狐等浏览器插件版本，支持 MS Word 等文档插件，Windows、Mac 桌面软件和 iOS 手机软件、Gmail 邮箱插件等版本。LanguageTool 具有三个服务版本：免费版、高级版和团队版，免费版每次能够检查 1 万字且支持基础的语法、拼写、风格检查，高级版则提出了更加高级的风格、语调的修改建议，单个文档支持修改的字数更多，也提供 Word 插件服务，而团队版则更加适用于企业团队协作，还提供付费 API 服务。LanguageTool 采用不同颜色标记有错单词和词组，这点和 Grammarly 等软件类似，但整体来说，其优势主要在于多语种检查和可以检查较多字数的单个文件，检查结果具有较高的参考价值。其桌面版具体操作方法如下：

（1）进入 LanguageTool 桌面版，在右上角选择文本语言，然后在界面中央选择输入、粘贴文本或者导入文本进行检查润色，如图 12-4 所示。

图 12-4　LanguageTool——选择语言并导入检查文本

（2）检查完成后可在右侧看到文本分数、修改建议，不同类型的错误也用不同颜色标出，点击某个建议即可跳转到文本中对应位置进行修改，如图 12-5 所示。

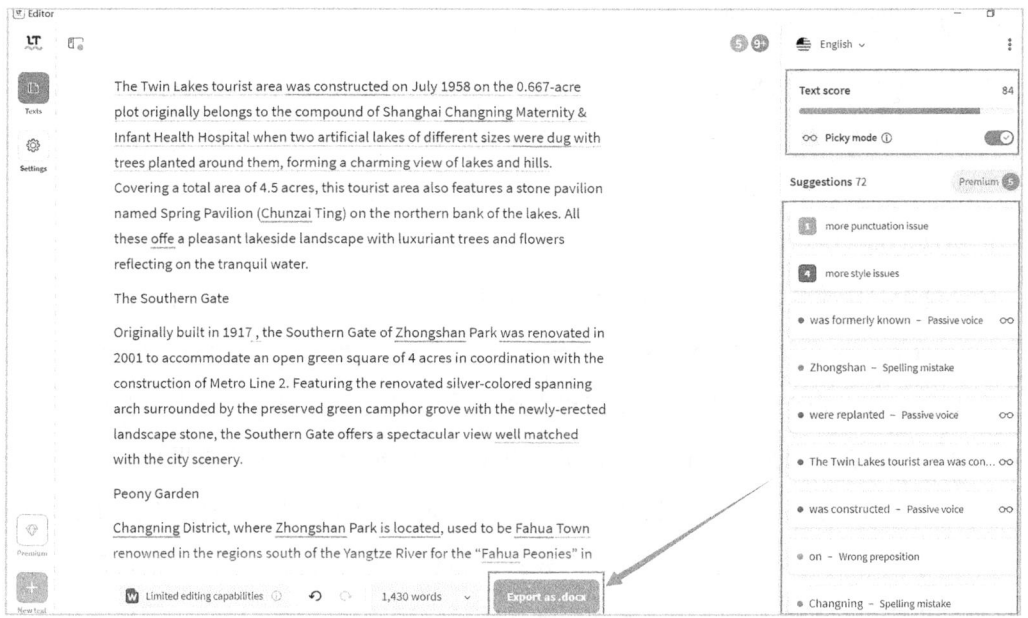

图 12-5　LanguageTool——文本检查与修改

（3）点击右上角，即可查看文本分析结果，如图 12-6 所示。检查润色完成后，即可导出 Word 文档。

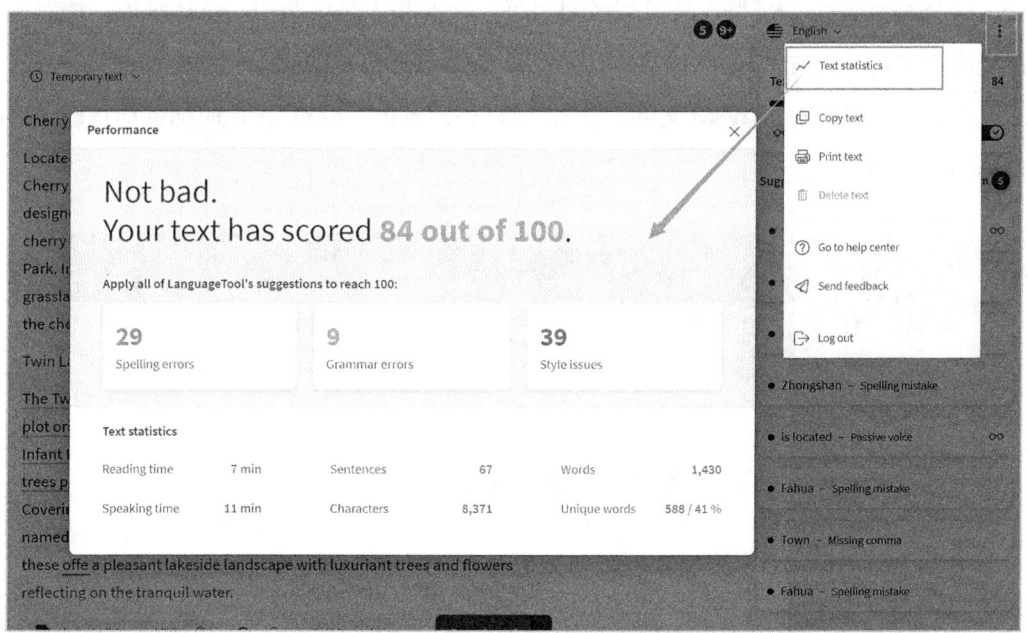

图 12-6　LanguageTool——文本分析与导出

（二）案例二：如何快速校对中文文章

某公司承接一个文件翻译项目，项目文件源语言为美式英语，目标语言为简体中文，现在中文翻译已经完成，需要校对译文，确保标点符号、字词语法、语义理解正确，无错别字、政治性错误、术语错误、敏感词、禁用词等，应该如何操作？

1. 黑马校对

黑马校对目前拥有单机版、多机版、云校对版、服务器版、接口调用等服务，以黑马校对V21为例，它是新一代智能校对系统，内含S2版、PS版、Word版、WPS版、小样版、飞腾插件版和PDF插件版等9个校对界面，采用超大规模词库和重点词监控等先进的校对计算技术，在校对质量、校对功能和易用性等方面都有了飞跃性的提高，还支持各种主流文字处理和排版系统的文件格式，支持各种专业文稿的校对。黑马校对系统是国内市场上占有率最高、实用性最强的专业校对软件，适用于国内许多出版社、报社杂志社、印刷企业、图书公司和机关办公等。其内含强大的错误规则库和专业词库、用户词库，具有强大的查错能力，能够精确校对政治性问题（领导人姓名、职务、排序，地区问题，敏感词语等）、中文（错别字、少字、多字、词语搭配和部分语法语义、异形词和繁体字、知识性错误、人名、地名等各种错误）、英文拼写、标点、数字、科技计量单位、重复句等各种错误，部分校对界面（S2版）还可以校对目录、标题和序号等错误。总体来说，校对速度和准确度都较高。目前黑马校对需要购买使用，下面展示其在Word中的校对功能：

（1）打开需要校对的Word文件，点击"黑马"，点击"校对"，此时插件会自动快速校对，如图12-7所示。

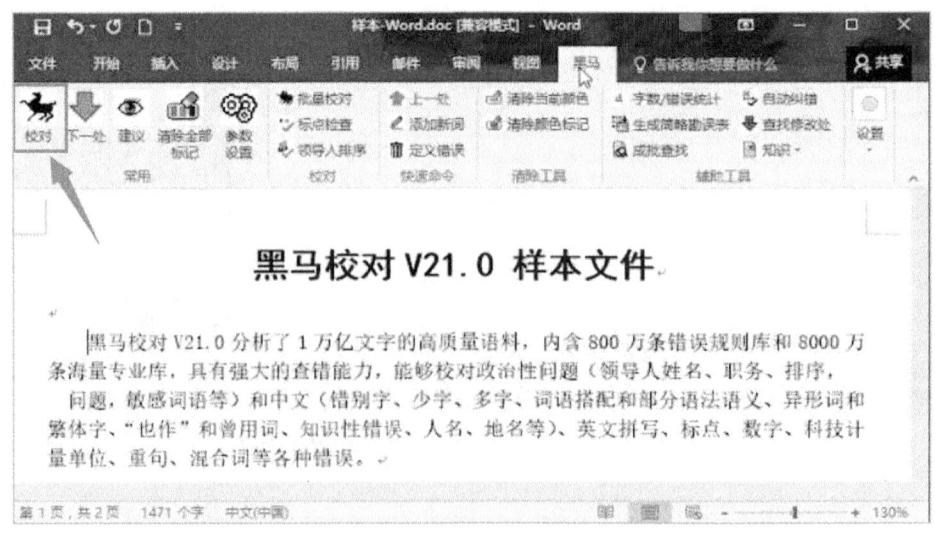

图 12-7　黑马校对——Word 插件校对

（2）图 12-8 可以看到自动检查出来的翻译错误。校对过程中，黑马会把发现的错误标记成红色或者粉色。红色标记表示肯定性错误；粉色标记表示怀疑性错误，标记的颜色可以自己设定。可以使用"下一处""上一处"命令把光标定位到错误词条上；可以使用"建议"命令查看黑马对错误词条的修改建议，并改正错误词条；修改结束后，最后可以清除所有黑马标记的颜色。

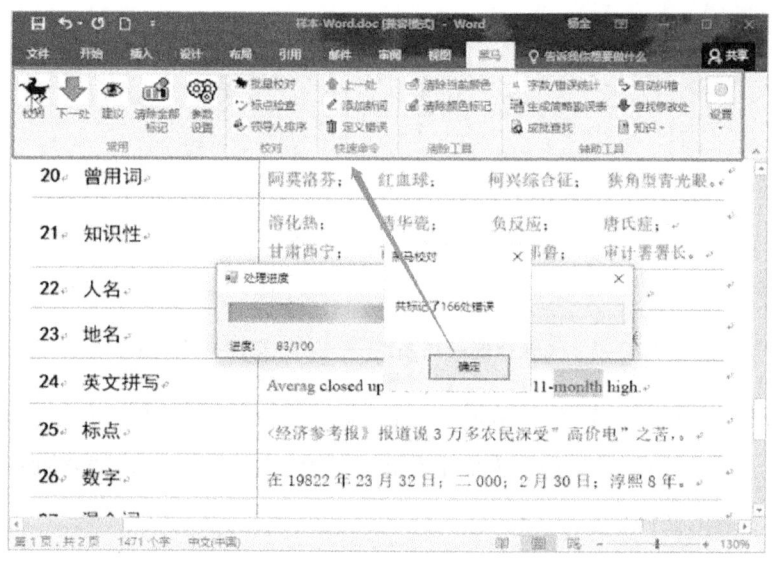

图 12-8　黑马校对——修改错误、清除标记、参数设置等

2. 飞鹰智能校对系统

飞鹰智能校对系统由哈工大讯飞联合实验室（HFL）发布，目前支持网页版和微信小程序版，该系统针对中文文本的校对需求，提供拼写纠错、语法纠错、标点纠错及敏感词检测等功能，现已开放通用领域以及教育等专用领域的智能文本校对服务，其网页版可以校对 .doc、.docx、.pdf 和 .txt 格式文件。其通用领域服务可为用户校对新闻、自媒体、论文等不同类型文本，提供通用的校对服务，避免拼写、语法、标点等错误。教育领域服务现已应用在小学作文批改任务中，大大减轻了老师的作业批改压力。飞鹰校对的具体功能包括别字、别词组成的拼写纠错，冗余、缺失、乱序、搭配组成的语法纠错，以及标点、成语、古诗词、实体、敏感词、领导人职称等其他纠错模块。系统的主要流程包括预处理、文本校对、后处理三个环节。在预处理环节，系统主要对用户输入的待处理的文本进行读取、清洗、基础分析。经过预处理之后，系统对文本进行拼写、语法、标点等并行化校对。在后处理环节，系统将各个模块的校对结果进行中控融合，并根据领域特点进行定制化过滤，最后进行可视化展示。此外系统可根据用户提交的反馈，持续迭代优化文本校对的效果。

与部分桌面软件相比，该系统的特点在于识别错误精确度较高、速度较快。

（1）如图 12-9 所示，进入官网后，点击"打开"，点击"上传文件"，上传需要校对的文件，选择领域，点击"开始审查"。

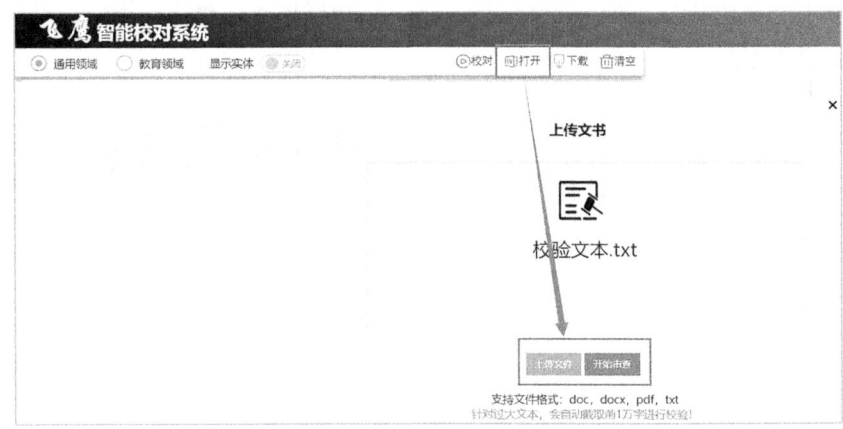

图 12-9　飞鹰智能校对系统——上传文件并开始审查

（2）如图 12-10 所示，在校对结果中，我们可以看到错误类型，如拼写错误、语法错误、标点错误、搭配错误等，还可以查看系统提出的具体修改建议，选择接受或拒绝修正，最后可下载校对后的文件。

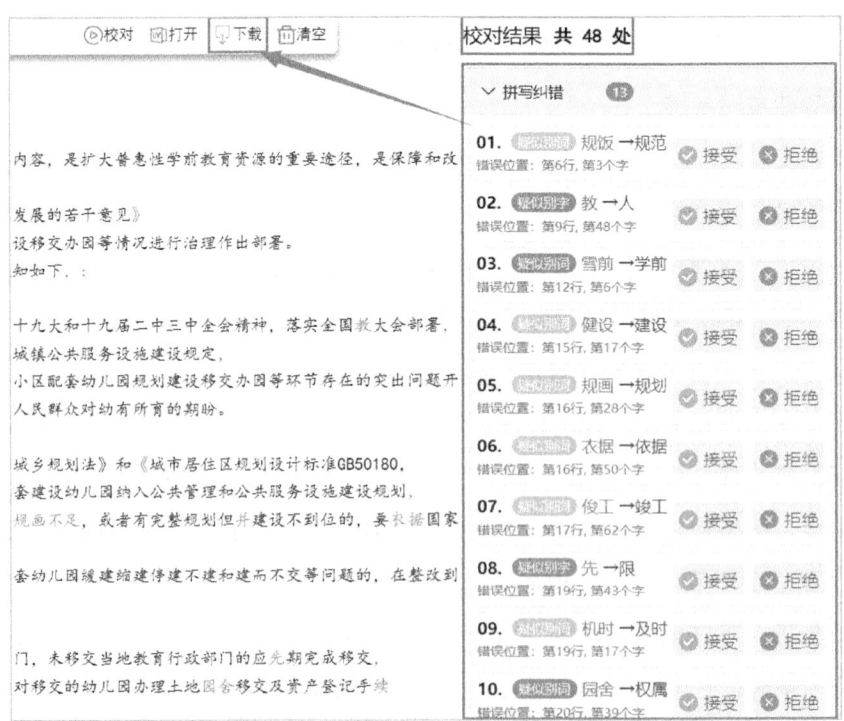

图 12-10　飞鹰智能校对系统——查看修改建议、校对文本

四、技术拓展

随着计算机和信息技术的迅猛发展,文本写作和校对的工作量不断增加,人工已无法适应迅速增长的写作、校对需求。下面将继续拓展介绍与智能写作、批改相关的软件工具并展示具体的操作流程,但由于软件的功能侧重不同,有些集成了写作和批改两个功能,而另一些则专注于智能批改或写作功能的其中之一,因此具体选择哪种工具需要根据实际情况做出取舍。

(一)微软爱写作

微软爱写作是免费的英文写作批改网站,支持直接在线编辑、图片上传、文档录入,多样的写作方式可以适应不同需求,其写作批改功能支持内容纠错、词语替换,写作评分功能在打分功能的基础上增加了评语建议,从词汇、句子和篇章三个维度对文章进行评价,并且根据写作情况给出切实的写作建议。词汇层面,考量词汇拼写、多样性和词汇难度等级;句子层面,重点检查标点、语法和句式;篇章层面,分析段落和切题程度,通过详细的评分报告来评析文章的优劣。微软爱写作的收藏夹功能可以对过往错误分类整理或者将单词加入词库等,方便及时查看。微软爱写作的手机端和网页端数据完全同步,可以在多设备之间自由切换,比如将作文手写稿从手机端拍照并上传,爱写作就会开始自动识别,将作文手稿以可批改的形式转换在网页上,然后便可在网页端进行修改。

(1)进入微软爱写作官网,选择"写作评估",然后新建写作或者上传文本、图片,如图 12-11 所示。

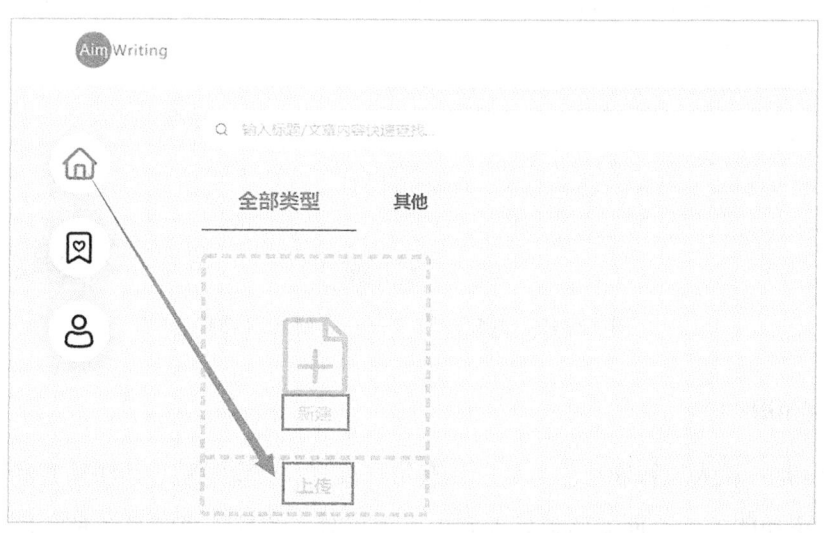

图 12-11　微软爱写作——新建写作或上传文件

（2）上传文件后点击"批改"，该工具还有查词助手等功能，支持在线查词。之后会显示批改结果，如图12-12所示，可以看到错误的类型和修改的建议，还可看到对文章的整体评分，最后点击"一键修改"。

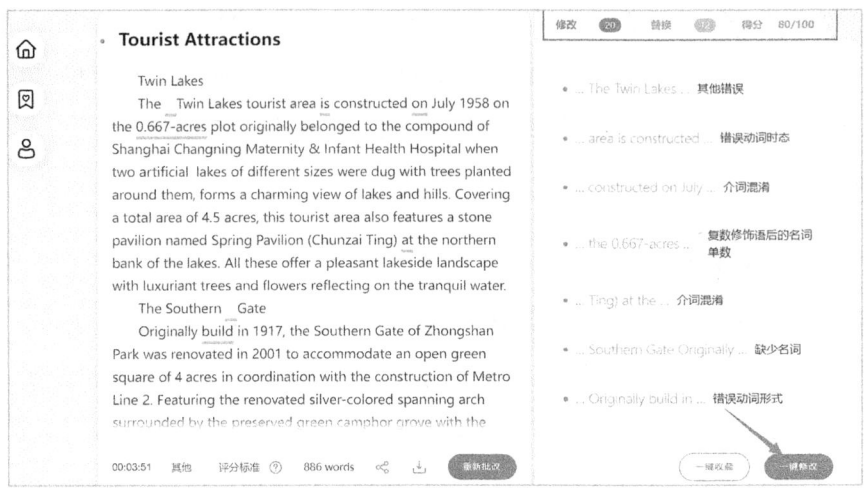

图 12-12　微软爱写作——一键修改

（3）如对修改结果不满意，可以"重新批改"，也可以对部分修改内容一键收藏，方便日后回顾，最后可以导出修改后的Word文档，如图12-13所示。

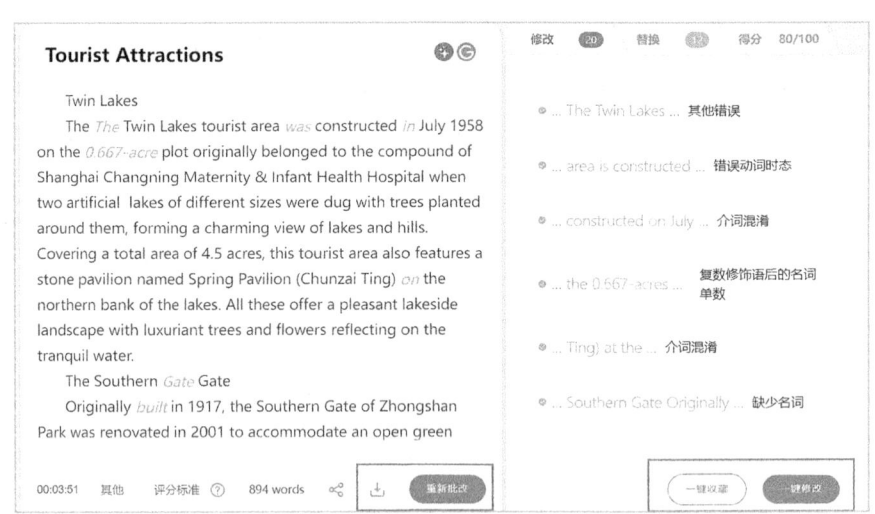

图 12-13　微软爱写作——导出修改结果

（二）Quillbot

QuillBot是一款人工智能写作工具，具有句子改写、文章重写、语法检查和写作增强等功能，是一个功能较为全面的语言处理和生产力工具。该软件可满足各种写作要求，包括学术写作和文章校对，提高用户的整体写作质量。QuillBot 拥有几大重要模块：Paraphraser（改写/释义）：用户可以输入短语、段落甚至完整的文本，QuillBot 将提供替代措辞，同时保持原始含义。用户可以寻找新的角度来阐述想法、润色文章、改写风格、避免抄袭，让文笔更加流畅清晰；Grammar Checker（语法检查器）：QuillBot 中的语法检查功能会检查输入文本是否存在语法错误并提供更正建议，帮助用户发现并纠正语法、标点句子结构，以及其他错误；Summarizer（摘要提取器）：Summarizer 在 QuillBot 中提供了摘要功能，可以将冗长的文本分解为更短小精炼、易于理解的句子，这有助于快速识别论文、文章或任何其他写作中的主要思想。Citation Generator（引文生成器）：用户可以快速创建各种来源的参考文献，包括书籍、期刊文章、网站，用户可以使用 QuillBot 复杂的引文功能以多种格式创建引文，包括 APA、MLA 等；Translator（翻译器）：用户可以使用 QuillBot 快速翻译单词、句子或整个段落，从而更轻松地并排比较两种语言，并帮助用户了解不同语言之间动词变形、单词用法和句子结构的差异；此外，还有 Co-writer，PlagiarismChecker 等功能，以及 Google Chrome，MS Word,macOS 的插件功能。下面将演示其中几个重要功能。

（1）Paraphrase 是 QuillBot 的特色功能之一。用户可以输入一个单词、一个段落甚至整个文本，QuillBot 将生成替代版本，同时保留原始含义。想要避免抄袭、简化复杂单词或寻找新方法来表达自己想法的作家、学生等都可以使用该功能。该功能超越了基本的同义词替换，并利用了上下文知识，充分提高写作流畅性和清晰度。如图 12-14 所示，点击 Paraphraser,选择语言（英语有多个地区的语言偏好可以选择），再选择模式（如学术论文润色可以选择 Academic），在下文空白处可以粘贴或者上传需要润色的文本，再点 Paraphrase 即可成功改写文章。

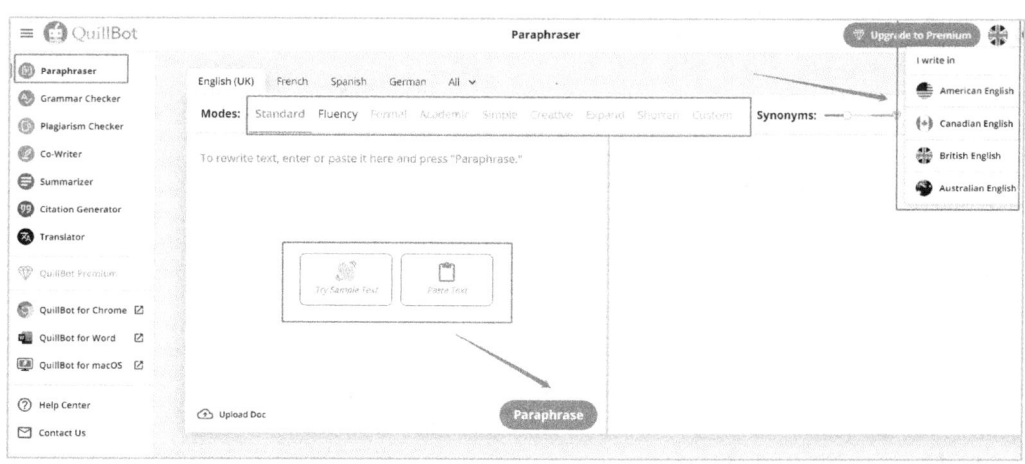

图 12-14　Quillbot——Paraphrase 设置

（2）如图 12-15 所示，复制好需要改写的文本后，右侧栏会给出改写结果。把鼠标放在某个单词、短语上都可以看到其同义替换的选项，比如"that allow"就提供了二十几种润色方法。当然也可以选择"Rephrase"将句子重新改写一次。

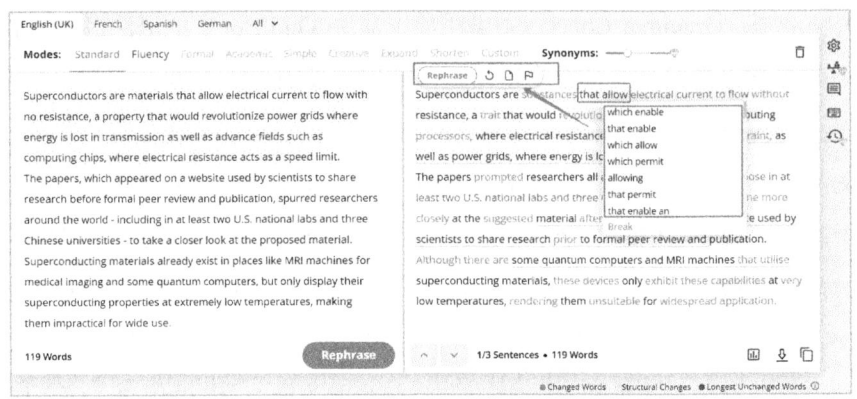

图 12-15　Quillbot——Paraphrase 多次改写

（3）改写之后，在界面右下角可以导出文本、复制文本、查看修改数据，如图 12-16 所示：

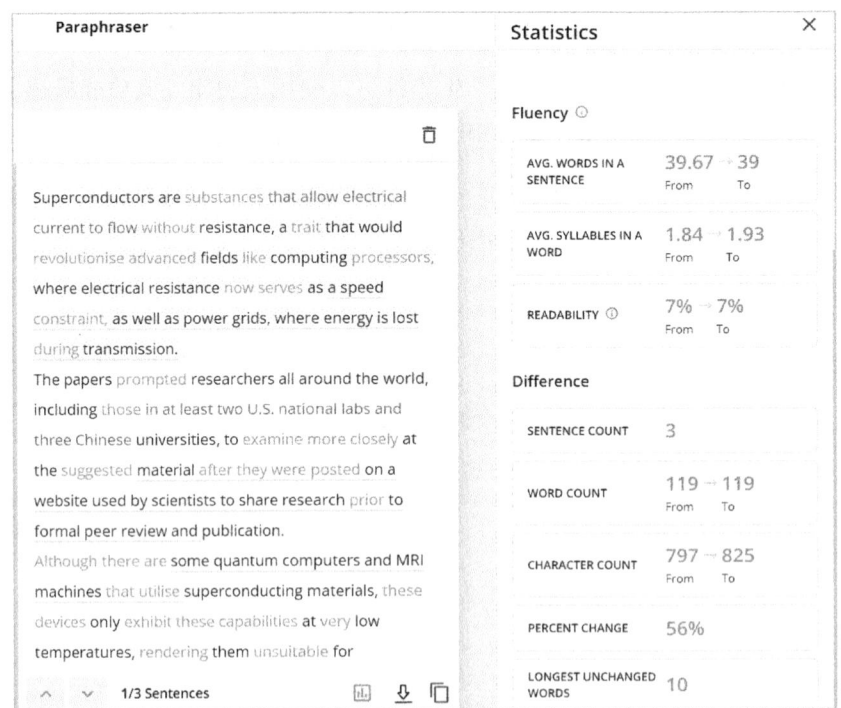

图 12-16　Quillbot‐Paraphrase 改写

（4）除了改写润色之外，QuillBot 还有语法检查功能。如图 12-17 所示，首先选择好语言，粘贴文本，然后机器会自动检测语法、标点、拼写等错误。用户可以选择忽略错误、修改全部错误等。其缺点在于支持的语种较少。

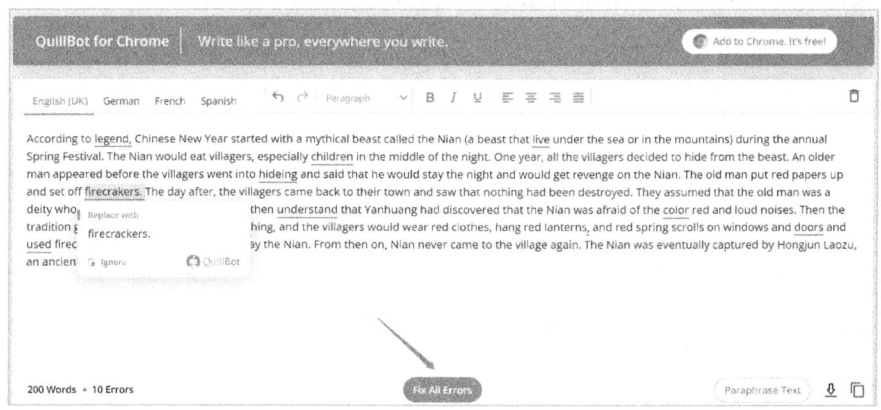

图 12-17　Quillbot——检查语法

（5）同样，我们也可以查看该工具对这类文本的整体评分并做出调整，如图 12-18 所示。

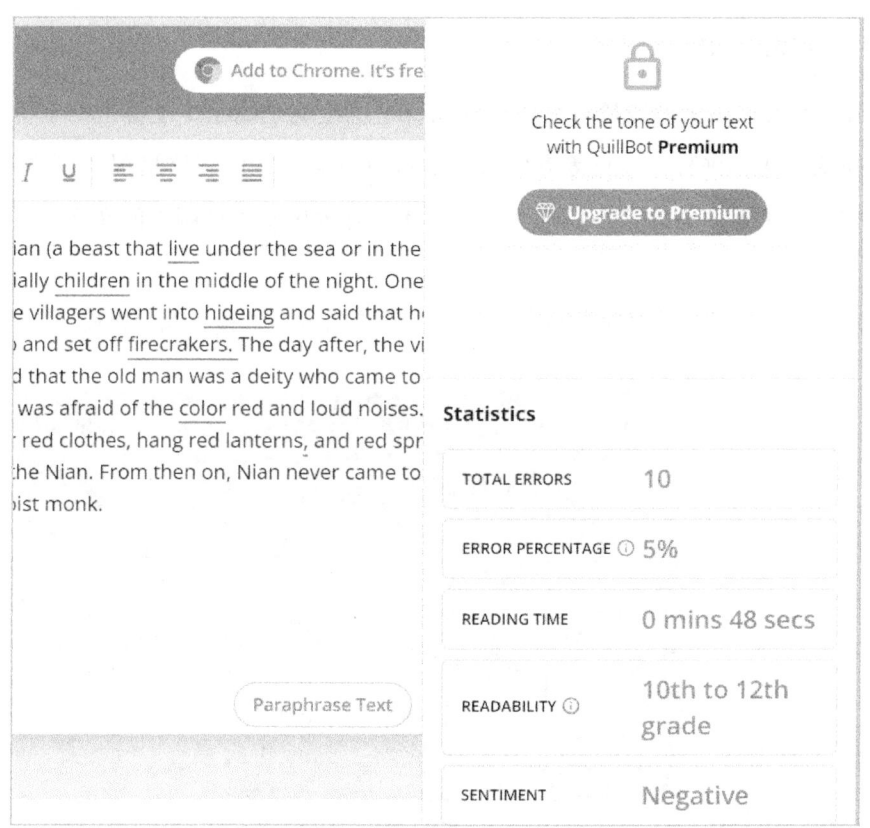

图 12-18　Quillbot——检查语法及评估

（6）此外，Quillbot 的 Summarizer 可以实现总结提炼句段的功能，如图 12-19 所示，点击 Summary Length 选择提炼长度，点击 Select keywords 选择关键词，这些词会在提炼出的段落中保留下来，最后点击 Summarize 即可得到符合要求的句段。

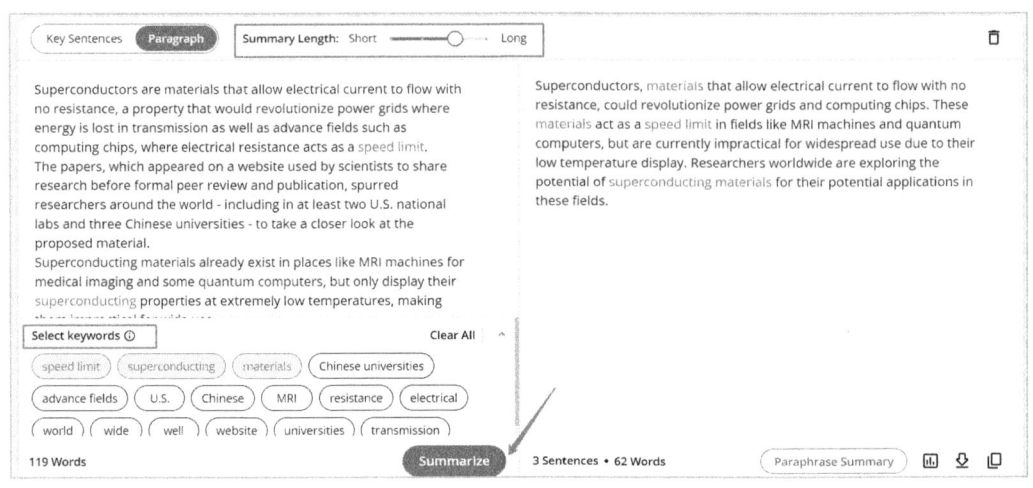

图 12-19　Quillbot‐Summarizer

（三）PoeChatGPT

ChatGPT 也可以用于智能校对文章。例如，用户希望 ChatGPT 能够帮助分析某段英文的错误，并从语法、拼写、标点等方面对错误进行分类，并以表格呈现。在输入指令后，我们发现 ChatGPT 返回的内容不仅准确，而且还额外提供了正确版本的文字，可以说非常智能了。

（1）如图 12-20 所示，根据需要输入指令，要求 ChatGPT 检查句段错误。

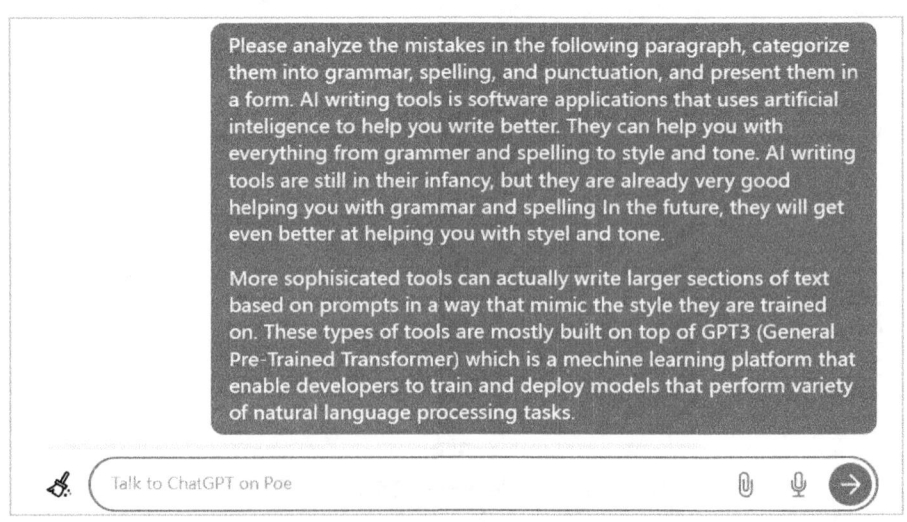

图 12-20　PoeChatGPT——输入指令

（2）接下来，我们很快就会收到返回的错误分析，而且是以表格形式呈现的，返回速度较快，正确率较高，如图 12-21 所示。

Sure, here's the analysis you requested:

Mistake	Category	Correction
AI writing tools is software applications	Grammar	AI writing tools are software applications
uses artificial inteligence	Spelling	uses artificial inteligence
grammer	Spelling	grammar
styel	Spelling	style
good helping	Grammar	good at helping
styel	Spelling	style
Punctuation errors	Punctuation	Add periods to end of sentences
sophisicated	Spelling	sophisticated
mechine	Spelling	machine
enable	Grammar	enables
variety of natural language processing tasks.	Grammar	A variety of natural language processing tasks.

图 12-21　PoeChatGPT　快速校对

五、参考资料

1. Grammarly 官网：http://grammarly.99lb.net/ 或 https://App.grammarly.com
2. LanguageTool 官网：https://www.languagetool.org
3. 黑马校对官网：https://www.bjhm.com.cn
4. 飞鹰智能校对系统：http://check.hfl-rc.com
5. 微软爱写作官网：http://aimwriting.mtutor.engkoo.com
6. PoeChatGPT:https://poe.com/ChatGPT
7. Quillbot:https://quillbot.com

附 录

附录1 常用的搜索工具

桌面搜索	
Everything	https://www.voidtools.com/zh-cn
FileLocator Pro	https://www.filelocator.cn
DocFetcher	http://docfetcher.sourceforge.net/zh/index.html
Listary	https://www.listary.com
Search and Replace	http://www.funduc.com/search_replace.htm
Alfred	https://www.alfredApp.com
Finder	https://support.Apple.com/zh-cn/HT201732
网络搜索	
百度	https://www.baidu.com
搜狗	https://www.sogou.com
Google	https://www.google.com
Bing	https://www2.bing.com
Yahoo	https://search.yahoo.com
Yandex	https://yandex.com
Ask	www.ask.com
文献搜索	
中国知网	https://www.cnki.net
万方数据	https://www.wanfangdata.com.cn
维普数据	http://www.cqvip.com
Web of Science 数据库	https://clarivate.com.cn/solutions/web-of-science/
ProQuest 数据库	https://www.proquest.com
John Benjamins 数据库	https://www.jbe-platform.com
Springer 数据库	https://link.springer.com
ScholarAI	https://scholarai.io/

附录2 常用的语料库

BNC 英国国家语料库	https://www.english-corpora.org/bnc

续表

ANC 美国国家语料库	http://www.anc.org
COCA 美国当代英语语料库	https://www.english-corpora.org/coca
COHA 美国历史英语语料库	https://www.english-corpora.org/coha
BCC 语料库	http://bcc.blcu.edu.cn
中华语文知识库	http://corpus.zhonghuayuwen.org
CCL 语料库	http://ccl.pku.edu.cn:8080/ccl_corpus
北外语料库语言学	http://corpus.bfsu.edu.cn
语料库语言学在线	https://www.corpus4u.org
中国汉英平行语料大世界	http://corpus.usx.edu.cn
中国传媒大学文本语料库检索系统	http://ling.cuc.edu.cn/RawPub
清华大学中英平行语料库	http://thumt.thunlp.org
深言达意	https://www.shenyandayi.com/

附录 3　常用的机器翻译

百度翻译	https://fanyi.baidu.com
有道翻译	https://fanyi.youdao.com
搜狗翻译	https://fanyi.sogou.com/text
必应翻译	https://cn.bing.com/TRANSLATOR
谷歌翻译	https://translate.google.com.hk
腾讯翻译君	https://fanyi.qq.com/
DeepL 翻译器	https://www.deepl.com/translator
云译机器翻译	https://online.cloudtranslation.com/
翻译狗	https://www.fanyigou.net
腾讯交互翻译	https://transmart.qq.com/zh-CN/index
小牛翻译	http://fanyi.niutrans.com
阿里翻译	https://translate.alibaba.com
火山翻译	https://translate.volcengine.com/?category=
新译科技	https://fanyi.newtranx.com/onlineTrans
云译通	https://www.ctcfile.com/
讯飞智能翻译平台	https://fanyi.xfyun.cn/console/trans/doc?ch=strans late
qtrans 快翻	https://www.tmxmall.com/qtrans

续表

彩云小译	https://fanyi.caiyunapp.com/
金山词霸	https://www.iciba.com/translate
同花顺	http://www.aicubes.cn/api/public/machineTranslate.html
沪江小D	https://dict.hjenglish.com/app/trans
爱特曼云翻译ACT	https://fanyi.atman360.com/index
灵云	https://www.aicloud.com/dev/ability/index.html?
Yandex Translate	https://translate.yandex.com

附录4　常用的写作工具

批改工具	
批改网	http://pigai.org/index.php
试译宝	https://www.shiyibao.com
1Checker	http://www.1checker.com
微软爱写作	http://aimwriting.mtutor.engkoo.com
改错工具	
Grammarly	https://www.grammarly.com
Ginger	https://www.gingersoftware.com
LanguageTool	https://www.languagetool.org
ProWritingAid	https://prowritingaid.com
WhiteSmoke	https://www.whitesmoke.com
飞鹰智能校对系统	https://feiying.iflytek.com/#/login
方正智能辅助审校系统	http://book.founderss.cn/#/homepage
润色改写工具	
QuillBot	https://quillbot.com
Wordtune	https://www.wordtune.com
Speedwrite	https://speedwrite.com
Linggle	https://www.linggle.com
SpinRewriter	https://www.spinrewriter.com
PREPOSTSEO	https://www.prepostseo.com
智能写作工具	
秘塔写作猫	https://xiezuocat.com/#
Giiso写作机器人	https://www.giiso.com/#

续表

字语智能	https://www.getgetai.com/home?
百度智能云一念	https://yinian.cloud.baidu.com/creativity/main/workbench

附录5　常用的大语言模型

Claude 3.5	https://www.anthropic.com/claude
Perplexity	https://www.perplexity.ai
ChatGPT 4o mini	https://chatgpt.com/
Poe	https://poe.com/login
Copilot	https://www.bing.com/chat
讯飞星火	https://xinghuo.xfyun.cn
文心一言	https://yiyan.baidu.com
智谱清言	https://chatglm.cn/?lang=zh
天工 AI	https://www.tiangong.cn/
百川智能	https://www.baichuan-ai.com/home
商汤商量	https://chat.sensetime.com/wb/chat